RICHARD DAVID PRECHT

Noahs Erbe

Vom Recht der Tiere und den Grenzen des Menschen

ROWOHLT TASCHENBUCH VERLAG

Veröffentlicht im Rowohlt Taschenbuch Verlag GmbH,
Reinbek bei Hamburg, April 2000
Die Originalausgabe erschien 1997 im Rotbuch Verlag

Umschlaggestaltung Barbara Hanke
(Foto: nonstock/Bilderberg)
Satz: H & G Herstellung, Hamburg
Druck und Bindung: Clausen & Bosse, Leck
Printed in Germany
ISBN 3 499 60872 3

Inhalt

Vorwort zur Taschenbuchausgabe

Als ich im Mai 1996 auf einer Themenseite der *Zeit* zum ersten Mal über das Verhältnis von Mensch und Tier nachdachte, ahnte ich nicht, daß mich das Thema in den nächsten Jahren so nachdrücklich beschäftigen würde. Die große Zahl an Zuschriften, teils ermunternd, teils skeptisch, brachte mich schließlich dazu, meine Gedanken weiter zu vertiefen. Bis dahin hatte ich zwar das Problem mehrfach von verschiedenen Seiten umrissen, doch einen eigenen Standpunkt, der klüger war als das wohlfeile »Im Prinzip ja, aber ...«, mußte ich erst noch suchen. Ich fand ihn in dem, was ich mir selbst unter einer »Ethik des Nichtwissens« vorstellte. Das Wissen um die Begrenztheit unseres eigenen Erkenntnisvermögens soll uns vorsichtiger im Umgang mit Tieren machen und dazu führen, im Zweifelsfall für den Angeklagten, das Tier, zu entscheiden.

Das Buch »Noahs Erbe« wurde 1997 geschrieben. Seine Zustimmung und Ablehnung verlief, wie ich es mir erhofft hatte, oft quer zu den etablierten Freund-Feind-Linien zwischen Tierschützern, Artenschützern und Tierrechtlern. Bedauert habe ich dabei eigentlich nur jene Lekturen, die mir von einem pathologischen Menschenbild bis hin zu einer »ökofaschistischen« Gesinnung so ziemlich alles unterstellten, wovon ich selbst in den finstersten Winkeln meines Wirbeltiergehirns niemals geträumt hatte.

Das Buch ist, aller kritischen Lust zum Trotz, keine Generalabrechnung mit dem Menschen. Es gibt keinen anderen, und man wird *Homo sapiens* mit all seinen teils liebenswerten, teils grausamen menschlichen Schwächen nicht – und schon gar nicht allein durch die Kraft des besseren Arguments

– im Handstreich verändern. Ethische Überlegungen und moralische Kritik finden hier schnell ihre Grenze. Das Schöne an der Moral ist, daß man so leicht an sie appellieren kann. Es verpflichtet zu nichts. Der Verbrauch an Moral ist bekanntlich nicht normierbar wie die Größe von Nägeln und Schrauben. Rezepte sind auch in der Tier- und Umweltethik leicht zur Hand, man muß nur fordern, daß weniger Fleisch gegessen, weniger Tierversuche durchgeführt, weniger Kinder in die Welt gesetzt und weniger Ressourcen verbraucht werden. Doch solange die Schuld an den konkreten Mißständen und Umweltkatastrophen nicht eindeutig zugerechnet wird oder werden kann, ist jeder Appell nur eine Versammlung schöner Worte.

»Die Menschen« – und dies ist mir bei aller oft notgedrungen pauschalen Formulierung durchaus bewußt – sind niemand, den zu belehren oder zu ermahnen sich lohnt. Denn die Menschheit ist eine Gemeinde, der anzugehören zu nichts unmittelbar verpflichtet. Die großen Fragen im Umgang mit dem Tier werden vielmehr jetzt und in Zukunft in vielen kleinen Scharmützeln entschieden, die engagierte Tierschützer gegen die bestehende Ordnung ausfechten. Zu ihren wichtigsten Erfolgen seit 1997 gehören die neue Verordnung zur Haltung von Legehennen, die, allen Mängeln zum Trotz, immerhin das Verbot von Legebatterien in Deutschland in Aussicht stellt; der Tierschutz könnte, die Zeichen stehen günstig, endlich im Grundgesetz verankert werden; und auch das *Great Ape Project* trägt inzwischen erste zarte Früchte. Seit November 1999 erfreuen sich die Menschenaffen in Neuseeland, und seien es auch nur acht an der Zahl, eines unantastbaren Rechts auf Leben.

Zuletzt habe ich noch die Freude, über Menschen zu reden, die meine Arbeit begleitet haben und mir mit klugem Rat zur Seite standen. Mein besonderer Dank gilt Hans-Jürgen und Georg Jonathan Precht, deren aufmerksame Lektüre und sachkundige Kritik mir immer sicher waren. Hans Werner Ingensiep und Heike Baranzke verdanke ich viele Anregungen. Ihre klugen Gedanken trugen dazu bei, den einen oder anderen Fehler der ersten Auflage zu korrigieren. Zu meinen liebsten Lesern gehörten Manuela Linnemann, Manuel Schneider, Konrad Hamacher, Elmar Anhalt und Frank Esken. Ihre Kommentare waren mir überaus wichtig. Prof. Dr. Gunther Nogge und Dr. Helmut Pechlaner danke ich für die kritische Durchsicht des Zoo-Kapitels. Zudem möchte ich hiermit all denjenigen ungenannten Tierschützern und Tierschützerinnen zu danken versuchen, die mir auf ungezählten Lese- und Vortragsreisen so freundlich begegnet sind.

Am Ende bleibt, als verspäteter Dank, mich bei Paul und Hagen, Elvira, Asterix & Kriemhild, der dicken Nolpa und all den anderen zu entschuldigen, die unter meinen unsachkundigen Händen lebten und hoffentlich wenig haben leiden müssen.

Einführung

Zwei Ereignisse der Jahre 1996 und 1997 haben den bundesdeutschen Menschen dazu gebracht, über sich selbst und das Tier nachzudenken. Das erste ging unter dem Namen »Rinderwahnsinn« in die Annalen ein. Das zweite drehte sich um das Kunstschaf »Dolly«, das drei Mütter hatte und keinen Vater. Seitdem blickt jeder Zweite mit Vorsicht in die Fleischtheke des Supermarktes und immerhin jeder Dritte skeptisch in eine gentechnologische Zukunft.

Es scheint, als brauchten wir den Skandal und das Außergewöhnliche, um über Gewöhnliches und Gewohnheiten nachzudenken. Noch im April 1996 schreckte die Nachricht von wenigen mutmaßlich durch den Verzehr von Rindfleisch erkrankten Creutzfeld-Jakob-Patienten die deutsche Bevölkerung weit mehr als die mörderische Aussicht, 2.800.000 britische Rinder auf bloßen Verdacht hin zu schlachten und zu verbrennen. Kein Landwirtschaftsminister sah sich versucht, wie Lot bei der Zerstörung Sodoms mit Gott zu rechten, ob dem Rinder-Vernichtungswahnsinn nicht Einhalt zu gebieten sei, wenn auch nur *ein* unschuldiges Rind darunter wäre. Und das, obgleich es diesmal schon schwer genug war, wenigstens ein paar »schuldige« Rinder zu finden.

140 Jahre ist es her, daß Charles Darwin den gemeinsamen Ursprung, die fließenden Übergänge und zarten Verästelungen allen Lebens bewies. Doch noch immer trennt ein alter Glaube den Menschen vom Tier. 1996, im Jahr des päpstlichen Segens über die (inzwischen historische) Evolutionstheorie Darwins, halten 62 Prozent der Bundesbürger gemeinsame Vorfahren von Mensch und Affe für wahrscheinlich. Noch 1988 hatte das Allensbach-Institut ermittelt, daß

nur 48 Prozent der Bevölkerung mit Darwins Nachweis übereinstimmten. Und 1970 waren dies gerademal 38 Prozent gewesen.

Wird er nicht gerade durch Biologieunterricht oder Allensbach-Umfragen darauf gestoßen, gibt sich der Bundesbürger alle Mühe, seine animalische Natur zu vergessen und zu verbergen. Männliche Spezies rasieren sich des Morgens vor dem Spiegel das Gesicht, weibliche Spezies kümmern sich um Beine und Achselhöhlen. Beide Geschlechter hüllen sich in Gewänder, bedecken die Haut und verstecken die Wahrzeichen ihrer Sexualität. Ohne Zweifel: Der Mensch ist ein eigen-artiges Tier.

Ungebrochen durch alle naturwissenschaftliche Erschütterung lebt der Geist alter Schöpfungsmythen fort in den Selbstverständlichkeiten eines materialistischen Weltbildes ohne echte Sensibilität für das Lebensinteresse aller nichtmenschlichen Natur. Seit zweitausend Jahren sieht sich der Mensch als legitimer Herrscher über eine beherrschbare Umwelt, geschaffen zum Zweck ihrer Ausbeutung. Doch was lange, vielleicht schon zu lange, gut ging, führt heute in immer schnelleren Schritten zur Katastrophe. Dramatische Klimawechsel, die Zerstörung der schützenden Ozonschicht, der Treibhauseffekt und die Vergiftung der Meere vernichten nicht nur die nichtmenschliche Tierwelt, sie betreffen den Menschen selbst. Rücksichtslose Plünderung der Rohstoffe und ein ungeheures Bevölkerungswachstum der Spezies *Homo sapiens* schaffen einen erdgeschichtlichen Ausnahmezustand.

Gegen Ende der 90er Jahre dcs 20. Jahrhunderts leben mutmaßlich mehr Menschen auf diesem Planeten als die Summe aller vorhergehenden Generationen zusammen, von der Steinzeit bis zum Zweiten Weltkrieg. Diese gegenüber früheren Zeiten radikal veränderte ökologische Situation braucht neue Regeln und Ziele, neue Wege und Lösungen. Sie verlangt eine Revision der christlichen Ethik, jener Moral, die, gewachsen aus dem Glauben eines Hirtenvolkes von vor 2000 Jahren, den perversen Folgen des göttlichen Vermehrungsauftrages: »Mehret euch und seid fruchtbar!« nahezu tatenlos zusieht. Eine Revision auch jener abendländischen Philosophie, die den Menschen über die »Vernunft« definiert, so als sei diese tatsächlich mehr als die mangelhafte Problemlösungskompetenz eines überforderten Menschenaffen, wie es uns die moderne Hirnforschung heute nahelegt.

»Rinderwahnsinn« und Schweinepest, nikotinverseuchte Hühner auf der einen Seite, dramatisches Artensterben von Tieren und Pflanzen auf der anderen – die Symptome eines entfremdeten und in letzter Instanz selbstzerstörerischen Umgangs mit nichtmenschlichem Leben sind allgemein bekannt. Hinter jedem dieser Probleme steckt mehr als eine Panne, ein unglücklicher Zufall, ein kurzfristiger Skandal. Ihre gemeinsame Ursache ist ein grundsätzlicher Denkfehler: die Verdrängung der biologischen Natur des Menschen. Sie allein läßt uns die Schicksalsgemeinschaft mit den durch Umweltplünderung und Verwüstung bedrohten und ausgerotteten Tieren und Pflanzen vergessen. Und sie ermöglicht uns den sachlichen Umgang mit dem Tier als bloßem Produktionsmittel, Nahrungslieferant oder Crash-Test-Dummy der chemischen Industrie.

Doch können wir wirklich so weiter machen wie bisher? Längst besteht in der Gesellschaft eine Kontroverse, die unseren Umgang mit Tieren grundsätzlich infrage stellt. Seit zwanzig Jahren fordern der australische Philosoph Peter Singer und sein amerikanischer Kollege Tom Regan Menschenrechte auch für Tiere. Der Ausschluß der Tiere aus der Ethik sei ein moralischer Skandal. Doch was wird damit gewonnen, die Grenze zwischen Mensch und Tier zu beseitigen, um sie dann irgendwo anders im Tierreich zu plazieren? Hatte sich die christliche Religion damit herumzuplagen, überzeugend begründen zu müssen, warum der Mensch ins Jenseits einzieht, der Schimpanse hingegen nicht, ja sogar – nachdem sich die biologische Schöpfungsgeschichte nicht mehr leugnen ließ – den »Cut-Off-Point« ausfindig zu machen, ab wann der Mensch in seiner Phylogenese vom ästeschwingenden Primaten zum Urmenschen nun tatsächlich Mensch wurde; das erste Affenkind zu benennen, das nicht mehr die nichtige Spreu, sondern den himmlischen Weizen zu ernten ausersehen war – so stehen Tierrechtler vor der umgekehrten Crux, erklären zu müssen, warum die Grenze, die das beseelte vom unbeseelten Leben trennt, ganz woanders liegen soll. Besteht die alles andere entscheidende Schranke zwischen Orang-Utan und Gibbon, statt zwischen Mensch und Schimpanse? Oder nicht eigentlich zwischen Affe und Halbaffe? Vielleicht sogar zwischen Säugetier und Vogel, Vogel und Reptil, Amphibie und Fisch, Wirbeltier und Wurm, Spinne und Insekt? Mit welchem Recht aber grenzen wir nun gerade diese aus und nehmen nicht Alge, Baum und Seerose mit in die Welt der Verantwortung und der Ehrfurcht?

Ob die christliche Unmoral, die mit der Selbstverständlichkeit der Verständnislosen den Schimpansen aus der Heilslehre ausschließt, den im Dämmerzustand schaukelnden Drei-Zentimeter-Embryo hingegen nicht, oder das deutsche Tierschutzgesetz, das an allen wichtigen Stellen zwischen Wirbeltieren und anderen Tieren unterscheidet, obgleich andere Lebewesen, beispielsweise Kraken, wesentlich höher entwickelt sind als Maulwürfe: Im biologischen Molekularbereich der Nervensysteme und neurologischen Differenzen läßt sich nur schlecht mit dem moralischen Zollstock messen. Jede Gewichtungsskala, jede Werthierarchie von Pflanzen, Tieren und Menschen bleibt willkürlich.

Die Schwierigkeit, Grenzen zu ziehen, befreit nicht von der Revision des Bestehenden. Auch nicht von der Suche nach neuen Perspektiven, das Verhältnis des Menschen zum Tier zu beleuchten. Der erste Teil des Buches führt in das Problem unseres gegenwärtigen Umgangs mit dem Tier ein. *Des Pudels Kern* berichtet vom alltäglichen Wahnsinn unseres Verständnisses vom Tier und den unlösbaren Schwierigkeiten, das Wesen und Bewußtsein von Tieren wirklich zu erkennen. Ein zweites Kapitel, *Jenseits von Wurst und Käse*, ergänzt die psychologische Perspektive um den aktuellen politischen und moralischen Konflikt im Streit um das Tier.

Der zweite Teil stellt die verschiedenen Wissensgebiete vor, in denen sich die Frage der Tierethik behandeln läßt: die Evolutionstheorie, die Paläoanthropologie und die Taxonomie (*Der große Graben*); die Verhaltensforschung und die Kognitionswissenschaft (*Sinn und Sinnlichkeit*); die Religion (*Scheinheilige Kühe*) und die Philosophie (*Die klugen Tiere*).

In jeder menschlichen Wissenschaft vom Leben besteht bis heute, stillschweigend oder lauthals verkündet, zwischen Mensch und Tier eine Grenze. Doch weiß weder die Neuro- und Evolutionsbiologie noch die Paläoanthropologie mit Gewißheit zu sagen, an welchem Punkt sich *nur*-animalisches von menschlichem Leben scheidet. Längst gilt in der Molekularbiologie der Mensch nicht mehr als Maß der Dinge. Evolutionstheoretiker und Paläoanthropologen erkennen keinen biologischen »Sonderweg« des *Homo sapiens*. Auch der Gedanke eines permanenten Fortschritts in der Natur gerät ins Wanken. Vollendet sich die Natur tatsächlich im Menschen, oder ist *Homo sapiens* nichts anderes als ein Irrweg der Evolution, einer von vielen?

Seit Jahrzehnten messen und vergleichen Ethologen die kognitiven Leistungen von Tieren mit jenen des Menschen, mit dem überraschenden Ergebnis, daß Tiere in nahezu allen »wichtigen« Punkten unterlegen sind: bei Kulturleistungen wie Werkzeuggebrauch und Religion ebenso wie beim Erwerb der menschlichen Sprache. Doch genau genommen stellt das tierische Bewußtsein eine so große Barriere dar, daß sich Naturwissenschaftler – die klügeren unter ihnen – genötigt fühlen, die prinzipiellen Mängel ihrer Erkenntnisfähigkeit zuzugeben. Das »Ganze« des Lebens gerät niemals in den Blick, allenfalls kleinere Ausschnitte. Auch die Naturwissenschaften existieren nicht jenseits von Raum und Zeit. Die Forscher und Experimentatoren der exakten Wissenschaften sind ebenso sterblich wie alle anderen Menschen, befangen in der Vorstellungswelt ihrer Zeit, beschränkt durch ihre Sprache und Kultur, gebunden an den kognitiven Apparat ihrer Wirbeltiergehirne.

Entschieden und, wie es scheint, unbelehrbar trennt seit jeher die christliche Religion den Menschen vom Tier: eine Sonderanfertigung hier, eine Dreingabe dort. Stück für Stück eliminierte die christliche Theologie die tierfreundlichen Momente der jüdischen Religion aus ihren Glaubenslehren. Die Geschichte des menschlichen Selbstverständnisses in der christlichen Religion läßt sich zu einem wesentlichen Teil aus seinem Unverständnis des Tieres heraus entwickeln. Zwei Urängste erweisen sich als Triebfedern einer Kultur, die sich zu den heutigen Formen emporstilisierte: die Furcht vor der animalischen Natur und die Furcht vor dem Zufall, der Unverfügbarkeit, dem »Geworfensein«: der *Kontingenz*. Doch auch in der Kirche mehren sich mittlerweile die Zweifel an den tierfeindlichen Dogmen und Setzungen. Bieten alternative christliche Denkansätze, wie die Schöpfungstheologie, einen Ausweg?

In der Moralphilosophie spielte das Tier, von wenigen Ausnahmen abgesehen, bis vor zwanzig Jahren kaum eine Rolle. Doch je dringlicher die Notwendigkeit wird, über die Gefährdung des Lebens auf unserem Planeten nachzudenken, um so hilfloser erscheinen die vernunftbegründeten Moralbegriffe der Aufklärung, die die biologische Natur des Menschen konsequent verdrängen. Orientierungskrisen und Rechtfertigungslücken prägen unser gegenwärtiges Bewußtsein. Ist eine »körperlose« und leibfeindliche Ethik den modernen biologischen Herausforderungen von Tierversuchen, Gentechnologie, Reproduktionsmedizin und Abtreibungsdiskussion überhaupt gewachsen? Wir sind, so scheint es, zweihundert Jahre nach Kants *Kritik der praktischen Vernunft* noch lange nicht am Endpunkt der Moral angekommen. Doch welcherart moralischen Fortschritt können wir uns versprechen?

In dem Maße, wie wir erkennen, daß unser Denken und unser Weltbild an den menschlichen Leib gebunden sind, erlischt das Vertrauen in die Souveränität des Geistes. Über zwei Jahrtausende entschied der Glaube an die Freiheit des erleuchteten menschlichen Geistes über die Grenze zwischen Mensch und Tier. Doch dieser Glaube beginnt zu bröckeln. So führt uns die Verhaltensforschung durch Nachweise von Werkzeuggebrauch, Spieltrieb und Körpersprache bei Affen vor, daß Schimpansen um Lichtjahre weiter vom Schattendasein sandwühlender Wattwürmer entfernt sind als von ihrem engsten Verwandten: dem Menschen. Zum anderen wissen die Neurobiologie und ihre geisteswissenschaftliche Schwester, die Kognitionspsychologie, längst um die Enge der Grenzen, die auch dem menschlichen Bewußtsein gesetzt sind, um die Dimensionen, die zu erkennen uns verborgen bleibt; nicht zu reden von den Tönen und Gerüchen, in deren Wahrnehmung der Mensch ein wenig begabtes Säugetier zu sein scheint – minderbegabt jedenfalls gegenüber den meisten seiner Haustiere, die er andachtslos verspeist. Doch wie gelingt es, das Tier in eine biologisch reflektierte Ethik einzubeziehen? Mit dem Verweis auf Glücksfähigkeit oder auf Lebensinteresse, auf Handlungsfreiheit oder dem Appell an das Gefühl des Mitleids?

Der dritte Teil des Buchs wendet sich den Problemen der Praxis zu: der Jagd, dem Fleischverzehr und der Massentierhaltung, der Gentechnik in der Tierzucht und den Tierversuchen. Welcher Umgang mit Tieren erscheint hier ethisch vertretbar? Ein gesondertes Kapitel beschäftigt sich mit der sensiblen Frage nach dem Nachteil und Nutzen der Zoos für das Tierleben.

Am Ende steht – natürlich – keine neue große Synthese, keine endgültige Lösung des großen Interessenkonflikts von Mensch und Tier. Wenn man eine große Synthese wagt, treten die Einzelteile hinterher um so beschädigter hervor. An der Stelle von zwingenden Mönchsregeln für das Leben steht ein Plädoyer, die durch die Evolution beschränkte Erkenntnisfähigkeit des menschlichen Geistes einzugestehen. Nötigt uns die Einsicht, wie begrenzt unser eigenes Wirbeltiergehirn arbeitet, nicht jenen Respekt vor dem keineswegs objektiv durchschauten und durchdachten Leben ab, den wir schon um unserer eigenen Zukunft willen im Umgang mit dem Tier so nötig brauchen?

Erster Teil: Das Problem

Des Pudels Kern

Oder: Die gekappte Nabelschnur

Daß der Mensch das edelste aller Geschöpfe sei, läßt sich schon daraus ersehen, daß ihm noch kein anderes Geschöpf widersprochen hat.

Georg Christoph Lichtenberg

Wir sind nicht allein

Die Nachricht kam im Spätsommer, abends zur besten Fernsehzeit. In einer spektakulären Pressekonferenz, ausgestrahlt in alle Welt, verkündeten Forscher der US-Weltraumbehörde NASA ihren sensationellen Fund. In einem geradmal kartoffelgroßen Klümpchen, gefunden in der Antarktis und getauft auf den Namen ALH 84001, lagerten Spuren bakterienähnlicher Wesen. Und dieser Stein war kein gewöhnlicher Stein, sondern ein kleiner Brocken vom Mars, vor 15 Millionen Jahren abgesplittert durch einen Asteroideneinschlag. »Eine der bedeutendsten Entdeckungen dieses Jahrhunderts«, urteilte der Astronom Geoffrey Marcy. Und *Tagesthemen*-Moderatorin Sabine Christiansen geriet gar in galaktisches Fieber. Mit stolzen Worten verkündete sie Deutschlands Fernsehnation: »Wir sind nicht allein!«

Schade nur, daß die Nachrichtenfrau vergessen hatte hinzuzufügen, wer denn eigentlich dieses »wir« ist, das nun nicht mehr allein ist. Sind wir Menschen damit gemeint? Doch die sind ja ohnehin nicht allein, sondern teilen den Planeten mit einer unbekannten Zahl Millionen anderer Lebensformen. Oder bezog sich dieses »wir« in wahrer Schöpfungsliebe tatsächlich doch auf alle Lebensformen der Erde, auf Menschen, Tiere und Pflanzen allgemein? Können wir uns also allesamt freuen, nicht mehr millionenfach allein zu sein, sondern aufgehoben in der Gesellschaft mit fossilen Überresten stellarer Bakterien?

Immerhin, die Propheten hatten Pech. Eine winzige Menge polyaromatischer Kohlenwasserstoffe macht noch kein komplettes Lebewesen, und eine galaktische Schwalbe noch keinen astronomischen Sommer. Doch man stelle sich des Spaßes halber einmal vor, die Lauscher und Fährtensucher im Kosmos entdeckten eines schönen Tages ein fernes Wesen mit der Intelligenz, sagen wir: eines Rindes. Welche Sensation! Welches Staunen atmete rings umher, über die Größe und Vielfältigkeit des in tausend Strahlen ausgegossenen Weltalls. Das Mysterium des Lebens öffnete eine weitere Falte seines Zaubermantels. Wie faszinierend erschiene uns der Gefährte im Kosmos, welche Anstrengungen unternähmen wir nicht alle, das unbekannte Leben zu verstehen.

Es liegt schon ein Aberwitz in unserem Interesse an außerirdischer Intelligenz, daß uns auf den Kosmos bezogen gelingt, was auf der Erde so schwierig zu sein scheint: Achtung und Interesse aufzubringen für das Geheimnis des Lebens. Tatsächlich betrachten wir Millionen von Spezies und Trillionen von Lebewesen gerademal als Unkraut und Heilpflanze, Zierstrauch und Haustier, Wildtier, Schädling, Raubzeug, Zootier, Kuscheltier, Nutztier etc. Leben auf unserem Planeten erscheint uns in erster Linie funktional, geordnet nach den Bedürfnissen des Menschen. Hinter allen Etiketten verschwimmt das Gemeinsame von Mensch und Natur bis zur Unkenntlichkeit. Kein »Wildmensch«, »Zivilmensch«, »Kriegsmensch«, »Berufsmensch«, »Privatmensch« oder »Kuschelmensch« geht uns über die Lippen. Der Mensch ist funktional nicht definierbar. Doch auch die Tiere sind es nur in den Augen und Ordnungssystemen des Menschen. Von Natur aus hingegen ist kein Tier funktional, geboren zum Schlachten, Verjagen, Verfolgen, Vergiften, Liebkosen, Dressieren, Gruseln, oder Bestaunen. Wie hatte es zu einer solchen funktionalen Bewertung des Tieres kommen können?

Wir wissen heute wenig über das Verhältnis früher menschlicher Kulturen zum Tier. Mag sein, daß ihr Umgang mit ihm ehrfürchtiger war als heute, daß Tiere nicht nur als Feinde, sondern auch als Mitlebewesen respektiert wurden. Bis ins frühe Mittelalter überwog die Zahl der wilden Tiere die Anzahl der Nutz- und Haustiere, die der Mensch in seinen Dienst gestellt hatte. Doch spätestens mit dem Siegeszug des Kapitalismus in Westeuropa und Nordamerika verschwanden die Reste der Ehrfurcht in die Märchenbücher und Zirkusdarbietungen. Moderne Agrarunternehmen, Industriemetropolen, Autobahnen und Hochspannungsmasten bilden das Ornament unserer Umwelt, die wir seit mehreren hundert Jahren »Landschaft« nennen. Nirgendwo in der Alltagswelt eines Menschen der westlichen Zivilisation begegnet das Tier noch als Konkurrent: nicht bei der Ernährung, nicht im Kampf um den Lebensraum und nicht als Freßfeind, dessen Zähne und Klauen noch ernsthaft Furcht erregen könnten. Das einzig Bedrohliche, das heute noch bleibt, sind ausgerechnet ein paar kleine Tiere, etwa Ratten und Mäuse, die letzten gefährlichen Freßkonkurrenten des Menschen. Dazu kommen Insekten, Mikroben und (falls man sie dazu zählen möchte) Viren. Nicht nur die Quälgeister selbst bereiten Sorge, sondern zudem ihre Bekämpfung, die sich oft genug gegen den Menschen selbst richtet: als Umwelt- oder als persönliches Lebensgift.

In atemberaubenden Tempo beschleunigte das industrialisierte 20. Jahrhundert die Beherrschung und Ausbeutung der Natur und mit ihr die der Tiere. In einem bisher ungekannten Ausmaß bestimmt der Mensch über die Erde. Schon in den vergangenen Jahrtausenden hatte *Homo sapiens* den gesamten Planeten in Besitz genommen. Kein größeres Wirbeltier besitzt ein solches Verbreitungsgebiet, bewohnt Wüsten, Regenwälder und Polarregionen gleichermaßen. Und kein größeres Wirbeltier mit Ausnahme des Menschen hat sich zu Milliarden vermehrt. Glaubt man den Worten des amerikanischen Ökologen und Präsidenten der *Society for Conservation Biology*, Michael Soulé, so steht die Welt mittlerweile vor dem Beginn einer Eiszeit. Aber nicht Schneemassen, Gletscher und arktische Temperaturen bedrohen die Schöpfung, sondern ein ›demographischer Winter‹ von 500 bis 1000 Jahren. So wie vor 15.000 Jahren die Eiszeit des Pleistozäns zwei Drittel aller Landwirbeltiere dahinraffte, vollzieht sich gegenwärtig ein Massentiersterben von ungeheurem Ausmaß. Mit jedem Hektar gerodeten Regenwaldes, mitunter sogar mit jedem gefällten Baum sterben zahlreiche Tier- und Pflanzenarten aus. Die Prognose für die Zukunft ist düster. Bei einer gegenwärtigen Verdopplungsrate der Weltbevölkerung von 30 Jahren wird unser Planet in der Mitte des kommenden Jahrhunderts die Last von 8-12 Milliarden Menschen zu tragen haben. Viel Platz für wilde Tiere bleibt da nicht.

Niemand weiß heute, wieviele Tierarten es noch gibt. Es mögen vielleicht 30 Millionen verschiedene Spezies sein, vielleicht aber auch 100 Millionen oder nur sechs. Sicher ist, daß seit Beginn des 20. Jahrhunderts bereits einige Millionen Arten von der Erde verschwunden sind, Insekten zumeist und niedere Tiere. Nach Angaben der offiziellen Naturschutzorganisation der Vereinten Nationen, der *International Union for the Conservation of Nature and Natural Resources* (IUCN), hat der Mensch in den letzten fünfzig Jahren möglicherweise sogar schon 50 Prozent aller Tier- und Pflanzenarten vernichtet. Im Unterschied zur Kreidezeit, als mit dem Ende der Dinosaurier die hohe Zeit der Säugetiere anbrach, dürfte die gegenwärtige Aussterberate etwa eine Million mal höher sein als die Artbildungsrate. So ist nach Angaben des *International Council for Bird Preservation* bereits ein Fünftel aller bekannten Vogelarten ausgestorben oder unmittelbar vom Aussterben bedroht. Ursache für den Artentod von Tieren ist nicht nur die Zerstörung von Lebensräumen oder die intensive Bejagung von einigen Großtieren wie Tigern, Antilopen und Nashörnern, sondern vor allem auch die Einführung fremder Arten in neue Lebensräume, die ebenso wie die Sekundäreffekte neuerer Technologien zu den oft unterschätzten Gründen für das Verschwinden von Tierarten gehören.

Was bleibt, sind Nutztiere. Vor 14.000, vielleicht auch erst vor 10.000 Jahren, hatte der Mensch gelernt, die Rohstoffreserve »Tier« planmäßig zu züchten und in Form eines lebenden Versorgungsvorrats zum eigenen Nutzen und Frommen zu halten. Noch legten in den Anfängen der Tierzucht manche seßhaft gewordenen Jäger gestorbene Hunde in dafür vorgesehene Gruben, bestatteten sogar Mutter, Kind und Rinder gemeinsam. Welten klaffen zwischen dem animistischen Glauben der ersten Viehzüchter und der materialistischen Massentierhaltung der modernen Gesellschaft. Mit Ende der Konkurrenz schwand die Notwendigkeit, sich mit dem Tier als einem Lebewesen auseinanderzusetzen. Heute nutzen wir die Ressource »Tier« für die Ansprüche des Menschen. Das Gemeinsame von Tier und Mensch trat in den Hintergrund. Zwar lebte das Tier noch immer in der kulturellen Phantasie fort, als magische oder phantastische Gestalt, als Freund, Gefährte oder Bedrohung. Doch die Bedeutung in der Alltagswelt ermattete auf Schwundstufen der Natur wie Schoßhund, Zierguppy, Legehenne und Zirkuspferd. Grenzenlos überlegen und unabhängig gegenüber den Tieren seiner Umwelt entwickelte sich im menschlichen Bewußtsein ein völlig entfremdetes Verhältnis. Nicht nur radikale Ausnutzung und Sadismus, auch falsch verstandene Liebe, Denaturierung und unfreiwillige Quälerei bestimmen seither den menschlichen Umgang mit dem Tier.

Zu herrschen bedeutet, Ordnungen zu etablieren, Regeln dafür aufzustellen, was wichtig ist und unwichtig, richtig oder falsch. Jahrhundertelang sah die herrschende Moral der abendländischen Zivilisation in der Ausrottung der Wildtiere und Ausbeutung der Nutztiere kein Problem. Eine klare Grenzziehung erlaubte jeden Umgang mit dem Tier, von der Liebe bis zur Folter, von der Zucht bis zur Tötung. Das Argument war verblüffend einfach. Der Mensch ist eine Sonderanfertigung Gottes und mit dem Tier gerademal durch den losen Faden der göttlichen Schöpfungstat verbunden. Selbst Lamarcks Spekulation und Darwins Nachweis von der Abstammung des Menschen aus dem Tierreich vermochten daran nicht wesentlich etwas zu ändern. Noch heute gelten Menschen weder praktisch noch rechtlich als Tiere. Und immerhin jeder vierte College-Absolvent in den USA betrachtet laut Umfrage den Menschen nach wie vor als eine vom Tierreich getrennte Schöpfungsleistung Gottes.

Klar vorgegebene Grenzen erleichtern die Sache der Moral beträchtlich. Das vernünftige und sittliche Leben und das unvernünftige, rohe Leben teilten die Welt in zwei Herrschaftsbereiche, von denen einer Verfassungsurkunde und moralisches Siegel erhielt. Der andere hingegen blieb ein unbeschriebenes Blatt. So kam, in den Worten Albert Schweitzers, im Gefolge der Unterscheidung von Mensch und Tier »die Ansicht auf, daß es wertloses Leben gäbe, dessen Schädigung und Vernichtung nichts auf sich habe. Unter wertlosem Leben werden dann, je nach den Umständen, Arten von Insekten oder primitive Völker verstanden« (eine Klientel, die sich überdies noch um Frauen erweitern ließe).

Die Folgen dieser in der abendländischen Kulturgeschichte variantenreich verteidigten und durch gelegentliche Grenzgänger modifizierten Demarkationslinie sind fatal. Noch die gegenwärtige moralische Ordnung des Lebens ist so konfus, daß sich genaugenommen noch nicht einmal von einer Doppelmoral sprechen läßt. Es scheint, als stelle jedwede strikte Unterteilung und Ordnung der Schöpfung den Menschen vor schier unlösbare Probleme. Wie immer man die Spielregeln definiert, das Verhältnis von Mensch und Tier erscheint als eine Aufgabe, für die die Lösung nicht mitgeliefert wurde: weder religiös, noch philosophisch, noch biologisch.

Noch nie war das moralische Chaos im Umgang mit dem Tier so vollkommen wie heute. Man verdinglicht das Tier zum reinen Produktionsmittel, züchtet Überlebensmaschinen und Fleischlieferanten und schreibt ins Bürgerliche Gesetzbuch der Bundesrepublik, Tiere nicht als »Sachen« zu werten. Man verzärtelt das eigene Kaninchen und verspeist genüßlich das Kaninchen aus der Metzgerei. Man subventioniert die barbarische Tötungsmaschinerie, die 25 Millionen Schweine, 45 Millionen Mastgeflügel und 16 Millionen Rinder in Stehsärge und Batterien zwängt; gleichzeitig appellieren deutsche Landwirtschaftsminister und Bauernpräsidenten an die Vernunft des Verbrauchers, ausschließlich Qualitätsprodukte aus gesunder Landwirtschaft zu kaufen. Man erforscht mit Liebe und Mühe die Intelligenz von Affen und erkennt, wie verblüffend ähnlich sie uns sind; gleichzeitig meißelt man ihnen die Schädel auf, verstümmelt ihre Körper, vergiftet Seele und Leib und quält sie mit Elektroschocks; alles im Dienst der medizinischen Forschung. Man definiert das Tier im Tierschutzgesetz als »Mitgeschöpf« und erlaubt jedermann, ihm aus »vernünftigen Gründen« Schaden zuzufügen. Man züchtet aus Tierliebe Wellensittich und Kanarienvogel und streut aus Ekel Taubengift; man schließt sich als Vogelfreund Jägerappellen an, um Elster, Eichelhäher, Krähe und ähnliches »Raubzeug« abknallen zu lassen; man verurteilt im Einklang aller gutwilligen Artenschützer die Ausrottung der gefleckten Großkatzen und steigt statt dessen auf Kaninchen, Chinchilla und Nerz um; man rottet alle potentiell gefährlichen Tiere in nächster Umgebung aus und erfreut sich an Riesenhaien und Killerkrokodilen im Horrorfilm; man findet Hamster schrecklich niedlich und zwängt sie zum Lohn lebenslang in enge Drahtkäfige; man verkauft abgeschlachtete Schweine und illustriert sie mit lustigen kleinen Ferkeln, die zynisch Hand in Hand zum Metzger spazieren. Keine Hähnchenverpackung und kein Batterie-Ei wirbt mit KZ-Hühnern, sondern bemüht den stolzen Hahn auf dem Mist. Wenn das nicht nach schlechtem Gewissen stinkt.

Es scheint, als wechsele die Bewertung des Tieres von Kontext zu Kontext. Nicht biologische, philosophische oder religiöse Normen geben den Rahmen vor, sondern soziale Gegebenheiten, Gewohnheiten, Zufälle, Schicksal und Glück. Eine jede Rede über Tiere ist abhängig vom Zusammenhang, in dem sie getätigt wird. In philosophischen Disputen interessieren »Vernunft«, »Leidens- und Glücksfähigkeit«, »Bewußtsein« und »Präferenz-Autonomie«. In Hochglanzgazetten und Unterhaltungsfilmen erscheinen Tiere als »Lustmolche«, »Räuber«, »Unschuldslämmer«, »Diebe«, »Plappermäuler« und ähnliche Kuriositäten. Ihre *raison d'etre* besteht darin, den Menschen zu belustigen oder zu schrecken. In der Poesie zeigt sich das Tier in seiner ganzen Schönheit und Dämonie, in Tischgesprächen interessiert sein Geschmack und die Frage nach dem dazu passenden Wein. In Liebesbezeugungen heißt es »Morle«, »Mausi«, »Hasso« oder »Hasi«. In Parlamentsdebatten wird es je nach Redner zum »Prüfstein der Menschlichkeit«, zum »Produktionsmittel« oder zur »Ware«; und in Predigten ist es »Bruder Tier«. Dasselbe gilt auch für moralische Handlungen, wie das Töten von Tieren; sie treten auf als »Eigentumsdelikt«, »barbarische Handlung«, »Jagdbeute«, vermeintlicher »Mord« oder »Massenmord«, als »Zweckhandlung zur Nahrungsmittelerzeugung« oder als »Gnadentod« für gestrauchelte Pferde und kränkelnde Heimtiere. Das Tier und der Tiertod »an sich« kommen in der Welt des Menschen nicht vor.

Alle diese Verdinglichungen, Verniedlichungen, Vermenschlichungen, Verteufelungen und Reduktionen auf das Exotische oder Monströse entsprechen keiner Ordnung und keinem moralischen System. Nicht einmal eine »lokale Vernunft« ordnet die Teilbereiche des gesellschaftlichen Umgangs mit dem Tier; vielmehr eine ästhetische Moral, die auf Gefühlen basiert und auf ein Gefühl der Lust oder Unlust bezogen ist. Ob Osterlamm oder Kuscheltier – ein schmaler Grad bestimmt, was beim Anblick eines Tieres obsiegt: die Niedlichkeit des Objekts oder der Hunger. Statt moralischer Bestimmungen herrschen ästhetische Kriterien. Eine unschuldig weiße Ratte erfreut durchaus als Haustier; ihre graue Schwester in der Kanalisation hingegen ist unwertes Tierleben, geschaffen, um vergiftet zu werden.

Zusätzlich unterstützt wird die ästhetische Moral durch das Klischee. Seit langer Zeit überliefert, regieren ungezählte schräge Bilder die menschliche Rede vom Tier. Noch immer glauben wir an den »Löwenmut«, obwohl die afrikanische Großkatze, vor allem die männlichen Tiere, sich gegenüber anderen Katzen gewiß nicht durch »Mut« auszeichnet. Krokodile gelten als »gefräßig«, was sie faktisch beim besten Willen nicht sind; wir glauben, der Strauß stecke bei Gefahr den Kopf in den Sand, was ebensolcher Unfug ist. Falsche Tierbeobachtungen wurden dem neuseeländischen Kea fast zum Schicksal. Weil Hirten sahen, daß die Papageien sich an den Kadavern von Schafen schadlos hielten, folgerten sie kurzsichtig, die aasfressenden Vögel hätten die Schafe zur Strecke gebracht und verfolgten sie erbarmungslos. Daß Luchse für den Menschen gefährlich sind, Adler und Bartgeier (»Lämmergeier«) Schafherden erheblichen Schaden zufügen und sogar Kleinkinder in die Luft tragen könnten, führte alle drei in Mitteleuropa an den Rand der totalen Ausrottung.

Gefühle und Klischees können für Tiere gefährlich sein. Wer nach Lustgefühlen entscheidet, wird wenig Gründe dafür sehen, ein Tier, das sein Lebtag zu nichts Ersichtlichem taugt und wenn es tot ist, nicht mal schmeckt, ein Existenzrecht zuzugestehen. Im Herzen des Tierliebhabers ist gerademal Platz für eine kleine Auslese aus der verschwenderischen Fülle der Evolution. Gefällige, meist »niedliche« oder »edle« Formen erzeugen Hätschelgelüste oder Staunen. Der Panda-Bär und der Koala erfreuen sich ebenso einer Lobby wie der sibirische Tiger und der Steinadler. Beim Bali-Star wird es schwieriger, beim Käfer fast schon unmöglich, Spenden für ihren Erhalt zu sammeln. Da hilft nur noch die Spielkarte, daß der Käfer eines Tages vielleicht medizinisch von Nutzen sein könnte: Sein Genmaterial ist eine wichtige Ressource; ein Argument, daß beim Panda hingegen wohl eher als zynisch empfunden wird.

Kein Zweifel, wir messen mit einem eigentümlich menschlichen Maß. Bei Auswahl der Vorzugsobjekte unserer Kuschelphantasien ebenso wie beim Natur- und Artenschutz. »Wenn es eine Dialektik des Herzens gibt«, erkannte der Philosoph Helmuth Plessner, »ist sie sicher gefährlicher als eine Dialektik der Vernunft.« Wir bringen es fertig, Tiere einerseits zu lieben und andererseits auszurotten, zu verspeisen oder zu vergiften. Doch auf welche Gefühle und welches emotionale Verständnis des Tieres gründet sich eigentlich die Moral des Herzens?

An Tierliebe besteht kein Mangel. Wer gut zu Tieren ist, so hört man, sei auch gut zu Menschen. Wer Tiere haßt, oder sich vor Haustieren ekelt, beweist im Volksmund ein gestörtes Verhältnis zur Natur. Umweltstiftungen und Naturschutzverbände erfreuen sich großer Akzeptanz in der Bevölkerung. Treibnetze gehören ebenso verboten wie der Singvogelmord in Italien; Schildkrötensuppe ist eine Angelegenheit für Perverse, ebenso wie echtes Schlangen- oder Krokodilleder. Katzen-, Hunde- und Pferdebücher sind ein sicheres Geschäft; Tierfilme im Fernsehen erreichen beachtliche Quoten, Zoos in deutschen Großstädten ziehen jedes Jahr mehr Besucher an als Konzerte, Theater, Volkshochschul- und Sportveranstaltungen zusammen. Doch was lieben wir eigentlich am Tier?

Wer sich in Westeuropa oder den USA als Tierfreund fühlt, denkt in den seltensten Augenblicken an Käfer, Hyänen, Ratten oder Seeigel. Die westliche Zivilisation ist tierlieb, namentlich die Deutschen, in deren Wohnstuben sich über 20 Millionen Heimtiere tummeln. Aber sie schätzt weder Geier noch Silberfische, Kakerlaken oder Bandwürmer. »Tierliebe« ist ein begrenztes Gefühl, abgestimmt auf einen erlesenen Zirkel von Arten. Wo sich die Natur mit Formen zurückhält, da hilft der Mensch auch schon mal gerne nach: züchtet Schleierschwänze und Perserkatzen, verstümmelt Hundeschnauzen zu niedlicher Mopsgesichtigkeit und hext Tauben eine mondäne Federpracht an.

Nach Ansicht des Psychologen Jürgen Körner ist die Nähe zum Tier »gerade deswegen so reizvoll, weil wir zugleich eine Andersartigkeit und Fremdheit spüren, und weil wir ahnen können, daß wir hierin etwas von uns selbst wiedererkennen können«.[1] Für einen solchen Spiegel der eigenen Natur aber bedarf es geeigneter Projektionsflächen, die im Fall von Kakerlake, Mücke und Seeigel deutlich schlechter ausfallen als bei Hund oder Katze. Tierliebe, so Körner, erscheint als Sehnsucht nach dem gemeinsamen Ursprung von Mensch und Tier. Je stärker sich der Mensch von der eigenen animalischen Natur entfremdet, um so größer wird sein Verlangen, ihr im Tier wiederzubegegnen. «Das sind die beiden Pole: Im ganz Fremden das Vertraute und im Vertrauten doch das Fremdartige zu entdecken, das ist ein Grundmotiv unserer Liebe zum Tiere.«[2]

Es besteht wenig Zweifel daran, daß der Antrieb der Tierliebe egozentrisch ist. Es gibt keine Tierliebe um ihrer selbst willen, so wie es ja ohnehin keine selbstlose Liebe gibt. Ob hinter den unterschiedlichen Motiven dieser Liebe, dem Imponierstolz des Kampfhundhalters, dem Beschützertrieb des Schoßkatzenfreundes, der Lust des Taubenzüchters tatsächlich Sehnsüchte nach dem verlorenen Paradies schlummern, ist vielleicht nicht so wichtig. Allen gemeinsam ist das Bedürfnis, von Tieren beachtet, anerkannt oder »geliebt« zu werden. Wonach, wenn nicht nach Anerkennung, schreit das Kind, das im Zoo der Großkatze ihr »Hallo Tiger!« ins Ohr brüllt?

Da stört es uns nicht einmal, daß, wie Körner schreibt, das Verhältnis der Tierliebe keineswegs ausgewogen ist. Wer weiß, ob die flauschige Katze wirklich auf unseren Schoß gezerrt werden will, als bestünde ihr Lebenssinn darin, gestreichelt zu werden. Welches Kind fragt, ob sich der dösende Tiger von den insistierenden »Hallos« nicht gestört fühlt? Statt dessen interpretiert es freudig einen jeden Lidschlag der Großkatze als Form der Zuwendung. Tiere widersprechen halt nicht und fördern so die Illusion, daß sie sich dem Menschen tatsächlich zuwenden. Und wir »benötigen die Illusion über die Zugewandtheit des Tieres, um unsere Egozentrik vor uns selbst zu verbergen. Indem wir uns über das Ausmaß unserer Kontrolle über das Tier täuschen, genießen wir seine Zuwendung, als sei sie ein freiwillig gemachtes Geschenk.«[3]

Tiere, die uns, anders als die unbeachtete Mehrheit der Arten, nicht völlig gleichgültig sind, werden als Bereicherung empfunden, oder als Bedrohung. Die menschliche Kultur ist angefüllt mit guten und bösen Tieren, mit Lassie, Snoopy und Werwolf, Nessie, Fafnir und Godzilla, mit schwarzen Unglückskatzen und Fritz the Cat, mit King Kong, Fips dem Affen und Cheetah, dem Vogel Rock und der Möwe Jonathan.

Am meisten bevorzugt werden hierbei sogenannte »Heimtiere«, Kreaturen, denen das eigentümliche Glück zuteil wurde, im Haushalt des Menschen den Stammplatz nicht auf dem Eßtisch, sondern darunter zu finden. Dafür trägt das »Mitlebewesen« einen Eigennamen und lauscht mehr oder weniger andächtig Herrchens Erzählungen und Befehlen. Ist Hundchen eines Tages tot, so ist sein Körper kein Kadaver, sondern eine Leiche. Seit 1899 in Asnières bei Paris der erste öffentliche Tierfriedhof der Neuzeit eingeweiht wurde, wächst die Zahl der Heimtierhalter, die gegen das industrielle Recycling des geliebten Mitgeschöpfs in den Zerkleinerungsmühlen und Kochkesseln der Entsorgungsbetriebe aufbegehren. Wer keinen eigenen Garten zum Vergraben hat und trotzdem sichergehen will, daß er seinem Fiffi oder Mausi nicht in der Seife wiederbegegnet, sieht zu, daß er den geliebten Gefährten von einem »Hundepriester« in die ewigen Jagdgründe geleiten läßt. Mehr als 20 städtische Tiernekropolen gibt es mittlerweile in der Bundesrepublik, und ihre Zahl steigt weiter.

Da nützt es wenig, daß sich manche Macht dem entgegenstellt. Die katholische Kirche zum Beispiel, die energisch gegen den »Mißbrauch« der Beerdigungszeremonie wettert, oder die Wildkaninchen. Ihnen ist mitunter nur mit Gift beizukommen, damit sie den frisch vergrabenen Liebling, etwa ein Stallkaninchen, versehentlich nicht wieder ausbuddeln.

Als »Begleiter« und »Freund« des Menschen erfüllen Heimtiere mancherlei Funktion; als Erzieher oder Therapeuten »lehren« sie Kinder, Verantwortung zu tragen, regelmäßig

Futter zu besorgen und Käfig oder Kiste zu reinigen. Besonders beliebt macht sich das Heimtier, namentlich der Hund, auch als Sportkamerad beim Hunderennen oder auf der Pirsch. Als nimmermüder Gefährte erfreut er sich großer Anerkennung bei Inszenierungen des gesellschaftlich gewollten Tiertodes durch eine kulturtraditionelle Vereinigung in Lodenrock und Gamsbart-Hut.

Bei alledem bleiben Tiere geradezu ideale Projektionsflächen für Phantasien jeder Art. Vermenschlichung ist die verbreitetste und gängigste Form der Rede über das Tier – ob bei der Schilderung persönlicher Erlebnisse und »Liebesbeziehungen« oder der Tierberichterstattung in den Medien. Bevorzugt werden Rührgeschichten und Gags, wie die humoristische Präsentation einer ach so lustigen Natur. Tierfilme, die sich durchaus nicht entblöden, krabbelnde Käfer mit Motorgeräuschen zu unterlegen, gehören noch lange nicht der Vergangenheit an. Und auch die immer beliebten anthropomorphen Verniedlichungen, die das Genre seit Walt Disneys *Die Wüste lebt* von Anfang an begleitet haben, finden sich nahezu täglich im Fernsehen.

Was sich in den Liebeskosmos unseres Herzens nicht einfügen läßt, taugt mitunter immerhin noch als Monster. Woche für Woche terrorisieren Haie, Killerameisen, Kraken und Krokodile im Einklang mit Russen, Chinesen, Nazis, Klingonen und anderen Schreckensgestalten deutsche Wohn- und Kinderzimmer. Obgleich reale Bedrohungen in unseren Breiten allenfalls noch durch dämonische Kleinlebewesen wie Zecken oder Fuchsbandwürmer bestehen, ekelt sich der aufgeklärte Europäer zusätzlich auch vor Schlangen, Spinnen, Ratten, Mäusen und Tauben und bangt furchtsam mit dem Dompteur, der ein Dutzend denaturierte Großkatzen zu widernatürlichen Mätzchen antreibt.

Mehr als alles andere aber befriedigt der Dokumentarfilm Sehnsüchte nach exotischen Tieren und unberührter Wildnis.

Das Wechselverhältnis zwischen der steigenden Anzahl von Tierfilmen und der abnehmenden Zahl real existierender Regenwälder, Feuchtsavannen und Meeresbiotope ist kein Zufall. Je weniger intakte Natur auf dem Planeten verbleibt, um so stärker wird das Bedürfnis, noch einmal tropische Wälder, lichtdurchflutete Ozeane zu sehen, dicht gefüllt mit einer faszinierenden Tierwelt. Und so strahlen Bilder von überall aus der Welt in größter Buntheit und Vielfalt in deutsche Wohnstuben, phantastisch fotografiert in einer beeindruckenden technischen Brillianz. Noch nie waren die letzten Refugien wildlebender Tiere so sehr bedroht wie in unserer Zeit – und noch nie waren ihre letzten verbliebenen Bewohner so nah und deutlich zu sehen. Aufgebuddelte Erdhöhlen, Mikrokameras in Nistkästen, Riesenteleobjektive und Tricks der Computer-Animation entlocken auch der verborgensten Natur ihre letzten Geheimnisse. Der technische Standard heutiger Tierfilme ist immens.

Das Problem einer jeden zeitbewußten Dokumentation ist dabei der Balanceakt zwischen Zeigefingermoral und Unterhaltungsbedürfnis. Denn natürlich dient auch der moralingesäuerte Naturfilm der Entspannung des Fernsehzuschauers. Der Grund für den Publikumserfolg eines exotischen Tierberichts ist die Chance, abtauchen zu können in ein fernes Reich, weit ab von den Problemwelten des Alltags. Der Tierfilm im Fernsehen ist Hort des GutenSchönenWahren, einer verlorenen Authentizität. Wirklicher als jede Nachrichtensendung vermitteln die Bilder der Natur die Impression eines unmittelbaren, unverstellten Lebens.

Und dieser Genuß funktioniert trotz oder gerade wegen einer doppelten Grausamkeit: das Jagen, Töten und Sterben unter den Tieren sowie jenes zwischen Tier und Mensch. Jagdszenen am Kilimanjaro, beliebtes Motiv aller Tierfilme, sind allenthalben interessanter als ein Lehrfilm und stechen einen jeden Beitrag über das Liebesleben der Ringelnatter lokker aus. Wie wunderbar lassen sich alltägliche Aggressionen abbauen; nicht wenige Zeitgenossen befriedigen hier ihren archaischen Jagdinstinkt. Und über allem Grauen schwebt unberührt die totale Harmonie. Pelikane und Krokodile vertrocknen kläglich in ausgedörrten Schlammtümpeln, Büffelmütter blöken nach ihren frisch gemordeten Kälbchen, der alte Elefant verdurstet in der Dornensavanne: Die Greuel eines Tierfilms lassen sich moralisch einwandfrei genießen. Tja, so ist sie halt, die Natur.

Auch die zweite Grausamkeit, die Zerstörung der Naturbiotope und Ausrottung der Arten durch den Menschen, wird nicht verschwiegen. Im Gegenteil, die Schimpfe an die Menschheit ist mittlerweile obligatorisch, ja geradezu der ungeschriebene Verfassungsauftrag eines jeden seriösen Naturfilms. Natürlich will der Zuschauer nicht sehen, wie ein jahrhundertealter Urwaldbaum, von einer Motorsäge gequält, der Kamera entgegen schlägt. Doch darauf ist Verlaß: Unmittelbar danach taucht man wieder in die heile Welt ab, der Zeigefinger-Teil wechselt mit dem Paradies, der letzten unberührten Natur. Das Wechselbad der Gefühle, der spannungsreiche Spagat zwischen der Poesie des Herzens und der Prosa der Verhältnisse, verschafft dem Naturgenuß seine besondere Faszination. Denn erst durch das Wissen um ihre Bedrohung erhalten die letzten Paradiese ihren speziellen Reiz. Und dieser Reiz wiederum scheint das stärkste Motiv, die Zerstörung zu bekämpfen. Was in Masse vorhanden ist, hat die Menschen noch nie interessiert.

Der unheimliche Wert eines exotischen Tierfilms ist das Wissen, daß man den gleichen Film schon in ein paar Jahren nicht mehr wird drehen können. Doch trotz alledem findet noch nahezu jeder Tierfilm sein positives poetisches Ende. Noch gibt es sie ja, die letzten Paradiese, noch einmal haben wir sie gefilmt. Allein die Bilder bleiben uns erhalten – als Bilder eines Traums. »Bald schon wird es kaum noch Menschen geben, die diesen Traum mit Erfahrung füllen können. Dann werden sie ganz jenem größeren Traum angehören, den man Geschichte nennt.« Der Kommentar erstirbt, die Musik setzt ein, seelenvoll wimmert die Panflöte: Schwenk in die Totale – Abenddämmerung über dem Okawango-Delta. Bilder aus Utopia.

Brücken ins Nichts

Noch in ihrer moralischen Anklage bemüht die Tierdokumentation ein Stilmittel der romantischen Ästhetik: Natur und Tierwelt als Symbole für die unverdorbene Natur, den heiligen Zustand des Lebens vor dem Einbruch des Menschen ins Paradies. Leicht idealisiert, wer sich vor den Kräften der Natur, vor Sturm und Hagel, Seegang und Kälte nicht mehr zu fürchten braucht, die Natur zum Ort archaischen Friedens und ewiger Schönheit. Libelle, Frosch, Ringelnatter und Graureiher genießen andächtig die Seelenruhe am Teich. Jeder wartet darauf, den entsprechenden anderen zu verzehren. Aber das steht auf einem anderen Blatt. Im Auge des Betrachters verfärbt sich der Mörderfrieden zur Beschaulichkeit, frei von allen Übeln der Zivilisation: von Vernunft und Kapital, Zukunftsangst und unterdrucktem Affekt.

Geradezu in Reinform gaukeln ästhetische und psychologische Einfühlungen in das Tier Seelenzustände vor, die wir uns sehnsüchtig wünschen: frei zu schweben, unabhängig zu sein wie ein Vogel; uns auf Menschen verlassen zu können wie auf unseren Hund, der in jeder Lebenslage zu uns hält; ursprünglich zu leben wie ein Orang-Utan im Regenwald. Die »Wirklichkeit« hinter unseren Projektionen ist dabei jeweils eine dünne Spekulation. Hat der Hund tatsächlich die freie Wahl, »treu« zu sein, oder nicht? Fühlt sich der Vogel frei und unabhängig? Genießt der Orang-Utan die »Ursprünglichkeit« seines Lebens im Regenwald?

Das Tier, so wie wir es wahrnehmen, ist unsere »Erfindung«. Wie die Liebe zum Tier mehr über den Liebenden verrät als über das Geliebte, so erzählen auch die Projektionen, die wir mit dem Innenleben von Tieren verbinden, mehr über unsere eigenen Sehnsüchte. Die »Wirklichkeit« des Tieres selbst bleibt dabei unbeleuchtet wie die erdabgewandte Seite des Mondes. Des Pudels Kern, was auch immer wir uns darunter vorstellen mögen, eine gute oder schlechte Seele, einen Geist, der bejaht oder verneint, ist unergründbar.

Der Grund dieser Unergründlichkeit liegt im beschränkten Erfassungsvermögen des menschlichen Bewußtseins. So sehr wir uns auch um objektive Erkenntnisse bemühen mögen, unsere Wahrnehmungen von Tieren lassen sich stets nur mit anderen Wahrnehmungen von Tieren vergleichen, niemals aber mit dem Tier selbst. Kein kognitives System vermag zwischen der Existenz eines Gegenstandes oder Lebewesens und den Bedingungen ihrer Erkenntnis zu unterscheiden. Es gibt halt schlichtweg keinen erkenntnisunabhängigen Zugang zu ihnen. So lassen sich Wahrheitsansprüche im Umgang mit Tieren auch nicht mit Sicherheit beweisen. Ihr Charakter ist der einer »transzendentalen Illusion«; die Konstruktion eines anderen Bewußtseins, von dem man genaugenommen nichts Definitives wissen kann.

Wer die Frage nach des Pudels Kern wirklich ernst nimmt, muß folglich nicht nur Tiere beobachten, sondern ebenso den Menschen. Er muß beobachten, *wie* wir das Tier erfassen. Denn wenn es richtig ist, daß jedwede Aussage über die Wirklichkeit des Tieres eine menschliche Projektion ist, so interessieren immerhin Farbe und Pinsel, mit denen wir das Bild ausmalen, das wir uns von Tieren entwerfen. Zu diesen Utensilien zählen Fähigkeiten wie »Vernunft«, »zweckgerichtetes Denken«, »Sinn«, »Einsicht« und »Verstand«. Ob wir das wollen oder nicht, stets bewerten wir das Innenleben von Tieren nach unseren eigenen Kriterien. Wir trauen Zootieren zu, daß sie sich langweilen, wenn sie nicht zweckgerichtet zu denken brauchen, weil ihnen der Wärter das Futter gibt, das sie sich in der Natur suchen oder erjagen müssen. Dem gelehrigen Hund unterstellen wir Einsicht, wenn er nach mehrfacher Bestrafung lernt, sich dem Befehl seines Herren zu beugen. In Versuchen mit Affen überprüfen wir die Gültigkeit unserer Bewußtseinskriterien auch für andere Primaten und wundern uns tatsächlich darüber, daß wir zu widersprüchlichen Ergebnissen kommen.

Daß Zootiere sich langweilen oder Hunde aus Einsicht handeln, läßt sich nicht bestreiten. Beweisen allerdings läßt es sich auch nicht. Nach menschlichen Kriterien bemessene Verhaltensweisen mögen von Fall zu Fall unterschiedlich wahrscheinlich sein. Doch seit im Zuge der Evolution der Mensch die Nabelschnur kappte, die ihn mit seinen nächsten Verwandten, den Schimpansen und Zwergschimpansen, verband, gibt es kein freiwilliges Zurück. Das ist nicht ungewöhnlich: Auch Schimpansen und Orang-Utans »verstehen« sich nicht, kein Löwe »weiß«, was im Gehirn der gejagten Gazelle vor sich geht, zwei nahe verwandte Adlerarten wissen nahezu nichts miteinander anzufangen, als sich in Brutzeiten zu vertreiben. Und so können auch wir die anderen Tiere nicht »verstehen«, allenfalls Hypothesen aufstellen. Dic meisten Menschen wollen zwar nicht bestreiten, daß es ein wie auch immer geartetes »Seelenleben« bei vielen Tieren gibt, aber wir erkennen es nicht als Realität, allenfalls als einen unerreichbaren Horizont, der sich im Zuge unserer Annäherung zugleich wieder entfernt.

Doch so heikel es auch sein mag, aus Tierbeobachtungen Rückschlüsse auf den Menschen zu ziehen, ist es gleichwohl sehr verführerisch. Seit Darwins Nachweis der Evolutionstheorie stellt sich die Frage, ob und in welcher Form sich aus dem Sozialverhalten anderer Tiere, vor allem von Affen, wesentliches auch für den Menschen ableiten läßt. So glauben wir mittlerweile zu wissen, daß viele Tiere Gefühle haben und manche sogar langfristig planen können und über ein kompliziertes Kommunikationssystem verfügen. Viele Forscher und Buchautoren allerdings begnügen sich nicht mit dem Nachweis solcher Parallelen, sondern dringen von hier in das »Geheimnis des menschlichen Bewußtseins« vor. Verhaltenspsychologische Belletristik mit appetitanregenden Titeln wie »Unterm Smoking das Rentierfell« oder »Mammutjäger in der Metro« erklären uns auf diese Weise die Nöte und Notwendigkeiten unserer Zivilisation.

Umgekehrt ist es auch heute noch allgemein verbreitet, Tiere nicht nur nach menschlichen Kriterien zu messen, sondern sie ihnen zugleich als Handlungsmotivation zu unterstellen. Vermeintliche Tierpsychologen wie »Tiervater« Alfred Edmund Brehm schmückten ihre Beobachtungen mit Urteilen aus, die schlichtweg abenteuerlich waren. Wer Tieren auf diese Weise menschliche Handlungsmuster unterstellte, war geneigt, sie intellektuell zu überfordern und moralisch zu diskreditieren: »böse« Wölfe, »verschlagene« Luchse, »diebische« Elstern, »neckische« Ziegen und »unkluge« Känguruhs. Erst in der zweiten Hälfte des 20. Jahrhunderts etablierte sich unter dem Einfluß der Arbeiten von Konrad Lorenz eine wissenschaftliche Verhaltensforschung. Was früheren Beobachtungen an »Objektivität« ermangelte, sollte nun durch wissenschaftliche Methodik, minutiöse Beobachtungen, Messungen und Daten ersetzt werden. Die neuen Erkenntnisse waren beachtlich und prägen bis heute das wissenschaftliche Bild vom Tier. Das Problem der richtigen Tierbeobachtung schien gelöst.

Es schien so. Doch indem man die naive Einfühlung durch eine genaue wissenschaftliche Beobachtung ersetzte, verschob man zunächst einmal nur den Blickwinkel. An die

Stelle der erkenntnistheoretischen Naivität, Tiere nach menschlichen Empfindungen zu bewerten, trat die erkenntnistheoretische Naivität, Tiere nach Maßgabe menschlicher Wissenschaftsmethodik zu bewerten. Es besteht wenig Zweifel daran, daß die von der Lorenz-Schule entwickelten Theorien gegenüber naiver Einfühlung einen beachtlichen Fortschritt bedeuten: Sie beschreiben statt zu bewerten und messen statt zu spekulieren. Bedenklich jedoch werden solche Erkenntnisse, wenn sie die Sphäre der Beobachtungen und Messungen verlassen. Statt die Begrenztheit seiner wissenschaftlichen Vorgehensweise zu reflektieren, betrachtete Lorenz seine Ergebnisse als unbestreitbar »objektiv«, als wissenschaftliche Übereinstimmungen mit *der* Realität. Entsprechend wenig Skrupel hatte er dabei, aus seinen Beobachtungen moralische Konsequenzen zu ziehen: Sie entsprachen ja eins zu eins einer vorgegebenen Wirklichkeit. Daß Lorenz für sozialdarwinistisches Gedankengut ebenso anfällig war wie für die nationalsozialistische Rassentheorie, dürfte deshalb nicht weiter verwundern. Noch im hohen Alter glaubte der Nobelpreisträger, der Gesellschaft dadurch die Leviten lesen zu müssen, daß er aus biologischen Daten Rückschlüsse auf die Moral zog. Das ethische Problem der Kriminalität durch hohe Bevölkerungsdichte war danach dem Leben ebenso »objektiv« abgelauscht wie der sittliche Verfall der westlichen Zivilisation durch den Minirock.

Die Gefahr eines Mißverständnisses von Tieren hat demnach zwei Pole. Weder die naiv psychologisierende Einfühlung noch die ethologische Beobachtung vermitteln uns ein »objektives« Bild von ihrem Innenleben. Sie sind allenfalls unterschiedlich plausibel. Und natürlich gilt gleiches auch für Rückschlüsse von Tierbeobachtungen auf den Menschen: Sie sind Hypothesen. So wie jede Art von geisteswissenschaftlicher Theoriebildung sich verdächtig macht, wenn sie tatsächlich glaubt, Naturwissenschaftlern in ihr methodisches

Handwerk pfuschen zu können, so gerät naturwissenschaftliche Erkenntnis spätestens dort an ihre Grenze, wo sie aus ihren Daten moralisch schlußfolgert. Im Falle des Tieres bedeutet dies, daß es uns unzugänglich bleibt. Auch fünfzig weitere Jahre erfolgreicher Ethologie werden uns das Geheimnis des tierischen Bewußtseins nicht endgültig aufschlüsseln. Davon sind auch nahezu alle Neurobiologen fest überzeugt.

Doch wie sollen wir angesichts dieser biologischen Unkenntnis Wertungen über Tiere vornehmen, die wir angesichts des moralischen Chaos so dringend brauchen? Wie können wir auf der Basis einer solchen Unsicherheit moralisch urteilen: Darf ich Fleisch essen oder nicht? Sind Tierversuche ethisch vertretbar? Darf ich Tiere im Zoo zur Schau stellen?

Jenseits von Wurst und Käse

Oder: Welche Tierethik brauchen wir?

Wir irren vorwärts!
Robert Musil

Die Geburt der Bioethik aus dem Geist der Katastrophe

Moral ist ein Zauberwort. Es gibt Alltagsmoral, Gesinnungsmoral, Verantwortungsmoral, Klassenmoral, Vertragsmoral, Maximal- und Minimalmoral, Initialmoral, Kontrollmoral, Weibliche und Männliche Moral, Betriebsmoral, Moral für Manager, für Feministinnen und für Theologen.

An Moral gibt es keinen Mangel. Wann immer die Gesellschaft erkennt, daß sie ein neues Problem hat, entsteht postwendend eine neue Moral. Und erstaunlicherweise beruft sich eine jede neue Moral auf die immergleichen alten Werte: Sie appelliert an das Gewissen, schreit nach Verantwortung, fordert ein Mehr an Gleichheit und Demokratie, an Brüderlichkeit und Schwesterlichkeit. Aufrufe an das moralische Bewußtsein haben Konjunktur. »Der Ehrliche ist der Dumme« verkündete unlängst auflagenträchtig ein seine Bedeutung mißverstehender Fernsehmann und publizierte klug die Kronjuwelen der Philosophiegeschichte unter seinem eigenen Namen.

Wo mit Moral Kasse gemacht wird, besteht offensichtlich ein Bedürfnis. Woran dies nun liegt, am frommen Wunsch nach seelischer Läuterung, dem Hang zur Selbstbeobachtung oder der Verlegenheit unter dem Weihnachtsbaum – Aufrufe zum besseren Handeln finden ihren Weg ins Bücherregal des deutschen Staatsbürgers. Erstaunlich nur, daß, wenn es mit den schönen Worten vom Umdenken und der gesteigerten Verantwortung ernst wird, das Gesicht vieler Leute den Ausdruck inneren Widerstandes annimmt – und zwar mehr gegen das Umdenken als gegen die tatsächlich bestehenden Verhältnisse.

Wer moralisch denkt, teilt die Welt in zwei Bereiche: in das, was er achtet, und das, was er ächtet. Mehr als zwei Jahrtausende haben sich Philosophen damit herumgeplagt, unwiderlegbare Beweise dafür zu finden, wie sie diese Achtungs- und Ächtungskriterien endgültig zementieren können. Mit einem denkwürdigen Ergebnis: Denn einerseits entstand unter philosophischem Einfluß über Jahrhunderte hinweg ein modernes Moralsystem, wie der bürgerliche Rechtsstaat; andererseits blieb die ganze Konstruktion (zumindest in Deutschland) so brüchig, daß sie sich im Nationalsozialismus ohne größeres moralisches Aufbegehren im Handstreich aus den Angeln heben ließ. Und selbst überzeugte Liberale und Demokraten unter den zeitgenössischen Philosophen haben ernsthafte Zweifel daran, daß sich Grundwerte der Gesellschaft, wie die Menschenrechte, tatsächlich letztbegründen lassen.

Allem Anschein nach entsteht moralischer Fortschritt in einer Gesellschaft weniger durch die Vernunft als dadurch, breite Schichten der Bevölkerung für bestimmte Probleme zu sensibilisieren. Der Motor des sozialen Geschehens ist der Affekt. Oder, wie es der amerikanische Philosoph Richard Rorty einmal treffend formuliert hat: »Der moralische Fortschritt ist davon abhängig, daß die Reichweite des Mitgefühls immer umfassender wird. Er ist nicht davon abhängig, daß man sich über die Empfindsamkeit erhebt und zur Vernunft vordringt. Ebensowenig beruht er darauf, daß man, statt sich weiterhin auf niedrige und korrupte Provinzinstanzen zu berufen, an einen höheren Gerichtshof appelliert, der sich bei seinen Urteilen nach einem ahistorischen, an keinen Ort und keine Kulturgrenzen gebundenen moralischen Gesetz richtet.«

Nichts eignet sich so sehr dazu, die Reichweite des Mitgefühls auszuweiten, wie offensichtliche Katastrophen. Nicht ein Begründungsdefizit in der Moralphilosophie, sondern handfeste Skandale bewegen uns heute dazu, von der Notwendigkeit einer *Öko-* oder *Bioethik* zu sprechen. Die menschliche Art scheint umfassend bedroht. Überall lauern Probleme, die leicht zu Lawinen werden können. In bezug auf unsere Umwelt erschrecken uns die aufgeheizte Atmosphäre und die Zerstörung der schützenden Ozonschicht. Wie lange noch bis zum Hautkrebs? Versalzung und Überdüngung der Böden vergiften das Trinkwasser; die verpestete Luft schürt chronische Krankheiten wie Asthma und Pseudokrupp; abgeholzte Wälder drohen mit der Klimakatastrophe; aussterbende Tier- und Pflanzenarten verraten den verheerenden Zustand des Planeten. In bezug auf unsere Nutztiere ängstigen uns Krankheiten und Seuchen wie BSE. Schlägt hier die geknechtete und gefolterte Kreatur zurück? Zahlen wir die Zeche für unsere Greuel, biologisch verkümmerte Fleischberge zu züchten und Rinder mit gemahlenen Schafsköpfen zu füttern? Verkommen wir Zauberlehrlinge eines Tages selbst an den Hexereien unserer Massentierhaltung, an Antibiotika und Nikotin, Salmonellen und Tiermehl? Wann ereilt uns die nächste Katastrophe?

Die moderne Bioethik – und mag sie auch noch so sehr an das »Heilige« der *gesamten* Schöpfung appellieren, das Gemeinsame von Mensch und Tier vor aller sekundären Unterscheidung – entspringt der Sorge um den Erhalt einer einzigen Art: des Menschen. »Erst stirbt das Tier, dann der Mensch« droht es unheilvoll aus Kuhstall und Regenwald. Müssen wir nicht deshalb unsere liebgewonnene Unterscheidung zwischen der Natur »drinnen« und der Natur »draußen« aufgeben? Müssen wir lernen, wie es in den salbungsvollen Worten des Freiburger Öko-Theologen Günter Altner heißt, alle Natur, auch das ›Unkraut‹ in unserem Garten, als »Partner des Menschen« zu verstehen?

Wer sich auf diese Weise bedroht sieht, sucht nach neuen Evidenzen und neuen Werten. Kaum zehn Jahre benötigte der Wind des Zeitgeistes, die Saat der Begriffe »Öko« und »Bio« aus dem Hinterhof verlotterter Kommunen in den allgemeinen Vorgarten des deutschen Volksbewußtseins zu tragen. Für Biogemüse, Biofleisch und ökologische Landwirtschaft ist heute nahezu jeder. Es scheint, als habe sich der Naturbegriff der westlichen Zivilisation in einer geradezu dramatischen Weise verändert. Was geht hier vor? Erleben wir gegenwärtig die zweite große Welle, die Natur aufzuwerten, ähnlich jener ästhetischen Bewegung des späten 18. und frühen 19. Jahrhunderts, als aufgeklärte Stadtbürger den verlorenen Ursprung des Menschen in Trauerweiden, Weihern, Waldeseinsamkeit und Bergpanoramen zu entdecken glaubten? Ein Revival jener eigentümlich verqueren Natur-Sehnsucht, die im Zuge ungebrochen fortschreitender Industrialisierung und Ausbeutung die zerstörte Natur geschmackvoll als Schäferidylle und röhrenden Hirsch in Öl zurechtpinselte?

Was in den Tagen der Romantik Sache einzelner Dichter, Maler und Denker war, Ergüsse in Poesie, Literatur und bildender Kunst, übernehmen heute Profis der Werbe- und Freizeitindustrie. Ob Autos in der rauhen Einsamkeit norwegischer Fjorde oder südamerikanische Primaten, die zeigen, daß in der Werbung nichts unmöglich ist, indem sie für das Produkt eines japanischen Automobilherstellers den Affen machen müssen: Natur erscheint als ein positiver Wert. Clevere Reiseveranstalter entnehmen dem betrübten Naturfreund das tränenfeuchte Taschentuch und drücken ihm einen Flugschein nach Brasilien, Trinidad oder Botswana in die Hand. Ferienhäuser locken Touristen in die natürliche Kulturlandschaft toskanischer Hügel und dänischer Zauberinseln.

Kein Stadtwald, der bei schönem Wetter nicht von naturhungrigen Horden ziellos durchstreift wird. Jahr um Jahr erfüllen sich Hunderttausende deutscher Städter den Traum vom Leben auf dem Land.

Die Diagnose dieses kollektiven Wahns nach »Natur« ist bekannt. Die Entfremdung der Menschen der westlichen Zivilisation von der Natur ist Folge der technischen und ökonomischen Ausbeutung des Planeten. Was ehemals religiös und symbolisch besetzt war, wird heute materiell nach dem Geldwert bemessen. Rücksichtslose Plünderung der Rohstoffe, ein anthropologisch bedenklicher Fortschrittsglaube, das Gottvertrauen in den unbegrenzten Vorrat natürlicher Ressourcen zerschneiden das gewachsene Gefüge der Ökosysteme. Einerseits hat der technische Fortschritt im Rahmen des mechanistisch-materiellen Weltbildes die Menschen von vielen schädlichen direkten Einflüssen der Natur befreit. Er hat die Kindersterblichkeit verringert, Seuchen und Krankheiten, die Jahrhunderte, vielleicht Jahrtausende wüteten, sind heute keine Bedrohung mehr. Er hat den Lebensstandard in vielen Ländern erhöht, Luxus und Komfort ermöglicht. Zugleich aber hat er den Menschen von der Natur entfremdet. Allergien und Zivilisationskrankheiten vermehren sich wie die Pilze. Die meisten Menschen der westlichen Zivilisation vermögen mehr Autotypen voneinander zu unterscheiden als heimische Pflanzen. In ganz Mitteleuropa gibt es heute keinen »Urwald« und keine »Wildtiere« im eigentlichen Sinne mehr, allenfalls zivilisatorisch gewollte »Wildnis«. Doch nicht nur bei uns; die gesamte Oberfläche unseres Planeten ist Resultat menschlicher Kultur. »Ursprüngliche« Natur, die tatsächlich frei geblieben wäre von jedwedem menschlichen Einfluß, läßt sich nur noch fleckenweise finden. Und wenn man sie erst gefunden hat, ist auch sie nicht mehr unberührt.

Wer in den 90er Jahren des 20. Jahrhunderts eine Rückbesinnung auf die Natur fordert, muß sich demnach fragen lassen, welche »Natur« er eigentlich meint. Die Natur unserer Väter, unserer Vorväter, oder die Natur vor Auftritt des Menschen? Mit welch merkwürdigem Naturbegriff werfen wir um uns, wenn wir im Namen einer ursprünglichen und deshalb guten Lebensweise argumentieren, Bauernhöfe seien besser als moderne Agrarunternehmen? War die Einführung einer systematischen Landwirtschaft und Viehzucht nicht bereits ein entscheidender Einschnitt in die ursprüngliche Natur? Welchen Wald verteidigten die Kämpfer gegen die Startbahn-West des Frankfurter Flughafens? Einen tatsächlichen Urwald oder nicht vielmehr einen in Reihen gesetzten Speicher zur Zellulosefabrikation, kaum älter als gerademal einhundert Jahre?

Eine »Natur« im absoluten Sinne gibt es nicht. Wenn alles ohne gestalterisches Zutun des Menschen Entstandene und Gewachsene »Natur« ist, dann fallen Rothirsche, Bandwürmer, Viren, Gesteine, Moose und Krebsgeschwulste allesamt unter denselben Begriff. Doch bezeichnenderweise kümmert sich selbst der Natur*schutz* nicht um den Erhalt von Bandwurm und Krebsgeschwulst. Wie können wir sinnvoll von Bio-Gemüse und Bio-Fleisch sprechen, wenn alles Fleisch und Gemüse seiner Natur nach biologisch ist? Die als »gut« und schützenswert erachtete »Natur« ist ein Negativ-Begriff, geschmiedet als Waffe einer aus verunsichertem Eigennutz geborenen Kritik an den problematischen Herrschaftsmitteln des Menschen.

Dem gleichen Antrieb folgt die Bioethik. Seit Anfang der 70er Jahre entstehen in den westlichen Ländern einschlägige Forschungsinstitute mit dem Ziel, die Risiken und Grenzen des technischen Fortschritts in bezug auf seine langfristige Verträglichkeit mit dem globalen Ökosystem ethisch zu prüfen. Auch die Frage nach einer *Tierethik, Tierschutzethik* oder *Tierrechtsethik* ist Teil der Debatte um die allgemeinere Frage nach einer Bioethik. Diskussionen um den Eigenwert oder das »Recht« der Natur liefern wichtige Vorentscheidungen für das Problem, wie sich der Mensch gegenüber Tieren zu verhalten hat. Gibt es verantwortbare Nutzungsmöglichkeiten von Tieren, wie die Verwendung von Tieren als Nahrung? Ist es vertretbar, Tiere zu Zwecken menschlichen Wohlergehens schmerzhaften oder tödlichen Experimenten auszusetzen? Ist Tierhaltung in Menschenhand aus ethischen Gründen abzulehnen? Zusammengefaßt: Dürfen wir angesichts eines wie auch immer begründeten »Wertes« der Natur Tiere für die Befriedigung menschlicher Bedürfnisse töten und nützen?

Definierte Mitgeschöpfe

Einsam steht es da; das warme Wort im kalten Text: »Zweck dieses Gesetzes ist es, aus der Verantwortung des Menschen für das Tier als *Mitgeschöpf* dessen Leben und Wohlbefinden zu schützen.«

Seit 1986 schmückt sich das deutsche Tierschutzgesetz mit dem Begriff der »Mitgeschöpflichkeit«, einem Pietisten-Wort des späten 18. Jahrhunderts. Was darunter im einzelnen zu verstehen ist, regelt das Kleingedruckte. So etwa ist es mit der Mitgeschöpflichkeit durchaus vereinbar, Tiere in chemischen Labors mit Elektroschocks zu Tode zu foltern, am lebendigen Leib zu verätzen, zu verstümmeln und zu vergiften, in Drahtkäfige einzupferchen und ihres Pelzes wegen zu vergasen.

Nur von Zeit zu Zeit dringt das Blöken der Rinder und Wimmern der Versuchstiere aus ihren Stehsärgen und Batterien hinaus an die Öffentlichkeit, und aufgeschreckte Parlamentarier fühlen sich trotz des in der Bundesrepublik international noch vergleichsweise hohen Tierschutzniveaus irgendwie nicht so richtig wohl.

Jedesmal, wenn die Welle der Skandale und des Protestes erneut aufbraust, entsteht ein neuer Gesetzentwurf. Zuerst 1972, dann 1986, 1990, 1993 und seit November 1996 nun die fünfte Novelle der Nachkriegszeit. Wichtigster Vorschlag für die Verbesserung des Schutzgesetzes ist das Verbot von Tierversuchen für sämtliche Kosmetika, was bisher nur für »dekorative« Kosmetika galt. Und Vierzehnjährige müssen zwei weitere Jahre warten, bis sie einen Guppy oder einen Goldfisch käuflich erwerben dürfen. Um bei der Neudefinition der Mitgeschöpflichkeit nicht gleich ins Unmaß zu verfallen, erleichtert der Bundeslandwirtschaftsminister im Gegenzug die medizinische Forschung an Versuchstieren. Die Genehmigungszeit für Forschungsvorhaben wird generell auf drei Monate begrenzt, das Verfahren beschleunigt. »Sachkundigkeit« im Umgang mit Tieren müsse in Zukunft durch bessere Ausbildung erreicht werden.

Das Unmenschliche an der Novelle sind weniger ihre kleinen Schönheitskorrekturen als das, was fehlt: eine verschärfte Bestrafung von Tierquälerei, ein Verbot oder die Einschränkung von Massentierhaltung und Legebatterien; ein generelles Verbot, Pelztiere zu züchten oder Gänsehälse für Pasteten zu stopfen; eine Aufhebung der reihenweisen Ausnahmen, die zahlreiche Verbote ad absurdum führen. Vor allem anderen aber: eine Definition dessen, was der Gesetzgeber unter jenen undefinierten »vernünftigen Gründen« versteht, nach denen jedermann seinen definierten Mitgeschöpfen »Schmerzen, Leiden oder Schäden zufügen« darf.

Es gehört zu den Merkwürdigkeiten der Tierschutz-Diskussion, daß trotz einer breiten Zustimmung in der Bevölkerung, die Bestimmungen des Gesetzes zu verschärfen, im Grunde genommen kaum etwas passiert. Nach Umfrage des Forsa Instituts im Auftrag der WOCHE stimmten bereits im September 1993, lange vor Schweinepest, Nikotin-Hühnern und Rinderwahnsinn, 84 Prozent aller Bundesbürger zu, den

Satz »Tiere werden als Lebewesen geachtet« im Grundgesetz festzuschreiben. Erstaunlicherweise befürworteten dies immerhin 75 Prozent der CDU-Anhänger und 81 Prozent der FDP-Anhänger, also Wähler der damaligen Regierungskoalition, die von solchen Vorschlägen partout nichts hören wollte.

Gründe für die aktuelle Debatte um das »Recht der Tiere« gibt es genug. Aus soziologischer Sicht verwundert es wenig, daß in einer zu immer geringerem Teil agrarisch strukturierten Gesellschaft in Westeuropa vor allem jüngere Generationen sich von der ökonomischen Verwertung von Tieren distanzieren. Die Selbstverständlichkeit, Tiere zu schlachten, verliert ihre Verständlichkeit. Auch macht das Ernährungsangebot auf dem heutigen Markt es leichter als je zuvor, auf Fleisch zu verzichten. Schweinepest, Salmonellen und »Rinderwahnsinn« tun ihr übriges. Nach einer Studie des Landwirtschaftlichen Bildungszentrums Nordbayerns verzichten fünf Prozent der befragten 14-28jährigen auf fleischliche Ernährung. Der durchschnittliche Konsum von Rind- und Schweinefleisch ist schon seit zehn Jahren rückläufig. Die Zahl der Metzgerlehrlinge und Fleisch-Fachverkäufer sinkt stetig. »Der Ruf der Branche«, beklagt beispielsweise Artur Tybussek, Geschäftsführer der Kölner Fleischer-Innung, »liegt am Boden. Es gibt schon lange einen Trend gegen Fleisch.« Tierische Kost, das Jahrtausende alte Symbol völkischen und persönlichen Wohlstandes, erscheint zunehmend bedenklich: gesundheitlich wie moralisch.

Immerhin, noch stellen Fleischesser in der Bundesrepublik wie in allen anderen westlichen Ländern die große Mehrheit. Obwohl sich die modernen Gesellschaften Westeuropas und Nordamerikas zu einem nicht unwesentlichen Teil der Macht der Moral verdanken, allem voran der Aufklärungsphilosophie des 18. Jahrhunderts, zeigen sie sich gegenüber moralischem Fortschritt nur begrenzt aufgeschlossen. Das Beharrungsvermögen einer etablierten Moral ist ein Kennzeichen von Macht. Solange es gelingt, die Verteilungskämpfe im Land so zu regeln, daß der größere Teil der Bürger, bei aller vordergründigen Kritik, zufrieden bleibt, haben alternative Moralkonzepte einen schwierigen Stand.

Vielleicht müßte man einmal der Frage nachgehen, warum die Menschen lieber »gut« sein *wollen*, als es zu sein. Was auch immer Moral ihrer offiziellen Definition nach sein mag, sie ist wohl auch eine Psychotechnik. So ist es durchaus möglich, sich eine lange Zeit in einem kleinen Teilbereich des Handelns »schlecht« zu fühlen. Und es dürfte ebenfalls angehen, sich in einem großen Bereich für eine kurze Zeit »schlecht« zu fühlen. Aber sich in einem großen Bereich immerzu »schlecht« zu fühlen, verträgt wohl kaum eine Psyche. Menschen, ob sie sich selbst nun lieben oder nicht, verwenden alle Zeit und Energie darauf, so zu sein, wie sie sind. Kaum jemand hat Lust, dieses Lebenswerk infrage zu stellen dadurch, daß er sich selbst als Praktiker einer Doppelmoral oder einer lebensfeindlichen Perversität outet. Mag sein, daß, wie Albert Schweitzer meinte, das gute Gewissen »eine Erfindung des Teufels« ist. Doch da sich wohl kaum ein Mensch ohne gutes Gewissen wohl fühlt, sorgte die menschliche Psychotechnik immer schon für einen Ausweg, sich neuen moralischen Anforderungen gegenüber zu behaupten. Die bewährte Strategie dafür ist, es im Zweifelsfall bei dem zu belassen, was vor der moralischen Versuchung das Handeln bestimmte. Die stärkste Kraft zur Stabilisierung der Moral sind die Gewohnheit und das Umfeld.

Im Falle unseres Umgangs mit Tieren ist die Lage vor allem deshalb so verzwickt, weil man die Kehrseite unserer Lebensgewohnheiten gemeinhin nur aus dem Fernsehen kennt, oder, ebenso beiläufig, von Mahnplakaten gutwilliger Tierfreunde beim Samstagseinkauf in der Stadt. Kein Zweifel, daß in einer emotional kultivierten Gesellschaft wie der unsrigen nur wenige Menschen fähig sind, psychisch und technisch ein Rind oder Schwein zu töten. Doch bezeichnenderweise wird dies ja auch von den meisten nicht verlangt. Wenn wir ohne Skrupel die Vorteile von Massentierhaltung und Tierversuchen genießen, so also vor allem deshalb, weil wir das Leiden selten sehen und daher gut verdrängen können. Bereits seit langer Zeit schonen wir, wie der Philosoph Jean-Claude Wolf es formuliert, unsere Empfindlichkeit: »... in bezug auf den Anblick und das Erleben von Leiden und Sterben und auf den Trend zur Ausgrenzung von Tod und Leiden in geschlossene Außenräume: das Anstößige wird exterritorialisiert. Wir leben in einer bemerkenswerten Zerrissenheit, die sich in vielen Bereichen abzeichnet: Verabscheute Dinge und Handlungen werden dem Blick der Öffentlichkeit entzogen und im Verborgenen verwaltet. In der Psychiatrie, im Strafvollzug und in der Massentierhaltung findet eine Exilierung und administrative Bürokratisierung von Vorgängen statt, deren Anblick wir nicht ertragen, obwohl wir auf ihre Vorteile nicht verzichten wollen. Damit werden nicht die Exilierten – das heißt zum Beispiel die in den Versuchslaboren und Tierfabriken vegetierenden und in Schlachthäusern getöteten Tiere – geschont, sondern die zarten Gefühle der Normalverbraucher. Unter solchen Bedingungen ist der bloße Appell an Gefühle wirkungslos!«[1] Wer dem Blick in die Orte der Quälerei und des Leidens ausweichen kann, kommt leicht daran vorbei, sich Gedanken über die Gefühle jener Tiere machen zu müssen, die ihm als formverpacktes Schnitzel, Brathähnchen oder glänzender Pelzmantel als Reste gelebten Lebens entgegentreten. Im Kotelett auf dem Teller bleibt wenig erhalten vom sensorischen und kognitiven Apparat eines Lebewesens, das jenem des geliebten Terriers oder der Perserkatze in nichts nachsteht.

Tierschutz, Tierrecht und Artenschutz

Die allgemeinste Form der Kritik an den Schattenseiten unseres Umgangs mit dem Tier findet sich im Tierschutz. Tierschutzvereine haben eine sehr große Klientel. So versammelt Deutschlands größter Dachverband, der Deutsche Tierschutzbund, eine halbe Million Mitglieder, organisiert in über 700 Vereinen. Keine dieser Initiativen verlangt von ihren Mitgliedern, daß sie konsequent auf fleischliche Ernährung verzichten oder gewaltsam gegen Tierversuche und Jagdgesellschaften vorgehen. Im Gegenteil hält der Deutsche Tierschutzbund Versuche an Labortieren für zulässig, reduziert freilich auf ein »unerläßliches Maß«. Wiederholt erinnerte der prominente Tierschützer Bernhard Grzimek seine Leser und Zuschauer an die Notwendigkeit des Tierversuchs; sein Fernsehkollege Heinz Sielmann verteidigte die Jagd als Beitrag zum Naturschutz; in der Führungsetage des WWF finden sich zahlreiche passionierte Jäger, bekannt vor allem durch die einschlägigen Streitereien im englischen Königshaus. Der WWF-Vorsitzende und ehemalige Chef des Frankfurter Tierschutzvereins, Prinz Casimir zu Sayn-Wittgenstein, hielt Tierschutz sogar mit seinen privaten Legebatterien für vereinbar.

Vornehmlich Mitleid treibt Tierschützer dazu, sich für das geachtete Lebewesen zu engagieren; ein Gefühl, geboren aus dem Geist des Pietismus und seit etwa 200 Jahren der Motor des Tierschutzes. Mit unterschiedlichem Schwerpunkt bemühen sich die Gruppierungen darum, die Mißstände zu beseitigen, die Tieren unnötiges Leid zufügen: zwecklose Quälereien, fahrlässige Tötungen und die mitunter erbarmungslosen Folgen des menschlichen Kosten-Nutzen-Denkens. Die Demarkationslinie zwischen Tierschutz und jeder weitergehenden Kritik ist jene zwischen einer konservativ-bewahrenden und einer alternativ-sozialkritischen Werthaltung. Schon aus seiner Geschichte heraus ist Tierschutz, wie der Blick auf seine Kritiker verrät, eine Angelegenheit »bürgerlichen« Mitleids. Ohne Mühe setzten Marx und Engels, denen die Sache des Tieres schlicht »bourgeois« war, die »Abschaffer der Tierquälerei« auf eine Stufe mit »Wohltätigkeitsorganisierern«, »Mäßigkeitsvereinsstiftern« und philanthropischen Gefängnisreformern.

Tierschützer kritisieren zwar die Folgen, aber nur selten die Ursachen der rücksichtslosen Ausbeutung von Tieren. Zur Debatte steht hier ein Grundwert des bürgerlichen Liberalismus: die menschliche Handlungsautonomie gegenüber der Natur. Sie hat eine historische Dimension und ist zugleich eminent politisch. So zweifelt, wer das kapitalistisch-liberale System und seine Lizenz zur Ausbeutung der Ressource »Tier« in Frage stellt, notgedrungen am Wertesystem unserer Gesellschaftsordnung. Dieser Schritt aber geht konventionellen Tierschützern zu weit.

Den vorsichtigen Reformern des Tierschutzes entgegengesetzt sind die »Tierrechtler«. Auch sie blicken zurück auf eine zweihundertjährige Geschichte, spielten aber als organisierte Bewegung bis vor etwa 20 Jahren nahezu keine Rolle. Ihr bekanntester Vertreter in der Geschichte war der Amerikaner Henry Salt (1851-1939). Anders als die Tierschützer glaubte Salt, aus der in der Mitte des 19. Jahrhunderts aufgestellten Evolutionstheorie Darwins radikale Konsequenzen ziehen zu müssen. Hatte Darwin nicht die nahe Verwandtschaft zwischen Mensch und Tier eindeutig erwiesen? Und geht es da noch mit rechten Dingen zu, die moralische Grenze zwischen Mensch und Tier in ihrer veralteten, nichtevolutionistischen Form aufrechtzuerhalten? Nach Salts Ansicht verdient jedes empfindungsfähige Lebewesen ein Recht auf freie Entfaltung. Schmerzhafte Tierversuche sind demnach ebenso unzulässig wie der Verzehr von Fleisch.

Im gleichen Sinne wie Salt argumentieren auch heutige

Tierrechtler. Anders als der konventionelle Tierschutz verstehen sie sich ausdrücklich als eine »Befreiungsbewegung«. »Tiere«, sagt Silke Ruthenberg, Vorsitzende der Tierrechts-Initiative *Animal Peace*, »haben einen gleichen Anspruch auf jene Schutzzäune, mit denen unsere Gesellschaft alle menschlichen Individuen umgibt, unabhängig von ihrer jeweiligen Geschlechts- oder Rassenzugehörigkeit, Intelligenz oder Haarfarbe. Diese Schutzzäune um das Individuum sind Rechte. Wenn das Geschlecht oder die Rasse kein moralisches Kriterium ist, um Wesen die elementaren Rechte zu verweigern (wie es in den Sklavenhaltungsgesellschaften der Fall war), dann darf es die Artzugehörigkeit auch nicht sein. Auch Tiere haben ein Recht auf Leben, auf Freiheit und auf körperliche Unversehrtheit, weil sie mit uns das elementare Interesse daran teilen.«[2]

30.000 Mitglieder zählt Deutschlands größte Tierrechts-Organisation, die 1987 gegründete Initiative *Animal Peace*. Neben Ortsverbänden in mehr als zwanzig deutschen Städten gibt es die Tierrechtler mittlerweile auch in Italien, Österreich, der Schweiz und in Luxemburg. Seit fünf Jahren erfreut sich Amerikas größter Tierrechtsverband *PeTA* (*People for the Ethical Treatment of Animals*) auch in Deutschland regen Zulaufs. Tierrechtsbewegungen bestehen in den meisten westeuropäischen Staaten, besonders zahlreich in den protestantischen Ländern, wie den Niederlanden, in Skandinavien und in England.

Die Bewegungen liegen im Trend. Innerhalb kurzer Zeit öffneten sich Großbritanniens große Verbände, die *BUAV* (*British Union for the Abolition of Vivisection*) und die *NAVS* (*National Anti-Vivisection Society*) dem neuen Tierrechtsgedanken. In Schweden und Norwegen hat die *Nordische Gesellschaft gegen schmerzhafte Tierversuche* die Rechte der Tiere auf ihre Fahnen geschrieben. Unter dem Druck der Öffentlichkeit und dem entschiedenen Einsatz von Astrid Lindgren änderte Schweden vor fünf Jahren schließlich das nationale Tierschutzgesetz. Statt wie in Deutschland den Handlungsspielraum des Menschen gegenüber dem Tier zu bestimmen, spricht das schwedische Gesetz den Tieren selbst erklärte »Rechte« zu. Das Recht auf einen entsprechend großen Lebensraum, auf Freiluftaufenthalte und ähnliches.

Überzeugte Tierrechtler verzichten nicht nur auf Fleisch; viele von ihnen leben »vegan«, ein amerikanisches Kunstwort für die völlige Ablehnung aller tierischen Erzeugnisse: von Wollpullover und Lederschuhen, Bienenhonig und Molkereiprodukten. Die meisten von ihnen sind jung, vielfach unter dreißig. Was auch immer ihr persönliches Motiv sein mag, sich in dieser radikalen Form für Tiere zu engagieren: eine Form von Weltschmerz, die Hoffnung auf ethische Selbstreinigung, Spaß an der politischen Aktion oder eine prinzipielle Oppositionshaltung – ihre ethische Konsequenz ist philosophisch durchaus nicht mit leichter Hand zu entwaffnen. Unübersehbar ist dabei auch die Parallele zwischen dem Boom der Tierrechtler und der Studentenbewegung der 68er. Gemeinsam ist ihnen der Angriff gegen das herrschende Politikverständnis; die Sehnsucht der Wohlstandskinder nach einer aus ihrer Sicht umfassenderen Gerechtigkeit. Und ähnlich wie die Generation ihrer Eltern suchen die Kindeskinder von Marx und Coca-Cola die Gesellschaft auf der Basis einer konsequenten Ethik zu revolutionieren; ein Projekt, das leicht radikalisiert. Im Umfeld der als »gemeinnützig und förderungswürdig« eingestuften Tierrechtsinitiativen wie *Animal Peace* gibt es mittlerweile autonome Gruppen von hoher Gewaltbereitschaft, die von umgesägten Hochsitzen über eingeschlagene Schaufenster von Metzgereien bis zu Morddrohungen reicht. Kriminelle britische Untergrundgruppen wie die *Animal Rights Militia*, das *Justice Department* oder die *Animal Liberation Front* schreckten die britische Öffentlichkeit in den vergangenen Jahren mit Brandanschlägen und Briefbomben.

Tierschutz-Funktionären wie Wolfgang Apel vom Deutschen Tierschutzbund sind solche Aktionen ein Greuel. Sie befürchten die Kriminalisierung des Tierschutzes in der Öffentlichkeit und warnen vor »Tierschutzterrorismus«. Radikale Mittel zur Durchsetzung eines »gerechten« Umgangs mit Tieren werden von Tierschützern generell abgelehnt, ganz gleich, ob nun Gewalt gegen Personen oder gegen Sachen. Auch richtet sich die Kritik des Tierschutzes weniger gegen die Gesinnung oder die Absichten von Massentierhaltern und Laborexperimenteuren; ihnen geht es allein um das subjektiv-psychische Wohlbefinden der Tiere. Doch gerade darin liegt nach Ansicht vieler Tierrechtler die Crux. Ein Tierschutz, der sich allein gegen Unmaß und Auswüchse stark mache, lasse im Grunde genommen alles beim alten. Das Unrecht gegenüber Tieren werde auf diese Weise nicht angetastet.

Besonders hart wird die Kontroverse zwischen Tierschutz und Tierrecht bei all den Fällen, wo Tierschützer das Töten von Tieren wohl oder übel für richtig halten. Befürworteter Tiertod beginnt bei Ratten in der Kanalisation oder der Vergiftung von Tauben, geht über die Schlachtung von Nutztieren und endet bei der Jagd. Naturschützer wie Einhard Bezzel setzen sich mit wirtschaftlichen Argumenten für die »Dezimierung« überzähliger Wildtiere ein: »Erstaunlicherweise genießen manche Tiere, die wirtschaftliche und ökologische Schäden in fast schwindelerregender Höhe verursachen, in unserer Gesellschaft eine Vorzugsbehandlung, die alle ernsthaften Naturschützer und Tierfreunde veranlassen, sich für ihre Dezimierung nachdrücklich einzusetzen. Reh, Rothirsch und Gemse sind traditionell beliebt, gelten als romantische Galionsfiguren für Wald und Gebirge und können sich einer starken Lobby erfreuen.« [3] Daß der Bestand dieser Tiere in der Vergangenheit nicht stärker »dezimiert« wurde, hält Bezzel für einen schweren Fehler.

Erscheinen die Fronten zwischen Tierrechtlern und Tierschützern schon unversöhnlich, so verhärten sie sich noch einmal zusätzlich, wenn es um Natur- und Artenschutz geht. Anders als im Tierschutz ist im Naturschutz das subjektive Wohlbefinden der Tiere von ziemlich untergeordnetem Interesse. Für Artenschützer steht außer Frage, daß der Mensch mit allen zu seiner Verfügung stehenden Mitteln jene Folgen bereinigen muß, die er selbst durch Störung ökologischer Gleichgewichte verursacht hat. Von Menschen auf Inseln eingeschleppte Tiere sind dafür ein prägnantes Beispiel. So haben Kaninchen in Australien und Ratten, Marder und Füchse auf Neuseeland zahlreiche heimische Tiere ausgerottet. Gleiches gilt für zahlreiche Südseeinseln, deren Fauna durch menschliche Haustiere bedroht wird. Aus Sicht des Artenschutzes steht fest, daß der Zweck das Mittel heiligt, die eingeschleppten Tiere zu töten. Die Erhaltung der Art ist ihnen im Zweifelsfall wichtiger als das Individualwohl einzelner Tiere.

Als Artenschützer Mitte der 80er Jahre die letzten freifliegenden Kalifornischen Kondore einfingen, um mit dem noch verbleibenden Dutzend ihrer Artgenossen in Menschenobhut eine neue Population aufzubauen, gingen Vertreter der amerikanischen Naturschutzorganisation *National Audubon Society* auf die Barrikaden. Anstatt »Unsummen« für den Erhalt des riesigen Greifvogels auszugeben, traten sie dafür ein, die letzten Geier »in Würde sterben zu lassen«. Die Erhaltungszüchter setzten sich durch. Mit einem Aufwand von über 60 Millionen Mark wurden die Tiere auf ihr Leben in Freiheit vorbereitet. Doch statt mit majestätischem Flügelschlag über der Sierra Nevada zu kreisen, hockten die letzten Vertreter ihrer Art zunächst an den Raststätten der Highways und Touristenzentren, um den Zivilisationsmüll der Abfallkörbe zu plündern. Machen solche Wiederansiedlungen einen Sinn?

Aus Sicht der Tierrechtler verfügen Artenschützer über das seltene Geschick, zwei einander widersprechende Gedanken so in ihrem Bewußtsein zu speichern, daß sie dort nie zusammentreffen. Wozu betreibt man Artenschutz, wenn es gar nicht um das höchste Gut der Tiere, ihr individuelles Glück, geht? Warum müht man sich dann überhaupt noch ab?

Der Konter der Natur- und Artenschützer ist der Verweis auf den ökologischen Gesamtzusammenhang der Natur, der um jeden Preis gewahrt beziehungsweise wiederhergestellt werden soll. Das ist nicht selten ein durchaus schlüssiges Argument, gilt aber zum Beispiel im Fall des Kalifornischen Kondors nicht. Die Ausrottung des Kondors hinterließ keine erkennbaren ökologischen Folgen. Begründungen, die den Lebenswert von Tieren allein auf ihrer Funktion im ökologischen Zusammenhang aufbauen, sind also ziemlich problematisch. So hat Jean-Claude Wolf zu Recht darauf hingewiesen, daß gewisse Bakterien eine wichtigere und heilsamere Rolle zum Bestehen des ökologischen Gleichgewichts leisten als die Menschen; eine Tatsache, »welche im Rahmen einer solchen Konzeption im Konfliktfall dem Überleben der Bakterien vor dem der Menschen den Vorzug zu verleihen scheint«.[4]

Was Tierrechtlern auf der einen Seite an ökologischem Denken zu fehlen scheint, wirkt auch auf der Seite der Natur- und Artenschützer nicht immer ganz ausgegoren. Beide appellieren an einen »Wert« der Natur, den es zu erhalten gilt. Doch während Einzellebewesen aus ökologischer Sicht Biokatalysatoren für Stoff- und Energieumsätze sind, erscheinen sie in den Augen der Tierrechtler als mit Menschenrechten ausgestattete Individuen. Worin also liegt der »Wert« der Natur? Im großen Ganzen oder in jedem Einzeltier?

Konfrontiert man Natur- und Artenschützer mit solchen Fragen, verweisen sie das hier formulierte philosophische Problem gern in den Bereich der Theorie, die allenfalls handlungslähmend wirkt. Sie selbst bezeichnen sich als Realisten, die wenig Lust dazu haben, sich über ethische Fundamentalfragen von Individuen Gedanken zu machen. Wohin soll denn die »Befreiung der Tiere« führen? Würde man alle allein in Deutschland gehaltenen Nutztiere aus Tierfabriken und Bauernhöfen befreien, also 43 Millionen Legehennen, 45 Millionen Stück Mastgeflügel, 25 Millionen Schweine und 16 Millionen Rinder, wo sollten wir damit hin? An welchem Ort wollen Tierrechtler die befreiten Zoo- und Zirkustiere aussetzen, die sich vielfach überhaupt nicht mehr in der Natur zurechtfänden?

Bestehende Verhältnisse setzen Utopien enge Grenzen. Allem Anschein nach bedarf die Natur der menschlichen Regulation, um durch sie zu werden, was sie einmal war, obgleich sie gerade durch sie zu dem geworden ist, was sie heute ist. Doch so alternativlos das Töten von Tieren aus Sicht des Naturschutzes heute scheint, es dürfte keinesfalls Grund genug sein, sich über die ethische Frage des individuellen Lebensrechtes nur wenig Gedanken zu machen. Entspricht es tatsächlich einer ethisch sensiblen Abwägung von wissenschaftlichem Nutzen und tierischem Individualwohl, Zehntausende nordamerikanischer Elche mit Betäubungsgewehren niederzustrecken, um sie zu markieren? Wie groß müßte der wissenschaftliche Zugewinn mutmaßlich sein, um solch massive Eingriffe zu rechtfertigen? Fühlt sich der Eisbär mit Halskrause und Mini-Sender tatsächlich so wohl, wie uns der Naturschützer im Dokumentarfilm beschwichtigend versichert? Macht es einen wie auch immer begründeten ethischen Sinn, das Abschlachten von gefleckten Katzen anzuprangern, ohne gleichzeitig darauf hinzuweisen, daß das Leben von Nerzen und Chinchillas zweifelsohne genauso bewahrenswert ist?

Es gibt vorsichtigere Kritik am ethischen Selbstverständnis des Artenschutzes als jene von Helmut Kaplan. Ohne zu zögern setzt der österreichische Tierrechtler hier zu einem seiner Faschismus-Vergleiche an, die in der Tierrechtsdiskussion auf beiden Seiten als Totschlag-Argumente beliebt sind. Wer die Welt aus den Augen eines Artenschützers sehe, so Kaplan, könne auch durchaus der Ansicht sein, daß »an den Konzentrationslagern nichts auszusetzen gewesen« wäre, solange Hitler nur »dafür gesorgt hätte, daß die Juden nicht insgesamt aussterben«.[5] Von der Gleichsetzung von Tierrecht und Menschenrecht bis zur Unterstellung, Tierschützer seien gutmeinende Faschisten, ist es mitunter nur ein kleiner Schritt.

Gleiches Recht für alle?

Die fundamentale Frage bei der Entscheidung zwischen Tierschutz und Tierrecht ist die Einschätzung des moralischen Status von Tieren. In welchen Gesellschaftsbereich gehören Tiere? Nach Ansicht von Tierrechtlern gibt es kein vernünftiges Argument, Tiere in der Moraldiskussion außen vor zu lassen: Nicht die praktische Überlegenheit, nicht die Vernunft, keine Seele und kein prinzipiell unvergleichbares Bewußtsein entrücke den Menschen so weit aus der Tierwelt, daß er die »anderen Arten« aus seiner Moral ausklammern könne. Der entscheidende Maßstab für den Vergleich nämlich sei die Biologie. Und hier wiederum sei nach Darwin gewiß, daß ein kategorischer Unterschied von Mensch und Tier nicht bestehe.

Der Maßstab der Biologie macht Mensch und Tier auf eine Weise vergleichbar, die dem *mainstream* der abendländischen Moralphilosophie heftig widerspricht. Seit den 70er Jahren sprechen Richard D. Ryder und der australische Philosoph Peter Singer vom »Speziesismus« unseres traditionellen Denkens. Ähnlich wie der fanatische Rassismus verschuldet auch hier der Glaube an die biologische Auserwähltheit der eigenen Art/Rasse, daß andere sensitive Lebewesen als minderwertig unterdrückt werden. Weil die einzigartige Vorrangstellung des Menschen gegenüber dem Tier nach Ansicht Singers biologischer Unsinn ist, verurteilt er sie als einen moralischen Skandal: »Andere Kreaturen auf unserem Planeten haben auch Rechte. Wir haben immer angenommen, wir seien berechtigt, uns über ihre Interessen hinwegzusetzen, doch diese kühne Annahme ist einfach – ›speziesbezogener Egoismus‹. Wenn wir behaupten, man müsse ein Glied der menschlichen Rasse sein, um Rechte zu haben, und das sei alles, was sagen wir dann dem Rassisten, der darauf besteht, man müsse ein Glied der kaukasischen Rasse sein, um Rechte zu haben, und das sei alles? Umgekehrt jedoch, wenn wir erst einmal zustimmen, Rasse *an sich* sei nicht bedeutsam, wie kann es dann Spezies geben?«[6]

In seiner Neubegründung einer »nichtspeziesistischen« Moral stellt sich Singer in die liberal-demokratische Tradition des philosophischen Utilitarismus. Im Namen der Gleichheit und des Rechts auf Glück hatten Denker wie Jeremy Bentham (1748-1832) und John Stuart Mill (1806-1873) sich für die Rechte der Mißachteten engagiert, für Sklaven, Frauen und eben auch für Tiere. Und da vor allem die Befreiung der Tiere heute noch immer auf sich warten läßt, hält Singer den Gedanken, die Moralphilosophie konsequent auf Tiere auszudehnen, für ein »bedeutsames Stadium in der Entwicklung menschlicher Ethik«.

Singers Argument gegen den »Speziesismus« ist die Unmöglichkeit, den uneingeschränkten Herrschaftsanspruch des Menschen gegenüber den Tieren vernünftig zu begründen. Kriterien wie Vernunftbegabung, Handlungsautonomie, Sprachfähigkeit oder Gerechtigkeitssinn tun der Sache des Menschen nur einen schlechten Dienst. Kleinkinder oder Schwerstbehinderte verfügten über weniger Vernunft und Autonomie als ein

Schwein. Gehören sie folglich nicht zur menschlichen Moralgemeinschaft? Haben wir das Recht, aus ihrer fehlenden Vernunft abzuleiten, Kleinkinder für Tafelfreuden zu mästen oder als Versuchsobjekt für die Wirkung eines neuen Shampoos zu mißbrauchen? Was wir aus guten Gründen mit Menschen nicht zu tun bereit sind, dazu sollten wir auch nicht Tiere mißbrauchen. Auch sie empfänden Leiden und Freuden, und das sei mithin das einzige und zugleich alle Artgrenzen überschreitende Kriterium für das Recht auf Leben und Glück.

Tierrechtler wie Helmut Kaplan berufen sich auf Singer, wenn sie einfordern, der Mensch solle endlich seine »Zwei-Klassen-Ethik« abschaffen, eine »Hauptethik für den Menschen und eine Nebenethik für die Tiere«. Ethische Verpflichtungen müßten ohne jede Einschränkung auch auf Tiere ausgedehnt werden. Während Singer höherentwickelte Tiere und Menschen gemeinsam unter den Begriff der »Person« faßt, verfährt Kaplan umgekehrt – er stellt die »unantastbare Würde« des Menschen in Abrede: »Beim verzweifelten Versuch, das Geheimnis der Menschenwürde tiefer zu ergründen, kann sich einem zuweilen der Verdacht aufdrängen, daß es mit der Unantastbarkeit der menschlichen Würde eine fatale Bewandtnis haben könnte: Vielleicht ist sie nur deshalb unantastbar, weil es sie gar nicht gibt!«[7] Auf ihre Weise kommen Singer und Kaplan zu dem gleichen Ergebnis: Der Lebenswert eines Lebewesens ist abhängig vom Zustand seines sensitiven und kognitiven Apparates. Ein Schäferhund hat demnach ein unbedingtes Lebensrecht, ein Embryo oder ein Schwerstbehinderter hingegen nicht.

Für das »humanistische« Selbstverständnis liberal-demokratischer Gesellschaften sind Singers und Kaplans Thesen eine Provokation. Wer die Erfahrung von der Abwertung von Schwerstbehinderten zu sogenanntem »lebensunwerten Leben« im Hitlerfaschismus kenne, wird ihnen entgegengehalten, müsse sich hüten, solche Thesen in den Raum zu stellen. Seine Gegner unterstellen Singer, dessen jüdische Großeltern selbst Opfer des faschistischen Holocaust geworden waren, eine verbrecherische Nazi-Gesinnung. Der Tierrechtler erkaufe die Rechte der Tiere mit dem Blut unschuldiger Menschen.

Die neue Ordnung einer Solidargemeinschaft von Menschen und höherentwickelten Tieren hat also einen höchst umstrittenen Preis: Sie rüttelt am Sockel der abendländisch-humanistischen Moral. Und da diejenigen, die dies zuletzt in Deutschland taten, Völkermörder und Kriegsverbrecher waren, fällt die Polemik gegen Singer leicht. Doch wie auch immer man zu Singers Thesen steht, kaum ein anderer Philosoph der Gegenwart hat der Moralphilosophie in solcher Schonungslosigkeit den Spiegel der Selbsterkenntnis vorgehalten. Die Grenzen der Moral sind nicht durch die Vernunft begründet, sondern zu einem wesentlichen Anteil durch den Artegoismus. Keine der in Deutschland zur Zeit aktuellen Ethiken, weder die Habermassche »Diskursethik« noch Karl Otto Apels »Transzendentalpragmatik«, lassen tatsächlich durchscheinen, wie sehr in jeder Vernunfttheorie biologistische Züge artegoistischen Denkens wirksam sind. Mit einem bloßen Hinweis auf Vernunft lassen sich Singers Ansichten deshalb auch nicht widerlegen.

Der kritische Punkt der Tierrechtsbewegung ist demnach weniger die Inkonsistenz ihrer Kritik, als vielmehr die mitunter abenteuerlichen Schlußfolgerungen für die Praxis. So hat zum Beispiel Jürgen Körner beobachtet, daß die Anhänger der Tierrechtsbewegung die von ihnen verteidigten Tiere zugleich psychotechnisch mißbrauchen: als Möglichkeit, eine neue Achse für Achtung und Ächtung zu installieren. Tierrechtler lösen die Solidarität mit anderen Menschen auf und verwandeln sie in »eine Spaltung, welche die Welt in gute und böse Menschen teilt … Je radikaler diese Teilung, desto sicherer darf man sein, selbst den ganz Guten anzugehören. Und da dies alles im Dienste der Tiere geschieht, die dem natürlich nicht widersprechen können, wird die Egozentrik dieser Position zunächst gar nicht erkennbar. Sie enthüllt sich erst dann, wenn man die Tierrechtsbewegung gleichsam vom Kopfe auf die Füße stellt: Wenn man es so betrachtet, daß deren Anhänger die Tiere und deren vermeintliche Interessen verwenden, um sich von der Masse der schlechten Menschen als die besonders guten Menschen abzuheben.«[8]

Die zweite Schwachstelle der Tierrechtsphilosophie ist ihre eigentümlich sichere Sicht in das Innenleben von Tieren. Daß niemand tatsächlich weiß, was in einem Tier genau vor sich geht, hatte ich bereits beschrieben. Wie aber kann man unter solchen Umständen mit kaum verhohlener Erkenntnisgewißheit argumentieren, das Bewußtsein der Tiere sei dem Menschen kognitiv und moralisch vergleichbar, oder noch problematischer: Auch Tiere besäßen eine »Seele«?

Philosophisch gesehen, ist die Annahme einer Tierseele heute völlig gleichgültig. Auch Singer argumentiert nicht mit der »Seele«, sondern mit dem moralischen Gleichheitsprinzip aller höher entwickelten Lebewesen. Doch so richtig die Kritik am Artegoismus der traditionellen Moralphilosophie zu sein scheint, so problematisch ist umgekehrt Singers Annahme einer prinzipiellen Gleichheit. Reicht es tatsächlich aus, auf Schmerz und Freude zu verweisen, um sicher zu wissen, daß Menschen und höherentwickelte Tiere prinzipiell gleich sind? Und was heißt eigentlich Gleichheit ganz konkret? Gleich sind sich Menschen und Tiere allenfalls in ihrer wechselseitigen Ungleichheit, so wie Gorilla und Schimpanse ungleich sind, Erdkröte und Laubfrosch, Ratte und Warzenschwein.

Auch Singer räumt ein, daß der Begriff der Gleichheit nicht bedeuten könne, »Tiere hätten die gleichen Rechte wie Sie und ich ... Das Wahlrecht, die Redefreiheit und die Glaubensfreiheit – nichts davon kann für ›andere Tiere‹ gelten. Gleichermaßen kann das, was Menschen schadet, bei manchen Tieren viel weniger oder gar keinen Schaden verursachen.«[9] Doch wenn man unter prinzipiell »Gleichen« solche Unterschiede machen muß, sind sie dann tatsächlich noch gleich? Statt von der Gleichheit unter Vorbehalt vieler Unterschiede zu sprechen, könnte ich auch genausogut von einer Andersartigkeit unter Vorbehalt vieler Gemeinsamkeiten ausgehen. Der für die moralische Begründung benutzte Gleichheitsgrundsatz steht auf ziemlich wackeligen Füßen.

Die Tatsache, daß Menschen ihre Schreckensherrschaft gegenüber Tieren auf einem schmalen Fundament an Ethik errichten, beweist noch lange nicht, daß hierbei tatsächlich ein Gleichheitsgrundsatz verletzt wird. Es ist, wie ich später erläutern werde, richtig, daß die Tier-Mensch-Grenze eine höchst eigentümliche Setzung ist. Ebenso richtig ist es, daß Menschenaffen und Menschen sich genetisch nur marginal unterscheiden. Doch so falsch die bestehende Moral auch zu sein scheint: Aus alledem folgt noch lange kein prinzipieller Gleichheitsgrundsatz. Daß es diese Gleichheit nicht gibt, liegt nämlich weder an der Borniertheit der Moral noch an den Resten eines religiösen Wahns. Wer wie ein Mensch funktioniert, wird immer nur Menschen als »gleich« ansehen können, alle anderen Tiere jedoch unweigerlich als »anders«.

Vielleicht läßt sich ja zeigen, daß ein ethisch sensiblerer Umgang mit dem Tier am Ende ja auch gar keine prinzipielle Gleichheit braucht. Noch in Singers bewußt unreligiöser Begründung schwingt ein Hauch der christlichen Moral: Liebe deinen Nächsten wie dich selbst! Doch ist das wirklich ein moralisch praktikabler Grundsatz? Müßte es nicht vielmehr heißen: Achte deinen Nächsten, obgleich du ihn nicht liebst? Den Anderen als anders zu achten, ihm das Recht zuzugestehen, in seiner Andersheit glücklich zu leben, ist die Herausforderung auch der Tierethik.

Um dieses Argument zu erläutern, möchte ich im folgenden darüber berichten, was es mit dem Wissen, der Gewißheit und der Erkenntnisfähigkeit des Menschen in bezug auf das Tier eigentlich auf sich hat. Im Hinblick auf das Gemeinsame und das Trennende von Mensch und Tier stellen sich die alten philosophischen Fragen: Was kann ich wissen? Was kann ich hoffen? Was kann ich tun? Was ist der Mensch? Zu diesem Zweck lade ich Sie zunächst ein auf eine Wanderung durch die Wissensgebiete der Evolutionstheorie, der Taxonomie und Paläoanthropologie (3. Kapitel), der Verhaltensforschung und der Kognitionswissenschaft (4. Kapitel), der Religion (5. Kapitel) und der Philosophie (6. Kapitel).

Zweiter Teil: Die Grenzen des Wissens

Der große Graben

Oder: Der Chronist seiner selbst

Ordnung PRIMATES (Herrentiere)
III: Unterordnung: ANTHROPOIDEA
(Menschenähnliche)
Überfamilie Hominoidea (Menschen)
Unterfamilie Australopithecinae (Urmenschen)
Unterfamilie Homininae
Gattung *Homo*
Spezies *sapiens*

Die Ordnung der Schöpfung

Es gab einmal eine Welt, da weideten schwerfällige Apathosaurier das saftige Grün der Farne und Schachtelhalme, Trilobiten krabbelten bäuchlings über den Meeressand, Tyrannosaurier wateten hungrig durchs Gesümpf.

Wir leben nicht in dieser Welt. Wir leben in *unserer* Welt. Unsere Welt, das heißt mehr als nur im Hier und Jetzt, einbehalten in Raum und Zeit, eingezäunt durch die Märchenhecke der Kultur. Was immer wir über die Dinosaurier zu wissen glauben, wir müssen uns ihre Welt, die wir nicht erleben, erst konstruieren, ausmalen mit dem Buntlack unserer Phantasie. Die Welt der Kreide und des Jura – dies alles ist ein Bild unserer Vorstellung, ein wahrscheinliches Bild vielleicht, etwas, das wir geneigt sind, für Wahrheit zu halten. Wir leben in der Vorstellungswelt unseres Wissens, Erkennens und Erfahrens, erzeugt durch die Leistung unseres sensorischen und kognitiven Apparats. Die Grenzen dieses Bewußtseins sind die Grenzen unserer Welt.

Wer immer über das Verhältnis von Mensch und Tier in der Gesellschaft nachdenkt, hat eine Position: eine Weltanschauung, eine Religion oder Nicht-Religion, ein Kulturverständnis und vielleicht eine Ethik, zumindest eine Hierarchie von Werten. Über allem aber steht das ›prinzipiellste‹ Prinzip, die unverrückbarste aller Positionen: Er ist ein Mensch.

Die Frage, um die es in diesem Kapitel geht, ist, wie der Mensch eigentlich zum Menschen wurde. Und schon die Semantik verrät das Doppelgesicht, den Januskopf der menschlichen Schöpfungsgeschichte. Denn wie der Mensch zum Menschen wurde – das ist nicht ein evolutionärer Prozeß auf der leeren Weltbühne, sondern ein Spiel von Beobachter und Beobachtetem, Schauspieler und Zuschauer. Geschichte, auch Entwicklungsgeschichte, ist nichts Vorgefundenes. Der Mensch, schrieb der französische Philosoph Jean-Paul Sartre, macht sich selbst, wie der Romanschriftsteller seine Figuren, gefertigt aus biologischen (anatomischen, neurologischen, physiologischen) Bestandteilen, zuallermeist jedoch durch jene wenig biologischen Weisheiten, mit denen sich diese Substanzen selbst zum ›Menschen‹ erkoren.

Da nützt es wenig, daß Biologen und Anthropologen den Zeigefinger heben und den Chronisten seiner selbst zum Maßhalten, zur Objektivität mahnen. Grollend moniert Heinrich Karl Erben, der langjährige Präsident der Deutschen UNESCO-Kommission, »daß die Betrachtung ›des Menschen an sich‹ sehr leicht ins Subjektive abgleitet, und daß dies unter sehr verschiedenen Aspekten geschehen kann. Oft trifft man Urteile an, die entweder einer narzißtischen Selbstüberschätzung (›Krone der Schöpfung‹) entstammen oder auf der anderen Seite (›nur ein intelligentes Tier‹) einer gewissen Selbstverachtung, einer wohl nur tiefenpsychologisch erklärbaren Abneigung gegen sich selbst und seinesgleichen entspringen.« [1]

Man müßte Heinrich Erben fragen, was denn eigentlich ein »objektiver« Standpunkt ist, und wie es ihm gelingt, einen solchen zu finden. (Man könnte ihn dann weiterhin fragen, warum die Bezeichnung des Menschen als ein ›intelligentes Tier‹, die biologisch ja gar nicht so verkehrt ist, gleich Resultat eines tiefenpsychologischen Problems sein muß – oder ob nicht umgekehrt das tiefenpsychologische Problem darin liegt, einen solchen Sachverhalt – der ja nur dann beleidigend ist, wenn man keine Tiere mag – anzuerkennen.) Ist eine objektive Aussage des Menschen über sich selbst denn überhaupt möglich? Selbst wenn es gelänge, den eigenen Standpunkt unausgesetzt zu erweitern, so ist es doch die Sprache, die uns zurückpfeift, die uns gefangen hält in unserer kulturellen und artbedingten Beschränkung. Wissenschaftler, Philosophen oder Theologen, die glauben, den Menschen objektiv zu betrachten, sehen nicht, daß sie nicht sehen, was sie nicht sehen: die Wirklichkeiten in und die Wirklichkeitsbegriffe, mit denen sie leben. Und natürlich gilt das gleiche auch für von Menschen gemachte Ordnungsvorstellungen: Eine absolute Ordnung existiert nicht. Was es gibt, sind Systeme, Ordnungen, Vorschläge, Entwürfe, Hypothesen und Spekulationen, die Welt so einzurichten, daß sie den Ordnungsvorstellungen des menschlichen Geistes zu einem bestimmten historischen Zeitpunkt genügen.

Auch die vielzitierte Ordnung der Schöpfung scheint am Ende keine zu sein: keine Ordnung und keine Schöpfung; zumindest nicht in einem emphatischen Sinne – allenfalls als ein menschlicher Entwurf, ausgestattet mit aller menschlichen Unzulänglichkeit gegenüber den selbst erhobenen Ansprüchen. Die Schöpfung der Ordnung hingegen läßt sich erklären: aus der Funktion des Gehirns. Allem Anschein nach entstand das Bedürfnis, die Welt zu ordnen, in unserer Entwicklungsgeschichte parallel zur Entwicklung der Sprache. Denn ohne die künstliche Aufräumarbeit der Sprache wäre die Illusion einer »Ordnung der Schöpfung« nicht möglich. Vor allem jene Ordnungshierarchien, die den Menschen als »Krone« ihrer selbstgezeichneten Schöpfungsstammbäume markieren, bedenken das Papier nicht, auf das sie gekritzelt sind. Sie alle verraten die Hybris, den kognitionspsychologischen Balken in ihrem Auge zu übersehen: Ordnung ist Sprache!

Wer auf die Ordnung angewiesen ist, bewegt sich gern in den sicheren Grenzen eines Systems. Nur innerhalb seines Ordnungsgefüges fragt er nach Wahrheit und Geltung, Richtigkeit, Methode und Bedeutung. Zu leicht übersieht der Ordner dann die künstliche Behausung und die selbstgezimmerten Regale, in die er die Welt so sorgfältig hineinsortiert. Nur selten gelingt ihm ein Blick aus dem Fenster seines Büros in die wüste Landschaft, die ihn umgibt, und nur ein gewaltiger Sturm, ein Blitzschlag oder ein Erdbeben zwingt den Verwalter der Welt, die sichere Wohnstatt zu verlassen und ein anderes Haus zu bauen, das den Anfeindungen des neuen Klimas widersteht.

Erst im Rückblick auf die Irrtümer der Vergangenheit erkennt der Mensch seine eigene Unzulänglichkeit. In der Gegenwart erscheint ihm die Ordnung so selbstverständlich, daß er gerne über jede Möglichkeit der Veränderung lächelt. Mit einem eigentümlichen Gefühl betrachten wir heute die Gründe, mit denen der Mensch sich im Laufe der Jahrhunderte von den Tieren zu unterscheiden glaubte. Und wenn wir ehrlich sind, so müssen wir zugeben, daß alle großen Definitionen und Erklärungssysteme auf Sand gebaut waren. Hinter jedem Grund lauert ein Abgrund.

Bis weit ins 19. Jahrhundert hinein definierten die christliche Theologie und die abendländische Philosophie den Menschen als eine Sonderschöpfung; in einigen äußerlichen Punkten den Tieren ähnlich, aber eben nur in den äußerlichen. Beim Blick in die menschliche Seele hingegen leuchtete die einzigartige Überlegenheit hervor, die jede Verwandtschaft mit dem Tier in weite Ferne rückte. Selbst im 20. Jahrhundert hielten Biologen, wie der Verhaltensforscher Konrad Lorenz, am prinzipiell unvergleichlichen Sonderstatus des Menschen fest. Die beiden »größten Einschnitte, die sich in der Geschichte unseres Planeten je ereignet haben«, seien demnach »1. Entwicklungsvorgänge, die vom Anorganischen zum Organischen und 2. vom Tier zum Menschen führen«.[2]

Doch was sich weltanschaulich mit leichter Hand weiterhin zu Papier bringen läßt, bereitet Evolutionsbiologen größte Schwierigkeiten, ihr System auch weiterhin stimmig zu machen. Denn wenn der Mensch einerseits biologisch ein Tier ist, »geistig« oder »seelisch« hingegen eine Sonderanfertigung, welchen Platz nimmt er dann taxonomisch, das heißt bei der Einordnung in das biologische System, ein? Ist der Mensch bloß eine andere Art, gehört er in eine eigene Gattung oder in eine eigene Ordnung?

Noch vor fünfzig Jahren plädierte der berühmte Evolutionsbiologe Julian Huxley, ein Enkel des legendären Thomas Henry Huxley, der als »Darwins Bulldogge« für die Sache der Evolution ins Rennen ging, für den *Homo* eine ganz neue Stufe zu veranschlagen, das Reich *Psychozoon*. Die neue Stufe, meinte Huxley, habe einen sehr großen Umfang, sie entspreche in ihrer Größenordnung mindestens dem ganzen übrigen Tierreich. Und einmal in Schöpferlaune, fügte er großzügig hinzu, die neue Stufe als einen ganz neuen Bereich des Evolutionsprozesses zu bezeichnen, den psychosozialen im Gegensatz zur gesamten nichtmenschlichen Biologie. (Julian Huxley, Herausgeber zahlreicher Tier-Enzyklopädien und Ehrendoktor ebenso zahlreicher Universitäten, war ein hervorragender Evolutionstheoretiker, einer der Väter der sogenannten »Synthetischen Theorie«. Doch er war auch ein Kind seiner Zeit. So etwa stützte er seine weltanschaulichen Ansichten auf die Behauptung, »daß nur der Mensch in der Lage ist, konkret um ein Ei oder eine Banane zu bitten«[3] – und das glaubt seit den Primatenforschungen der letzten vierzig Jahre wohl niemand mehr.)

Verteidigungen der menschlichen Sonderstellung, wie jene von Lorenz und Huxley, gehören bereits einem zweiten Typ an, der sich von der klassischen Variante des Menschen als einer Sonderschöpfung Gottes unterscheidet. Sie begründeten ihre Einschätzung nicht gegen, sondern – ihres Erachtens – im Einklang mit der Evolution. Was in der Priesterschrift der Genesis durch die zeitliche Reihenfolge der Schöpfung schon angedeutet ist: Erst kommt das Tier, dann der Mensch, erhält nun seinen wissenschaftlichen Unterbau. Der Mensch entsteht zwar nicht als Folge eines separaten Schöpfungsaktes, wohl aber als die höchste, fortgeschrittenste Entwicklung in der Welt der Biologie. Wurde dem Lieblingsgeschöpf Gottes die Krone im ersten Fall nur aufgesetzt, so erscheint es hinfort als die gewachsene Krone, oben in den letzten Zweigen des Stammbaums der Evolution.

Um sich die erkenntnistheoretische Mentalität zu vergegenwärtigen, die jene Stammbaummaler auszeichnet, die den Streuner auf dem Waldboden ausgerechnet in der Krone ansiedeln, genügt ein Blick auf die Kriterien. Nicht schwer, sich als etwas Besonderes zu fühlen, solange man das Tier nach seinen eigenen, menschlichen Disziplinen in den olympischen Wettkampf um die Spitzenposition schickt: Kriterien wie Intelligenz, Rationalität, Religion, Lautsprache und Kultur lassen anderen Tieren keine Chance. Da wir einige dieser Fähigkeiten jedoch in elementaren Zügen bei ihnen wahrnehmen, sehen wir uns gerne als die Vollendung allgemeiner Naturanlagen an, und die reduzierten Tiere erscheinen als Vorstufe. (Nach den Kriterien der Biber erfüllt auch der Mensch alle wesentlichen Voraussetzungen im Ansatz: Er kann schwimmen, sich an Land fortbewegen und Staudämme bauen. Nur mit dem Umnagen von Bäumen hapert es ein wenig. Biber sind halt doch um einiges vollkommener. Kein Wunder, daß sie der Bibergott zu seinen Lieblingen erkor.)

Wer das menschliche Bewußtsein mit dem »Ziel« der Evolution in eins setzt, wird sich nicht weiter darüber wundern, daß der Mensch einzigartig ist. Und da er wie jeder andere Mensch nach vielleicht 70 oder 80 Jahren stirbt, kommt er auch nicht in die Verlegenheit, einem mutmaßlichen Hypermenschen in 2 Millionen Jahren erklären zu müssen, inwiefern der Mensch des 20. Jahrhunderts bereits eine vollkommene Schöpfung gewesen ist und die Natur schon zu Beginn des 19. Jahrhunderts sich im Menschen ihrer selbst bewußt gewesen sein sollte.

Doch wer sich das Konstruierte an der Ordnung der Schöpfung und ihrer Interpretation vor Augen führt, wer reflektiert, wie sich innerhalb einer menschheitsgeschichtlich kurzen Zeit von gerademal hundert Jahren das Bild vom Menschen als Sonderschöpfung entscheidend gewandelt hat, der wird vorsichtig sein, die Tier-Mensch-Grenze mit Entschiedenheit zu definieren. Über viele Jahrhunderte hinweg bis in die jüngste Zeit hatte sich der Chronist seiner selbst einen komfortablen Platz gesichert auf der obersten Sprosse der »Leiter der Natur« (der *Scala naturae*), abgesondert von den Tieren. Unvergleichlich thronte das ›Herrentier‹ mit dem Anrecht auf Eroberung, Befehl und Vollzug im Glanz seiner Erleuchtung, die dem *Homo sapiens*, Eroberer und Plünderer der Welt, gleich einem Herrenwitz die *sapientia*, die Weisheit, verlieh, sich, wenig weise, als weise, klug und einsichtig zu definieren. Wenn diese Ordnung der Schöpfung heute so marode, so kurzsichtig und vergeßlich erscheint, dann lohnt sich, zwecks besseren Verständnisses, ein Blick in die Geschichte: Wie war es eigentlich zum *Homo* gekommen?

Der Mann, mit dessen Namen jener der menschlichen Art so untrennbar verbunden bleibt, war der liebenswürdige Naturforscher Carl von Linné. Geradezu revolutionär demokratisch entwickelte der aufgeklärte Schwede im 18. Jahrhundert ein beschreibendes System der Natur, frei vom theologischen Firlefanz seiner Zeit. Mit der Akribie eines Briefmarkensammlers, dem Vollständigkeit mehr bedeutet als das Bestaunen einzelner Werte, ordnete er die belebte Natur nach Namen, Theorie, Gattung, Art, Eigenschaften und Gebrauch und kam, nolens volens, schließlich auf den Menschen. An der Zugehörigkeit dieser denkwürdigen Spezies zu den Säugetieren bestand kein Zweifel; die Behaarung und das Stillen der Jungen belehrten unmißverständlich darüber. Auch die Verwandtschaft mit Affen und Menschenaffen stand außer Frage. Hier waren es die flachen Finger- und Fußnägel statt der Klauen, der abgespreizte Daumen, die Greifhände, die zwei Zitzen der Weibchen und der frei herunterhängende statt am Unterleib anliegende Penis. Händeringend nun suchte der gottesfürchtige Anatom nach einem Unterschied zwischen dem Menschen und den übrigen »Primaten«: »Ich verlange«, schrieb er 1747 einem Freund, »von Ihnen und von der ganzen Welt, daß Sie mir ein Gattungsmerkmal zeigen ... aufgrund dessen man zwischen Mensch und Affe unterscheiden kann. Ich weiß selbst mit äußerster Gewißheit von keinem.«[4]

Von der Papierform her hätte Linné den Menschen zumindest mit dem Schimpansen gemeinsam in dieselbe Gattung einordnen müssen, ein Gedanke, der zeitgleich auch dem Philosophen Jean-Jacques Rousseau vorschwebte, als er Schimpansen und Menschen sogar als Glieder derselben Art (Spezies) klassifizierte. Doch Papier ist geduldig. Den Menschen ins Tierreich einzuordnen, war in den Augen der Kirche

Sünde genug, und Linné zögerte, den letzten Schritt zu tun. In seiner Not schließlich sortierte er achselzuckend Mensch und Schimpanse in unterschiedliche Gattungen, zusammengefaßt in der Ordnung der Primaten, in der sie auch heute noch mehr schlecht als recht in Zwangsverwandtschaft hübsch getrennt nebeneinanderhocken: *Homo sapiens*, der »intelligible Mensch«, und *Pan troglodytes*, der »höhlenbewohnende Faun«.

So weit, so schön. Linné bekam keinen Ärger mit der Kirche und die Naturwissenschaft den großen Wurf des Linnéschen Systems. Wenn nur diese Nachbarn nicht wären. Seit Bekanntwerden der Menschenaffen bemühten sich Wissenschaftler und Theologen immer wieder um den Versuch, den kleinen Graben mit großen Wassern zu füllen, der *Homo sapiens* und *Pan troglodytes* bei ihrer ordnungsgemäßen Vergesellschaftung auf der Affeninsel trennt. Sie evakuierten den Menschen vom Primatenfelsen und plazierten ihn in eine eigene *Ordnung*. Andere stellten ihn schließlich sogar in ein eigenes *Reich*.

Wie auch immer die Ordnungen der Natur aufgebaut waren, die sich die Organisatoren der Naturgeschichte in den letzten drei Jahrhunderten zurechtgebastelt haben – ihre Denkschemata verraten heute mehr über das Ordnungsbedürfnis und die Pfiffigkeit des menschlichen Geistes als über die klassifizierte Natur selbst. Auch die Taxonomie ist eine vom Menschen erfundene Wissenschaft, ein Abschnitt im großen Buch der gelebten und gedachten Ordnungen von den Schöpfungsmythen bis zur Molekularbiologie.

Für das 18. Jahrhundert gaben die Physik und die Mathematik das Schema vor, nach dem alle Erkenntnis, auch jene von Pflanzen und Tieren, organisiert war. So suchte der große Systematiker Linné nach unverrückbaren Kriterien, objektiven Gesetzmäßigkeiten und logischen Verbindungen, die unübersichtliche Welt der Lebewesen ihrer »wahren Anordnung« gemäß zu beschreiben und einzuteilen. Nicht alle Naturforscher waren der Ansicht, daß ein solches Vorhaben tatsächlich gelingen konnte. Manche hielten die Natur für zu reichhaltig und zu verschieden, um sie auf diese Weise zu klassifizieren. Ganze Weltanschauungen trafen aufeinander: auf der einen Seite der Glaube an ein unbekanntes, vom Menschen aber im Prinzip völlig durchschaubares Natursystem; auf der anderen Seite eine unergründliche Schöpfung, in der der Mensch sich immer nur tastend fortbewegt.

Die erste Variante galt im 18. Jahrhundert als der modernere Ansatz. Im Geiste eines schon hundert Jahre zuvor vom französischen Philosophen René Descartes begründeten mechanistischen Weltbildes erschien die gesamte Schöpfung Gottes als eine klug ausgetüftelte Maschine, die der Mensch Stück für Stück zu beherrschen lernte. Das ganze Universum bestand aus Materie in Bewegung, organisiert nach mathematischen Gesetzen. Obgleich das 18. Jahrhundert zentrale Spekulationen des Philosophen widerlegte, orientierte es sich in vielem an Descartes' mechanistischer Denkweise, und zwar vorzugsweise in jenen Disziplinen, deren Erkenntnisfortschritt zunächst gering blieb. Nirgendwo traf dies in einem solchen Maß zu wie bei der Erforschung der biologischen Natur.

Wer die Welt konsequent nach mechanistischen Grundsätzen betrachtete, hatte für den Bereich der nichtmenschlichen Natur wenig sensibles Verständnis. Für Descartes waren Tiere nichts als Maschinen. Zwischen einer Maschine mit der äußeren Gestalt und den inneren Organen eines Affen und einem tatsächlich lebenden Tier gab es demnach keinen Unterschied. Wirkliches Leben kommt in den Organismus nicht durch organische Substanzen und zirkulierendes Blut, sondern einzig und allein durch den erleuchteten Geist und seine Sprache. Und der bleibt Exklusivbesitz des Menschen. Für Descartes gibt es keinen anderen Irrtum, »der schwache Gemüter mehr vom rechten Wege der Tugend entfernt, als wenn sie sich einbilden, die Seele der Tiere sei mit der unsrigen wesensgleich und wir hätten daher nach diesem Leben nichts zu fürchten noch zu hoffen, nicht mehr als die Fliegen und die Ameisen«.[5]

Auch die rationale menschliche Seele mußte dem mechanistischen Ansatz gemäß irgendwo im Körper verortet werden. Descartes entschied sich für die Zirbeldrüse. Von hier aus steuerte sie die komplizierte Maschine des Körpers. Die körperlichen Organe funktionierten wie die Automaten in den Wassergärten des 17. Jahrhunderts: Aus Nerven wurden Wasserleitungen, die Hohlräume im Gehirn erschienen als Vorratsbehälter, die Muskeln glichen mechanischen Federn und die Atmung schließlich den Bewegungen in einer Uhr.

In einer Wissenschaft von der Natur, die weder den Begriff des Organismus, die Besonderheit des Lebens noch die Evolution kannte, erschienen Lebewesen in erster Linie unter mechanistischem Gesichtspunkt. Zwar war Descartes' Theorie von den Tieren als seelenlose Automaten im 17. und 18. Jahrhundert durchaus umstritten, doch das Leben im Sinne einer »Biologie« war den Naturforschern unbekannt. Man betrieb eine neue Disziplin, die sich »Naturgeschichte« nannte und gerade damit aufräumte, die Geschichte von Lebewesen als eine wahllose Sammlung von Erzählungen anzusehen. Noch zu Descartes' Zeiten berichtete die Rede vom Tier umstandslos von der Fangweise, der Anatomie, seinem allegorischen und praktischen Gebrauch, der Vermehrung, der Stimme, den Bewegungen, dem Alter, der Sympathie oder der Antipathie des Verfassers. Auch Kochrezepte wurden von Fall zu Fall hinzugefügt.

Ein zoologisches System war weitgehend unbekannt, die Verwandtschaftsverhältnisse wurden diffus geahnt und zuweilen eher nach Lebensräumen bestimmt als nach körperlichen Merkmalen: Tiere, die nachts jagten, standen dabei ebenso in einem Ordnungsgefüge wie Tiere, die fliegen konnten, im Wald oder in einem See lebten. Bekanntlich unterteilte schon die Priesterschrift der Genesis die Welt der Tiere und Pflanzen nicht nach anatomischen Merkmalen, sondern in bezug auf den Lebensraum: Pflanzen und Tiere des Meeres, der Luft und der Erde. Über mehr als tausend Jahre hatten auch der Islam und der Hinduismus Ordnungssysteme festgeschrieben, die die Zugehörigkeit der Tiere in ihrem Ökosystem verankerte. In der hinduistischen Samkhyatradition existieren vierzehn Klassen unterschiedlicher Lebewesen, eingeteilt in acht Formen himmlischer und sechs irdischer Lebewesen, zu denen auch der Mensch gehört. Als weiteres Unterscheidungsmerkmal dient die Art und Weise der Geburt. Im großen indischen Nationalepos aus dem 4. Jahrhundert, dem *Mahabharata*, heißt es: »Auf dieser Erde gibt es zwei Arten von Lebewesen, die Beweglichen und die Unbeweglichen. Die Beweglichen haben einen dreifachen Schoß: Die sind aus Ei, aus feuchter Hitze und Lebendig-Geborene. Von allen beweglichen Lebewesen wiederum sind diejenigen, die lebendig geboren sind ... die besten. Die besten unter den lebendig Geborenen sind die, die zum Menschengeschlecht gehören, und die Nutztiere.«[6]

Die neuen Systeme des 18. Jahrhunderts befreiten die Naturgeschichte von allem, was sich mit den Methoden der Zeit nicht wissenschaftlich exakt beschreiben ließ. Anekdoten und Kochrezepte fielen sowieso unter den Tisch, aber auch Verhaltensbeobachtungen und der Geruch. Geforscht wurde mit Lupe und Mikroskop, Lineal und Pinzette. Vier Variablen: die Form der Elemente, ihre Anzahl, die räumliche Anordnung der Elemente und ihre relative Größe bestimmten von nun an den Platz im System. Unter der Leitdisziplin der Botanik wandelte sich die Naturgeschichte in eine geordnete Welt aus Linien und Flächen. Entscheidend waren die sichtbaren Unterscheidungsmerkmale, wie Blüten und Staubgefäße,

Blätter und Früchte, Füße und Hufe, Federn und Flossen. So setzte Linné für jede Pflanzen- und Tierklasse, jede Ordnung und Gattung bestimmte Merkmale fest, die er als die wichtigeren erachtete. Nur unter der Annahme solcher privilegierter Strukturen war es möglich, die verschiedenen Spezies im Gesamtsystem unmißverständlich zu rastern. Der menschliche Ordner fügte der Welt der biologischen Natur also durchaus etwas hinzu: die Entscheidung nämlich, was in der Formenvielfalt der Lebewesen wichtige Merkmale waren und was nicht.

Doch auch die Systematiker des 18. Jahrhunderts konnten kaum übersehen, wie schwierig es war, ihre neuen Systeme mit der vorgefundenen Natur in Einklang zu bringen. Denn was sich am Schreibtisch nun mühsam in Ordnungen pressen ließ, lag, wie der französische Naturforscher Michel Adanson (1727-1806) feststellte, in der Wildnis wie Kraut und Rüben durcheinander: »... eine konfuse Mischung aus Wesen ... die der Zufall einander angenähert zu haben scheint. Hier wird das Gold mit einem anderen Metall, mit einem Stein oder mit Erde gemischt. Dort wächst die Eiche neben dem Veilchen. Unter diesen Pflanzen irren ebenfalls der Vierfüßler, das Reptil und das Insekt umher. Die Fische mischen sich sozusagen mit dem wässrigen Element, in dem sie schwimmen, und mit den Pflanzen, die auf dem Grunde der Gewässer wachsen ... Diese Mischung ist sogar so allgemein und so vielfältig, daß sie eines der Naturgesetze zu sein scheint.«[7]

Der Widerspruch zwischen einer taxonomischen und einer ökologischen Ordnung der Natur ist offensichtlich. Er findet sich noch heute in der Diskussion um die Ästhetik von Zoo-Anlagen. Soll man die Tiere nach Verwandtschaftsverhältnissen sammeln: also in Raubtierhäusern, Antilopenhäusern und Hirschanlagen, so daß der Besucher zwischen den anatomischen Unterschieden der Arten, mitunter sogar den geographischen Varianten einer einzigen Art zu unterscheiden lernt? Oder gewährt die Nachgestaltung eines Naturbiotops, einer afrikanischen Savanne oder eines alpinen Panoramas den wichtigen Einblick in die Ordnung der Natur?

Zwar stand für Linné und seine Kollegen völlig außer Frage, daß die »wahre Ordnung« der Natur sich an den körperlichen Merkmalen zu orientieren hatte, doch mußte immerhin eine Erklärung dafür gefunden werden, warum diese Ordnung in der freien Natur nicht von allein sichtbar wurde. Ohne Zweifel war das System der Natur keine zeitlose Schöpfung, sondern durch Veränderungen gekennzeichnet, die sich in der Erdgeschichte ereignet hatten. Zu dieser Zeit mehrten sich auch die Funde von Fossilien, also von Tieren, die mutmaßlich ausgestorben waren. Es hatte allem Anschein nach größere geologische Katastrophen in unbekannter Zahl gegeben, denen nicht wenige Arten zum Opfer gefallen waren. Doch hatten diese Katastrophen auch zur Entstehung von neuen Formen geführt?

Um den Faktor der Zeit und seine Folgen für das System der Natur einzuschätzen, gab es viele Möglichkeiten. Die einfachste und menschlichste aller zeitlichen Ordnungsvorstellungen war die Teleologie. Religionen, Philosophien und Ideologien funktionieren nahezu allesamt zielgerichtet: ein besseres Leben auf Erden, im Jenseits, in einem gerechten Staat, in der Herrschaft über die anderen, die Produktionsmittel oder das Böse. Selbst unser Alltag ist weitgehend teleologisch, durchtränkt von zukünftiger Erwartung. Motor jedweder Teleologie ist der Fortschrittsgedanke, sein imaginäres Ziel der vollkommene Zustand. Christlich-abendländische Gesellschaften glauben an eine ständige Verbesserung durch Anstrengung, eine Tugend, die nach calvinistischer Tradition im Himmel wie auf Erden von Gott materiell entlohnt wird. Wie naheliegend also, in der Natur die Entstehung »höherer« Lebensformen durch Fortschritt erkennen zu wollen, kulminierend im Endziel des Menschen.

Charakteristisch für den Versuch, die Unordnung der Schöpfung mit einem göttlichen Fortschrittsplan in Einklang zu bringen, war die Erklärung des Schweizer Naturforschers und Philosophen Charles Bonnet (1720-1793). Zwar war nach Bonnet die Zahl der Arten und ihre äußere Gestalt von Gott ein für allemal festgelegt, doch konnte sich jedes Lebewesen perfektionieren. Der Weg vom simplen Gemüt zur genialischen Leistung war vom Schöpfer vorgezeichnet, und alle Tiere beschritten ihn zeitlich versetzt nach dem gleichen Muster, das der Mensch ihnen vorgelebt hatte: »Es wird einen mehr oder weniger langsamen und kontinuierlichen Fortschritt aller Arten zu einer höheren Vervollkommnung geben, so daß alle Grade der Stufenleiter in einer determinierenden und konstanten Beziehung fortgesetzt variabel sein werden ... Es wird unter den Affen Leute wie Newton und unter Bibern wie (den Festungsbaumeister, R.D.P.) Vauban geben. Die Austern und die Polypen werden in Beziehung zu den höchsten Arten das sein, was die Vögel für die Vierfüßler im Verhältnis zum Menschen sind.«[8]

Fortschritt, Vervollkommnung und göttlicher Plan – diese drei Größen bestimmen die Vorstellung vom Werden der Natur vom 18. Jahrhundert bis hinein in die Gegenwart. Noch hundert Jahre nach Darwins Theorie von der Entstehung der Arten durch die natürliche Selektion wird die Kirche an dieser menschlichen Lieblingsvorstellung festhalten: daß die Geschichte der Welt kapitalistisch, ästhetisch und religiös strukturiert ist. Das Prinzip, nach dem die Evolution Leben hervorbringt, sei unvermeidlich und von Anfang an vorherbestimmt. Nicht wenige Evolutionstheoretiker haben dies ebenfalls geglaubt und zwar mit beachtlicher Kontinuität. Der Naturforscher Alfred Russel Wallace, der gemeinsam mit Darwin die Theorie der natürlichen Selektion entwickelt hatte, hielt sogar nicht nur den menschlichen Geist und sein Moralempfinden, sondern vor allem die weiche, nackte, empfindsame Haut des Menschen für das Resultat einer notwendigen Entwicklung.

Doch schon im 18. Jahrhundert regten sich zugleich vorsichtige Zweifel an der Stimmigkeit der Präformation. Während die meisten Naturforscher die von ihnen angenommenen geologischen Katastrophen als Teil des göttlichen Schöpfungsplans zurechtinterpretierten, zogen andere vergleichsweise finstere Schlüsse. So wurde tatsächlich ein großes Erdbeben zum indirekten Auslöser der Evolutionstheorie, nämlich jenes von Lissabon im Jahre 1755. Wer über die Katastrophe nachdachte, konnte Zweifel hegen an der von der Naturtheologie unterstellten harmonischen Weltordnung. Die weitestreichenden Schlußfolgerungen zog der englische Nationalökonom Thomas Robert Malthus. Nicht nur die geologische Natur und ihr Gefahrenrisiko, sondern auch die Vermehrung der Bevölkerung wurde nun als Übel erkannt. Im Jahr 1798 publizierte Malthus seinen *Essay on the principle of population*, die erste Mahnschrift vor den Gefahren einer Bevölkerungsexplosion. Bei einer Verdoppelungsrate der Weltbevölkerung innerhalb von 25 Jahren, errechnete Malthus, werde ihr exponentielles Anwachsen aufgrund der von der Umwelt gesetzten Grenzen notwendig zu Armut, Katastrophen und Tod führen. Der biblische Auftrag ›Mehret euch und seid fruchtbar‹ erschien mit einem Mal als ein Fluch. Das einzige was blieb, war die Hoffnung, die katastrophalen Folgen der göttlichen Anweisung so weit wie möglich eindämmen zu können.

In einer Zeit, als die Gesellschaftstheorie noch der Biologie den Leuchter voran und nicht wie heute die Schleppe hinterher trug, begeisterte sich vor allem der junge englische Dorfpfarrer Charles Darwin (1809-1882) für die Malthusschen Gesetze. Denn wenn es richtig war, daß sich ein Tier mit einer so geringen Vermehrungsrate wie der Mensch gegenüber seinen Artgenossen durchsetzte, so gab es sichtlich andere Kriterien für die Überlebensfähigkeit einer Population als die Zahl ihrer Geburten. Der Maßstab für den Erfolg einer Spezies war ihr Durchsetzungsvermögen oder, wie Darwin es in dem gerade erschienenen Werk des jungen Philosophen Herbert Spencer lesen konnte, »the survival of the fittest«.

Auch Darwins naturkundliche Studien waren ursprünglich von dem Gedanken beseelt, die nichtanimalische Identität des Menschen zu beweisen. Erst der Sieg des Entdeckerstolzes über das Entsetzen verlieh ihm schließlich den Mut, zu schreiben: »Und ich bin beinahe überzeugt (der Meinung, mit der ich an die Frage herangetreten bin, völlig entgegengesetzt), daß die Spezies (mir ist es, als gestände ich einen Mord ein) nicht unveränderlich sind.« Je mehr Darwin sich mit der Transmutation beschäftigte, um so deutlicher wurde ihm, daß es mit der offiziell bekundeten Sonderstellung des Menschen im Universum nicht weit her sein konnte. So notierte er schon erstaunlich früh in sein Tagebuch: »Der Mensch hält sich in seiner Arroganz für ein großartiges Werk, des besonderen Eingreifens einer Gottheit würdig. Es dürfte bescheidener und, wie ich glaube, auch richtig sein, ihn als aus den Tieren entstanden anzusehen.« [9]

Darwins kühne Vermutung war nicht ganz neu. Bereits Jahrzehnte zuvor hatte der französische Meteorologe, Botaniker und Zoologe Jean Baptiste de Lamarck (1744-1829) die allmähliche Entwicklung der Arten aus anderen Vorformen, die »Transmutation«, wissenschaftlich behauptet. Soweit man heute weiß, war Lamarck nicht nur ein Pionier, der mit Jahrmillionen hantierte, als alle Welt die Erde noch einige tausend bis hunderttausend Jahre jung wähnte, sondern er war es auch, der als erster auf den klugen Einfall verfiel, des Menschen Vorfahren seien affenähnlicher Natur gewesen. Allein, die zoologische Allmacht seines Vorgesetzten am Jardin des Plantes, des Barons George de Cuvier (1769-1832), verhinderte Lamarcks wissenschaftlichen Durchbruch.

Cuvier war ein bedeutender Mann. An die Stelle einer nach botanischem Muster verfahrenden Zoologie setzte er eine neue Wissenschaft, die sich weniger an äußeren Merkmalen als am Organismus der Tiere orientierte. Doch was die Transmutation anbelangte, blieb der Oberaufseher der protestantisch-theologischen Fakultäten Frankreichs beim konservativen Modell. Er verbreitete weiterhin, eine Kette von Erdbeben habe als modifizierte Sintfluten ganzen Klassen von Tieren den Garaus gemacht. Daß er damit auch nicht ganz Unrecht hatte, wissen wir erst heute: Die meisten Paläontologen führen das Verschwinden der Saurier am Ende der Kreidezeit mittlerweile ebenfalls auf die Folgen einer Naturkatastrophe, wahrscheinlich eines Meteoriteneinschlags, zurück. Ähnliche geologische Desaster ereigneten sich aller Wahrscheinlichkeit bereits zuvor im Übergang zwischen dem Ordovizium und dem Silur, zwischen Devon und Karbon, Perm und Trias sowie Trias und Jura.

Die Machtstellung Cuviers verhinderte freilich nur kurze Zeit die Furore der bahnbrechenden Idee Lamarcks, die Geschichte der Natur solle in Zukunft nicht vom Menschen aus hinunter bis zur Bakterie geschrieben werden, sondern umgekehrt von der Bakterie zum Menschen. Aus einem Modell der räumlichen Hierarchie wurde ein Modell der zeitlichen Entwicklung. Die Folgen, die dies für die Beurteilung des menschlichen Geistes hatte, konnten radikaler nicht sein. Lamarck erkannte, daß das Bewußtsein eines Tieres an die Physiologie und Neurologie seines Körpers gebunden war. Alle Erkenntnis entstammte einem körperlichen Erkenntnisapparat und war somit gebunden an die Bedingungen der Evolution. Demnach ist jeder Geist erstens begrenzt und zweitens veränderlich.

Die philosophische Konsequenz aus Lamarcks Nachweis war so radikal, daß sie fast einhundertfünfzig Jahre lang von niemandem ernsthaft in Betracht gezogen wurde. Wie kann ein Geist, der selbst den Gesetzen der Evolution unterworfen ist, sich eigentlich anmaßen, die Welt so zu erkennen, wie sie »an sich« ist? Von dieser Schlußfolgerung wollte die Philosophie bis weit ins 20. Jahrhundert nichts wissen.

Zufall und Notwendigkeit

Die Bombe explodierte wie ein Zündplättchen. Irgendwann nach Boris Becker und der Börse fand die *heute*-Redaktion Platz für eine kurze Meldung: Papst Johannes Paul II. hat die auf Charles Darwin zurückgehende Evolutionstheorie als mit dem christlichen Glauben vereinbar anerkannt. »Neue Erkenntnisse«, so der Papst in einer Botschaft an die Päpstliche Akademie der Wissenschaften, »führen zu der Feststellung, daß die Evolutionstheorie mehr als eine Hypothese ist.«

Danach kam das Wetter. Die Aussichten für den nächsten Tag waren heiter bis wolkig, der Wind wehte in starken Böen; es fielen geringe Niederschläge. Man konnte der Ansicht sein, es habe sich nichts besonderes ereignet.

Es hatte sich etwas ereignet. Die katholische Kirche, namentlich ihr höchster Vertreter, hatte die Glaubwürdigkeit einer Theorie bestätigt, die sie zuvor 125 Jahre mit allen heiligen Mitteln bekämpft hatte: mit dem Verdacht der Häresie, mit juristischen Disputen wie dem sogenannten »Affenprozeß«, mit Exkommunikation und zuletzt, mit erlahmender Kraft, in langen umständlichen Abhandlungen. Die Kirche konnte den Zufall nicht zulassen – sie selbst verdankt sich zu einem nicht unwesentlichen Teil dem Wunsch nach einer Abwehr des Zufalls. Und so galt bis zu jenem nebligen Oktobertag des Jahres 1996, daß die Menschen, namentlich die katholische Kirche, lieber mit Absicht irrten, als ohne Absicht entstanden zu sein.

Auch Darwin hatte eine lange Zeit gezögert, bis er sich schließlich getraute, nach der allgemeinen Darstellung einer Evolutionstheorie durch Transmutationen seine Schlußfolgerungen in bezug auf den Menschen in Druck zu geben. Die »Abwertung« des Menschen geht dabei einher mit einer kontinuierlichen »Aufwertung« der Tiere. »Wir haben gesehen«, schreibt Darwin 1871 in *The Descent of Man*, »daß die Empfindungen und Eindrücke, die verschiedenen Erregungen und Fähigkeiten, wie Liebe, Gedächtnis, Aufmerksamkeit, Neugierde, Nachahmung, Verstand usw., deren sich der Mensch rühmt, in einem beginnenden oder zuweilen selbst in einem gut entwickelten Zustand bei den niederen Thieren gefunden werden.«[10]

Lamarck und Darwin waren demnach die ersten, die mit Mitteln der modernen Naturwissenschaft behaupteten, was viele Kulturen und Zeiten freilich schon zuvor religiös geahnt hatten: ›Natürlich‹ ist es absurd, eine Teilung des Tierreichs in zwei Kategorien vorzunehmen – eine menschliche und eine nichtmenschliche Kategorie. Denn die »bedeutende Kluft« ist zunächst einmal – wie alles andere auch – eine von Menschen gemachte begriffliche Unterscheidung und nicht von der Natur »vorgegeben«, also gleichsam abbildhaft aus ihr herausgelesen. Für Lamarck war alles Klassifizieren der vergebliche Versuch, die Vielfalt der Natur durch willkürliche Bezeichnungen nach menschlichem Gusto einzurichten. Die Einordnung des Menschen als eine Sonderschöpfung mache diese heimliche Absicht offenbar.

Nicht nur zwischen Naturwissenschaft und Religion, sondern auch innerhalb der Biologie scheiden sich bis heute die Geister. Kaum eine Frage, die die Evolutionstheorie so nachhaltig beschäftigt hatte wie die Frage nach dem Urheberrecht an der Erfindung des Menschen: Gott oder der Zufall? Die Transmutationslehre, die Rede vom Kampf ums Dasein und die Abstammung des Menschen aus dem Tierreich ließen sich in verschiedene Richtungen deuten. Der Mensch, befanden nicht wenige Vertreter ihres Fachs, war noch lange kein Zufall. So schrieb in den 30er Jahren der renommierte Paläontologe und überzeugte Darwinist Robert Broom, daß vieles an der Evolution so aussehe, als sei sie daraufhin geplant gewesen, zum Menschen zu führen sowie zu anderen Tieren und Pflanzen, welche die Erde für ihn zu einem geeigneten Wohnort machen. Er könne sich daher kaum vorstellen, daß der denkende Affe mit seinem gewaltigen Gehirn zufällig entstanden sei.

Das ist freilich klug und richtig erkannt, solange die Betonung des Satzes auf dem *vorstellen* liegt. Zufälle von der Größenordnung der Evolution stellen eine so gewaltige Denkbarriere dar, daß ihre Unverständlichkeit Generationen von Denkern dazu verführte, im gleichen Maße ihr Unverständnis zu dokumentierten, in dem sie glaubten, die Dinge mit absoluter Sicherheit zu verstehen: »Meines Erachtens gibt es für das denkende Wesen«, erklärte in den 40er Jahren der Theologe Teilhard de Chardin, »keinen entscheidenderen Augenblick als den, wo ihm gleichsam die Schuppen von den Augen fallen und es entdeckt, daß es nicht einsam in den Einöden des Weltalls verloren ist, sondern daß ein universeller Lebenswille in ihm zusammenströmt und sich in ihm vermenschlicht. Der Mensch ist nicht, wie er so lange geglaubt hat, fester Weltmittelpunkt, sondern Achse und Spitze der Entwicklung – und das ist viel schöner.«[11] Wie konnte er, ein begrenzter menschliche Geist, annehmen, das Leben so zu durchschauen? In der Tradition der Naturtheologie verkocht Teilhard Naturwissenschaft und Religion zu einem eigentümlichen Brei. Das Leben erreiche seinen physikalischen Höhepunkt im Menschsein, genau wie Energie ihren physikalischen Höhepunkt im Leben erreicht. Statt die Stufenleiter des christlichen Abendlandes als ein historisches Modell zu erkennen, preßt der naturwissenschaftlich beschlagene Jesuit den Kreislauf der physikalischen Energie mit aller Gewalt in das alte Schema; eine Erkenntnis, die nicht der naturwissenschaftlichen Ordnung der Dinge abgelauscht ist, sondern dem theologischen Empfinden in Teilhards Gehirn. Das Ergebnis dieser Anstrengung, ein mittelalterliches Dreirad auf den Nürburgring der modernen Physik zu schicken, ist deshalb auch nicht weiter verblüffend: Das Phänomen Mensch, verkündete Teilhard, war im wesentlichen von Anfang an vorbestimmt. Ähnlich wie schon Augustin den Wandel der Welt erklärt hatte, sehen heutige Theologen die schöpferische Tat Gottes primär darauf beschränkt, Vorbedingungen und Anlagen geschaffen zu haben, nach deren Möglichkeiten die weitere Entwicklung vor sich gegangen sei.

Ob in der Theologie oder der Naturwissenschaft: Die Dinge, die ehemals unveränderlich erschienen, geraten zunehmend in Bewegung. Und die Kirche sollte vorsichtig sein, ihre jeweilige Welterklärung auf Basis des gerade geltenden naturwissenschaftlichen Evolutionsmodells zu errichten. Auch neuzeitliche Evolutionstheorien haben eine kurze Halbwertzeit. Was heute den Namen »Darwinismus« oder »Neodarwinismus« trägt, hat mit den Ansichten Charles Darwins nur noch soviel gemeinsam wie ein Einbaum mit einem Olympia-Achter. Wir wenden Ordnungsschemata auf Beobachtungstheorien an und entdecken Kausalitäten und Gesetze. Doch ihre Bedeutung verändert sich in dem Maße, wie wir den Blickpunkt unserer Aufmerksamkeit wieder verlagern. Dieser Vorgang des Entdeckens und des Verdeckens durch neue Paradigmata ist prinzipiell unabschließbar: Auch gegenwärtige Evolutionstheorien unterliegen der Evolution.

Schon der »Darwinismus« der Jahrhundertwende gab die Hoffnung auf, die Evolution ließe sich allein durch die natürliche Selektion der Arten nach Maßgabe ihrer Anpassungsfähigkeit an die Umwelt begründen. Zum neuen Erklärungsprinzip wurde das Modell der zwei Konstrukteure. Das Spiel des Lebens erhielt einen Würfel: zufällige Veränderungen im Genmaterial, also sogenannte Mutationen. Im *Try-and-error*-Verfahren ertüftelt das Erbgut gelegentlich neue »Erfindungen« (Mutationen), die dann erfolgreich sind, wenn sie sich auf dem Markt, respektive der Umwelt, bewähren.

(Bevor es weitergeht, eine kleine Abschweifung: Ich gebe gerne zu, daß ich die Theorie vom Zusammenspiel von Selektion und Mutation schon in den Zeiten des Biologieunterrichts nie ganz verstanden habe. Doch bevor sich der geneigte Leser nun wissend lächelnd zurücklehnt, die Pause nutzt, sich ein Glas Rotwein einzuschenken – nur ein kleines Beispiel meiner Verwirrung. Die Hälse der Giraffen, so lernte ich in der Schule, wurden ja nun nicht etwa, wie der unglückselige Lamarck zur späteren Belustigung meiner Biologielehrerin meinte, deshalb länger, weil sich die Nöte und Notwendigkeiten, den Hals nach Blättern zu recken, als erworbene Lernerfahrung vererbten – sondern sie entstanden durch Mutation und Selektion. So weit, so schön. Nur daß der begriffsstutzige Schüler durch häufigen Zoobesuch wußte, daß es nicht wenige Antilopenarten, dazu zahlreiche Hirsche, Ziegen und Schafe gibt (von Okapis gar nicht zu reden), bei denen sich diese einen extremen Nahrungsvorteil verschaffende Selektion der Halsverlängerung nicht ereignet hatte. Nun gut, Pech gehabt, könnte man sagen. Sie hatten eben nicht das Glück, durch Zufall mit einer solchen Kette ungezählter kleiner Mutationen beschenkt zu werden. Das aber bedeutet, sich vorzustellen, daß ein – großzügig geschätzt – um vielleicht zwei Zentimeter verlängerter Hals (ohne zusätzliche Halswirbel) einen so enormen Nahrungsvorteil brachte, daß sich der Defekt notwendig durchsetzte. Ein bis zwei Zentimeter! Giraffen, wie die meisten Tiere, sind nun allerdings ›von Natur aus‹ nicht alle genau gleich groß, so daß es schon schwierig wird, sich vorzustellen, daß dieser eine Hals-Zentimeter wirklich absolut zwingende Vorteile gebracht haben soll. Und um die sich anbahnende Konfusion zu vergrößern: Kamele beispielsweise hatten in früheren Zeiten giraffenähnliche Vorfahren mit langen Beinen und Hälsen, die sich allerdings – qua Selektion notwendig? – wieder zurückbildeten. Wenn ich das richtig sehe, scheinen heute auch einige Biologen die reine Zufälligkeit des Mutationsprinzips zu bezweifeln. Als Quelle der Variabilität, also als Rohmaterial der Evolution, dürften in heutiger Sicht echte Innovationen in Gestalt von Genmutationen eine geringere Rolle spielen als der intragenomische Austausch, das Neukombinieren des vorhandenen und von der Selektion bereits geprüften genetischen Materials. Das ist zumindest eine kleine verspätete Genugtuung gegenüber meiner Biologielehrerin. Ende der Abschweifung: Sie können den Rotwein holen.)

Auch Darwin selbst war als überzeugter Anhänger Lamarcks ein schlechter »Darwinist«. Zwischen Lamarcks Theorie von der Vererbung erworbener Eigenschaften und Darwins Erklärung der Evolution mittels des Prinzips der Selektion durch Anpassung besteht ja kein logischer Widerspruch. Die große Wende von Darwin zum »Darwinismus« der mittleren Phase ereignete sich erst einige Jahre nach Darwins Tod. Ohne Zweifel vertraute noch Darwin Erzählungen, wonach bei jenen Volksgruppen, zu deren Riten die regelmäßige Beschneidung der Penisvorhaut gehört, sich die Vorhaut allmählich verkürzte. Das hätte zwar die Beschneidung überflüssig gemacht, aber Darwin hatte gerade anderes Gewichtiges zu bedenken, als darüber nachzusinnen. Die Verkürzung der Vorhaut jedenfalls blieb im Wissensschatz der Darwinisten, bis – ja, bis August Weismann im späten 19. Jahrhundert nachwies, daß ein solcher Informationsfluß vom äußeren Erscheinungsbild zum Erbmaterial nicht möglich sei. Über fünf Generationen hinweg kürzte Weismann einem Stamm von Mäusen ihre Schwänze, ohne daß eine Nachricht über diesen Eingriff die Keimbahnen der Mäuse erreichte. Denn siehe da: Auch die Schwänze der nachfolgenden Mäusegenerationen blieben gleich lang. Da bedurfte es schon der Spitzfindigkeit eines George Bernhard Shaw, der Weismanns schneidende Widerlegung der Lamarckschen Theorie leichtfertig vom Seziertisch wischte. Die Mäuse, bemerkte der Dichter, hätten ja gar keine Anstrengungen unternommen, ihre Schwänze zu verlieren, während Lamarcks Giraffen sich ja darum bemüht hätten, längere Hälse zu bekommen.

Im nachhinein also war es der pädagogische Optimismus Lamarcks, der den französischen Autodidakten zur Witzfigur des neuzeitlichen Biologieunterrichts werden ließ. Doch hat wohl jeder gute Mensch eine Zeit, in der er sich für den Sozialismus begeistert – und in der Biologie konsequent für den Lamarckismus. Und so machte die Hoffnung auf einen ethisch ansprechenderen Evolutionsverlauf, die Glut, die Menschenschaft entwickle sich qua Anpassung an das soziale Milieu durch Selbsterziehung zum Besseren, schließlich doch noch eine etwas abseitige Karriere im staatssozialistischen Biologieunterricht der Sowjetunion. Wie kalt dagegen der überlegene »Kampf ums Dasein«, der ja ein Kampf um die Fleischtöpfe ist, ohne Hoffnung, der Mensch werde den kühnen Geist, statt seines materialistischen Gierhalses, nach Höherem strecken. (So blieb es schließlich der Kirche überlassen, den Lamarckismus nahezu in Reinform zu retten. In bester Schützenhilfe für den französischen Chevalier verteidigt sie trotzig ihr molekulargenetisch bedenkliches Dogma, Adams Ungehorsam im Garten Eden habe zu einer »Erbsünde« geführt, die daraufhin auf alle zukünftigen Generationen übergegangen sei.)

Moderne Evolutionstheorien zeigen uns, daß der Lauf der Welt ganz anders ist, als er uns erscheint. Und doch haben wir nichts anderes als unsere menschlichen Ordnungsvorstellungen, unsere psychischen und anthropologischen Bedürfnisse, die in Unordnung gebrachten Koordinaten von Raum, Zeit und Kausalität zu interpretieren. Welche Folgen hat nun eine auf Selektion und Mutation basierende Evolutionstheorie für die Ordnung der Schöpfung? Nur eine geringfügige Korrektur der bestehenden Weltanschauung, meinen die Anthropozentriker unter ihren Verfechtern, die nun gleichwohl in der Evolution überall Regelhaftigkeit, Notwendigkeit und Vorhersagbarkeit aufspüren. Doch erweist sich die Evolution nicht als Herrschaftsgebiet der Ausnahmen über die Regeln? Sie ist »zweckmäßig«, wenn auch nur für die 0,1 Prozent der heute noch – oder gerade – existierenden Spezies, nicht aber für die 99,9 Prozent, die in den Urfluten, dem Ordovizium, dem Perm, der Kreide oder dem Tertiär das Weltliche segneten. Sie ist »planmäßig« insoweit, als sie den Menschen sauber aus der Welt der Tiere herausschält; nur daß niemand diesen Plan kennt, geschweige denn, wohin er führt. Sie erkennt »Notwendigkeiten« wie die Selektion der sinnvollsten anatomischen Ausstattungen; nur eben, daß einige dieser Notwendigkeiten eigentlich gar nicht notwendig sind; und sie sieht im Menschen, der seit gerademal 100.000 Jahren mit geringer Zukunftswahrscheinlichkeit die Erde verunsichert, den Höhepunkt aller überlebenssichernden Selektionsprinzipien verwirklicht (wie Anpassungsfähigkeit, Nahrungsbreite, Sozialstruktur und Selbstbewußtsein) – ganz im Gegensatz etwa zu den 150 Millionen Jahre existierenden Dinosauriern und den seit über 400 Millionen Jahren nahezu unveränderten Nautiliden und Urschnecken.

Ohne Zweifel verrät die evolutionäre Auffächerung der Arten, soweit dies heute bekannt ist, eine ständig wachsende Komplexität der Formen. Bedauerlicherweise für die Teleologen jedoch nehmen bei den gefundenen Fossilien weder die anatomischen Spezifikationen noch die daraus erschließbare Umweltanpassung entscheidend zu. Tierklassen wie Salamander beispielsweise bildeten sich im Laufe der Jahrmillionen auf verblüffende Weise zurück. Statt eines allgemeinen

Trends zu »Fortschritt« und »Verbesserung« durch zunehmende Kompliziertheit finden sich in der Entwicklung der Arten viele auffällige Vereinfachungen. Auf molekulargenetischer Ebene gibt es ebenso konservierende wie veränderungsfreudige »Strategien«. Veränderungen können »blockiert« und »gefördert« werden, ohne daß sich in einer der beiden Richtungen sinnvoll von »Fortschritt« sprechen läßt. Aus den Fossilfunden ersichtlich, ereigneten sich im Lauf der Evolution zufällige Verschiebungen, momentane Anpassungen ohne ein erkennbares Konzept, wie es die von »Darwinismus« und »Neodarwinismus« reklamierte strikte Abhängigkeit der Entwicklungen von der Umwelt erklärt. So gab es, nach Gerhard Roth, Organismen, die sich innerhalb vieler Millionen Jahre oder sogar Hunderten von Millionen Jahren nicht wesentlich änderten, obwohl ihre Umwelt sich änderte, und umgekehrt existierten Organismen, die sich zum Teil stark änderten, obwohl ihre Umwelt sich nicht änderte. Viele Organismen überlebten offenbar deshalb, weil sie sich nicht eng an ihre Umwelt anpaßten, weil sie nämlich (relativ) unspezialisiert waren; und umgekehrt starben viele Organismen aus, weil sie (retrospektiv) zu eng an ihre Umwelt angepaßt waren. Organismen gleicher Herkunft in gleicher Umwelt entwickelten sich mitunter völlig verschieden.[12]

Gesichert in einer Evolutionstheorie, die diesen Namen verdient, ist, daß keine ihrer Annahmen gesichert ist. Evolutionsbiologen, die ihre Sache ernst nehmen und nicht als Rechtfertigungsdisziplin für weltanschauliche Vorurteile gebrauchen, reflektieren die Evolutionsbedingtheit ihres eigenen Erkenntnisapparates, also mithin die Evolution aller menschlichen Erkenntnis. »Naturgesetze werden mit Hilfe von Experimenten nachgewiesen, in denen zum Teil komplizierte Meßapparaturen zum Einsatz kommen, die jede für sich nur unter sehr begrenzten Bedingungen arbeiten und spezielle Theorien voraussetzen. Außerhalb dieser Voraussetzungen gibt es keine Naturgesetze. Physik ist wie jede Naturwissenschaft eine Beschreibung von Phänomenen der Wirklichkeit, die an die Bedingungen dieser Wirklichkeit gebunden ist und daher einen Teil von ihr bildet. Letztlich ist jedes Nachdenken über die objektive Realität, sei es wissenschaftlich oder nicht, an die Bedingungen menschlichen Denkens, Sprechens und Handelns gebunden und muß sich darin bewähren.« [13]

Nur wenn man reflektiert, daß die unvermeidlichen Ordnungsmittel des Geistes, das Denken und die Sprache, nicht die Wirklichkeit »an sich« aufräumen, sondern Modelle sind, die die unverfügbare Wirklichkeit nach Maßgabe der eigenen Spielregeln erklären, kommt man dem menschlichen Selbstverständnis näher. Nicht erst seit Erforschung der Evolution in den letzten 200 Jahren müht sich der menschliche Geist, dem Lauf der Welt einen – nach menschlichem Ermessen – »vernünftigen« Sinn zu geben. Doch das Paradoxe der Geschichte liegt darin, daß der menschliche Geist selbst Produkt evolutionärer Prozesse ist. Er ist Maßstab und Gemessenes zugleich. Und das macht, wie man sieht, dem Menschen in seinem brüchigen Selbstverständnis nicht wenig zu schaffen. An eine tatsächlich objektive Erkenntnis der Evolution wäre nur unter drei Bedingungen halbwegs sinnvoll zu denken: nämlich einmal, wenn es gelingt nachzuweisen, daß der Gang der Evolution und mit ihm der Werdegang des Menschen *notwendig* war, daß er gar nicht anders verlaufen konnte, als er verlief. Zweitens: daß die Evolution des Menschen *abgeschlossen* ist und damit drittens die Stufe der größtmöglichen *Vollkommenheit* tatsächlich erreicht hat. In den Zeiten vor Lamarck und Darwin haben das nicht nur Theologen, sondern auch die Naturforscher fast allesamt tatsächlich geglaubt: Das menschliche Bewußtsein sei die unübertroffene Spitzenleistung des Schöpfergottes; geschaffen, die Welt so zu erkennen, wie sie »an sich« ist. Doch was sagt die moderne Paläoanthropologie dazu? War der Verlauf der menschlichen

Entwicklungsgeschichte notwendig? Und endete er vor einigen tausend Jahren in einem schlechthin vollkommenen Wesen?

Mäuse, Mythen, Missing Links

Am Anfang war die Spitzmaus; possierliche Tierchen zur Zeit der oberen Kreide, beobachteten sie arglistig den Niedergang der Dinosaurier. Ängstlich huschten sie des Nachts umher, mieden die Sonne und kauerten im Mondlicht. Zurückgezogen, versteckt, getarnt warteten sie auf ihre Stunde: In ihren kleinen schwachen Körpern schlummerten ungenutzt die gesamten potentiellen genetischen Voraussetzungen zur Weltherrschaft.

Die urtümlichsten und ältesten der plazentalen Säugetiere waren Insektenfresser, Vorfahren aller heute existierenden Primaten einschließlich des Menschen. Igel und Maulwürfe sind ihre wenig veränderten Urenkel, Schimpanse und Mensch etwas weiter vom Stamm gefallene Äpfel. Zu Beginn des Tertiärs, also vor rund 60 Millionen Jahren, verästelte sich der Baum durch eine Vielzahl neuer Entwicklungen. Aus den Früh-Primaten der frühen Abschnitte der Tertiär-Zeit entstanden weitere Primaten: die Halbaffen (Lemuren), die Alt- welt- und die Neuweltaffen und möglicherweise die ersten Vorläufer der Überfamilie *Hominoidea*. Allen gemeinsam war ein gegenüber anderen Tierordnungen charakteristischer Bauplan, gekennzeichnet durch die Fähigkeit zu räumlich-perspektivischem Sehen, die Spezialisierung der Hand als differenziertes Greiforgan und die verhältnismäßig zügige Entwicklung des Vorderhirns (Neocortex).

Fossilfunde der ersten Vertreter der *Hominoidea* stammen von vor ungefähr 30 Millionen Jahren aus dem Oligozän,

Propliopithecinen, Parapithecinen und *Aegyptopithecinen.* Was man von diesen frühen Affen weiß, ist, daß man eigentlich nichts weiß. Ein paar unvollständige, beschädigte Unterkieferhälften und zwei, drei Schädel: Das ist so ziemlich das ganze Material für Schlußfolgerungen. Auch bei der Einordnung späterer Ur-Affen wie *Oreopithecus* und *Dryopithecus* tappt man weitgehend im Dunkeln. Einen besseren Einblick für die Paläoanthropologie gibt es erst, als sich die Wälder lichteten und offenes Grasland entstand. Gewaltige Kräfte hoben vor fast 15 Millionen Jahren im Osten Afrikas die Erdkruste an und türmten sie bis fast 3000 Meter über den Meeresspiegel. Der kontinentale Felsen wölbte sich, riß über 4500 Kilometer hinweg auf und erzeugte die Bedingungen für eine völlig veränderte Vegetation. Wichtiger als jeder andere Umweltfaktor ermöglichte die Bildung der Gregory-Spalte und mit ihr des Great Rift Valley die Entstehung neuer Primatenformen, mithin des Menschen. »Hätte die Gregory-Spalte sich nicht an diesem Ort und zu dieser Zeit gebildet«, vermutet der berühmte Paläoanthropologe Richard Leakey, »wäre es durchaus möglich, daß die Spezies Mensch überhaupt nicht entstanden wäre.«[14]

Die »Wiege der Menschheit«, wie man so schön sagt, liegt in Afrika. Die Metapher von der Phylogenese als Ontogenese bewahrt den Schöpfungsmythos. Doch weniger metaphorisch weckt die Rede von der Wiege auch gleichfalls die Hoffnung, die allem Anschein nach so wichtige Tier-Mensch-Grenze nach Möglichkeit auch benennen zu können; nicht nur als Angabe des Ortes, sondern zugleich der Zeit, in der der Mensch aus der großen geologischen Vulva der Gregory-Spalte entstieg, sich aufrechten Ganges faustkeilbewehrt zum sprechenden Großwildjäger mauserte. Doch war das wirklich derselbe Mensch, die gleiche Spezies, die als erster und einziger Primat den aufrechten Gang wählte, Werkzeuge gebrauchte und damit auf Großwildjagd ging?

Glaubt man den säkularen Schöpfungsmythen der Paläoanthropologie, so gibt es sie, jene gesuchte Einheit einer völlig neuen Art, die im Zuge ihres rasant wachsenden Neocortex die genannten Stufen der Zivilisation geradezu im Sprung nahm. Der aufrechte Gang brachte in diese Welt die nichtanimalische Würde eines höheren Wesens, der Werkzeuggebrauch dokumentierte dessen überragende Intelligenz, die Großwildjagd schließlich die aggressive heroische Mentalität.

Ja, ja, der aufrechte Gang, Ausdruck des freien Menschen! Zu Darwins Zeit schrieb der anglikanische Bischof Wilberforce, einen von ihm verehrten Professor Owens zitierend, der englischen Jugend ins Stammbuch: »Das höchste Werk der Schöpfung ist vollbracht worden, daß ihr einen Körper besitzen möget – den einzigen aufrechten – von allen Tierkörpern den freiesten – und wozu? Zum Dienst der Seele.«[15]

Vielleicht jedoch war es weniger eine Sache der Seele als eine der Anpassung, welche die nach heutiger Wertschätzung noch recht einfältigen *Australopithecinen*, sogenannte »Südaffen« mit der Intelligenz eines Säuglings, vor mutmaßlich vier Millionen Jahren dazu veranlaßte, sich zunehmend auf die Laufleistung ihrer Hinterbeine zu verlassen. Im Westen des großen Grabens boten nahrungsreiche Urwälder klettertüchtigen Affen einen idealen Lebensraum. In den neuen abwechslungsreichen Lebensräumen im Osten hingegen, wo das Waldsterben Halbwüsten, Savannen, kleine Auwälder und sumpfige Flußlandschaften erzeugte, bevorzugten einige Prototypen der *Hominiden*, wie die *Australopithecinen*, zum ersten Mal den aufrechten Gang. Ob sie die neue Fortbewegungsart schon im Wald erprobt hatten oder erst neu erlernten, wird heute kontrovers diskutiert. Auch ob es nun tatsächlich der Werkzeuggebrauch war, der die Entlastung der Hände erforderlich machte, das Aufrechtgehen in erster Linie einem veränderten Fluchtverhalten zuzurechnen ist oder der neue Gang eine Reaktion darstellte auf die Notwendigkeit, Nahrung in einer offenen Umgebung zu suchen, wo die Futterstellen weiter verstreut waren – wir wissen es nicht.

Nur Heinrich Karl Erben scheint es zu wissen, wenn er den aufrechten Gang dem Fluchtverhalten zurechnet und dieser Entwicklung eine fast schon Lamarcksche Zwangsläufigkeit unterlegt. Fliehen, das »können Sohlengänger besser und rascher, wenn sie nicht alle vier Extremitäten benützen, sondern lediglich die Hinterbeine (wie manche der heutigen Echsen und wie manche Gruppen der Dinosaurier auch). *So* wurden sie bei schneller Fortbewegung zu ›Zweibeinern‹, und das *mußte* auf die Dauer zu einer entsprechenden Umstrukturierung des Fußes führen, dessen Greiffunktion nun zunehmend unwichtiger geworden war.«[16] Interessant, daß ein so moderner Neodarwinist wie Erben beim aufrechten Gang des Menschen eine Notwendigkeit erkennt, wo doch Kollege Ernst Mayr feststellt, »das Auftreten einer gegebenen Mutation ist in keiner Weise mit den evolutiven Bedürfnissen des speziellen Lebewesens oder der Population, zu der es gehört, relationiert. Das genaue Resultat eines gegebenen Selektionsdruckes ist unvorhersehbar, da Mutation, Rekombination und Entwicklungshomöostasis nicht feststehende Beiträge zu der Reaktion auf diesen Druck leisten.«[17]

Wie notwendig auch immer: Vor vielleicht fünf oder sechs Millionen Jahren wählten mehrere Arten von Primaten den aufrechten Gang zur Fortbewegung. Einige von ihnen starben irgendwann aus, andere entwickelten sich weiter. Allesamt erfüllten sie keines der Kriterien des Menschseins. Sie gebrauchten keine speziell zugerichteten Werkzeuge, verfügten ersichtlich über keine phonetisch fortgeschrittene Sprache, hinterließen keine Spuren von Kulturleistungen oder Religion und zeichneten sich, soweit erkennbar, in nichts vor der Intelligenz von Schimpansen aus, von deren Vorfahren sie sich vielleicht 1-2 Millionen Jahre zuvor getrennt hatten.

Und doch gibt es auch heute nicht wenige, die lieber glauben wollen als wissen, was sie nicht wissen. Geradezu verzweifelt ringt der Anthroposoph Friedrich A. Kipp in der Paläoanthropologie »um eine ganzheitliche Auffassung des Menschen«.[18] Für einen solchen mythischen Schöpfungsakt gibt es zwei Strategien: Entweder man wertet des Menschen frühe Vorfahren auf und haucht schon dem zweibeinigen *Australopithecus* ein modernes Bewußtsein ein, oder man akzeptiert den *Australopithecus* eben nicht als Vorläufer des Menschen. Friedrich Kipp gehört zu den Verfechtern des ersten Weges: »Das dem Menschen eigene Sich-Herauslösen aus der naturgegebenen Umwelt, das Sich-Erheben über die äußeren Gegebenheiten, das Sich-der-Welt-Gegenüberstellen hängt aufs engste mit der Aufrichtung zusammen. Er nimmt die Dinge nicht einfach so hin, wie sie sind, sondern sucht sie zu verändern und sie sich dienstbar zu machen. Sein Verhältnis zur Welt ist das eines aktiv handelnden Gegenpartners. Durch die Aufrichtung fängt der Mensch an, sich als Eigenwesen bewußt zu werden.« Die Konstruktion ist, im Licht der Logik betrachtet, so schlecht nicht. Wenn es schon keinen Beweis für das moderne Bewußtsein der ersten aufrechten Sohlengänger unter den Primaten gibt, dann eben definiert man modernes Bewußtsein über den aufrechten Sohlengang, übersieht geflissentlich die paar Dinosaurier und Vögel am Wegesrand und beweist genau das, was man schon vorher wußte. Daß Kipp nebenbei zu so erstaunlichen anatomischen Einsichten kommt wie der aufrechten Haltung als »eine wesentlichen Voraussetzung der Begriffsbildung«, wird da nicht weiter verwundern.

Ähnlich wie Kipp sorgt sich auch Paul Lüth, emeritierter Professor für Medizinische Soziologie in Mainz, um das Wunderwerk des aufrechten Ganges: »Die einfache Abwicklung von Mutationen und ihre Auslese durch den Daseinskampf«, weiß Lüth in seinen *Umrissen einer modernen An-*

thropologie, »kann in jedem Fall ein derartig kompliziertes Gefüge von Funktionen und Apparaturen, wie sie für den aufrechten Gang Voraussetzung sind, nicht erklären.«[19] Die größte göttliche Schöpfungsleistung war demnach der Iliopsoas, ein bestimmter Muskel zwischen Wirbelsäule und Oberschenkel. Soweit kann es kommen mit der nach Selbstaussage »vollwertigen Wissenschaft vom Menschen«. Und wer von solcher Vollwertkost noch nicht genug hat, lernt schließlich bei Kipp, »daß die Affen als abgeirrte, sekundär veränderte Nebenformen auf dem menschlichen Evolutionsweg entstanden sind«.

Komplizierter hingegen wird die Beweislage, wenn man sich mit dem zweiten Weg auseinandersetzt: dem Zweifel an der Kontinuität der Entwicklung von den frühen *Hominiden* zum modernen Menschen. Denn für den entscheidenden Zeitraum der Trennung von Menschenaffen-Formen und Urmenschen, also den Zeitraum von vor 6-14 Millionen Jahren, fanden Paläoanthropologen in Afrika bisher kaum Fossilien von Menschenaffen. Auch bei den *Australopithecinen*, die vor rund 1,5-4 Millionen Jahren durch die Steppen Ost- und Südafrikas streunten, gibt es anatomisch höchst unterschiedliche Fossilien, deren Verbindung zum Teil völlig spekulativ ist. Bezeichnenderweise förderte die wechselhafte Landschaft des Rift Valley gerade nicht eine einheitliche *Hominiden*-Entwicklung, sondern kleine isolierte Teilpopulationen, deren Abspaltung (Gen-Drift) genetische Umwandlungen und somit die Entstehung neuer Arten begünstigte (Sewall-Wright-Effekt). Vor 3 Millionen Jahren teilten sich die *Australopithecinen* noch einmal in mehrere Arten; darunter eine vermutlich vegetarische Spezies mit robustem Schädel und sehr großen Backenknochen, *Australopithecus robustus*, dessen Spuren sich vor etwa 1,2 Millionen Jahren verlieren, und eine andere Spezies mit leichter gebautem Schädel und kleineren Zähnen, *Australopithecus africanus*. Sie gilt derzeit als

Stammform des *Homo habilis*, des ersten Vertreters der Familie *Hominae*, der allerdings seinerseits in mindestens zwei Arten auftrat, deren Verwandtschaftsverhältnisse äußerst unklar sind.

Solche Lücken nicht nur bei der menschlichen Abstammung, sondern ebenso bei den großen phylogenetischen Verbindungen zwischen Familien, Gattungen, Ordnungen, Klassen und Stämmen, ermutigten seit Darwins Zeit Generationen von Kritikern seiner Abstammungslehre, die Existenz dieser Verbindungen zu bezweifeln. Von religiösen Dogmatikern, die das Faktum der Evolution ohnehin nicht wahrhaben wollen und deshalb *Missing Links* nicht vermissen, war schon zur Genüge die Rede. Wissenschaftlich seriöse Evolutionsbiologen streiten nicht über die Transmutation, sondern darüber, ob sich die Evolution dabei durchgängig in kleinen Schritten oder mitunter doch in größeren Sprüngen vollzogen habe. Besonders skeptisch sind hier die wiederum stark religiös inspirierten Vertreter einer »Idealistischen Morphologie«, die den Spagat zwischen Evolution und Schöpfung dadurch vollbringen, daß sie zwar nicht die Transmutation, wohl aber die evolutionäre Verbindung der Ordnungen, Klassen und Stämme leugnen. Idealistischen Morphologen zufolge schuf Gott die großen Systemeinheiten der Tiere und überließ es dann der Evolution, diese weiter auszudifferenzieren. Auf solchem weltanschaulichen Fundament argumentieren auch heute Hobby-Archäologen wie Michael A. Cremo und Richard L. Thompson. In ihrem Buch, mit dem Mond über Ruinen auf dem Umschlag, lehnen die Gründer des ebenso nebulösen Bhaktivedanta-Institutes alle Formen von *Australopithecus* über *Homo habilis* und dem späteren *Homo erectus* als Vorläufer des Menschen ab und verraten ihren Lesern, »daß anatomisch moderne Menschen und andere Primaten seit mehreren zehn Millionen Jahren nebeneinanderher gelebt haben«.[20]

Die Lösung der Mondfreunde ist sehr willkommen: Sie erspart eine langwierige Diskussion über die Frage, warum sich Gott bei der Evolution des Menschen mit so vielen Prototypen herummühte, sie schuf und wieder verwarf, bis schließlich nach zahlreichen Fehlversuchen doch noch *Homo sapiens* dabei herauskam. Und sie erleichtert die Definition der Tier-Mensch-Grenze, die ja seit Anbeginn der Paläoanthropologie so wichtig gewesen war, daß ihr nicht eine winzige Sekunde der Verdacht kam, es handele sich hierbei vielleicht nur um ein Spiel mit Worten.

Allein, die klassische Paläoanthropologie hatte neben dem von den ominösen »Südaffen« praktizierten aufrechten Gang noch ein zweites As im Ärmel, um die menschliche Besonderheit vor allen anderen Spezies definitiv festzuschreiben: den Gebrauch von Werkzeugen.

Ob die *Australopithecinen* Werkzeuge nicht nur benutzten, sondern auch herstellten, ist heute umstritten. Doch wo auch immer dieses »Werkzeug« herkam, es handelte sich um nichts anderes als ein paar spitze Steine. Das sollte, von wenigen marginalen Veränderungen abgesehen, auch die nächsten 2-3 Millionen Jahre so bleiben. Und so ist es einer der prekärsten Befunde der Paläoanthropologie, daß sich das Gehirn, und hier vor allem der Neocortex, in der Entwicklung von *Australopithecus* zu *Homo habilis* und *Homo erectus* in ungeheurem Tempo vergrößerte – ohne jedoch irgendwelche nennenswerten Kulturleistungen wie einen differenzierten Werkzeuggebrauch in Gang zu setzen. Selbst nach weitgehendem Abschluß des Gehirnwachstums vor etwa einer Million Jahren brachten die *Hominiden* mit ihren Hochleistungsgehirnen über Hunderttausende von Jahren kaum mehr als einen Faustkeil hervor. Noch die Werkzeuge der Neandertaler, die vor gerademal 40.000 Jahren ausstarben, waren äußerst schlicht und wenig ausgefeilt. Und das, obgleich das Volumen ihrer Gehirne das des heutigen Menschen deutlich übertraf!

Es besteht wenig Zweifel daran, daß die Größe und Beschaffenheit des menschlichen Gehirns den Ausschlag gab bei der Entwicklung des modernen Menschen und seiner unvergleichbaren Kultur. Doch aus welchem verflixten Grund machte der Mensch von seiner durch das Gehirn ermöglichten technischen Innovationsfähigkeit erst so erschreckend spät Gebrauch? Offensichtlich hatte das Gehirn andere entwicklungsbegünstigende Funktionen zu erfüllen als technischen Fortschritt. Auch heutige Menschenaffen, deren Gebrauch von Werkzeugen ebenso primitiv ist wie derjenige der *Australopithecinen*, sind dem Anschein nach intelligenter, als sie für solch simples Hantieren mit Steinen und Ästen sein müßten. Ich komme im nächsten Kapitel darauf zurück.

Alles in allem sieht es so aus, als ob auch der Einsatz von Werkzeugen wenig dazu taugt, den großen Graben zu markieren, der Mensch und Tier unserem Selbstverständnis nach trennt. Nach diesem Kriterium nämlich beginnt das Menschsein eigentlich erst mit *Homo sapiens praesapiens* vor vielleicht 400.000 Jahren, und der rund 350.000 Jahre parallel dazu existierende Neandertaler war ein Säugetier wie jedes andere. Und es ereignete sich mehr als 5 Millionen Jahre nach ›Erfindung‹ des aufrechten Ganges durch die animalischen *Australopithecinen*, die mit dem späteren *Homo sapiens* nicht wesentlich näher verwandt sein dürften als Mensch und Schimpanse. Die wichtigste der Erkenntnisse über den bescheidenen Werkzeuggebrauch ist, daß die Entwicklung des modernen Menschen in höchstem Maße asymmetrisch verlief zu Veränderungen in seinem Erbgut. Theologisch gewendet, dürfte sich der liebe Gott, so er sich denn dafür interessiert, Vorhaltungen machen lassen, daß der genetische und der kulturelle »Schöpfungsplan« erschreckend schlecht aufeinander abgestimmt waren.

In solcher Lage entgingen einige Paläoanthropologen nicht der Versuchung, den Menschen über seine Eigenschaft als Jäger zu definieren. Alle heute existierenden Menschenaffen leben vegetarisch, mit Ausnahme des Schimpansen, der gelegentlich Jagden auf kleine Antilopen oder andere Affenarten inszeniert, die allerdings kaum einen wichtigen Beitrag zur Ernährung leisten. So war es verführerisch, den Menschen aufgrund seiner Jagdqualitäten sicher aus dem Reich der Primaten herauszuheben, eine Erklärung, die auch Heinrich Karl Erben einleuchtet, wenn er schreibt: »Das also war der Ursprung des Homo faber: Schlagwaffe und Eßbesteck standen am Anfang, Aggressionstrieb und Ernährungstrieb als Urväter der Technik.«[21] (Nebenbei: Das ›Eßbesteck‹ als Trio von Messer, Gabel und Löffel – Standard erst im 19. Jahrhundert – war noch vor 400 Jahren Luxus oder gänzlich unbekannt. Bis dahin aß man, selbst bei Hofe, mit den Fingern und wischte die Soße mit Brot auf. Sogenannte ›Tischzuchtbüchlein‹, meist von Bürgerlichen verfaßt, mußten über viele Jahrhunderte hinweg den deutschen adligen Rabauken, wie sie uns etwa im *Michael Kohlhaas* oder im *Simplicissimus* vorgeführt werden, immer wieder ins Gewissen reden, sich bei Tisch doch nicht allzu schweinisch aufzuführen. Offenbar war es schwieriger, einem gekrönten Freßsack und Saufaus Tischsitten beizubringen, als heute einem Schimpansen das manierliche Essen mit Messer und Gabel.)

Sicher ist, daß einige Vertreter der Hominiden die schrumpfenden Wälder verließen und ins Grasland auswichen. Aus überwiegend Vegetariern wurden Nahrungs-Generalisten, denn nährstoffreiche Pflanzenkost, Früchte und Nüsse waren in den Savannen selten. Größere Käfer, Frösche, Eidechsen, Schlangen, Kleinsäuger und bodenbewohnende Vögel dürften eine wichtige Nahrungsquelle gewesen sein. Das Sammeln von Kleingetier allerdings ist etwas anderes als die Jagd, zumindest was wir heute darunter verstehen. Erst für die letzten 100.000 Jahre gibt es Belege dafür, daß unsere Vorfahren tatsächlich größere Tiere erjagt haben.

Auch mit dem Jagdmythos also scheint nicht allzuviel los gewesen zu sein. Es wäre ja auch zu schön gewesen: Aus dem sicheren Ort der Wälder schreitet der Mensch männlich hinaus ins feindliche Leben, sich mit Nashörnern, Mastodonten und Säbelzahntigern zu messen, sie mit List und Mut zur Strecke zu bringen. Anders als seine faulen Vettern, die Menschenaffen, denen im Wald die saftigen Trauben auch weiterhin in Griffweite vor dem Mund schaukeln, beweist sich der Mensch in der rauhen Savanne. »Gefangen in dieser Vorstellungswelt«, schreibt der Evolutionsbiologe Jared Diamond, »betonen männliche Anthropologen gern die Schlüsselrolle der Großwildjagd, die männliche Urmenschen dazu veranlaßte, miteinander zu kooperieren, die Sprache und große Gehirne zu entwickeln, sich in Horden zusammenzuschließen und Nahrung miteinander zu teilen. Selbst die Frauen seien durch die Großwildjagd der Männer geprägt worden: Sie unterdrückten die äußeren Zeichen des bei Schimpansen so auffälligen monatlichen Eisprungs, um die Männer nicht in sexuelle Erregung zu versetzen und zu Rivalenkämpfen zu verleiten, was die gemeinsame Jagd hätte stören können.«[22] (Ein Mythos, dem heute noch von Fußballtrainern gefrönt wird, wenn sie unter demonstrativem Ausschluß der Spielerfrauen mit ihren Mannen ins Trainingsquartier einer Weltmeisterschaft ziehen.)

Es sollen also Jäger gewesen sein, die das Denken erfanden; eine nette Pointe. Doch soweit aus Fossilien-Fundstellen ersichtlich, leistete bis vor etwa 50.000 Jahren die Großwildjagd nur einen bescheidenen Beitrag zur Nahrungsversorgung. Und daß ausgerechnet Jagen schlau macht, daß die Jagd die Triebkraft hinter der Entwicklung des menschlichen Gehirns war, ist, wie Jared Diamond schreibt, sehr unwahrscheinlich. »Während der meisten Zeit unserer Geschichte waren wir keine kühnen Jäger, sondern geschickte Schimpansen, die sich mit Hilfe von Steinwerkzeugen pflanzliche Nahrung beschafften und Kleinwild erbeuteten und zubereiteten.«[23] Ein richtiger Jäger und »Kriegsverbrecher« hingegen wurde der in andere Kontinente einfallende *Homo sapiens* mutmaßlich erst durch die Ausrottung der europäischen, nordamerikanischen und australischen Tierwelt: des Mammuts, des Höhlenbärs, des Wollhaarnashorns, des Riesenfaultiers, des Riesenkänguruhs, verschiedener flugunfähiger Vögel sowie bei der Hatz auf die friedlichen Neandertaler, die damaligen Bewohner Europas und Südrußlands. Irgendwann, 40.000 Jahre vor unserer Zeitrechnung, erlegten die Einwanderer aus dem Süden wohl auch den letzten Neandertaler. Der Genozid war vollbracht. Sie waren modern.

Der entzauberte Blick

Der Mensch ist keine Sonderschöpfung, sondern ein Ableger im Zweig der Hominiden. Nach dem gegenwärtigen Stand der Dinge in der Taxonomie, die die Welt der Lebewesen nach dem Besitz beziehungsweise dem Fehlen eines Zellkerns in zwei Reiche einteilt, ist *Homo sapiens* sogar näher mit dem schwefelfressenden Archaebakterium *Methanococcus* verwandt als das Archaebakterium mit anderen Bakterien.

Nichts spricht dafür, daß der Mensch und sein Tun das Ziel der Evolution ist. Bedenkt man die fortgeschrittene Zerstörung des Planeten durch *Homo sapiens* schon zum gegenwärtigen Zeitpunkt, wäre es ja wohl auch reichlich absurd, das Ziel des mutmaßlichen Schöpfergottes in der Zerstörung seines Werks zu sehen. Doch nicht nur der Gang der Geschichte, schon der Begriff des »Ziels« selbst ist durchaus verdächtig. Ziele sind menschliche Denkkategorien, sie sind an zeitliche Grenzen gebunden, ebenso wie Fortschritt und Sinn, und sie haben, in einer schönen Formulierung des Soziologen

Niklas Luhmann, andere Eigenschaften als Protein. Sowohl im Labor als auch bei der Bewertung der Ergebnisse am Schreibtisch entdecken wir die Unzulänglichkeit unserer Interpretationsmuster der Evolution. Auch lehrt uns die Erforschung komplexer Öko-Systeme in den Regenwäldern, wie wenig wir noch verstehen, in der Bibliothek der Evolution zu lesen. Wohl mehr als dreiviertel aller Arten auf diesem Planeten sind uns bislang unbekannt und mit ihnen die Regelsysteme und Kreisläufe der Natur. Das Zusammenspiel der Evolutionsmechanismen, Anpassung, Auswahl und Mutation, bleibt uns derzeit vielfach verborgen.

Es gehört zu den eigentümlichen Folgen der Darwinschen Wende, daß sie mit einigen kleineren Korrekturen das anthropozentrische Weltbild unangetastet ließ. Sie zeitigte über mehr als hundert Jahre nahezu keine nennenswerten Spuren in der Ethik, ja bezeichnenderweise noch nicht einmal in der philosophischen Erkenntnistheorie. Statt aus den Nachweisen Lamarcks und Darwins, daß auch das menschliche Bewußtsein Produkt der Evolution ist, Konsequenzen für den Erkenntnisanspruch der Philosophie zu ziehen, teilte man die Welt in zwei getrennte Kammern: das Schlafzimmer der Philosophie und Theologie, in dem alles auch weiterhin beim alten blieb; und das High-Tech-Labor der Biologie, deren schwindelerregende Ergebnisse die Schnarcher im Nebenzimmer kaum jemals erreichten. Wie stark sich die beiden vormals verschwisterten Disziplinen entfremdet haben, sehen wir heute in der Gentechnik-Diskussion. Gereizt und merklich irritiert beschwert sich der über ein Jahrhundert in Frieden gelassene Bewohner des High-Tech-Labors darüber, warum der so lange friedlich schnarchende Bruder auf einmal zornig an die Tür klopft und, widerwillig hineingelassen, darauf pocht, in Fragen der Gentechnologie ein Wörtchen mitzureden. Doch während der Labortechniker noch aus schrägem Augenwinkel die fehlenden Fachkenntnisse des

Spätaufstehers moniert, erklärt ihm der Mann im Schlafanzug, daß es trotz eines hundertjährigen Vorsprungs auch den Biologen nicht vergönnt sei, die umfassende »wahre« Sicht des Seins zu besitzen. Außerdem bleibe die Schöpfung einer neuen Ordnung des Lebendigen ja nicht auf das High-Tech-Labor beschränkt, sondern habe Auswirkungen für das ganze Haus.

Eine Gesamtperspektive auf das Lebendige ist heute dringlicher als je zuvor. Doch gleichzeitig scheint die Zusammenführung der Sichtweisen zu einer »objektiven« Erkenntnis noch nie so schwierig gewesen zu sein wie heute. Den Grund für die Beschränktheit der menschlichen Erkenntnisfähigkeit nennt uns die Hirnforschung. Was Lamarck nur spekulieren konnte, gilt in der Evolutionsbiologie seit Jahrzehnten als eine gesicherte Tatsache: Das Erkenntnisvermögen des menschlichen Geistes steht in einer direkten Abhängigkeit zu den Erfordernissen der evolutionären Anpassung. »Unsere Gehirne«, schreibt Wolf Singer, Direktor des Max-Planck-Instituts für Hirnforschung in Frankfurt, »sind deshalb so, wie sie sind, weil sie sich offensichtlich im evolutionären Wettbewerb bewährt haben. Vermutlich gab es jedoch während der Evolution keinen Selektionsdruck dafür, kognitive Fähigkeiten herauszubilden, die eine möglichst objektive Beschreibung der Welt liefern. Daher ist es sehr unwahrscheinlich, daß unsere Gehirne für gerade diese Aufgabe optimiert wurden.«[24]

Wenn das menschliche Bewußtsein nicht nach dem Kriterium einer absoluten Objektivität ausgebildet wurde, so gilt das gleiche natürlich auch für die biologische Erkenntnis. Auch hier vermag der Mensch nur das zu erkennen, was der im Konkurrenzkampf der Evolution entstandene kognitive Apparat ihm an Erkenntnisfähigkeit gestattet. Die Einsichten der Naturwissenschaften unterliegen typisch menschlichen Erkenntnisbedingungen. Wären sie davon unberührt, so gäbe es in den Naturwissenschaften keinen Fortschritt, keinen Widerspruch und keine Korrektur. »Konsistenz« (Widerspruchsfreiheit) und »Validität« (Gültigkeit) sind keine autonomen Kriterien, sondern entsprechen dem menschlichen Erkenntnisvermögen zu einer bestimmten Zeit in einer bestimmten Wissenssituation. Was Menschen noch vor dreihundert Jahren für völlig unbezweifelbar gehalten haben, darüber schütteln wir heute den Kopf.

Zwei große naturwissenschaftliche Erkenntnisse nehmen wir mit ins dritte Jahrtausend unserer Zeitrechnung: das nach wie vor enge Eingebundensein ins Tierreich, aus dem wir nicht nur stammen, sondern in das wir »ordnungsgemäß« gehören; und die nicht zuletzt im direkten Artvergleich ersichtliche Begrenztheit unseres Erkenntnisvermögens, das nicht in irgendeiner Weise »absolut«, also losgelöst, ist, sondern allenfalls seit einigen hunderttausend Jahren biologisch hinreichend. Eine gerademal hundertfünfzig Jahre alte naturwissenschaftliche Erkenntnis, die Abstammungslehre Lamarcks und Darwins, die vielleicht fünfzig Jahre alte Verhaltensforschung und dreißig Jahre Neurobiologie haben in kürzester Zeit die dritte kopernikanische Wende eingeläutet. Kopernikus erklärte die Sonne zum Mittelpunkt statt der Erde und entmachtete die geheiligte Scheibe zum runden Planeten. Die Erde war kleiner geworden in diesem Tausch, doch die Größe der menschlichen Erkenntnis leuchtete strahlender denn je; Kant bezweifelte, obwohl er an der Vorstellung festhielt, die Möglichkeit einer Erkenntnis der Welt »an sich«. Der Mensch blieb einzigartig für Kant, doch sein Erkenntnisvermögen erhielt einen Dämpfer. Heute, nach der dritten Revolution, wissen wir, wie klein er tatsächlich ist, winzig in seinem Universum, ein Gleicher unter Gleichen in einer biologischen Welt. Weder Sozialleben noch Kommunikation zeichnen den Menschen als etwas völlig neues aus. Krieg und Aggression, Triebhaftigkeit, Familien- und Gemeinschaftssinn verweisen ihn ins Tierreich. Je mehr wir über das Leben der

Tiere lernen, um so stärker erkennen wir in uns selbst das »Echo«, wie Eugen Drewermann schreibt, »aus den 250 Millionen Jahren der Säugetierentwicklung in den Schichten des Zwischenhirns in unseren Köpfen«.[25]

Selbst komplizierteste Meßapparaturen und sensibelste Beobachtungen ändern nichts an der Tatsache, daß *Homo sapiens* eine schlechthin objektive Erkenntnis verwehrt bleibt. Immerhin erleichtert die Verdrängung dieser Bedingtheit der Erkenntnis das Leben und die Wissenschaft beträchtlich. Die evolutionäre Qualifikation des menschlichen Bewußtseins dürfte ja kaum durch die Frage entschieden worden sein: Was ist Wahrheit? Wichtiger war die Frage: Was ist für mein Überleben und Fortkommen das Beste? Was dazu nichts beitrug, hatte wenig Chancen, in der Evolution des Menschen eine bedeutende Rolle zu spielen. Und daran hat sich bis heute auch nichts geändert.

Aus diesem recht simplen Grund erlaubt das menschliche Bewußtsein der Spezies *Homo sapiens* immerhin auch, systematisch zu vergessen, woher sie kommt und was sie von Natur aus ist. Die Erfindung des großen Grabens zwischen Mensch und Tier im Kopf des Menschen ist demnach kein Zufall. Sie dürfte ein entscheidender Vorteil beim Kampf gewesen sein, das Territorium zu sichern bis hin zur Eroberung des gesamten Planeten. Kognitionspsychologisch besteht der Graben ja ohnehin: Der Mensch erkennt von Natur aus nur den Menschen als gleichwertig (wenngleich die Sklaverei und die Frauen-Diskriminierung auch hier die Geschichte zum Herrschaftsgebiet der Ausnahmen über die Regel machen). So war es nicht weiter schwer, den Graben aus der Erkenntnisfähigkeit des Gehirns in die Theologie, die Philosophie und die Biologie hineinzuprojizieren. Entwicklungsgeschichtlich gesehen, ist diese Projektion, wie gesagt, nicht haltbar. Doch ist die Evolution der alles entscheidende Maßstab? Gibt es nicht klare Unterschiede des tierischen und des menschlichen Bewußtseins, wie jeder Blick auf den Goldfisch im Aquarium unmißverständlich nahelegt? Was hat es mit der Tier-Mensch-Grenze aus der Sicht der Verhaltenspsychologie auf sich?

Sinn und Sinnlichkeit

Oder: Von Menschen und Affen

Mir scheint, als sei das tiefgehendste Merkmal
der menschlichen Schwäche unsere Unfähigkeit,
mit den Tieren zu kommunizieren.
Claude Lévi-Strauss

Scham und Gelächter

Schreiende Kinder drängeln sich vor der Glasscheibe, stiernackige Bodybuilder verharren andachtsvoll, Fotoapparate blitzen. Langsam zieht der große Affe von der einen Ecke seines Käfigs in die andere, hinweg über das Computerpapier und die Holzwolle, in dem die jüngeren Gorillas toben, sich an den Gliedmaßen ziehen, bevor sie an den Seilen schaukeln unter der großen Stahlkonstruktion des Urwaldhauses.

Von allen Zoogehegen sind Affenanlagen, zumal jene für die Großen Menschenaffen, die beliebtesten. An den Raubkatzen, die unablässig von einer Seite ihres Käfigs zur anderen tigern, bewundern wir die Eleganz; die Schönheit ihrer Kraft, die aufscheint in der Unmöglichkeit, sie zu leben. Elefanten und Nashörner beeindrucken durch ihre Größe, die doch verschwindend klein ist im Horizont der Hochhäuser hinter der Zoomauer. Seelöwen sind lustig, wenn sie nach Heringen schnappen, die ihnen der Wärter zum Spiel in die Luft wirft. Doch was ist der Affe für den Menschen?

»Ein Gelächter oder eine schmerzvolle Scham«, sagt Friedrich Nietzsche, wenig Hehl daraus machend, daß es die Nähe ist, die *Homo sapiens* hinter der Glasscheibe, amüsiert oder bestürzt, eine andere Variante des eigenen Seins zuspiegelt. »Der Körper eines Affen ist lächerlich … wegen einer unanständigen Ähnlichkeit und Imitation des Menschen«, schrieb 1607 der Geistliche Edward Topsell in seiner *Geschichte der vierbeinigen Tiere*. Auch Charles Gore, der Nachfolger von Samuel Wilberforce als anglikanischer Bischof von Oxford, hat nicht wenig Bedenken »daß es ein göttliches Wesen gibt, das etwas so Widernatürliches« wie Affen »erschaffen konnte«. Nach seinen Besuchen im Londoner Zoo, notierte Gore, kehre er »immer als Agnostiker heim. Ich kann nicht begreifen, wie Gott diese sonderbaren Tiere in seine moralische Ordnung einpassen kann.«[1] Zur selben Zeit erkannte in Deutschland »Tiervater« Alfred Brehm in den Mandrills aus den Urwäldern Westafrikas »Zerrbilder des Teufels«, »Sinnbilder des Lasters«, »dämonische Scheusale« und »wahrhaft widerwärtige Bestien«.[2] »Unser Widerwille gegen die Affen begründet sich ebensowohl auf deren leibliche, wie geistige Begabungen. Sie ähneln dem Menschen hinsichtlich ihres Leibes nur oberflächlich, geistig aber bloß im schlechten Sinne und nicht im guten.«[3]

In vergleichbarem Sinne hatten schon die Mayas Affen zum vorletzten verpfuschten Versuch der Götter erklärt, ein vollkommenes Wesen zu erschaffen, das ihnen erst mit dem Menschen gelang. Andere Völker in Südamerika, Afrika und Indien sahen in Affen gestrafte Menschen, vom Zorn der Götter getroffen und gezwungen, als Affen zu leben. Und noch 1960 schrieb in der Bertelsmann-Enzyklopädie, die in zahlreichen Auflagen als Tierlexikon bis Anfang der 80er Jahre unverändert aufgelegt wurde, Hans-Wilhelm Smolik über die Wollaffen: »Nett und freundlich sehen sie bestimmt nicht aus, die Wollaffen, wenn sie mit dunkelglühenden Kulleraugen durch die Blätter lugen. Der kurzgeschorene Kopf, die sehr tiefliegenden Augen unter der stark fliehenden Stirn, das kohlrabenschwarze Gesicht und die vorspringende Tierschnauze lassen unwillkürlich an eine Verbrecherphysiognomie denken. Dazu kommt, daß die Kerle, wenn sie gereizt werden, einen unbeschreiblich gellenden Wutschrei aussto-ßen, der wahrhaftig durch Mark und Bein fährt und den Erfolg zeitigt, daß man sich urplötzlich von einem Dutzend dieser Affengesichter umstellt sieht.«[4]

In den Lavaterismen, der spöttischen und verurteilenden Distanz, zeigen sich die Angst vor den eigenen Trieben, die Ablehnung der sexuellen Freizügigkeit wie die Affektmodulation des zivilisierten Menschen gleichermaßen. Nichts weniger als das Selbstverständnis des Menschen im Verhältnis zum Tier und somit zu seinem eigenen Ursprung, der sich gerade am Beispiel von Affen, und hier: den sogenannten »Menschenaffen«, am besten zeigen läßt, steht zur Debatte. Und man könnte sich vorstellen, wie umgekehrt ein »neutraler« Beobachter des Menschen, etwa einer vom Schlage des Zoologen und Verhaltensforschers Desmond Morris, den Menschen beschreiben müßte. Weit entfernt von der von Abscheu gezeichneten Diktion der Topsells, Gores, Brehms und Smoliks diagnostiziert Morris: »Es gibt einhundertdreiundneunzig lebende Arten von Affen und Menschenaffen. Einhundertzweiundneunzig von ihnen sind mit Haar bedeckt. Die Ausnahme ist ein nackter Menschenaffe, der sich selbst *Homo sapiens* benannt hat. Diese ungewöhnliche und höchst erfolgreiche Spezies verwendet eine Menge Zeit für die Untersuchung ihrer höheren Motive und eine gleiche Menge Zeit, um beflissen ihre fundamentalen zu ignorieren. Sie ist stolz darauf, daß sie von allen Primaten das größte Gehirn hat, aber sie sucht die Tatsache zu verbergen, daß sie auch den größten Penis besitzt, und sie zieht es vor, diese Ehre fälschlich dem mächtigen Gorilla zuzuweisen. Sie stellt einen hochgradig gesprächigen, scharfsinnig prüfenden, überforderten Menschenaffen dar ...«[5]

Während man dem Verfasser des Tierlexikons allenfalls einen etwas metaphorischen und unwissenschaftlichen Stil bescheinigt, erscheint Desmond Morris' Beschreibung des

Menschen bis heute als skandalös. Auch Heini Hediger, der langjährige Direktor des Baseler wie des Zürcher Zoos, fühlt sich befremdet, wenn er Morris' »Polemik« liest. Für ihn macht es durchaus einen Unterschied, »ob der Mensch *nur* ein Affe ist, oder ob er das lediglich in bezug auf seine körperlichen Eigenschaften ist«. Erst ein Ausspruch von Konrad Lorenz vermag ihn hier zu beruhigen: »Wenn Sie sagen: der Mensch ist ein Säugetier, und zwar ein Anthropoide, ist das völlig richtig. Wenn Sie sagen: der Mensch ist eigentlich nur ein Säugetier, ist es eine Blasphemie.«[6]

Wohlgemerkt, der Satz ist so finster, wie er zunächst scheint, im Grunde nicht. Denn ohne Zweifel: »nur ein Säugetier« – das ist ja geradezu jener Ekel vor der eigenen Gattung, wenn nicht sogar der Spezies, *in nuce*, in dem der Teufel steckt, und mithin, wenn man so will, Blasphemie vor der Kreatur. Allein es steht zu befürchten: Des Tierkenners nobelpreisfähige Weltsicht war so wacker nicht. Mit Blasphemie zu drohen – das ist in der christlich-abendländischen Moral gewiß keine Spielkarte der Tierfreunde.

Eins Komma sechs Prozent

Einen wissenschaftlichen Weg, die Frage nach dem biologischen Unterschied zwischen dem Menschen und seinen nächsten Verwandten, den Menschenaffen, zu beantworten, eröffnet die Molekulargenetik. Ordnet man die 46 Chromosomen des Menschen nach gestaltlich übereinstimmenden, »homologen« Paaren, so zeigt sich, daß bei den Menschenaffen mit Ausnahme eines einzigen Paares das gleiche Muster gegenübersteht. Doch um die näheren Verwandtschaftsverhältnisse des Menschen genauer zu bestimmen, bedurfte es einer eingehenderen Untersuchung. Die fast vollständige Identität des

Chromosomenmusters verrät beispielsweise nichts darüber, ob der Mensch nun, wie mehrheitlich vermutet, am engsten mit Schimpansen und Gorillas verwandt ist oder vielleicht doch mit dem Orang-Utan (wie es ein träger rothaariger Philosophiestudent, mit dem ich gemeinsam im Seminar saß, zumindest von sich selbst behauptete). Tatsächlich teilen Orangs mit dem Menschen einige auffällige biologische Eigenschaften, wie die Dauer der Schwangerschaft, die Asymmetrie der rechten und der linken Gehirnhälfte, das Zahnsystem und den Hormonspiegel.

Im Jahr 1984 veröffentlichten Charles Sibley und Jon Ahlquist, zwei Molekularbiologen an der Yale University, die Ergebnisse ihrer langjährigen DNS-Untersuchungen von Menschen und Affen. Im direkten Vergleich mit der menschlichen DNS analysierten sie die DNS-Struktur der vier heute lebenden großen Menschenaffen, Gorilla, Orang-Utan, Schimpanse und dem als Zwergschimpanse bezeichneten Bonobo, sowie die DNS von zwei Gibbon-Arten und sieben Arten von Altweltaffen. Ihre Ergebnisse, die sie in den folgenden Jahren durch zahlreiche weitere Untersuchungen untermauerten, gelten heute als wissenschaftliches Allgemeingut.

Nach Sibley und Ahlquist haben Rhesusaffen 93 Prozent der DNS-Struktur mit Menschen und Menschenaffen gemein. Orang-Utan und Mensch unterscheiden sich in etwa 3,6 Prozent ihrer Erbanlagen, Gorilla und Mensch in etwa 2,3 Prozent, die Differenz zu Schimpanse und Bonobo beträgt ungefähr gleichviel, nämlich jeweils 1,6 Prozent. Besonders prekär allerdings werden diese recht abstrakten Zahlen dann, wenn man gewahr wird, daß der Unterschied zwischen Schimpanse und Gorilla bei über 2 Prozent liegt und daß die beiden untersuchten Gibbon-Arten zu etwa 2,2 Prozent voneinander abweichen.

Die mutmaßliche genetische Differenz zwischen *Homo sapiens* und *Pan troglodytes* ist also erstaunlich klein: 98,4 Prozent der menschlichen DNS ist Schimpansen-DNS, und beide Spezies sind in etwa so nahe verwandt wie Pferde und Esel. Molekularbiologisch stehen sie enger zusammen als Mäuse und Ratten, Kamele und Lamas oder zwei vom Aussehen kaum zu unterscheidende Laubsängerarten wie Fitis und Zilpzalp. In Anbetracht dieser Ergebnisse plädiert der Evolutionsbiologe Jared Diamond für eine neues System bei der Einordnung von Menschenaffen. Künftig, meint Diamond, werden die Taxonomen die Dinge wohl »etwas anders sehen müssen, nämlich aus der Perspektive des Schimpansen: Danach besteht nur eine schwache Dichotomie zwischen den ein wenig höherstehenden Menschenaffen (den *drei* Schimpansen, einschließlich des ›Menschen-Schimpansen‹) und den ein wenig tieferstehenden (Gorillas, Orang-Utans, Gibbons). Die traditionelle Unterscheidung zwischen ›Menschenaffen‹ (definiert als Schimpansen, Gorillas usw.) und Menschen entspricht nicht der Realität.«[7]

Wie schon aus dem vorhergehenden Kapitel ersichtlich, ist es mit einer sauberen Tier-Mensch-Grenze nicht weit her. Definiert man das Mensch-Sein nach dem erreichten Grad einer psychischen oder kulturellen Leistung, wie dem aufrechten Gang, dem Werkzeuggebrauch, der Großwildjagd oder der differenzierten Sprachfähigkeit, so verliert sich der starke Eindruck bestimmter Neuheiten in einem Wirrwarr asynchroner Einzelentwicklungen bei zahlreichen verschiedenen *Hominiden*-Spezies. Und wie zum Hohn auf jede anthropozentrische Weltanschauung bestätigen nun auch die neuen Gen-Untersuchungen, daß jeder Versuch, den Graben zwischen Mensch und Schimpanse tiefer zu schaufeln als jenen zwischen Schimpanse und Bandwurm, von der zurückrollenden Erde wieder zugeschüttet wird. Der große Graben zwischen Mensch und Tier hat seinen einzig realen Ort in der menschlichen Phantasie.

Doch wenn dem so ist, warum gelten bei der biologischen

Klassifizierung des Menschen dann andere Spielregeln als bei der Einordnung von Gibbons und Laubsängern? Allem Anschein nach hatte Linné recht, als er die biologischen Unterschiede zwischen Mensch und Schimpanse für nicht groß genug hielt, um beide Arten in verschiedene Gattungen zu sortieren. Wenn 2,2 Prozent Abweichung der DNS-Struktur kein Hinderungsgrund sind, beide untersuchten Gibbon-Arten auch weiterhin in die Gattung *Hylobates* einzuordnen, wieso reichen dann 1,6 Prozent Abweichung bei Mensch und Schimpanse dazu aus, in diesem Fall eine Gattungsunterscheidung aufrechtzuerhalten? Für Jared Diamond jedenfalls steht fest, daß es heute nicht eine, sondern drei oder vier Arten der Gattung *Homo* auf der Welt gibt: »den gewöhnlichen Schimpansen, *Homo troglodytes*, den Zwergschimpansen, *Homo paniscus*, und den dritten bzw. menschlichen Schimpansen, *Homo sapiens*. Da der Gorilla sich nur unwesentlich stärker unterscheidet, hat er eigentlich das Recht, als vierte Art der Gattung *Homo* zu gelten.«[8]

Auf die Diskussion um ethische Konsequenzen einer solchen Klassifikation werde ich in in einem späteren Kapitel eingehen, wenn es um das *Great Ape Project* des australischen Philosophen Peter Singer gehen wird und seine Forderungen nach Menschenrechten für die Großen Menschenaffen. An dieser Stelle soll es genügen, den kleinen molekulargenetischen Unterschied und seine großen Folgen von rein biologischer Seite zu betrachten. Denn ohne Zweifel verursachen die verschiedenen 1,6 Prozent zum Teil erhebliche Unterschiede des Verhaltens. Schimpansen und Bonobos beispielsweise unterscheiden sich in 0,7 Prozent ihres Erbmaterials. Und doch sind ihre sexuellen Verhaltensmerkmale nicht weniger verschieden als die zwischen Bonobo und Mensch, deren DNS-Strukturabweichung bei 1,6 Prozent liegt. So nutzen Bonobos beim Geschlechtsverkehr nicht selten die sogenannte »Missionarsstellung«, die bei gewöhnlichen Schimpansen nahezu überhaupt nicht im Repertoire auftaucht. Bonobo-Weibchen sind die überwiegende Zeit paarungsbereit und machen oft selbst Anstalten, die Männchen der Gruppe zum Sex zu animieren; die Weibchen ihrer großen Vettern hingegen sind nur einige Tage in der Monatsmitte paarungswillig, der Anstoß zum Sex geht allein von den Männchen aus. Die kleine Zahl von Genen, durch die sich Bonobos und gewöhnliche Schimpansen unterscheiden, haben offensichtlich bedeutende Folgen für die Sexualphysiologie und die Geschlechterrollen.

Ein wichtiger Teil im geringen Prozentsatz unterschiedlicher Gene von Schimpanse und Mensch muß sich direkt auf das Gehirn auswirken. Denn durch was, wenn nicht in erster Linie durch die Leistungen seines Gehirns, vermag sich der heutige Mensch von seinen Urwaldvettern in Afrika und Südostasien zu unterscheiden? Schon im vorhergehenden Kapitel war vom Neocortex die Rede, jener Hirnregion, der der Mensch seine Überlegenheit gegenüber anderen Primaten verdankt. Einerseits gilt die exponentiell wachsende Vorderhirnrinde, der Sitz von Willensimpulsen, Sprachzentren und Regionen der Begriffsbildung, heute als Motor zur Veränderung der Verhaltensweisen auf dem Weg der frühen Insektenfresser zu *Homo sapiens*. Andererseits jedoch verlief die Entwicklung von Kulturleistungen und Hirnwachstum, wie gesagt, nicht parallel.

Trotz aller Asymmetrie erschiene es lohnenswert, die Entstehung des menschlichen Bewußtseins, des Verstandes- und Erfindungsreichtums einmal aus neurophysiologischer Sicht zu betrachten, um über diesen Weg Aufschlüsse über Gemeinsamkeiten und Unterschiede von Affen und Menschen zu erlangen – wenn, ja wenn Neurobiologen sich denn mit solchen Fragen beschäftigten. Tatsächlich aber interessiert sich die Neurobiologie recht wenig für Geist, Bewußtsein, Vernunft oder freien Willen, vielmehr für chemische Prozesse.

Ausgewiesene Fachleute schlagen die Hände über dem Kopf zusammen, wenn sie erklären sollen, was »Bewußtsein« ist. In dem Film *Hannah und ihre Schwestern* gibt es einen schönen Witz. Woody Allen fragt seinen Vater, wie Gott es zulassen konnte, daß es Nazis gibt. Der Vater, der gerade an einer Dose Erbsen herumwerkelt, wehrt ihn ab: »Was weiß ich, warum es Nazis gibt? Ich weiß ja noch nicht einmal, wie dieser Büchsenöffner funktioniert!« Im wesentlichen charakterisiert dies die Lage der Neurobiologen, wenn es ums »Bewußtsein« geht. Analysierbar auf der Ebene der Neuronen und Nervenverbände sind bei derzeitigem Kenntnisstand allein einfachste Verhaltensweisen, wie simple Bewegungen und Reflexe. Und nicht wenig gewichtige Forschungsbeiträge über die neuronalen Prozesse der Sprachbildung sind schon froh genug, wenigstens einige wichtige neurophysiologische Unterschiede der Gehirnaktivität benennen zu können zwischen der Bildung der Sätze »Jean sitzt mit Annette auf einer Bank« und »Jean sitzt mit einem Baguette auf einer Bank«. Wer soll da schon erklären können, was ein so trübes Nebelwort wie »Geist« seinem Wesen nach bedeutet?

Bei soviel Schärfe im einzelnen und Gleichgültigkeit im ganzen verweisen viele Regisseure neurobiologischer Experimente komplexe kognitive Leistungen und Zustände des Menschen, wie Bewußtsein, Aufmerksamkeit, Gedächtnis und Handlungsplanung, mit achselzuckendem Lächeln in ein anderes Theater: in die Philosophie. (Allerdings selten, ohne das Boulevardniveau dieser Bühne zu bespötteln, wo eitle Akteure in den Begriffsgewändern des 18. Jahrhunderts die »Kritik der reinen Vernunft« inszenieren, das Stück eines Mannes, der zwei Generationen vor Darwin noch an Adam und Eva glaubte.)

Dennoch liefert auch die Neurobiologie für die hier verhandelte Frage nach dem Unterschied von Mensch und Menschenaffe einige interessante Aufschlüsse. Von Neurobiologen zu lernen, bedeutet immerhin Erkenntnisse zu erlangen über die anatomischen, physiologischen und leistungsmäßigen Eigenschaften des Gehirns. Man erfährt, daß der allgemeine Aufbau des menschlichen Gehirns keine Besonderheit darstellt, sondern jenem aller anderen Landwirbeltiere entspricht und sich unter Wirbeltieren nur vom Gehirn der Fische stärker unterscheidet. Die Gehirne von Menschenaffen und Menschen sind sogar nahezu identisch strukturiert; der einzige Unterschied liegt in der Größe.

Doch auch mit der Größe des menschlichen Gehirns ist es so eine Sache. Zunächst einmal (falls jemand das glauben sollte): Der Mensch hat durchaus nicht das *absolut* größte Hirn unter den Tieren. Die Gehirne von Walen und Elefanten belehren unmißverständlich darüber. Und er hat auch nicht das *relativ* größte Gehirn: Hier schlagen ihn einige possierliche Tiere wie die Spitzmaus oder der Elefanten-Rüsselfisch, so daß allenfalls die Bronzemedaille drin ist, gemeinsam etwa mit dem südamerikanischen Kapuzineraffen. Ganz Spitzfindige könnten nun anmerken: Was nützt dem Kapuzineraffen das Hirngewicht, wenn er doch über einen im Verhältnis zu seinem Körpergewicht kleineren Neocortex verfügt als der Mensch? Doch auch hier gewinnt *Homo sapiens* nur Blech. Das Zentrum der sogenannten höheren Hirnfunktionen, wie Bewußtsein, Wahrnehmung, Denken und Vorstellen, ist bei Elefanten, Delphinen und anderen Walen größer: *absolut* und *relativ*!

Nun gut. Des Menschen Gehirn und Neocortex sind, obgleich beachtlich, nicht die allergrößten. Aber sind sie vielleicht nicht »moderner« als die Modelle ihrer Konkurrenten? Bei Versuchen, die Einzigartigkeit des menschlichen Gehirns herauszustellen, ist immer wieder die Rede davon, daß der Neocortex des Menschen phylogenetisch jünger ist als ältere Hirnteile, wie beispielsweise das limbische System, weshalb sie auch als »Paläosäuger-Hirn« beziehungsweise als »Reptil-

Hirn« bezeichnet wurden. Doch lag, wie Gerhard Roth schreibt, »der Grundbauplan des Wirbeltiergehirns bereits bei Beginn der Geschichte der Wirbeltiere vor und wurde im wesentlichen nur hinsichtlich der relativen Größe der einzelnen Hirnteile und ihrer Differenzierung in Kerne, Laminae, Areale usw. abgeändert. Deshalb ist es falsch, von ›stammesgeschichtlich alten‹ oder ›neuen‹ Hirnteilen zu sprechen, auch wenn dies eine gängige Redeweise ist. So wird der Neocortex oft als ›stammesgeschichtlich neue‹ Hirnstruktur bezeichnet, die erst die Säugetiere ›erfunden‹ hätten, obwohl hinlänglich bekannt ist, daß zumindest alle Landwirbeltiere einen solchen Neocortex haben. Nur heißt er bei Amphibien ›Neopallium‹ und bei Vögeln u. a. ›Neostriatum‹ und ›visueller Wulst‹. Ebenso unsinnig ist es, das limbische System als ›stammesgeschichtlich alt‹ zu bezeichnen, denn es ist keineswegs früher entstanden als der Neocortex, sondern zusammen mit ihm. All diese Bezeichnungen gehen auf die irrige Meinung zurück, das menschliche Gehirn sei der Endpunkt der Hirnentwicklung überhaupt, und innerhalb des menschlichen Gehirns sei wiederum der Neocortex der Gipfel der Evolution.«[9]

Doch wenn der Neocortex schon nicht so neu ist, wie sein Name weismachen will, so bleibt die Vergrößerung des Hirnvolumens, von ca. 400 Gramm bei unseren äffischen Vorfahren auf 1300-1500 Gramm beim heutigen Menschen, doch eine bemerkenswerte Entwicklung. Wie hatte es dazu kommen können? Glaubt man den Ausführungen des niederländischen Biologen L. Bolk, dann beruht das exponentielle Wachstum des menschlichen Gehirns auf *Neotenie*. Bei seinen Untersuchungen stellte Bolk 1926 fest, daß die Unterschiede bei den Embryonen von Affen und Menschen äußerst gering sind. Im Gegensatz zum Affenfötus jedoch entwickelt sich der Menschenfötus langsamer und behält einige entscheidende Merkmale seines embryonalen Stadiums bei, wie die Schädelproportion oder die Nacktheit.[10] Kernpunkt der »Fetalisations-Hypothese« ist die Feststellung, daß die verzögerte Entwicklung des Menschenfötus eine verlängerte Wachstumsphase des Gehirns ermögliche. Der Clou der menschlichen Entwicklung sei deren Langsamkeit, denn hinsichtlich mancher Merkmale sei der Mensch ein geschlechtsreif gewordener Affenfötus, mit allen daraus entspringenden Vorteilen. Noch der erwachsene Mensch zeige Eigenschaften, die unter Affen nur im Kindheitsstadium zu finden sind, allen voran sein Spielbedürfnis und sein im Tierreich einzigartiges Neugier- und Lernverhalten.

Aus Sicht der Neurobiologie ist *Homo sapiens* ein Affe mit gegenüber Artgenossen vergrößertem Neocortex. Aus der Sicht eines Ontogenetikers wie Bolk ein superintelligentes Affen-Baby. Der rein biologische Unterschied zwischen Affengehirn und Menschengehirn ist demnach weniger beeindrukkend als seine Folgen. Doch wie auch immer man die durch den kleinen Unterschied ermöglichten Kulturleistungen des Menschen beurteilen wird, eine Kritik der »corticozentrischen« Vernunft aus neurobiologischer Sicht tut Not. Nicht zuletzt, um solche neomythischen »Blitzschlag-Theorien« abzuwehren, wie sie Konrad Lorenz seinen Lesern neurobiologisch unbedarft ins Gewissen redet: »Der große Hiatus, der zwischen den höchsten Tieren und den Menschen klafft«, weiß Lorenz, ist *»durch die Fulguration entstanden, die einen neuen kognitiven Apparat geschaffen hat.«* Ich weiß nicht, ob Lorenz hier das Verfahren Frankensteins vor Augen hatte, seinen Menschen zum Leben zu erwecken – einen durch evolutionären Stromschlag erweckten neuen kognitiven Apparat, das wird Ihnen jeder Neurobiologe versichern, gibt es nicht. Das menschliche Gehirn unterscheidet sich *qualitativ* nicht von dem anderer Primaten: weder anatomisch noch physiologisch. Daß es aber dennoch entscheidende Unterschiede gibt, das zeigen die zahlreichen Versuche mit freilebenden und dressierten Affen. Von diesem schillernden Kapitel der Wissenschaftsgeschichte erzählt der folgende Abschnitt.

Sind Affen Menschen?

»Die meiste Mühe machte mir die Schnapsflasche. Der Geruch peinigte mich; ich zwang mich mit allen Kräften; aber es vergingen Wochen, ehe ich mich überwand. Diese inneren Kämpfe nahmen die Leute merkwürdigerweise ernster als irgend etwas sonst an mir. Ich unterscheide die Leute auch in meiner Erinnerung nicht, aber da war einer, der kam immer wieder, allein oder mit Kameraden, bei Tag, bei Nacht, zu den verschiedensten Stunden; stellte sich mit der Flasche vor mich hin und gab mir Unterricht. Er begriff mich nicht, er wollte das Rätsel meines Seins lösen. Er entkorkte langsam die Flasche und blickte mich dann an, um zu prüfen, ob ich verstanden habe; ich gestehe, ich sah ihm immer mit wilder, mit überstürzter Aufmerksamkeit zu; einen solchen Menschenschüler findet kein Menschenlehrer auf dem ganzen Erdenrund; nachdem die Flasche entkorkt war, hob er sie zum Mund; ich mit meinen Blicken ihm nach bis in die Gurgel; er nickt, zufrieden mit mir, und setzt die Flasche an die Lippen; ich, entzückt von allmählicher Erkenntnis, kratze mich quietschend der Länge und Breite nach, wo es sich trifft; er freut sich, setzt die Flasche an und macht einen Schluck; ich, ungeduldig und verzweifelt, ihm nachzueifern, verunreinige mich in meinem Käfig, was wieder ihm große Genugtuung macht; und nun weit die Flasche von sich streckend und im Schwung sie wieder hinaufführend, trinkt er sie, übertrieben lehrhaft zurückgebeugt, mit einem Zuge

> leer. Ich, ermattet von allzu großem Verlangen, kann nicht mehr folgen und hänge schwach am Gitter, während er den theoretischen Unterricht damit beendet, daß er sich den Bauch streicht und grinst.«[11]

Versuche mit domestizierten Primaten, wie Franz Kafka sie hier in seinem *Bericht an eine Akademie* aus der Perspektive eines Affen schildert, haben etwas Merkwürdiges an sich. Was auch immer man mit den Tieren anstellt und wie auch immer man die Daten interpretiert, die Ergebnisse bleiben auf eine eigentümliche Weise unbefriedigend. Daß Tiere über kein Bewußtsein verfügen, zumindest keines, das dieses Wort tatsächlich verdient, ist das Ergebnis aller jener Primatenforscher, die dies auch bereits vorher mit Sicherheit zu wissen glaubten. Daß das Bewußtsein von Tieren, zumindest das von Affen, uns in verblüffender Weise ähnelt, ist hingegen das Resultat jener Experimentatoren, deren Ausgangsthesen verraten, daß die Ergebnisse sie nicht besonders verblüffen. Die Crux all dieser Versuche ist der Umstand, daß *Homo sapiens* weder bei der Auswahl der Kriterien noch bei der Auswertung der Beobachtungen aus dem engen Kasten seines eigenen Wahrnehmungs- und Erkenntnisapparates herauskommt. Und so ist es immer ein etwas heikles Unterfangen, wenn wir, in einer Formulierung Gerhard Roths, »als Gehirnzustände (Ich, Wahrnehmung, Bewußtsein, Denken) mit Hilfe von Gehirnzuständen (Wahrnehmung, Bewußtsein, Denken, Handlungsplanung, wie sie bei der wissenschaftlichen Arbeit nötig sind) etwas über Gehirnzustände (Ich, Wahrnehmung, Bewußtsein, Denken, Handlungsplanung usw.) herausbekommen wollen«.[12]

Unsere Erkenntnisse über das Bewußtsein von Tieren sind notwendig eine »Vermenschlichung«, allerdings von unterschiedlicher erkenntnistheoretischer Kurz- oder Weitsicht. Die einfühlende Interpretation unserer Mitmenschen ist ein wichtiger Bestandteil unseres täglichen Sozialverhaltens und für den Erfolg einer jeden Kommunikationshandlung nahezu unverzichtbar. Kein Wunder, daß wir auch dazu neigen, Tiere nach unseren Maßstäben zu beurteilen, ihnen Empfindungen und Charaktereigenschaften, und zwar menschliche Charaktereigenschaften, zuzusprechen. Doch wie wollen wir wissen, was wir über das tierische Bewußtsein zu wissen glauben? Wie wollen wir den Zirkelschluß vermeiden, dem Versuchsaffen ein menschliches Geistes- und Gefühlsleben zu unterstellen, um am Ende unserer Erzählung dann triumphierend zu dem Ergebnis zu gelangen, daß er uns doch so sehr ähnelt?

Wie recht hatte Charles Darwin, als er meinte, daß, wer die Paviane verstehen könne, mehr zur Metaphysik beitragen würde als der große englische Philosoph John Locke. Mehr recht, als er selbst ermessen konnte. Die Paviane zu verstehen: Das bedeutet nicht, ihnen ein paar Lernaufgaben zu stellen, es bedeutet, das eigene Bewußtsein transzendieren zu können in die Perspektive eines Pavians. Eine solche Metaphysik jedoch gelingt allein in der fiktionalen Welt der Literatur. In der Welt unserer als real qualifizierbaren Erfahrungen gelingt dies nicht: Das ist der große Graben, der Physik und Metaphysik trennt.

Ich werde im folgenden kurz auf eine Auswahl aus der großen Zahl von Affen-Experimenten eingehen: Freilandbeobachtungen und Laborversuche, Studien über Instinkte, Sexualität, Lernvermögen, Sozialverhalten, Laut- und Zeichensprache, Bewußtsein, Ich-Gefühl, strategisches und analoges Denken usw. Die Versuche unterscheiden sich nach dem Grad der Wissenschaftlichkeit beträchtlich und zwar quantitativ, das heißt in bezug auf die Summe des ausgewerteten Materials, wie qualitativ; außerdem durch die Skrupel, mit denen die Beobachter ihre eigene Sichtweise mitreflektieren. Doch vielleicht lassen sich ja zumindest auf der Beobachtungsebene einige sehr allgemeine Fakten benennen. Und wenn sie sich schon nicht eindeutig interpretieren lassen – sie könnten uns immerhin weiterbringen auf dem Weg zu einem Verständnis der Tiere; einem Verständnis nicht aufgrund, sondern *in Ermangelung unseres Wissens*.

Ein erster interessanter Parameter des Vergleichs zwischen Menschenaffen und Menschen ist die Sexualität. So gab es Philosophen, die glaubten, daß ausgerechnet der Kuß den Menschen vor allen anderen Lebewesen privilegiere. Da ist es immer wertvoll zu wissen, daß auch Schimpansen sich küssen. Ob sie dabei dem Menschen vergleichbare Gefühle empfinden, können wir allerdings nur raten. Daß die »Missionarsstellung« nicht nur keine Erfindung von Missionaren ist, sondern daß Missionare in Schwarzafrika sie von den Bonobos hätten lernen können, davon war bereits die Rede. Auch der intensive Blickkontakt ist bei den Zwergschimpansen verbreitet; nicht anders als bei den Menschen dient er nicht selten der Vorbereitung zur Paarung. Immerhin, die Bonobos sind wie viele Affen polygam und bevorzugen regelmäßigen Partnertausch. Doch auch hier unterscheiden sich Affen nicht kategorisch vom Menschen. Denn zum einen ist die Monogamie bei Menschen bekanntlich nicht naturgegeben, sondern mitunter selbstverordnet und sehr schwer einzuhalten, und zum anderen gibt es tatsächlich auch unter Affen monogame Beziehungen, zum Beispiel bei allen Gibbon-Arten. Gemeinsam mit den Bonobos haben die Gibbons dem Menschen sogar ein kulturelles Ziel moderner Nationen voraus: Männchen und Weibchen sind bemerkenswert gleichberechtigt. Wo wir gerade bei den Weibchen sind: Nicht alle Affen zeigen ihre Ovulation grell an, auch hier sind wiederum die Bonobos dem Menschen am ähnlichsten. Und daß weibliche Bonobos, Schimpansen und Bärenmakaken einen Orgasmus erleben, gilt seit umfassenden Tests mit physiologischen Sensoren als Faktum.

Aus heutiger Sicht ist es klar, daß eine durch Sexualität begründete kategorische Unterscheidung zwischen Mensch und Menschenaffe auf Sand gebaut ist. Für das 19. Jahrhundert und seine strikte Sexualmoral als gesellschaftliches Herrschaftsinstrument hingegen gehörte der Verweis auf die »abartige« Sexualbiologie der Affen zum Gemeingut weitverbreiteter Vorurteile. Um wievieles leichter haben wir es, wenn wir heute die Sexualität aus der »Kultur« ausgrenzen, die uns vom Affen unterscheiden soll. Wem, wie dem Schweizer Zoodirektor Heini Hediger, soviel an der »bedeutenden Kluft« zwischen Mensch und dem ansonsten so wortreich geliebten Tier gelegen ist, dem gilt die »Kultur« als besonderer Trumpf. Hedigers Buch *Tiere verstehen* ist in weiten Teilen ein theologisch motivierter Abwehrversuch gegen die Kontingenz, der Versuch, den göttlichen Schöpfungsakt des Menschen »biologisch« zu beweisen. Der Weg dazu ist ein sportlicher Wettkampf vom Fairneßgrad eines Hase-und-Igel-Rennens, bei welchem sich das Tier in einer Reihe menschlicher Disziplinen beweisen muß, wie zum Beispiel im Komponieren: »... verglichen mit einer Beethoven-Symphonie sind auch die besten musikalischen Leistungen der Singvögel, des Leiervogels usw., nur entfernte Andeutungen.« [13] Nicht schwer zu gewinnen, wenn man die musikalischen Strukturen und das Hörempfinden des Menschen zum Maßstab macht. Doch ob da der Leiervogel, wenn er könnte, diesen Kriterien wohl resigniert zustimmte? Nach den Kriterien von Termiten beispielsweise, die Hügel und Türme errichten, die einem Zigtausendfachen ihrer Körpergröße entsprechen, ist das World-Trade-Center ein Spielzeug.

Den Nachweis einer Kulturleistung bei Affen glaubten in den 50er und 60er Jahren japanische Verhaltensforscher erbracht zu haben, als sie eine Kolonie von Rotgesichts-Makaken im Freiland auf der kleinen Insel Koshima beobachteten. Ohne menschliche Anleitung lernten einige jüngere Makaken Verhaltensweisen, die man bei freilebenden Affen noch nie zuvor gesehen hatte. Berühmt gewordene Neuerkundungen waren das Waschen von erdigen Kartoffeln vor dem Verzehren im Süßwasser wie im marinen Salzwasser, das sogenannte »Goldwaschen«, bei dem Makaken Weizen- und Sandkörner durch Schlämmen im Wasser trennten, sowie die Erschließung neuer Nahrungsquellen wie Seetang und Muscheln im Meer. Bezeichnenderweise wurden diese Fähigkeiten von anderen Mitgliedern der Kolonie kopiert und »kulturell« tradiert, das heißt an künftige Generationen weitervermittelt. Mit der Zeit lernten auch die Affen der Nachbarinseln die neuen Techniken, und zwar durch Tiere, die von Koshima herübergeschwommen waren.

Man kann darüber streiten, ob ein solches Erkundungs- und Lernverhalten nun eine »kulturelle« oder »präkulturelle« Leistung darstellt. Der Begriff der »Kultur«, der ehemals Landbau beziehungsweise Pflege des Körpers und des Geistes bedeutete, ist ohnehin eine der schwammigsten »kulturellen« Prägungen und heißt alles und nichts. Immerhin lohnt es sich festzuhalten, daß verschiedene Affen offenbar in der Lage sind, in eingeschränktem Maß planmäßig zu handeln. Jane Goodall beispielsweise erzählt davon, daß Schimpansen in der Natur mit Hilfe zusammengepreßter Laubblätter Wasser aus engen Spalten heraussaugen, mit Grashalmen nach Termiten angeln und sogar die Blätter von Stengeln streifen können und damit ein Werkzeug nicht nur benutzen, sondern auch herstellen. Als die englische Forscherin dem Paläoanthropologen Louis Leakey von ihren Beobachtungen berichtete, erhielt sie das inzwischen berühmt gewordene Telegramm: »Wir müssen jetzt *Werkzeug* neu definieren oder *Mensch* neu definieren oder Schimpansen als Menschen akzeptieren.«[14]

Der schillerndste und – bedenkt man die große Zahl an Experimenten – für besonders wichtig erachtete Parameter im Vergleich Mensch und Affe aber ist die Sprache, genauer:

die menschliche Sprache. Daß es ein komplexes Laut- und Kommunikationssystem unter Affen gibt, wird von niemandem ernsthaft bestritten. Die Frage ist allerdings, ob die dafür erforderlichen neuronalen Sprachzentren tatsächlich mit denen des Menschen vergleichbar sind oder auf einer prinzipiell anderen Entwicklungsstufe stehen. Auch Affen verfügen über das Wernickesche Areal für Wortverständnis im Schläfenlappen und das Brocasche Areal für Wortartikulation und Grammatik im Stirnhirn. Aber warum vermögen sie dann nicht nach Menschenart lautsprachlich differenziert zu kommunizieren?

Die Antwort, so wissen die Anatomen, ist verblüffend einfach. Das Geheimnis der menschlichen Sprache liegt im Kehlkopf. Der nämlich unterscheidet sich in seinem Sitz von dem aller anderen Affen, einschließlich der Menschenaffen, um einige entscheidende Zentimeter. Differenzierte Sprachleistungen waren seit ihren mutmaßlichen Anfängen vor vielleicht 50.000 Jahren eine Frage der anatomischen Voraussetzung eines umgestalteten und in seiner Lage verrückten Kehlkopfes. Erst mit Abschluß dieser Entwicklung läßt sich frühen Menschen die Fähigkeit zu einer nach unserem Maßstab differenzierten lautsprachlichen Kommunikation unterstellen, die schließlich vor nicht einmal 5000 Jahren durch die Erfindung der Schrift geradezu explodierte. Mit einer gewissen Wahrscheinlichkeit beeinflußten sich die Änderungen im Kehlkopfbereich und die Weiterentwicklung der corticalen Zentren für symbolische Kommunikation wechselseitig, ein Prozeß, der bei den äffischen Linien ausblieb.

Aufgrund ihrer corticalen Voraussetzungen ist es wenig überraschend, daß Menschenaffen als Versuchstiere von Sprachtrainings durchaus in der Lage sind, mittels abstrakter Symbole zu kommunizieren. In den 60er Jahren erregten die Versuche von Beatrice und Robert Gardner von der Nevada University Aufsehen, als sie die Schimpansen *Washoe* und

Lucy in ›Ameslan‹ unterrichteten, einer amerikanischen Zeichensprache, die von hörbehinderten Menschen benutzt wird. Den Gardners zufolge lernten die beiden jungen Schimpansen einen Wortschatz von einigen hundert Worten. Ob sie die benutzte Zeichensprache allerdings tatsächlich »verstanden« haben, ist spekulativ.

Weniger optimistisch bei der Bewertung der Eigenleistung von Schimpansen war der Psychologe Herbert Terrace. Versuchsschimpanse *Nim*, an dem sich innerhalb von vier Jahren sechzig verschiedene Trainer versuchten, lernte zwar ebenfalls Grundelemente der menschlichen Sprache, zu einer entsprechenden Grammatik jedoch war *Nim* nur in seltenen Glücksfällen in der Lage.

Menschenaffen beherrschen keine menschliche Grammatik. Sie sind dazu fähig, abstrakte Symbole für Objekte, Situationen und Handlungen zu verwenden und diese mit bestimmten Leuten, Tieren oder Gegenständen zu verknüpfen, eine Leistung, die mit der eines etwa zweijährigen Menschen vergleichbar ist. Zu diesem Ergebnis kam in den 80er Jahren auch die Psychologin Sue Savage-Rumbaugh bei ihren Versuchen mit dem Bonobo *Kanzi*. Das Tier beherrschte innerhalb von zwei Jahren eine Tastatur mit 256 Wortsymbolen und war in der Lage, damit routinemäßig Bitten zu äußern, einen Sachverhalt zu bestätigen, etwas nachzuahmen, eine Alternative auszuwählen oder ein Gefühl auszudrucken. Überdies reagierte *Kanzi* auf einige hundert Wörter der gesprochenen englischen Sprache. Die Versuche von Lyn White Miles von der University of Tennessee in Chattanooga bestätigen im wesentlichen diese Ergebnisse auch für Orang-Utans.

Es gibt Primatenforscher, die vermuten, daß die Fähigkeit von Schimpansen, Bonobos und Orang-Utans, Teile der menschlichen Sprachen zu erlernen, auf ihr eigenes, von Menschen bislang noch nicht entziffertes Kommunikationssystem verweist. Bei Freilandbeobachtungen an Grünen Meerkatzen erkannten Dorothy Cheney und Robert Seyfarth, daß diese kleinen Primaten über erstaunliche »semiotische« Fähigkeiten verfügen. Die Meerkatzen, schreiben Cheney und Seyfarth, verhielten sich wie die Figuren in den Romanen von Jane Austen. Ihr ganzes Trachten sei darauf ausgerichtet, sich materiell zu versorgen und einen geeigneten Partner zur Paarung zu finden. Für ihre Kommunikation benutzten sie ein ausgeklügeltes System von Zeichen. So waren die Affen zum Beispiel in der Lage, ihre Warnrufe nicht nur nach der allgemeinen Art des Feindes, sondern auch nach den spezifischen Erfordernissen der Situation zu variieren.

Noch heute verrät die menschliche Sprache ihre Herkunft aus einfachen Handlungssituationen des Primatenlebens. Begriffe wie Be*greifen*, Er*fassen*, Durch*schauen*, Ein*sehen*, sich auf einen Standpunkt stellen, zeigen die Ableitung des Sinns aus der Sinnlichkeit nicht nur bei Jane Austen, sondern auch in der Genese der Kommunikation. Es ist der sinnliche Eindruck, der den abstrakten Wortsinn hervorbringt. Erst zu einem sehr späten Zeitpunkt der menschlichen Entwicklungsgeschichte drehte sich das Verhältnis entscheidend um. Seit die elementare Phase der Wortprägung abgeschlossen ist, ist es die Sprache, die unser sinnliches Erleben mit seinen Gefühlszuständen prägt. Worte wie beispielsweise »Liebe« sind umfassende Konzepte, mit denen wir diffuse Kommunikationssituationen symbolisch codieren, um sie verbindlich machen zu können. Sie sind in doppelter Weise symbolisch, nämlich einmal deshalb, weil das Wortzeichen an sich ein Symbol ist, und zum anderen, weil es symbolisch verwendet wird: als ein bestimmte Erwartungen versammelndes Konzept, wie zum Beispiel Treue, Leidenschaft, Zuneigung usw. Es ist anzunehmen, daß solche doppelt symbolischen Zeichen sich erst zu einem sehr späten Zeitpunkt in der Sprache etabliert haben, zumal sie kulturell sehr verschieden eingesetzt werden.

Konfrontiert man Affen mit solchen doppelt codierten Zeichen, so fällt auf, daß sie damit wenig anfangen können. Der von Menschen assoziierte Bedeutungsgehalt kommt in der Affenwelt auch gar nicht vor und kann allem Anschein nach noch nicht einmal von etwas Vergleichbarem abgeleitet werden. Doch was wissen wir eigentlich, indem wir das wissen? Wir isolieren Menschenaffen von ihrem sozialen Verband, in den sie nicht mehr zurück können, verfrachten sie aus ihrer natürlichen Umwelt und malträtieren sie mit einem ihnen völlig fremden Zeichensystem. Und was können wir damit bestenfalls beweisen? Daß sie, auf Kosten ihrer angestammten arteigenen Verhaltens- und Kommunikationsformen, des Menschen Sprache in einigen Grundzügen zu handhaben lernen? Es ist ein hanebüchener Irrsinn, daß es in unseren Augen Menschenaffen in ihrer Personalität zu diskreditieren scheint, daß sie in ihrer Evolution die menschliche Sprache nicht gebraucht haben.

Man wird die Sprache nicht vom Sozialverhalten trennen können. Allem Anschein nach ist die menschliche Sprache wohl auch nur deshalb so komplex, weil wir sie – anders als etwa die Bonobos, die in Zentralafrika in paradiesischen Zuständen streunen, schlafen, sammeln und vögeln – für unser hochdifferenziertes Sozialverhalten heute brauchen – obwohl es vielleicht nicht wenigen von uns gefallen würde, wie die Bonobos zu leben. Menschliche Phantasiereiche, wie das Schlaraffenland, sehen ja kaum anders aus, und nicht wenige Menschen in meiner Umgebung (ich erwähnte bereits meinen Kommilitonen, der glaubte, von den Orang-Utans abzustammen) sehen den Höhepunkt des Glücksgefühls in reichlich simplen, wenig Kommunikation benötigenden Tätigkeiten: Schlafen, Essen und Sex.

Nach dem, was wir heute wissen, entstand die Verfeinerung der Kommunikationsleistung in der Entwicklung von *Australopithecus* zu *Homo* nicht durch kompliziertere Kommunikationsbedürfnisse, sondern zum Zweck der mentalen Modellierung. Und auch bei heutigen Menschen findet sich das gleiche: Der Wortschatz und der Bilderreichtum der Sprache variieren unter den Zeitgenossen weniger nach Kommunikationserfordernissen als vielmehr im Dienste der Beschäftigung mit komplizierten Sachverhalten. Um am Kiosk Bier zu holen, in der Kneipe nach dem Klo zu fragen oder eine Fußballmannschaft anzufeuern, bedarf es keines differenzierten Vokabulars. *Homo erectus* hätte sich hier wohl verständlich machen können.

Daß die Sprache das Bewußtsein prägt, ist unbestritten; daß dies nicht nur für die menschliche Sprache, sondern auch für die Kommunikation unter Affen gilt, ist stark zu vermuten; wobei das Verhältnis von Zeichensprache und Lautsprache bis heute nicht völlig bekannt ist. Nach Gerhard Roth scheint es immerhin »plausibel anzunehmen, daß nicht nur wir Menschen, sondern auch Affen, Hunde, Katzen usw. denken können, daß sie Geist und Bewußtsein besitzen. Diese Tiere zeigen nicht nur bestimmte Verhaltensweisen, die wir bei Menschen als intelligent oder geistig ansehen, sondern bei diesen Verhaltensweisen sind entsprechende Gehirngebiete in etwa derselben Weise aktiv wie beim Menschen. Die Annahme, daß beim Menschen noch irgend etwas ›völlig Neues‹ hinzukommt, das dann den Geist erzeugt, ist nicht gerechtfertigt, auch wenn diese Annahme das Bedürfnis des Menschen nach Einzigartigkeit befriedigen mag.«[15]

Biologisch ist der graduelle Unterschied zwischen dem Bewußtsein verschiedener Lebewesen eine Folge unterschiedlicher Nervensysteme: Sie prägen unser Realitätsverständnis ebenso wie dasjenige von Affen, Falken oder Fischen. Darum ist es auch so schwer möglich, etwas über das Bewußtsein von Tieren auszusagen. Denn neurobiologisch können wir, wie gesagt, noch nicht einmal unser eigenes Bewußtsein feststellen.

Was also wissen wir? Wir wissen, daß das Gehirn über die Erlebnisqualität entscheidet. Es konstruiert ein »mentales Modell«, wie dies in der Sprache der Kognitionswissenschaften seit einigen Jahren heißt. Rohmaterial für das Modell sind Sinnesreize, die durch Sinnesorgane erzeugt werden, deren Zuschnitt sich von Art zu Art erheblich unterscheidet. Haie beispielsweise orientieren sich über elektromagnetische Sensoren, Schlangen reagieren auf Erschütterungen, ähnlich wie Fische, und der Mensch verläßt sich bevorzugt auf Augen, Ohren und Tastsinn. Alles was wir über die Welt »da draußen« zu wissen glauben, verdanken wir einem Modell des Bewußtseins. »Gewiß wird man sich wundern«, schrieb der Physiker und Philosoph Ernst Mach gegen Ende des vorigen Jahrhunderts, »wie uns die Farben und Töne, die uns doch am nächsten liegen, in unserer physikalischen Welt von Atomen abhanden kommen konnten, wie wir auf einmal erstaunt sein konnten, daß das, was da draußen so trocken klappert und pocht, drinnen im Kopfe leuchtet und singt.«[16]

Die eine und einzige Welt, die tatsächlich für uns zählt, ist das »hier drinnen«. Und dieses »drinnen« charakterisiert sich im wesentlichen nach der Anzahl der einströmenden Sinnesreize und der Qualität ihrer Verarbeitung. Im vorhergehenden Kapitel war die Rede davon, daß es in der Entwicklung des Menschen von *Australopithecus* zu *Homo sapiens* eine erstaunliche Asymmetrie gegeben zu haben scheint zwischen Hirnkapazität (und soweit wir dies vermuten können: Hirnqualität) und dem Gebrauch differenzierter Werkzeuge. Die Folge daraus ist, daß die Nöte und Notwendigkeit der Werkzeugherstellung die Gehirnentwicklung nicht beschleunigt haben können. Das läßt sich auch daraus ersehen, daß für die Nutzung von Werkzeugen nur ein sehr kleiner Teil unseres Gehirns verantwortlich zu sein scheint, der auch bei Menschenaffen in vergleichbarer Qualität ausgebildet ist. Unter den drei installierten Programmen im Bonuspack des Evolutionspaketes verbraucht die manuelle Geschicklichkeit, obgleich sie im Tierreich so selten vorkommt, die wenigste Speicherkapazität und die geringste Anwenderkompetenz. Den weitaus größeren Teil belegen die beiden anderen: der Ausbau der sozialen Qualitäten und die Befähigung zum Sprechen/Denken durch die weiterentwickelte Sprache.

Vor allem anderen ist es die Sprache, die als zusätzlicher »Sinn« die Erfassung der Welt und mithin die Konstruktion unserer Realität steuert. Zugleich aber erzeugt die Sprache eine fundamentale Barriere nicht nur zwischen Menschen und anderen Spezies, sondern schon allein zwischen verschiedenen menschlichen Kulturen. Wie fremd ist einem Westeuropäer die Vorstellungswelt beispielsweise eines Pygmäen im Ituri-Urwald. Die Grenzen der Sprachen sind die Grenzen von Welten, nicht nur für den einzelnen, sondern ebenso von Kulturen. Doch wenn wir schon nicht die Welt eines Pygmäen verstehen, obgleich dessen Erkenntnisvoraussetzungen mit unseren identisch sind, wie sollen wir da die Welt der Affen oder gar anderer Tiere verstehen? Bezeichnenderweise dürfte sich auch das Schimpansen-Bild von Pygmäen und Europäern gewaltig unterscheiden. So etwa glaubten die Ureinwohner Indonesiens, Orang-Utans seien »Waldmenschen«, die aus weiser Einsicht deshalb auf den Gebrauch der Sprache verzichteten, um nicht arbeiten zu müssen; ein Topos, der auch in den Affenbildern anderer Kulturen vorkommt.

Bei solchen Voraussetzungen mutet es schon etwas verschroben an, wenn der sich selbst als Tierpsychologe mißverstehende Zoodirektor Heini Hediger mit naivem Erkenntnisoptimismus zu seinen Tier-Mensch-Vergleichen ansetzt: »Der Mensch«, schreibt Hediger, »kennt zum Beispiel den Begriff der Arbeit, der Schimpanse hat keine Ahnung davon. Er hat keinerlei Einsicht in die Bedeutung des Reinemachens, der Hygiene, der Futterzubereitung usw. Wo sich Futter irgendwie zeigt, wird es gefressen, solange es zusagt. Was nicht schmeckt oder nicht benötigt wird, wird weggeworfen bzw. ›verwüstet‹, wie wir Menschen sagen würden. Der Schimpanse kennt und braucht keinen Lohn; er weiß ja nicht, was Geld ist; er muß weder Kleider kaufen noch für seine Familie sorgen, noch Steuern bezahlen.«[17]

Ein Kriterium des menschlichen Geistes ist nach Hediger die »Fähigkeit zur Reflexion, also das eigene Wissen zu wissen«. Schade nur, daß dieses Vermögen Hediger just in dem Moment immer wieder verlorengeht, wenn er Menschen und Affen vergleicht. »Der Mensch« kennt nicht den Begriff der Arbeit, sondern allenfalls *Homo sapiens* der letzten 5000 Jahre; die »Bedeutung der Hygiene« dürfte, zumindest nach unseren heutigen Vorstellungen, so etwa vor zweihundert Jahren Einlaß in die europäische Kultur gefunden haben, ebenso wie das »Reinemachen« kein menschliches Natur-, sondern ein Kulturgut späterer Zeiten ist. Der Zahlungsverkehr mit Geld ist maximal 3000 Jahre alt und hielt in Germanien erst mit den Römern Einzug, ohne in den nächsten Jahrhunderten wesentliche Spuren zu hinterlassen. In den ländlichen Gefilden Deutschlands wurde der Naturalientausch erst im 19. Jahrhundert durch Geld ersetzt. Das Prinzip der Lohnarbeit, das uns heute so selbstverständlich ist, daß Hediger es für ein menschliches Artmerkmal hält, setzte sich in Europa flächendeckend ebenfalls erst im 19. Jahrhundert durch und ist etwa unter Pygmäen auch heute nicht verbreitet. Daß Steuern zu zahlen kein genuin menschliches Artverhalten ist, zeigen nicht zuletzt die Milliardenbeträge, die allein in Deutschland jedes Jahr hinterzogen werden.

Was lernen wir daraus? Tiere sind erst dann wie wir, wenn sie *Homo sapiens* auf heutiger Kulturstufe in Westeuropa sind. Da sie dies aber nicht sind, sonst wären sie keine Tiere, sind sie nicht wie wir. Es scheint, als ob Menschen erst dann geneigt sind, Tieren ein Bewußtsein zuzusprechen, wenn es genau wie das ihre zu sein scheint; so als gehörten Verhaltensweisen wie Monogamie, Hygiene, Arbeitsteilung etc. notwendig zum Bewußtsein oder zur Bewußtheit dazu.

Doch wenn wir uns mit dem Bewußtsein, dem animalischen wie dem menschlichen, schon so schwer tun, so bleibt uns die Möglichkeit, das Sozialverhalten von Tieren zu studieren, um über die Konstruktion ihrer Realität zu mutmaßen. Ob wir das ganze am Ende dann »Bewußtsein« nennen oder nicht – was soll's. Wir können immerhin lernen, daß Gruppen von Menschenaffen über ausgesprochen komplizierte Sozialstrukturen verfügen, die von Macht und Unterwerfung, List und Täuschung, Zuneigung und Abneigung gekennzeichnet sind. Daß Tiere »immer nur aus der augenblicklichen Stimmung heraus« handeln und »grundsätzlich unfähig« sind »zum willkürlichen Fassen von Entschlüssen«, ein Satz von Konrad Lorenz, gehört danach auf den Müllhaufen der Verhaltensforschung.[18]

Es gibt Verhaltensunterschiede zwischen Schimpansen und Menschen, zwischen Schimpansen und Gorillas, zwischen Gorillas und Orang-Utans. Im Sexualverhalten beispielsweise sind sich, wie erwähnt, Bonobo und Mensch ähnlicher als Bonobo und Schimpanse, in anderen Verhaltensweisen gleichen sich Orang-Utan und Mensch oder Schimpanse und Gorilla. Schimpansengesellschaften kennzeichnen sich durch Territorialität, Ethnozentrismus, Fremdenhaß und gelegentliche Exogamie, allesamt bekannte menschliche Eigenschaften, über deren biologischen Ursprung sich streiten läßt. Für alle Primaten stellen sich die gleichen sozialen Grundprobleme, die Frage nach dem Töten von Artgenossen (Schimpansen tun es, Bonobos und Orang-Utans nicht), die Frage nach dem Umgang mit älteren Gruppenmitgliedern und deren Integration in die Gemeinschaft, die Frage nach den von Art zu Art höchst unterschiedlich geregelten sexuellen Partnerbeziehungen, die Frage nach Besitz und Eigentum sowie die Frage nach einer möglichst unfallfreien Verständigung.

Nach Wolfgang Wickler bestimmt die Regelung solch potentieller Konfliktsituationen den sozialethischen Kodex.[19] Spuren der Intelligenz, wie Erinnerungsvermögen, zielgerichtetes Handeln, geschlechtsspezifische Arbeitsteilung, das Spielen der Kinder, Lachen (bei Bonobos), Wimmern und Heulen, der Einsatz von Strafen und das Erkennen seiner selbst als Spezies sind wichtige soziale Umgangsformen.

Die Erforschung des komplexen Sozialverhaltens von Primatengruppen verrät auch die Antwort darauf, warum Schimpansen in Labor-Experimenten in der Lage sind, Dinge zu erlernen, die sie in ihrem natürlichen Lebensverbund gar nicht brauchen, wie ›Ameslan‹ oder eine Computertastatur mit über 200 Zeichen. Affen sind allem Anschein nach intelligenter, als sie es für ihre natürliche Lebensraumorientierung und den Nahrungserwerb sein müßten. Erst nach langen Jahren der Beobachtung getraute sich die berühmte Orang-Utan-Forscherin Biruté Galdikas die Frage zu beantworten, wozu die Menschenaffen auf Borneo ihre Intelligenz eigentlich benötigen. Sie benutzen sie in erster Linie für das Sozialverhalten: sich wechselseitig in Ruhe zu lassen, einander aus dem Wege zu gehen und möglichst wenig Zeit mit unnötigen Auseinandersetzungen zu vergeuden. Vergleichbares gilt ebenso für Schimpansen und Gorillas. Der »Sinn« ihrer Intelligenz ist eng verbunden mit dem artspezifischen sozialen Umgang. »In den zwei Monaten, die ich mit der Beobachtung von Gorillas in den Virungabergen in Ruanda verbrachte«, erzählt Nicholas Humphrey, Psychologe an der Universität Cambridge, »verblüffte mich vor allem die Tatsache, daß die Gorillas offensichtlich von allen Tieren des Waldes das einfachste Leben führten – Nahrung im Überfluß und leicht zu beschaffen (vorausgesetzt, sie *wußten*, wo sie zu finden war), wenig oder keine natürlichen Feinde (vorausgesetzt, sie *wußten*, wie man ihnen aus dem Weg geht) ... wenig zu tun (und sie taten auch wenig) außer Fressen, Schlafen und Spielen.«[20]

Gorillas nutzen ihre Hirnkapazität bekanntlich auch nicht zur Produktion von Werkzeugen oder anderen technischen Leistungen, die, wie gesagt, in der Geschichte der Ausbildung des Primatengehirns kaum von Belang war. Von ihren neurologischen Voraussetzungen her müßten alle heute lebenden Menschenaffenformen in der Lage sein, Werkzeuge herzustellen. Allein, sie spielen in ihrer Welt keine Rolle. Die Intelligenz aller Primatengehirne, einschließlich dem des Menschen, resultiert, wie man heute weiß, aus den Nöten und Notwendigkeiten des Sozialverhaltens.

Nicht nur für Affen, für alle Primaten, einschließlich des Menschen, sind die anderen Hordenmitglieder nicht nur die wichtigsten, sondern zugleich die psychisch anspruchsvollsten Herausforderungen seiner Umwelt. Anders als manuelle oder technische Herausforderungen entziehen sich die Artgenossen den Spielregeln der Berechenbarkeit. Das neuronale Potential, das den Menschen in die Lage versetzt hat, Symphonien, Religionen, Raketen und in weniger starken Stunden die Makramé-Eule und den Briefbeschwerer zu ersinnen – nach Ansicht von Primatenforschern wie Nicholas Humphrey verdankt es sich den Erfordernissen des sozialen Handelns.

Ich weiß nicht, was der andere denkt, und ich weiß nicht, was er tut. Keine geistige Tätigkeit fordert den Menschen zu einer solchen Leistung heraus, wie die zukünftigen Handlungen seiner Mitmenschen vorauszuahnen. *Inkommensurabilität* (Undurchschaubarkeit) und *Kontingenz* (Unvorhersagbarkeit) gelten heute als Motor der sozialen Intelligenz. So stellten die Primatenforscher Dorothy Cheney, Robert Seyfarth und Barbara Smuts fest, daß »sich hochentwickelte Erkenntnisfähigkeit bei den nichtmenschlichen Primaten am deutlichsten in sozialen Wechselwirkungen zeigt«.[21] Interessanterweise kommen bei vielen höheren Primaten vor allem jene Männchen bei den Weibchen zum sexuellen Erfolg, deren soziale Intelligenz besonders ausgebildet ist; mehr jedenfalls als andere, die sich allein auf körperliche Stärke und Imponiergehabe verlassen. (Daß ein Mann die Frauen mehr durch Kraftmeierei und äußeres Erscheinungsbild beeindrukken zu können glaubt als durch soziale Fähigkeiten, gehört zu den zeitlosen Männerphantasien – leider sind sie nicht völlig falsch.)

Die Tücke des Subjekts

Es ist die Tücke der anderen Subjekte, die unsere Intelligenz schulte; die Tücke des Subjekts, das wir selbst sind, ist die Begrenztheit unseres Erkenntnisvermögens. »Das Gehirn erzeugt über den Vergleich und die Kombination von sensorischen Elementarereignissen Bedeutungen und überprüft diese Bedeutungen anhand interner Kriterien. Dies sind die Bausteine der Wirklichkeit.« Die Wirklichkeit, in der ich lebe, ist damit ein Konstrukt des Gehirns. Selbst »Konstanzleistungen wie Farb-, Form- und Dingkonstanz sind hochkomplexe Leistungen unseres Gehirns, sie sind Konstruktionen, allerdings solche, die nicht unserem Willen unterliegen.«[22] Auch der Philosoph Hellmuth Plessner beschreibt den Menschen als ein zweifaches Mängelwesen. Die Grenzen des sinnlichen Wahrnehmungsapparates und die Grenzen der Sprache sind die Grenzen seiner Welt. Man darf sich nicht täuschen über die Begrenztheit der sprachlichen Erkenntnis. Denn es ist ja sozusagen der ungeschriebene Verfassungsauftrag der Sprache, daß sie uns über den Realitätscharakter ihrer Aussagen »täuscht«. Sie wurde dazu »erfunden«, Wirklichkeit und Welt – nach dem Bedürfnis der Spezies Mensch – zu konstruieren. Das heißt aber auch, daß sie gefangen bleibt, begrenzt, in dem Bedürfnis der Konstruktion *und* Interpretation einer »Welt«, zu dessen Erfüllung es sie gibt. Die Sprache interpretiert ihre Konstruktionen, das ist es, was tatsächlich passiert.

Um die göttliche »Welt an sich« in Sprache abzubilden, sie »zurückzuwerfen«, bedürfte es schon des ganzen Spektrums des Wahrnehmungsvermögens der Tiere: des Seitenliniensystems der Fische, der seismographischen Fähigkeiten einer Schlange usw. Benötigte die Schlange zu ihrer Orientierung eine Sprache, was sie nicht tut, weil ihre Verknüpfung der Sinneswahrnehmungen auch ohne Sprache auskommt, so wäre es eine »Schlangensprache«, die für den Menschen überhaupt nichts taugte, wie umgekehrt die »Menschensprache« nichts für die Schlange. Das ist der »große Graben«!

Immerhin, verglichen mit vielen Tieren, dem Regenwurm, der Amöbe und dem Maulwurf, ist der Mensch ein reiches »Mängelwesen«. Doch sollte uns diese Erkenntnis nicht dazu verführen, über Dinge zu urteilen, von denen wir nichts verstehen (können). Denn wenn wir glauben, daß einzig der Mensch Werkzeuge, Kultur, Sprache und Bewußtsein besitzt, so beweist dies nichts als die Voreingenommenheit einer Weltsicht, die die eigene Erkenntnisfähigkeit mit einer absoluten Erkenntnisfähigkeit verwechselt. »Die Welt, mein Sohn«, erklärt im Aquarium der Vaterfisch seinem Filius, »ist ein großer Kasten voller Wasser!«

Noch immer messen wir die Leistungen der Tiere nach unserem arteigenen Maßstab. Wir bewerten die Sprachfähigkeit von Menschenaffen als minderwertig, weil es ihnen maximal gelingt, 200 Begriffe unserer Sprache zu lernen; ohne darüber nachzudenken, daß wir nicht einmal halb so viele Sprachzeichen der Schimpansensprache verstehen. Wir messen Tiere nach dem Grad ihrer Vernunft, dem, nach Hans Wollschläger, »Fetisch unseres abgehobenen Selbstverständnisses«. Doch wie vernünftig erschienen wir, die Plünderer des Planeten, die Zerstörer unserer Lebensgrundlage, die millionenfachen Mörder unserer Brüder und Schwestern, eigentlich den Tieren?

Erst nach und nach hält das Wissen um die Grenzen des Wißbaren Einzug auch in die Verhaltenspsychologie. Fünfzig Jahre lang hatte der Behaviorismus tierisches Verhalten ausschließlich mit dem Verweis auf blinde Reflexe und Konditionierung erklärt. Wie bedenklich es ist, alles das, was wir bei Menschen Persönlichkeit nennen, Individualität, Identität und Subjektivität, allein als Reize und Stimulationen in der funktionalen Architektur des Gehirns erklären zu wollen, erkennen wir erst, seit wir uns daran machen, das gleiche auch für den Menschen zu veranschlagen. So sehr wir die Hirnforschung und ihre Ergebnisse anerkennen, so nötigt uns das, was bei der Erforschung des Bewußtseins von Tieren der Weg der Erkenntnis zu sein scheint: Prozesse im Gehirn auf ihr materielles Substrat zurückzuführen, sie ausschließlich chemisch-biologisch zu erklären, beim Menschen aus gutem Grund eine gewisse Vorsicht ab. Denn auch der neurobiologische Zugriff auf das Bewußtsein ist nur einer unter anderen. Er ist stark, wo er die Funktionsmechanismen unserer Konstruktion von Wirklichkeit aufzeigt; aber er bleibt unzureichend, wenn er sich daran macht, diese seine Bedingtheit zu überschreiten und sich als alleinige Erklärungsinstanz zu feiern.

Aus welchem Grund sollte das, was bei der Erklärung des menschlichen Bewußtseins zu berechtigten Einschränkungen führt, nicht auch für die Erforschung des Innenlebens von Tieren gelten? Natürlich tun wir gut daran, unsere Gefühle und Absichten nicht naiv in das Innenleben von Tieren hineinzuprojizieren. Doch erkenntnistheoretisch gesehen ist es sicher ebenso naiv, vom krassen Gegenteil auszugehen und Tiere im Sinne Descartes' als rein funktionale Maschinen zu betrachten. Woher wissen wir, daß der tierische Spieltrieb tatsächlich nicht mehr ist als ein ausschließlich funktionaler Mechanismus? Sicher, die Sexspiele der Affen mit ihren Lustempfindungen lassen sich funktional gut erklären. Aber lassen sie sich deshalb *nur* funktional erklären?

Genaugenommen hinken verhaltenspsychologische Studien, die das, was in Tieren vor sich geht, auf Reiz- und Reflex-Mechanismen reduzieren, ihrer Zeit hinterher. Nicht nur Philosophen, auch viele Naturwissenschaftler räumen seit Jahrzehnten ein, wie begrenzt die ihnen mögliche Weltsicht ist. Doch was Physikern und Mathematikern leicht über die Lippen geht: daß es keinen beobachtungs- und axiomfreien Zugriff auf die »Wirklichkeit« gibt, trifft bei Verhaltensforschern noch viel zu oft auf zusammengepreßte Münder. Ihre kurze Geschichte, ihr beständiges Ringen um Akzeptanz in der naturwissenschaftlichen Fachwelt dürften die Ursache dafür sein, daß eine erkenntnistheoretisch bedachte Soziobiologie es in der Ethologie noch immer sehr schwer hat.

Daher hilft uns vor allem die Erforschung des *menschlichen* Bewußtseins, einen neuen Maßstab für die biologische Beurteilung der Tiere zu gewinnen. Je mehr wir einsehen, wie relativ jene Begriffe sind, mit denen wir uns selbst definieren, um so mehr könnte für die Tiere dabei herausspringen. Eine solche reflektierte Ethologie müßte nichts von der Präzision ihres Beobachtungsapparates einbüßen; aber sie würde lernen, ihre Ergebnisse besser zu verstehen. So viel wir heute über die einzelnen Aspekte des Lebens wissen, so unfaßlich bleibt doch das Geheimnis des Lebens im Ganzen. Auch die ausgeklügeltste Theorie von der Entstehung des Lebens, der Blick in die genetischen Zusammenhänge und die Manipulation des Erbgutes entschränken nicht die prinzipiell begrenzte Erkenntnismöglichkeit des Lebens als solchem. Die Unzulänglichkeit ist ein Teil unserer biologischen conditio. Kein Wunder, daß der Mensch schon seit Jahrtausenden Bilder von einem sich im Lauf der Geschichte wandelnden, aber nie endgültig verschwindenden Jenseits seiner Erfahrung zeichnet. Wovon man nicht sprechen kann, darüber muß man schweigen – oder man malt sich ein Bild und betet es an.

Scheinheilige Kühe

Oder: Das Tier in der Religion

Kümmert sich Gott etwa um die Ochsen?
Redet er nicht überall von uns?
Paulus

Attentate auf das Tierleben

In der Nacht hatte es geregnet. Nun lagert die Horde unter einer gewaltigen Felsplatte, und unablässig sickert das Wasser über den Stein ins feuchte Laub. Aber hier, im Dunkel der Höhle, ist es trocken. Ein Teil der Schar ist noch immer damit beschäftigt, den Toten in die Felle zu wickeln. Die anderen hocken im Kreis, den Kopf gesenkt. Von fern hören sie das Trompeten der Mammuts, auch sie scheinen zu trauern. Die Kämpfe des vergangenen Tages hatten sie zwei Opfer gekostet, und noch immer sucht der versprengte Trupp nach den verlorenen Tieren. In der Höhle wird es still, ein lange andauerndes Schweigen. Der Blick wechselt umher, vom einen zum anderen. Und aus der Tiefe der Wirbeltiergehirne erhebt sich undeutlich ein Gedanke, ächzt empor und erschallt dumpf aus der Kehle: Warum?

Es war einer der furchtbarsten Momente der heraufdämmernden Menschheit. Irgendwann in der Evolution, vielleicht vor 200.000, vielleicht aber auch erst vor 50.000 Jahren, hielt der Tod Einzug in den menschlichen Geist. Man erkannte die eigene Sterblichkeit, ahnte sie zu Lebzeiten und lernte, sich vor dem Ende zu fürchten. Ungezählte Religionen nahmen ihren Ursprung in der Beklemmung des menschlichen Geistes, der Angst vor dem Tod, dem Zufall der Existenz und der Sinnlosigkeit des Daseins. Und Millionen von Opfern pflastern seitdem den Weg magischer Kulte: der Streit um Jagd- und Fruchtbarkeitszauber, der richtigen und der falschen Religionen, der vielen Götter oder des einen Gottes, dessen Antlitz, Wohnstatt und Gebote.

Die Frage nach dem Sinn von Leben und Sterben und mit ihr die Antwort, der Verweis auf die Transzendenz, der wiederum eine Frage, ja ein ganzer Katalog von Fragen ist, ist nicht wegzudenken aus dem Bewußtsein des modernen Menschen – sie hat ihre Berechtigung in ihrer Existenz, die sich naturwissenschaftlich nicht aufheben läßt. Allem Anschein nach hatte Dostojewskij recht, als er sagte: »Der Mensch braucht das Unergründliche und Unendliche ebenso wie den kleinen Planeten, den er bewohnt.« Und Albert Einstein sollte ihn für das 20. Jahrhundert bestätigen: »Naturwissenschaft ohne Religion ist lahm. Religion ohne Naturwissenschaft ist blind.«

Seit jener erschrockenen Stunde zwischen Tierfellen und Mammutknochen mühen sich Menschen mit allen Mitteln ihres Geistes, die große Kluft zwischen Sein und Nichtsein zu überwinden, Wege zu öffnen in eine selbst ausgemalte Ewigkeit. Zu Lebzeiten verringern heute in unseren Breiten Wissenschaft und medizinische Kunst die Wahrscheinlichkeit, einen frühen Tod zu sterben. Große Werke, wie Bücher, Gemälde, Gebäude, Stiftungen, Konzerne, Kinder, Preise und Museen, hinterlassen Spuren für das Nachleben in der Gesellschaft. Mit heroischen Taten, Kriegen, Verträgen, Verfassungen und Vereinigungen erobern sich Sterbliche einen Platz im Geschichtsbuch.

Doch alle irdischen »Verewigungen« schmecken schal angesichts der süßen Verlockungen, die menschliche Konstruktionen fast aller Kulturen und Zeiten von einem Leben nach dem Tod entwerfen. Seit Beginn jenes Abschnitts, den man die menschliche »Kulturgeschichte« nennt, tritt das bis ins Detail ausgemalte Jenseits in Konkurrenz zum Diesseits; eine

Balance zweier Welten, die von Gesellschaft zu Gesellschaft unterschiedlich gehalten wurde. Erst vor etwa 2000 Jahren, der letzten Minute der menschlichen Kultur, verkehrte sich das Dilemma vom Sein des irdischen Lebens und Nichtsein nach dem Tod schließlich ins erklärte Gegenteil. Auf der Waage der großen Weltreligionen erscheint nun die Welt jenseits der Erfahrung als das »eigentliche« Leben. Die Welt des Materiellen, des Geschlechtlichen und des Vergehens reduziert sich zur bloßen Vorstufe.

So gilt, anders als in der jüdischen Religion, die Sehnsucht des Christentums nicht mehr der zukünftigen Gottesherrschaft auf Erden, sondern dem Himmel. Die Menschen, so predigte Paulus, der Stifter der christlichen Religion, den Korinthern, sollten ihr Leben »haben, als ob sie es nicht hätten«. Und während Christentum und Islam den alten semitischen Glaubensschatz zu »Transzendenzideologien« umformen und dem Gläubigen raten, sein Herz in dieser Welt auf keine Sache zu stellen, sich vielmehr vorzubereiten auf das wesentlichere Dasein nach dem Tod, entstehen im asiatischen Raum Dutzende von »Weltfluchtideologien«, in denen der Wert des Lebens allgemein gewogen und für zu leicht befunden wird.[1]

In der heutigen Zeit bereichert sich die Veruneigentlichung des Lebens als Folge der Todesangst noch um eine weitere Variante: die Sehnsucht nach virtuellen Realitäten im Computerzeitalter. Noch steht – die Entwicklung ist noch jung – nicht fest, zu welcher der beiden Richtungen sie gehört, oder ob sie vielleicht eine eigene, neue Möglichkeit entwirft. Doch daß die Faszination des Computers eine Form von Weltflucht darstellt, liegt auf der Hand. Ansonsten wäre wohl auch nicht ein bestimmter Menschentyp für sie so anfällig, ein Typ, von dem ich vorsichtig sagen will, daß er ansonsten nicht selten nur durch seine Unauffälligkeit auffällig ist. In der Sprache von Cyberspace schlägt irdische Technikgläubigkeit um in das religiöse Credo von der erlösenden Freiheit unbegrenzter

Möglichkeiten, so daß es wohl auch keinen sprachlichen Fehltritt bedeutet, Nicholas Negroponte, den Seher der Computergemeinde, wie oft geschehen, als Computerpapst zu bezeichnen – trägt er doch alle Charakterzüge eines Gurus.

Friedrich Nietzsche war es, der gegen Ende des vorigen Jahrhunderts die Ideologien von Weltflucht und Transzendenz als die »bisher größten Attentate auf das Leben« bezeichnete. Und man wird dieser Einschätzung recht geben müssen, wenn man bedenkt, daß sich die angeprangerte Lebensfeindlichkeit der Weltreligionen mehrheitlich nicht so sehr in der Lebensform, der Askese zum Beispiel oder einem Eremitenleben, sondern unterschwellig in den Denkmustern und Taten der Gesellschaft widerspiegelt. Nahezu die ganze Glücksphilosophie der abendländischen Kulturgeschichte läßt sich als eine »Unglücksphilosophie« lesen. Von der Lehre der römischen Stoa bis zu Kant und Schopenhauer – das höchste Glück, das abendländische Denker sich vorzustellen wußten, war die Freiheit des Menschen von der Last seiner (körperlichen) Bedürfnisse. Statt einem »Ja« zum Leben, das wesentlich Begehren ist, begegnen Todessehnsüchte.

Nicht Lustgewinn, sondern Leidvermeidung bestimmt seit 2000 Jahren den Weg des Menschen. Anders als die Wildbeutergesellschaften der Vorzeit und heute noch in den abgeschiedenen Wäldern der tropischen Regionen, bezahlen fortschrittliche Kulturen die technische Ausbeutung und Sicherung ihres Lebensraums mit der Distanz von eben jenem Leben, daß sie sich angstfreier und komfortabler gestalten. Die Entfremdung des Menschen von der Natur und damit auch jene vom Tier geht dabei Hand in Hand mit religiösen Daseinsbestimmungen und Erklärungsmodellen. Und es erscheint als großartiger Minderwertigkeitskomplex des mit sich selbst überforderten Primaten: Je gewaltiger der Mensch über die Natur zu herrschen vermag, desto seelenloser erscheint ihm das Beherrschte.

Nun ist der entzauberte Blick nicht richtiger als der bezauberte. Beides liegt im Auge des Betrachters. Doch wer das Beseelte in seiner Erfahrungswelt nicht mehr sieht, verlegt folgerichtig seine Hoffnung ins Jenseits, und diese Hoffnung wiederum radikalisiert die Entfremdung des Menschen von seinen biologischen Wurzeln. Kein Wunder, daß der Mensch sich zunehmend nach »Erlösung« von einem Leben sehnt, mit dem er als solchem gar nichts mehr anzufangen weiß. In der Erlösungssehnsucht von Christentum und Islam schließlich pervertiert sich der ganze Prozeß so weit, daß er sich gegen sich selbst richtet: Der entfremdungsbedingt notwendig gewordene Einzug ins Jenseits avanciert rückbezüglich zum Schlüsselkriterium des Lebenswertes. Und das religiöse Attentat auf das Leben wird nun auch zum Attentat auf das Tierleben: Tiere, weil sie nicht erlösungsfähig sind, verlieren ihr Existenzrecht.

Im Christentum ist Erlösung eine Frage des individuellen Verhaltens auf Erden. Gegenüber dem jüdischen Glauben verändert sich nicht nur der Ort der Heilserwartung von der Erde ins Jenseits, von der Zeit in den Raum, sondern der Zugang ins himmlische Paradies erscheint zugleich als eine eminent persönliche Angelegenheit. Aus der alttestamentarischen Schicksalsgemeinschaft von Mensch und Tier entwickelt sich der menschliche Sonderweg. In der Welt des Neuen Testaments ist wenig Platz für Tiere. Was einst im warmen Bauch der Arche vereint den Fluten der Vernichtung trotzte, wird nun zum Gegensatzpaar. Bis in die Gegenwart hinein definieren Theologen die Tierseele gegenüber der Menschenseele als minderwertig. Gerade im Kontrast, dem strikten Vorrang des überlegenen Geisteswesens vor dem bloßen Sinneswesen, gewinnt der Mensch seine religiöse Identität. Und so lotet seit dem Siegeszug seiner Transzendenz- und Weltfluchtideologien der Mensch die Chancen auf Unsterblichkeit nicht zuletzt über die Abwertung des Tieres aus.

Der Vergleich des Menschen mit den anderen Tieren dürfte, soweit wir dies heute vermuten können, so alt sein wie das menschliche Bewußtsein selbst. Ob *Homo habilis, Homo erectus* oder vielleicht auch erst *Homo sapiens* – wer immer von ihnen sich selbst als ein Individuum und Angehörigen einer Art erkannt haben mag, er wird sich als ein Tier empfunden haben, ein Tier unter Tieren. Und er wird, anders als heute, kaum auf die Idee gekommen sein, sich selbst als Spitzenwesen einer Hierarchie der Großartigkeit zu sehen. Gazellen und Antilopen faszinierten ihn wegen ihrer Schnelligkeit, Elefanten, Nashörner und Büffel beeindruckten durch ihre Kraft, und geschmeidige Raubkatzen nötigten Respekt ab. Über Meilen witterten Wölfe und Bären die Fährte des frühen Menschen, scharfsichtige Greife beobachteten ihn aus beträchtlicher Entfernung. Kaum Schwierigeres, als sich unter solchen Bedingungen überlegen zu fühlen.

In einer Zeit, in der sich Ehrfurcht und Respekt vor dem Tier auf die Dollarmoral von Werbe-Trailern beschränken, in denen sich ein leibhaftiger Tiger für die Faszination eines umweltschädlichen Treibstoffs stark macht, fällt es schwer, sich auszumalen, wie frühe Menschentiere ihre Umwelt, die Nahrung und das Jagdrevier mit anderen Arten teilen mußten. Eine Schicksalsgemeinschaft von Mensch und Tier, wie die Bibel sie im Bild von der Arche Noah bewahrt, eine gemeinsame Bedrohung durch Stürme, Überschwemmungen, Dürre oder Kälte, gehört nicht zur Alltagserfahrung eines Menschen der westlichen Zivilisation und ist heute allenfalls im Leben einiger weniger »Naturvölker« zu finden. Und doch liegen, über den Weg der frühen semitischen Erzählungen, in solchen Erlebnissen die Wurzeln auch des Christentums oder des Islam. Der Raub des Feuers oder des Lichts, die Überschwemmungskatastrophe der Sintflut, die Scheidung von Himmel und Hölle, die Sehnsucht nach Wiederauferstehung, ja selbst die jungfräuliche Geburt sind Bestandteile eines allen Kulturen gemeinsamen Repertoires religiöser Mythen.

Verglichen mit der Vielfalt der Epochen und Kulturen ist der Fundus an Schöpfungs- und Welterklärungsmythen erstaunlich gering. Tausende von Religionen bildeten sich auf diesem Planeten und verschwanden, erdgeschichtlich betrachtet, ebenso rasch, wie sie gekommen sind. Sie alle hatten das Ziel, das Unerklärliche meteorologischer und kosmologischer Vorgänge nach Maßgabe jener Erfahrungen zu erklären, die aus der Alltagswelt des sozialen Umgangs abgelauscht werden konnten. Naturerscheinungen wie der Rhythmus der Jahreszeiten, Blühen und Vergehen, Geburt und Tod, Klimawechsel und Katastrophen standen in einer direkten Beziehung zum menschlichen Verhalten. Gewitter mit Donner und Blitz erschienen nicht wie heute elektrisch, sondern moralisch aufgeladen.

In nahezu allen religiösen Erzählungen ist auch von Tieren die Rede, als guten und schlechten Geistern, als Beschützern und Dämonen. In ihrer Fremdheit und Unberechenbarkeit glichen die Tiere den anderen Kräften der Natur. Zyklisch wanderten die Büffel- und Antilopenherden ihren immer gleichen Weg durch die Savanne. Keiner der frühen Jäger, der ihnen folgte, wußte warum. Sie begegneten den Tieren mit Respekt, heiligten den Kreislauf, von dem ihre Zukunft abhing, und achteten das erlegte Wild auch nach dessen Tod. Oft wurde, soweit wir das heute rekonstruieren können, die Jagdbeute geschmückt und betrauert, angebetet und verehrt. Und auch im 20. Jahrhundert existieren letzte Belege eines ehrfürchtigen Umgangs mit getöteten Tieren, bei Wildbeutergesellschaften der Tropen beispielsweise, oder bei Jägerstämmen der Arktis und Ostsibiriens. Einige Eskimos bitten erlegte Tiere um Verzeihung dafür, daß sie sie töten mußten, oder erfinden Märchen, um die Verantwortung für den Tod auf andere Stämme abzuwälzen.

In jungsteinzeitlichen Gräbern Ostdeutschlands fanden Archäologen Mutter, Kinder und Rinder gemeinsam bestattet. Seit Beginn der Tierzucht im 6. Jahrtausend vor Chr. mehrt sich die Zahl feierlich bestatteter Tiere: in erster Linie Hunde, aber auch Schweine, Rinder und Pferde. Nicht nur für Jäger- und Sammlergemeinschaften, auch für die frühen Tierzüchter ist der Tod des Tieres keineswegs eine sachliche Angelegenheit. Noch obsiegt das Gemeinsame des Todes, das Leiden oder die Verwundung, das Schreien, Blöken und Heulen des todgeweihten Säugetierlebens über die spätere Differenz zwischen beseeltem Geist und unbeseelter Existenz.

Die heute so selbstverständlich gezogene Grenze zwischen Tier und Mensch ist nicht nur biologisch, sondern auch kulturell eine junge Entwicklung innerhalb der Gedankenwelt des *Homo sapiens*. In der Höhlenmalerei der Zeit bis 10.000 vor Chr. begegnen uns Fabelgestalten, halb Mensch und halb Tier. Die magische Welt der steinzeitlichen Kultur verbindet alles Animalische zu einer Zauberwelt der Kräfte und Energien, des Unbekannten, des Fürchterlichen und Guten: Aus heutiger Sicht scheinen Tiere vermenschlicht zu sein, und Menschen erscheinen als animalische Dämonen. Mal dienen Tiere als Opfergaben, um sich der Gunst höherer Mächte zu vergewissern, mal erscheinen Tiere selbst als Götter, denen der Mensch huldigt.

Es ist heute umstritten, inwieweit die magischen Tierkulte, die Fruchtbarkeitsriten und der Jagdzauber als Versuche gewertet werden können, selbst in den Naturkreislauf eingreifen zu wollen. Denktechnisch gesehen ist es verführerisch, einer Gesellschaft, deren klügere Köpfe längst erkannt haben, daß die schonungslose Ausbeutung der Naturressourcen der Spezies Mensch über kurz oder lang den Garaus machen wird, ein Modell entgegenzustellen, das sich aus der Menschheitsgeschichte selbst hervorkramen läßt. Nicht ohne List beschreiben Anthropologen wie Hans Peter Duerr die Beschwörungsriten der Wildbeuterkulturen nicht als Eingriffe, sondern als Bestätigungen des natürlichen Kreislaufs: Australische Aborigines berühren die Felsbilder von Känguruhs nur zur Paarungszeit dieser Tiere und die Darstellungen der Kragenechsen im Mount Agnes-Gebiet nur dann, wenn die Reptilien ihre Eier gelegt haben. Die Regenmacher auf der Insel Bukerebe im afrikanischen Victoria-See achteten vorsorglich darauf, ob gewisse Wolkenfelder oder Insektenschwärme erscheinen, ob die Möwen über Land fliegen, der Ruf des Mutuku-Vogels ertönt oder ob sich um die Sonne und den Mond ein roter Kreis bildet.

Nach Duerr geht es bei alledem nicht um willkürliche Eingriffe zum menschlichen Vorteil, sondern um »Regenerationsrituale«. Hinter den Zauberhandlungen der Wildbeutergesellschaften stehe die Akzeptanz des Lebens, wie es ist, nicht etwa das Streben nach Manipulationen, der Veränderung des Lebens nach Maßgabe dessen, wie es sein sollte. »Wenn man glaubt, diese Völker hätten es in ihren Ritualen unternommen, auf ähnliche Weise in die Natur einzugreifen wie wir Heutigen – nur eben auf Grund falscher Anschauungen über die Zusammenhänge und wegen mangelhafter technischer Ausstattung ›imaginär‹ und nicht ›real‹ –, mißversteht man das Lebensgefühl dieser Menschen grundlegend.«[2]

Allein, auch wenn so manches, was Duerr vorbringt, bedenkenswert ist, es bleibt zu schön, um tatsächlich wahr zu sein. Nicht die Erfahrung des Lebens, sondern der philosophische Leitspruch nach Ende des Staatsmarxismus gibt die Kategorien vor, nach denen sich Rousseaus »edle Wilde« bei Duerr postmodern zu verhalten haben: Die Macher haben die Welt nur auf verschiedene Weise verändert, es kömmt aber darauf an, sie zu verschonen. Schon möglich, daß steinzeitliche Jäger- und Sammlergemeinschaften ein »natürlicheres« Verhältnis zur Natur hatten als die agrarischen und die industrialisierten Kulturen der späteren Zeit. Doch der sentimentale Rückblick in die gute alte Zeit sollte nicht darüber hinwegtäuschen, daß Menschen der Vorzeit die Welt, in der sie lebten, nach ihren Möglichkeiten verändert haben. So etwa gehen Paläozoologen davon aus, daß *Homo erectus* in Südostasien mehrere Primatenarten ausgerottet hat, darunter den friedlichen bambusfressenden Riesenmenschenaffen *Gigantopithecus*. Bereits in der Steinzeit verdrängten frühere Menschenkulturen den Orang-Utan vom südostasiatischen Festland. Nicht wenige der im Pleistozän in Nordamerika und Europa ausgestorbenen großen Säugetiere, wie Wollhaarnashorn, Mammut und Riesenfaultier, könnten der menschlichen Jagd zum Opfer gefallen sein. Häufig verschuldete das Eindringen des Menschen in entlegene Inselwelten den Tod zahlreicher Arten. Auf Madagaskar verschwanden die Riesenstrauße und Riesenlemuren, die Besiedlung Neuseelands durch die Polynesier setzte dem Jahrmillionen währenden Treiben der Moas ein schnelles Ende.

Neben den Artentod durch die Jagd trat schon in vergangenen Jahrtausenden die Zerstörung von Lebensräumen. Brandrodung und Abholzung sind so alt wie die Anfänge der menschlichen Zivilisation. In rasantem Tempo breitete sich die Ackerbaukultur vor ungefähr zehntausend Jahren von den Küsten des Mittelmeeres nach Osten aus und hinterließ schwerwiegende Eingriffe in die ökologischen Gegebenheiten der Regionen. Die Abholzung vergrößerte die Wüstengebiete, viele Inseln des Mittelmeerraumes verkamen zu Ödland, in römischer Zeit schließlich verschwanden bis auf spärliche Reste die letzten europäischen Küstenregenwälder Frankreichs, Spaniens und Portugals.

Je mehr sich der Mensch auch in die unwirtlichen Regionen der Subtropen und die kalten Gefilde Eurasiens und Nordamerikas ausbreitete, um so weniger konnte er sich auf die pflanzlichen Ressourcen seiner natürlichen Umwelt verlassen. Anders als in den tropischen Regionen Südasiens mit ihrer üppigen Vegetation entwickelte sich in den neuen Lebensräumen eine Gesellschaft, die sich mit Fleischverzehr grundversorgte: Hirtenvölker, Ackerbauern und Viehzüchter. Während die frühe vedische Religion Indiens ihren Gläubigen ohne größere Schwierigkeiten den Vegetarismus predigte, blieb der Verzicht auf fleischliche Ernährung im Mittelmeerraum nahezu undenkbar, der gewollte Tiertod alltägliche Selbstverständlichkeit. An die Stelle eines magischen Verhältnisses zur unberechenbaren Natur trat ein auf Beherrschung gerichtetes Glaubenssystem, in dem sich der Mensch zweifelsfrei aus der Welt der Nutz- und Wildtiere heraushob. Die paläolithische Tundra des Gewissens erstarb auf den neolithischen Feldern des berechnenden Verstandes.

Daß Menschen vor etwa zehntausend Jahren erlernten, systematisch in die Natur einzugreifen, Felder zu bestellen und Tiere zu züchten, ist ein gewaltiger Schritt in der Geschichte des Planeten mit teilweise fürchterlichen Konsequenzen. Gleichwohl verbietet es sich, aus heutiger Sicht über die ökologische Unmoral dieser Entwicklung den Hirtenstab zu brechen. Daß der Tod des Tieres als Begleiter des Menschen erscheint, ist eine inzwischen keineswegs mehr notwendige Bedingung für die Existenz menschlicher Kultur im Mittelmeerraum und in Europa. Doch ohne die fleischliche Ernährung hätte die Besiedlung dieser Lebensräume nicht gelingen können, und somit auch keine Zivilisation, deren technischer und wirtschaftlicher Fortschritt den Verzicht auf Fleisch als Nahrungsmittel heute erlaubt. So wäre es beispielsweise völlig absurd, Eskimos vom Fleischverzehr abzuraten: Er bildet ihre einzige Ernährungsgrundlage.

Betrachtet man die Entwicklung der menschlichen Kulturgeschichte, so wird deutlich, daß ohne das Töten von Tieren zu Ernährungszwecken die Ausbreitung des Menschen über fast den gesamten Planeten kaum möglich gewesen wäre. Nicht die neolithische Revolution selbst erscheint aus heutiger Sicht kritikabel, wohl aber ihre dramatischen geistigen Konsequenzen. So entstanden im Gleichschritt mit der praktischen Naturbeherrschung Mythologien, theologische und philosophische Systeme, in denen die Kluft zwischen neuem und alten Denken problematisiert und nach und nach zugunsten einer gerechtfertigten Herrschaft über die Natur entschieden wird. In den Mythen der frühen Hochkulturen ringen menschliche Helden mit gewaltigen Mächten der animistischen Natur, mit Nilpferden, Krokodilen, Drachen, Schlangen, Kentauren und Titanen. Nicht ohne Grund legten die Autoren der damaligen Zeit soviel Wert darauf, die Herrschaft des Menschen durch einen Kampfessieg zu rechtfertigen: Sie erschien ihnen keineswegs selbstverständlich.

Heilige Tiere

Nicht eine jede Lösung des Konflikts zwischen menschlichem Herrschaftsanspruch und Natur jedoch entschied sich in einem symbolischen Kampf, dem Auftakt zu materiellen Feldzügen. Das erstaunlichste Beispiel eines alternativen Konzepts ist die Gesellschaft des alten Ägypten, eine der fremdesten und zugleich modernsten Kulturen der menschlichen Geschichte. Die altägyptische Religion nämlich kennt nicht jene scharfe Trennung von Diesseits und Jenseits, die das Christentum so wenig menschlich machen sollte. Was sich in der Todesideologie der semitischen Hirtenvölker auseinanderentwickelt, natürliches Leben hier, spirituelles Leben dort, durchdringt sich in der altägyptischen Religion zu einer diesseitigen Kultur der Gottesnähe, wie spätere Kulturen sie nicht mehr erreichen sollten. Um die Heiligkeit des Lebens zu spüren, benötigten die Ägypter keine besondere Geisteshaltung, keinen Ausnahmezustand, keine mystische Versenkung. Sie war ihnen im Alltag präsent und begegnete ihnen auf Schritt und Tritt in der Natur. Ja, die ägyptisch erlebte Natur »war derart ›übernatürlich‹, daß sich der Begriff der Natur im Grunde verbietet«.[3]

Ähnlich wie die frühen Wildbeutergesellschaften empfindet die altägyptische Religion die beobachteten Rhythmen und Erscheinungen der Natur nicht als berechenbare Gesetze, sondern als eine zerbrechliche Balance. Sie versteht sich durchaus nicht von selbst, sondern steht fortwährend auf dem Spiel. Regenerationsrituale, wie die Hymnen an den Sonnengott, dienen dem Erhalt des Kreislaufs, der nur durch gemeinsame Anstrengung aller, Götter wie Menschen, im Lot gehalten werden kann. Folglich orientiert sich die Religion der Ägypter weniger an den materiellen Erscheinungen des Kosmos und der Erde als am spirituellen Zyklus, der zeitlichen Wiederholung; ein Seinsverständnis, das in der Kulturgeschichte des Mittelmeerraums durchaus seinesgleichen sucht.

Eine Religion, die das Wirken der transzendenten Energien nicht in den Himmel verlegt, sondern auf der Erde ansiedelt, ist ein pantheistischer Glaube. Die Fülle gegenwärtiger Lebewesen, Menschen, Tiere und Pflanzen, entströmt der gleichen Kraftquelle, dem göttlichen Wirken in der Natur. So kennt die ägyptische Religion auch keinen Gegensatz zwischen Monotheismus und Kosmotheismus, keinen Kampf zwischen dem einen und den vielen, wie ihn der Leser des Alten Testaments in eigens dafür inszenierten Showdowns vorgeführt bekommt.

In der Welt der ägyptischen Mythologie spielen Tiere eine herausragende Rolle. Während spätere Religionen sich alle Mühe geben sollten, die Sphären des Göttlichen, des Menschlichen und des Animalischen als drei gesonderte Etagen sorgfältig voneinander zu scheiden, dominiert unter dem Gesetz des Geburts- und Todeszyklus allen Lebens das Gemeinsame über das Verschiedene. Vier Jahrtausende vor Darwin erahnten die Ägypter die Schatzkammer von der gemeinsamen Ursprungseinheit allen Lebens, die den gelehrten Sehern der abendländischen Metaphysik so lange verschlossen bleiben sollte. Was bis in die heutige Zeit Tieren als Manko anhaftet, was ihnen zum Fluch wurde und als Lizenz zum Töten herhalten sollte, milliardenfach durch alle Zeit und jeden Ort: ihre Fremdheit und Unzugänglichkeit – gerade sie avancierten in der ägyptischen Religion zum Zeichen göttlichen Wirkens. Laute und Balzrituale, körperliche Extremitäten und sonderbare Verhaltensweisen erschienen als geheime Kräfte, denen man sich freiwillig unterordnete, weil man sie nicht verstehen konnte.

Was sie auf diese Weise respektierten, setzten die Ägypter auch ins Recht. Vor der Waage der Maat, Ägyptens Göttin der Gerechtigkeit, fanden die Tiere ihr Gehör, wenn sie als Zeugen über den irdischen Wandel der Menschen befanden. Pyramideninschriften bezeugen, daß sich der Tote vom Verdacht freisprechen mußte, Tieren Leid zugefügt zu haben: »Ich habe weder Futter noch Kraut aus dem Maule des Viehs weggenommen«, oder »ich habe kein Tier mißhandelt«.[4] Die Ethik der altägyptischen Gesellschaft kennt keine menschlichen Sonderkonditionen, sondern nur eine gemeinsame Klientel, bestehend aus der Gemeinschaft allen Lebens. Auch Gans und Rind können demnach als Kläger vor dem Jenseitsgericht erscheinen.[5]

Doch nicht nur vor dem Totengericht, auch im Alltag begegnet dem Ägypter das Tier in nahezu allen Lebenssituationen. Tierbilder prägen seinen Namen nach dem Muster »Der der Schlange«, »Der des Ibis« oder »Der des Frosches«. Fast alle Tiere der Region sind den Ägyptern heilig: der Stier und der Schafbock, Ibis und Falke, Schlange und Krokodil, Schakale, Frösche, Fledermäuse und viele andere mehr. Nicht jedes dieser Tiere ist zwangsläufig ein Gott, vielmehr die Verkörperung bestimmter Lebensenergien, die dem Ägypter im jeweiligen Tier begegnen: Schönheit und Kraft, Vitalität und Intelligenz, Umtriebigkeit und Weitsichtigkeit. Die Kultstatuen der Tiere sind den Statuen anderer Götter gleichrangig. Als Mittler zwischen transzendenten Kräften und natürlichem Leben avanciert das heilige Tier zum Orakel, zum Dolmetscher und Herold göttlicher Energien. Symbolisch transportiert es das Wissen von der Evolution, die naturwissenschaftlich zwar nicht bekannt, aber religiös geahnt ist: als Erinnerung an den gemeinsamen transzendenten, das heißt: der menschlichen Erfahrung entzogenen Ursprung aus der Natur.

So steht im Kosmos der ägyptischen Götterwelt keine Gottheit für sich allein, sondern steht mit anderen Mächten in raum-zeitlichen, mystischen oder sozialen Beziehungen. Die heiligen Herdentiere, wie der Stier Apis und die Apiskuh, die Rinder der Hathor von Qusae und Dendara, die Rinder des Thot und der Bock von Mendes, stehen für Fruchtbarkeit und Geburt. Bei religiösen Festen dienen sie dazu, den Herrschaftszyklus der Pharaonen mit dem Zyklus der Sonne zu vergleichen, dem ewigen Kreislauf von Auf- und Untergang, von Sterben, neuem Leben und neuem Tod. Eine Religion der Zeit kennt keine räumliche Trennung der Sphären, keine sorgsame Schichtung von Diesseits und Jenseits. Im Jahresablauf des Tierlebens begegnen die gleichen Gesetze wie in der kosmischen Natur.

Das genaue Verhältnis zwischen Tier und Gottheit ist dabei durchaus kompliziert, und in der dreitausendjährigen Geschichte Ägyptens finden sich ungezählte Varianten und regionale Eigenheiten. Bis auf wenige Auserwählte wie Ibis und Falke, die Tiere des Thot und des Horus, galten durchaus nicht überall die gleichen Tiere als heilig. Und auch der Status der »Heiligkeit« eines Tieres konnte sehr unterschiedlich eingeschätzt werden. Mal fielen alle Angehörigen einer Art unter die Heiligsprechung, mal nur wenige Stellvertreter. Tiere, die lediglich als Artgenossen eines Gottestieres verehrt wurden, empfingen keinen Kult und erhielten gemeinhin nur Prädikate wie »ehrwürdig«. Lebende heilige Tiere teilten sich demnach in drei Gruppen: in einzelne heilige Tempeltiere, in die Artgenossen des heiligen Tieres und in sogenannte Fetischtiere, ausgewählte Exemplare der heiligen Art, die im Privathaushalt gehalten wurden und die bei der Bestattung in das Grab der Privatperson mitgegeben wurden.

Doch was genau ist überhaupt ein »heiliges« Tier? Ein Gott, oder nur ein Symbol? Zumeist dienten die Tiere im oben genannten Sinne als Medien, mitunter aber auch als zwischenzeitlicher Sitz eines göttlichen Prinzips, das seine Energien durchaus vom gewählten Tier wieder abziehen konnte, um sich einen anderen Sprecher zu suchen. In beiden Fällen erscheint das Tier als Verkörperung übersinnlicher Kräfte, die als solche nicht tatsächlich mit ihm zusammenfallen, sondern im Tier ihre Wohnstatt finden, wie der Einsiedlerkrebs im Schneckenhaus. Doch sind aus der Praxis der Kulte durchaus zahlreiche Fälle überliefert, in denen Tiere selbst vergottet wurden. Nicht nur Kultstatuen, auch lebende Tiere besaßen demnach oft genug den Status von Göttern, versehen mit höchsten Prädikaten, wie etwa dem eines »großen Gottes«. Daß solche Göttertiere alt und schwach wurden und schließlich sogar starben, stellt für den zeitlich-zyklischen Glauben Altägyptens durchaus kein Problem dar. Eine Religion, die das Prinzip der Unsterblichkeit nicht in den Himmel verlegt und dort einigen auserwählten Personen zubilligt, sondern Transzendenz und Natur im ewigen Kreislauf des Lebens miteinander verbindet, vermag mit dem Tod zu leben. Auch der Sonnengott Re altert und wird siech und schwach; Osiris, der Herrscher des Totenreiches, stirbt.

Die Verflechtung von irdischem Dasein und Transzendenz macht vor der Götterwelt nicht halt. Durch ihre Sterblichkeit bleiben selbst Götter dem Kreislauf allen Entstehens und Vergehens unterworfen, und umgekehrt besitzt jedes Leben auf Erden Zeichen göttlicher Sphären. Die griechischen Historiker Herodot und Diodor berichten, daß die Hausbewohner Zeichen der Trauer anlegten, wenn ihnen ein Hund oder eine Katze starb, und daß sie bei Feuersbrünsten ängstlich auf die Bergung der Katzen bedacht waren. Freilebenden Tieren begegnete man mit Ehrfurcht, und gelegentlich sorgte man auch für sie, indem man sie fütterte. Schlangen lebten als Schutzgeister in den Häusern. Wer dem tödlichen Biß einer Giftschlange erlag oder Opfer eines Krokodils wurde, durfte sich glücklich preisen, den auserwählten Tod durch ein heiliges Tier zu sterben. Und wenn Kleopatra sich eine Uräusschlange an die Brust setzte, um aus dem Leben zu scheiden, war dies weder besonders schmerzfreies Sterben noch eine kitschige Todesinszenierung. Durch das Gift der Schlange strömten göttliche Kräfte ins Blut der Todgeweihten und heiligten sie für die Ewigkeit.

Alles in allem jedoch bleibt die Beziehung der ägyptischen Religion zum Tier bis heute rätselhaft. Kaum bekannt sind die speziellen Praktiken des Kults, seine Bedeutung im Rahmen des allgemeinen Gottesdienstes. In den Tempeln lebten sowohl einzelne Tiere wie ganze Gesellschaften, je nachdem, welcher Lebensweise das jeweilige Tier in der Natur nachging. Doch auch in den Herden und Vogelschwärmen gab es gemeinhin ein einziges auserwähltes Tier, das gesondert verehrt wurde. Private Spender sorgten sich um das Wohl der Tempeltiere, spendeten, »was die lebenden Seelen brauchten, damit sie Salben und Kleider hätten, wenn ihre Seelen zum Himmel stiegen«, wie es auf einem Denkstein aus ptolemäischer Zeit heißt. Quellenmaterial findet sich in erster Linie zu den Ritualen des Tiertodes, wenn »die Majestät dieses Gottes zum Himmel aufstieg« und die Priesterschaft eine 70tägige Trauer verordnete. Die gesamte Staatsspitze, bestehend aus dem Kronprinzen, den Generälen und Priestern, wohnte der Trauerprozession bei, nicht anders, als ob ein Mitglied des Hochadels verstorben wäre. Genau wie beim menschlichen Tod verwandelte sich am Ende jedes Rituals das verstorbene Tier zu einem Osiris, um als Osiris-Apis, Osiris-Mnewis usw. fortzuleben.

Neben diesem von der Priesterschaft organisierten Tierkult mit Statuen und lebenden Inkorporationstieren in den Tempeln gab es in ganz Ägypten auch eine volkstümliche Tierverehrung, in der sich private und religiöse Beziehungen vermischten. Vor allem das sorgsame Sammeln von Tierleichen, ihre Einbalsamierung und Bestattung auf speziellen Tierfriedhöfen, etwa jenen für Rinder, Ibisse, Falken oder Fische, dürfte in vielen Fällen weniger Gebot der offiziellen Religion als vielmehr Beleg von Volksfrömmigkeit sein. Das gleiche gilt für die Bestattung persönlicher Lieblingstiere, wie Hunden, Meerkatzen, Gazellen und Katzen, die ebenfalls einbalsamiert und sowohl einzeln als auch gemeinsam mit Artgenossen in Töpfen, Kalkstein-, Bronze- oder Holzsärgen beigesetzt wurden.

Die Geschichte der Volksfrömmigkeit im alten Ägypten ist eine offene Frage der Archäologie. Denn bezeichnenderweise hinterließ die Pharaonenkultur Schriftmaterial allein über das Leben des Hochadels und der Priesterschaft, was ein und dasselbe war. So weit sich dies rekonstruieren läßt, gab es in der Geschichte der Tierkulte und Tierverehrungen durchaus Schwankungen. Manche Ägyptologen gehen davon aus, daß der Tierkult zunächst eine frühe Form der ägyptischen Religion war, die sich zu Beginn des 2. Jahrtausends vor Chr. nach und nach so weit spiritualisierte, bis das reale Tier hinter den in seiner Gestalt verkörperten Ideen des Transzendenten mehr und mehr zurücktrat. Zu den hunds-, falken- und ibisköpfigen Göttern gesellen sich zusätzlich Menschengestalten. Erst im Neuen Reich, zwischen 1550 und 1070 vor Chr., gewinnt der Tierkult seine große Bedeutung zurück. Aus dieser Zeit mehren sich die Funde kunstvoll umwickelter Tierleichen, und das Tier rückt erneut ins Zentrum religiöser Schriften. In der Ramessidenzeit, 1279-1213 vor Chr., der letzten Blüte der altägyptischen Kultur, kommt es zur Anlage der großen Apisgrüfte. Im Palast von Quantir entsteht ein ganzer Zoo, und der Tierkult erreicht seinen Höhepunkt.

Als schließlich Griechen und Römer Ägypten erobern, wissen sie mit der Tierverehrung nichts anzufangen. Zwar werden die Kulte bis in die Römerzeit mit deutlich reduziertem Aufwand von seiten des Staates weitergeführt, doch das Wesen der ägyptischen Religion bleibt den Kolonialherren fremd. Ihre Historiker Herodot, Diodor und Plutarch erfinden neue Theorien, den sensiblen Glauben der Nilkultur nach ihren eigenen Denkschemata zu erklären. Nach Plutarch sollen sich die Götter aus Furcht vor Menschen, die sich gegen sie empörten, in Tiere verwandelt haben: ein kriegerisches Modell, dem griechisch-römischen Geist weitaus plausibler als jede echte Spiritualität. Diodor vermutet, die Ägypter glaubten, daß sich die Schwachen zum Schutz gegen die Starken unter dem Zeichen von Tieren zusammengeschlossen hätten. Als dieser Zusammenschluß zu Ordnung und Frieden führte, verehrten sie jene Tiere aus Dankbarkeit. Für die Geschichtsschreiber der Römer mußte es für den Tierkult eine nüchterne Ursache geben. Ihrem Selbstverständnis nach konnten die Tiere ja doch nun keineswegs als Tiere gemeint sein. Ein solcher Gedanke lag den Römern so fern, daß sie ihn auch den Ägyptern nicht zutrauen mochten.

»Du aber, hundsgesichtiger und in Leinen gekleideter Ägypter, wer bist du eigentlich, mein Bester? Wie kommst du WauWau dazu, ein Gott sein zu wollen? Und was denkt sich erst dieser gescheckte Stier aus Memphis, der sich göttlich verehren läßt, Orakel erteilt und Propheten hat? Ich schäme mich ja, von Ibissen, Affen, Ziegenböcken und anderem noch viel Lächerlicherem zu sprechen, das – ich weiß nicht wie – aus Ägypten in den Himmel hineingeschleust wurde.« Nichts als Spott hat der römische Dichter Lukian im zweiten Jahrhundert nach Chr. übrig für die abstruse Götterwelt der Ägypter. Ein »Stückwerk aus Tierköpfen und Menschen-Torsos« befand sechzehnhundert Jahre später der Dichter Jean Paul. Und Goethe sollte grollend beipflichten: »Nun soll am Nil es mir gefallen / Hundsköpfige Götter heißen groß: / O wär' ich doch aus meinen Hallen / Auch Isis und Osiris los!«

Christen waren es, die die letzten Tempeltiere gewaltsam beseitigten und den Tierkult in Ägypten offiziell verboten. Zwar wird von hier aus das Tier in die mittelalterliche Symbolik weitergetragen, doch dient die Verehrung der Tiere den christlichen Kirchenschriftstellern allenfalls dazu, die absurden Irrwege heidnischer Gottesvorstellung, ihre erschrekkende Primitivität vorzuführen. Mit großer Glut verteidigt ausgerechnet ein Römer, der Philosoph Celsus, in seinem *Sermo verus* das Geheimnis der ägyptischen Tierverehrung gegen ihre christlichen Verächter. Natürlich gehe es den Ägyptern nicht einfach naiv darum, Tiere anzubeten, sondern »ewige Begriffe«, die sich im Tier verkörpern. Nicht dem Volk am Nil, wohl aber dem Christentum bescheinigt Celsus ein naives Denken, einen kurzsichtigen Anthropomorphismus. Wer wirklich wissenschaftlich denke, müsse zweifelsfrei erkennen, daß es in der Welt kaum um den Sonderweg einer menschlichen Erlösung gehen könne, allenfalls um eine ewige Weltordnung der Natur, innerhalb derer der Mensch ein verschwindend kleiner Teil sei. Doch seine klugen Worte fanden keine Resonanz.

Noch zu Beginn des 20. Jahrhunderts versuchte der berühmte deutsche Ägyptologe Adolf Erman, den Tierkult dadurch hinwegzudeuten, daß er die tiergestaltige Gottesvorstellung als ein Erzeugnis der »naiven Poesie« begriff, die die Götter Tieren verglich und dadurch entsprechende Götterbilder anregte. Und auch das Lexikon der Ägyptologie spricht in den 60er Jahren anläßlich des Tierkultes von »Entartung«. Der Kult, heißt es hier, sei natürlich »Widersinn« und wurde – Gott sei Dank, wie man hinzufügen möchte – »darum einst von einem gesunden Empfinden aufgefangen«. Nicht nur entspreche die Tierverehrung der »Psyche des primitiven Menschen«, sie führe zugleich zum Untergang. Den Ägypter, der »dem Tierkult so lange verhaftet blieb«, strafte das Leben, so daß er »schließlich tief in den Verirrungen, zu denen er (der Tierkult) lockte, versank«.

Hirten und Herrscher

Mit dem Ende der Nil-Kultur erlischt der große mystische Funke der beseelten Umwelt in den Mittelmeerländern. Längst herrscht hier ein anderer Glaube, eine anthropozentrische Religion der Herrschaft des Menschen über die Natur. Das Judentum und später das Christentum wissen wenig vom großen Kreislauf des Lebens und der Gestirne, nichts vom evolutionären Ursprung aller Existenz und nichts von den Energien der Natur, die sich in der Fülle der Lebewesen verkörpern. Nicht genug, daß die jüdische Religion der Natur wenig Geheimnisse abzulauschen weiß und einzig den Menschen in den Mittelpunkt ihres Glaubenskosmos versetzt – der »Gott der Väter« des Volkes Israel zeigt sich überdies in ethnischen Fragen völlig parteiisch und erwählt sich ein einziges Volk zur Lieblingsklientel.

Das Alte Testament kennt Tiere in unterschiedlicher Funktion, als Nutztiere wie als Träger religiöser Symbole. Schafe, Ziegen, Rinder, Esel und Kamele liefern dem Hirtenvolk Milch, Wolle und Leder, arbeiten als Zugtiere oder dienen zum Reiten und zum Transport von Lasten. Schafe, Ziegen und Tauben taugen zum Brandopfer. Heuschrecken und Frösche erscheinen als Instrumente Gottes, Schrecken über Ägypten zu bringen; hinter Gifttieren wie Schlangen und Skorpionen lauern dämonische Mächte; Löwe und Adler sind oft gebrauchte Bilder, die Größe des Gottes Jahwe zu veranschaulichen. Doch welche Kluft liegt zwischen dem Eigenwert des Tieres als Repräsentant göttlicher Energie in den Mittlerfiguren ägyptischer Tiere und ihrer kargen Funktion, die Macht eines anderen (in Umgehung des Bilderverbots) lediglich zu veranschaulichen.

Wie fremd jüdischem Glauben der große Zusammenhang allen Werdens und Vergehens ist, verrät die Schöpfungsgeschichte der Genesis. An die Stelle eines der menschlichen Vorstellungskraft unzugänglichen »ewigen« Zyklus des Werdens, wie in der ägyptischen Religion, tritt in der Priesterschrift des Alten Testamentes ein schnell hochgezogener Plattenbau, ein Fertighaus, vollendet in sechs Tagen. Für den Bauherren der Genesis ist die Schöpfung aus dem Ärmel keine Schwierigkeit. Schließlich verrät überhaupt nichts am Entwurf des Weltgebäudes, daß sich der Architekt viel Mühe damit gemacht hatte, die gewählte Konstruktion mit den Erfahrungstatsachen der Umwelt abzustimmen. Nach einer groben Scheidung der Räume Wasser, Luft und Land ordnet er ihnen Tiere und Pflanzen als Innenarchitektur zu. Tiere des Wassers, der Luft und des Landes: Kein Mythos ist so ahistorisch, so trotzig gegen die Zeit gedacht, wie der künstliche Rohbau der Priesterschrift. Was den Ägyptern die unvorstellbare Zeit des Naturgeschehens war, schnurrt zusammen auf eine sechstägige Bautätigkeit: die Vorarbeiten auf der Baustelle vor dem Einzug des einzigen Mieters, für den sich der Bauherr tatsächlich interessiert – des Menschen.

Die Weltentstehungslehre der Genesis, wie wir sie heute kennen, wurde im 4. Jahrhundert vor Chr. zusammengestellt. Neben dem hier beschriebenen Text der Priesterschrift aus dem 6. Jahrhundert vor Chr. enthält sie einen weiteren Schöpfungsbericht, die etwa zweihundert Jahre ältere Erzählung des sogenannten »Jahwisten«. In beiden Mythen geht es um die Beantwortung der gleichen Fragen. Allesamt kreisen sie um das Schicksal des Menschen: Warum ist das Leben so, wie es ist: hart und ungerecht, enttäuschungsanfällig, entbehrungsreich, mit Leiden verbunden und ohne einen in der menschlichen Alltagspraxis erfahrbaren Sinn?

Die Welt des Jahwisten ist die Welt eines Gärtners, der Traum eines Wüstenbewohners von der fruchtbaren Kulturlandschaft einer Oase. Im Anfang war die Wüste, von Jahwe durch eine Wasserflut getränkt. Als erstes Geschöpf bildete Jahwe den Menschen aus dem Staub der Ackererde und blies ihm den Lebensodem in die Nase; so wurde der Mensch zu einem lebenden Wesen. Anschließend pflanzte Jahwe einen Garten, in den er den Menschen versetzte, damit er ihn bestelle und behüte. »Hierauf sagte (sich) Jahwe: ›es ist nicht gut für den Menschen, daß er allein ist; ich will ihm eine Hilfe schaffen, die zu ihm paßt. Da bildete Jahwe aus der Ackererde alle Tiere des Feldes und alle Vögel des Himmels und brachte sie zu dem Menschen, um zu sehen, wie er sie benennen würde.‹ (...) So legte denn der Mensch allen zahmen Tieren, allen Vögeln des Himmels und allen wilden Tieren Namen bei; aber für den Menschen fand er keine Hilfe (Gefährtin) darunter, die zu ihm gepaßt hätte.« (Gen 2, 18-20)

Zweihundert Jahre vor der Priesterschrift zeigt sich der jüdische Glaube des Nordreiches, wie er in der Erzählung des Jahwisten begegnet, gegenüber Tieren erstaunlich jovial. Zwar berichten weder Gen 1 noch Gen 2-3 von einem Wort Gottes an die Tiere, doch der Mensch ist hier immerhin keine Sonderschöpfung Jahwes, sondern ein Kamerad der Tiere, geschaffen, um mit ihnen in Beziehung zu leben. Die ganze Geschichte ist zwar reichlich frauenfeindlich – nachdem die Verständigung Adams mit den Tieren nicht klappen will, bringt

Gott im zweiten Versuch schließlich die Frau zustande, um dem Menschen endlich eine passende Spielgefährtin zu schenken –, aber evolutionsbiologisch zumindest in einem anderen Punkt stimmig: Mensch und Tiere werden von Gott aus dem selben »Lehm« gebildet, und durch den Lebensodem, den Gott *ihnen* in die Nase bläst, beseelt er beide gleichermaßen zu »lebenden Wesen«.

So sehr die Schöpfungsgeschichte des Jahwisten im Kontext vieler anderer Mythen des Nahen Ostens steht – die Reihenfolge der Schöpfung: zuerst der Mann, dann die Tiere und zu guter Letzt die Frau, ist unter den Erzählungen der frühen Hochkulturen einmalig. Noch stehen Mensch, Tier, Pflanzen und Wüste in einem ökologischen Zusammenhang, einem gewaltfreien Biotop ohne Herrschaftsauftrag, Unrecht und Versklavung. Dabei bietet vor allem die Pointe, daß der Mensch die Tiere mit ihren Namen versieht, Anlaß zu allerlei theologischer Spekulation. Für Eugen Drewermann etwa ist die Namensgebung eine ganz große Sache, einer der wenigen Lichtblicke im Dunkel eines tierfeindlichen Glaubens. »Dieser Zug der biblischen Schöpfungsgeschichte ist so deutlich unhebräisch, er spiegelt so deutlich Urzeiterinnerungen der Menschheit, daß es einem den Atem verschlägt: So ist also selbst in der Bibel die Kunde von einem Menschsein nicht gänzlich verschollen, für das die Tiere Partner eines Dialogs waren, von einer Zeit, als Mensch und Tier miteinander redeten!«[6] Das ist freilich schön gesagt, nur daß man ehrlicherweise einräumen muß, daß von einem »Dialog« eigentlich nicht die Rede sein kann. Und so hatte der englische Lordkanzler Francis Bacon im für die Tiere so finsteren 17. Jahrhundert wenig Mühe, Gen 2, 19-20 geradezu umgekehrt als Weisungsbefugnis zu interpretieren. Wer im Besitz der passenden Begriffe ist, verfügt über den Schlüssel zur Beherrschung der Natur.

Wie auch immer man den Text des Jahwisten im einzelnen

interpretiert, es besteht wenig Zweifel daran, daß es sich hier um die tierfreundlichere Version der Schöpfungsgeschichte handelt. Ein Blick auf den sechsten Schöpfungstag der Priesterschrift belehrt unmißverständlich darüber: »Dann sprach Elohim: ›Die Erde bringe alle Arten lebender Wesen hervor, Vieh, Kriechgetier und wilde Landtiere, jedes nach seiner Art!‹ Und es geschah so. Da machte Elohim alle Arten der wilden Tiere und alle Arten des Viehs und alles Getier, das auf dem Erdboden kriecht, jedes nach seiner Art. (...) Dann sprach Elohim: ›Laßt uns Menschen machen nach unserm Bilde, uns ähnlich, die da herrschen sollen über die Fische im Meer und über die Vögel des Himmels, über das (zahme) Vieh und alle (wilden) Landtiere und über alles Gewürm, das auf dem Erdboden kriecht!‹ Da schuf Elohim die Menschen: nach dem Bilde Elohims erschuf Er sie.« (Gen 1, 24-27).

Hier sind nun alle Klarheiten beseitigt. Der Mensch ist eine Sonderschöpfung Gottes, ausgezeichnet durch seine Ebenbildlichkeit. Mit den Tieren hat er nicht viel zu tun, außer über sie zu herrschen. In dieser fatalen Behauptung, aufgestellt gegen jedes bessere Wissen: gegen die Tradition der eigenen Mythen ebenso wie gegen die Erfahrungstatsache, daß Mensch und Tier sich in ihrem Lebenszyklus so frappierend ähneln – in dieser Behauptung steckt die Wurzel allen späteren Tierübels im Namen der jüdisch-christlichen Religion. Von den Kirchenvätern durchs Mittelalter bis in die Gegenwart rechtfertigen Christen die menschliche Sonderstellung mit dem Verweis auf die Priesterschrift und frönen ihrer Kinderphantasie, selbst die inzwischen päpstlich abgesegnete Evolutionstheorie ändere nichts am Sonderakt der menschlichen Erschaffung. Und wem dieser Verweis nicht reicht, dem führt die christliche Theologie auch heute noch einen zweiten Beleg vor. Als Beweis für die menschliche Sonderstellung gegenüber der als zu leicht befundenen Tierseele ziehen christliche Theologen eine Linie von Gen 1, 27 zur Menschengestalt

Jesu. Exklusiv für die Menschheit sei der Erlöser in Menschengestalt aufgetreten, und deshalb auch allein für die Menschen gestorben. Die Konsequenzen dieses jubelnden Selbstmißverständnisses sind natürlich fatal: Vor gerademal zwei Millionen Jahren turnten die unseligen Vorgänger der Menschengestalt noch als affenähnliche Wesen durch die Wälder. Zu welcher Form wird da erst die Evolution den Menschen in den nächsten zwei Millionen Jahren bringen? Falls es dann noch Menschen gibt und falls – noch weniger wahrscheinlich – es das Christentum noch gibt, haben wir uns dann nicht qua evolutionärer Veränderung gegenüber Christus irgendwann wieder aus der Seligkeit herausmanövriert?[7]

Das zweite Manko der Priesterschrift ist ihr Herrschaftsauftrag in Gen 1, 28. Inzwischen mehren sich, hervorgerufen durch lautstarke Kritik, die Stimmen der Theologen, die den Begriff des »Herrschens« anders verstanden wissen wollen als ihre Vorgänger. »›Herrschet über sie‹«, befindet der Theologe Rudolf Bösinger stellvertretend für ein ›modernes‹ Christentum, »das meint eigentlich: ›Hütet das alles!‹ Dieses Bibelwort ist niedergeschrieben worden, da Herrscher noch Hirten waren, Hirtenkönige ...«[8] Nun ist gut gemeint leider noch nicht historisch richtig. Ich lasse hier mal die semantischen Streitereien um die Bedeutungsfülle des hebräischen Wortes für »herrschen« beiseite. Vielleicht reicht es ja schon, darauf hinzuweisen, daß bereits das Bild vom Hirten als Hüter der Schöpfung so nicht stimmt. Der Hirte hegt ja nichts anderes als seine Herde, von der er lebt, nicht auch die Wölfe, Leoparden und Schlangen, die sie bedrohen, nicht die Insekten in der Luft. Welches Interesse hat er an Vögeln, was kümmern ihn die Frösche im Tümpel? Verantwortung für eine Herde zu tragen und sich um das Wohl der Schöpfung zu sorgen, sind zwei völlig verschiedene Aufträge. Was also sollte sich durch die Möglichkeit, das Wort »herrschen« sei dem Hirtenjargon entlehnt, am Herrschaftsbefehl des jüdischen Gottes grundlegend ändern?

Statt einen toten Gaul partout durchs Ziel zu reiten, sollte man sich lieber Gedanken darüber machen, ob es tatsächlich lohnt, sich weiterhin mit Gen 1, 28 herumzuärgern. Es sei denn, man unterschreibt den Herrschaftsauftrag in jener gnadenlosen Härte, in der er in der Geschichte immer wieder ausgelegt worden ist. Die CDU-Arbeitsgruppe »Zukunft der Bio- und Gentechnik« beispielsweise hat dies längst begriffen. Ganz ungeschminkt formuliert die Kurzfassung eines Positionspapiers, vorgestellt am 10. Oktober 1996 in Bonn: »Ihre ethische Rechtfertigung erlangen die Bio- und Gentechnik durch den biblischen *Schöpfungsauftrag* (Gen 1, 28 und 2, 15), durch den der Mensch ermächtigt wird, gestaltend in die Natur einzugreifen, sie für seine Lebensbedürfnisse heranzuziehen und umzugestalten. Diese technisch-kreative Gestaltungsbefugnis bezieht sich auf die Diagnose und Bekämpfung von Krankheiten beim Menschen.« (Hervorhebung R.D.P.)

Statt sich Gen 1, 28 und 2, 15 als Pflicht zur Bewahrung zurechtzulesen, begreifen die Hobbytheologen der Christenunion die vermeintliche Sorge um die Schöpfung selbst als einen »Schöpfungsauftrag«: nicht zu hüten, sondern zu verändern! Ich vermute wohl, daß hier unter der Hand einiges an kapitalistischem Gedankengut eingeflossen ist, eine Vorstellungswelt, für die herrschen und (Kapital) schöpfen so ziemlich das gleiche sind. Und doch scheint mir der missionarische Eifer der Gentechnik-Freunde in der CDU bedauerlicherweise näher am Geist der Priesterschrift zu sein als jede wohlwollende Schöpfungstheologie.

Ob wir das heute wahrhaben wollen oder nicht: Der Gott des Judentums liebte die Schöpfung nicht allzusehr, die er auf die Schnelle ins Leben rief, mit Ausnahme des Menschen, genauer: des israelitischen Menschen. Die scharfe Trennung zwischen Schöpfung und Schöpfer, die für das Bauherrenmodell der Priesterschrift so charakteristisch ist, läßt wenig Platz für den religiösen Eigenwert des Geschaffenen. Wie klug hatten noch die Ägypter die Leben spendenden Kräfte und die Materie miteinander verbunden, der beobachteten Welt ein ganzes System von Wechselbeziehungen entnommen. Die Verräumlichung der Natur hingegen kappt die Nabelschnur zwischen göttlicher Energie und irdischer Frucht. Aus der spiritualisierten Mitwelt wird eine materielle Umwelt.

Da nützt es wenig, daß sich im großen Textkorpus des Alten Testaments gelegentlich die eine oder andere Stelle findet, bei der man mit gutem Willen doch ein wenig Tier- oder Schöpfungsliebe hinein- und herauslesen kann. So etwa wenn in Ex 23, 12 die Sabbatruhe auch auf die Arbeitstiere ausgedehnt wird: »Sechs Tage sollst du deine Arbeit tun; aber des siebenten Tages sollst du feiern, auf daß dein Ochs und Esel ruhen ...« Doch auch diese gerne zitierte Passage ist wohl kaum Zeichen einer »ethischen Grundhaltung im Sinne von Mitgeschöpflichkeit«.[9] Natürlich ist es eine nette Geste des jüdischen Gottes, hier auch an Ochs und Esel zu denken. Doch was ist die verordnete Ruhe der Tiere hier anderes als die logische Folge aus der menschlichen Ruhebedürftigkeit? Der Ochse kann das Feld ja schlecht alleine pflügen. Außerdem wußten natürlich auch die jüdischen Ackerbauern, daß Tiere, die einen Tag in der Woche zu ruhen pflegen, in der nächsten Woche um so gestärkter ihren Frondienst verrichten konnten. Vergleichbares gilt für Dtn 22, 4: »Wenn du deines Bruders Esel oder Ochsen siehst fallen auf dem Wege, so sollst du dich nicht von ihm entziehen, sondern sollst ihm aufhelfen.« Auch hier weht nicht der Geist der Mitgeschöpflichkeit. Gute Arbeitstiere sind knapp, und die Sorge um den Bestand ist ein wichtiger Teil des ökonomischen Umgangs mit dem Arbeitsmittel Tier.

Ein anderer Teil tierfreundlicher Textpassagen verdankt sich der zumeist gestutzten Überlieferung ägyptischer und persischer Hymnen oder entstammt den jahreszeitlichen Riten des seßhaften Bauernvolkes der Kanaaniter. So übernahmen Jahwes Hirten nicht nur Erntedank- und Fruchtbarkeitsfeste, sondern plünderten überdies den Mythenschatz anderer Völker zur Illustration ihres Textkanons. Der Leser der Bibel stößt, völlig isoliert, auf Weltentstehungsmythen, die das krasse Gegenteil davon formulieren, was in der Priesterschrift festgelegt ist. In Ps 139, 15 begegnet der Ursprung der Welt als Kosmogonie in ägyptischer Manier, und kein Gott, kein Kaiser noch Tribun, sondern Mutter Erde selbst gebiert den Menschen. Daß dies nicht der Geist Jahwes, vielmehr jener Ägyptens, Mesopotamiens oder Kanaans ist, zeigt der vergleichende Blick auf das Gilgames-Epos des Zweistromlandes mit seiner geahnten Evolution: »Mit Haaren bepelzt am ganzen Leibe; mit Haupthaar versehen wie ein Weib: das wallende Haupthaar, ihm wächst's wie der Nisaba! Auch kennt er nicht Land noch Leute: Bekleidet ist er wie Sumukan! So verzehrt er auch mit den Gazellen das Gras, drängt er hin mit dem Wilde zur Tränke.«

Nicht in der expliziten Ethik, in der Bearbeitung kulturfremder Mythen offenbart die aus der Alltagserfahrung der Wüste geborene naturfeindliche Hirtenreligion Respekt und Ehrfurcht vor dem Tier. In einem Abschnitt des Buches Job, einem Text aus der Mitte des 5. Jahrhunderts vor Chr., findet sich die seitenlange Beschreibung der Schönheit und Kraft der Tiere: der Löwen, Raben, Steinböcke und der Unbändigkeit des Wildesels: »Er lacht des Gewühls der Stadt, den lauten Zuruf des Treibers hört er nicht, was er auf den Bergen erspäht, ist seine Weide, und jedem grünen Halme spürt er nach.« (Hi 39, 7-8) Ob nun der unzähmbare Charakter des Büffels, die Schnelligkeit der Straußenhenne (»Sobald sie hoch auffährt zum Laufen, verlacht sie das Roß und den Reiter«), das Feuer und der wunderbare Mut des Pferdes, die Majestät der Greifvögel: Immer geht es um ihre Autonomie gegenüber der menschlichen Herrschaftsgewalt. Richtig ins Schwärmen gerät der Verfasser jedoch beim Flußpferd (Behemoth). Andächtig lobt er die Kraft seiner Lenden, die Stärke der Muskeln seines Leibes. Seine Knochen sind Röhren von Erz, seine Gebeine gleichen geschmiedeten Eisenstangen. Faszinierend wie es ist, wird das Flußpferd als »Erstling« unter den Schöpfertaten Gottes bezeichnet: ein Privileg, keine Diskriminierung als Fehlversuch im Geist der Priesterschrift, wo Gott sich von Akt zu Akt zum Menschen hin steigert. Und auch beim Krokodil (Leviathan) ist nichts vom heutigen Ekel, den pervertierten Schönheitsvorstellungen des europäischen 20. Jahrhunderts spürbar, das Stereoanlagen und Sportwagen für schöner erachtet als Krokodile: Die »Schönheit seines Baues« wird gerühmt, ebenso die »prachtvollen Reihen seiner Schilder«, bis die Liebeserklärung in einer Metapher gipfelt: »Sein Niesen läßt einen Lichtschein erglänzen, und seine Augen gleichen den Wimpern des Morgenrots.« (Bevor Sie sich jetzt allzusehr erheitern: Tun Sie sich und mir doch einmal den Gefallen und gehen Sie an einem stillen Wochentag ins nächst gelegene Zoo-Terrarium und betrachten Sie einmal einige Minuten lang das Auge eines Krokodils: Vielleicht erhalten auch Sie einen Teil des mystischen Funkens zurück, der den Verfasser dieses Abschnitts aus dem Buch Hiob beseelte.)

Weit ist der Weg von der Ehrfurcht dieser Texte zur praktischen Ethik des frühen Judentums. Und doch zeigt sich auch im Alltag der Hirten ein Rest des paläolithischen Schuldgefühls gegenüber der getöteten Kreatur: in der Praxis ihres Opferkults. Das Opfer ist eine gewalttätige Ablenkungsaktion. Dadurch, daß er das Schlachttier als Opfer darbietet, sanktioniert der Hirte oder Bauer das Töten des Tierlebens als gottgewollt. »Siehe her, mein Gott, ich töte für Dich ein Tier, wie Du es mich gelehrt hast.« Nicht der Mensch, Gott selbst gibt die Ordnung vor, nach der Bauern und Hirten zu leben haben und deren Bestandteil der gewollte Tiertod ist.

Der blinde Fleck des Abwälzungsrituals ist das große Leid, daß den Tieren durch diese zusätzliche Tötung zugefügt wird. In kaum einer Religion findet sich ein Hinweis auf die Gewalt der Tat, die Perversion, Tiere deshalb zu töten, weil man ein schlechtes Gewissen hat, daß man sie töten muß. Und bezeichnenderweise steht auch der Verzicht auf die Opferpraxis im Christentum nicht unter dem Stern der Tierliebe. In der anthropozentrischen Auflösung des Schuldkonflikts erscheint nun Jesus als das Lamm Gottes, das sich in Adaption des jüdischen Passah-Rituals der Menschheit aufopfert. Der ursprüngliche Zwiespalt zwischen der Notwendigkeit, Tiere zu töten, und dem schlechten Gewissen ist hier nicht einmal mehr geahnt.

Ebenso wie um die Opfertiere kümmert sich Jahwe auch nicht um die anderen Kreaturen, die Opfer seines maßlosen Zorns auf die mißratene Schöpfung werden. Weil die Menschen schlecht sind, erklärt Gott »alles Fleisch« für verderbt und beschließt kurzerhand dessen Ende. Seit wann tragen Tiere in der Bibel sittliche Verantwortung? Wie können sie schlecht und verderbt sein? Doch mitgefangen, mitgehangen. Gerettet wird ein einziges Paar einer jeden Art. Den Rest spült die Sintflut ein für allemal weg. In Jer 14, 4-6 werden die Tiere Opfer einer Dürrekatastrophe: »Selbst die Hirschkuh im Feld läßt ihr Junges im Stich, weil kein Grün da ist. Und die Wildesel stehen auf den Höhen, wie Schakale schnappen sie nach Luft, erloschenen Auges, denn es gibt kein Futter.« In Joel 1,18 stöhnt das Vieh. Die Rinderherden irren umher, denn es gibt keine Weideplätze mehr. Sogar die Kleintierherden ›kommen um‹. Daß Tiere unter seinen Kollektivstrafen zu leiden haben, scheint den Gott des Alten Testamentes nicht zu kümmern. Gottes Bund nach der Sintflut schließt zwar zunächst scheinheilig die Tiere mit ein, aber dann kommt die böse Pointe in Gen 9, 2: »Furcht und Schrecken vor euch (den Menschen) soll über alle Tiere der Erde kommen und über alle Vögel des Himmels und über alles, was auf dem Erdboden kriecht, und über alle Fische des Meeres.«

Na, und so ist es dann ja auch geschehen.

Die Dornenkrone der Schöpfung

Ähnlich wie in der griechischen Kultur, in der der Mythos nach und nach an Bedeutung verliert und durch die Logos-Philosophien der Vorsokratiker, Platons und Aristoteles', ersetzt wird, tilgt das Christentum fast alle Spuren des Animismus aus dem semitischen Glaubensschatz. Doch welcher Unterschied besteht zwischen der achselzuckenden Akzeptanz, die Griechen und Römer den Tierkulten und Fruchtbarkeitsritualen anderer Kulturen entgegenbringen, und ihrer radikalen Bekämpfung im Namen Jahwes. Schon im Bilderverbot des Dekalogs wird unmißverständlich klar: »Der Herr redete zu euch mitten aus dem Feuer heraus; der Worte Schall vernahmt ihr, eine Gestalt saht ihr jedoch nicht ... Ihr sollt euch daher nicht in frevelhafter Weise ein Götzenbild in Gestalt irgendeiner Figur verfertigen, sei es männlich oder weiblich, die Figur irgendeines Vierfüßlers auf Erden oder die Figur irgendeines geflügelten Wesens, das am Himmel fliegt, die Figur irgendeines Kriechtieres, das sich am Boden schlängelt, oder die Figur irgendeines Fischwesens, das im Wasser unter der Erde lebt.« Was hier juristisch festgelegt wird, bildet die Grundlage einer Kriegserklärung gegen jede Art animistischer Religion auch bei Nachbarkulturen. »Für ihre unvernünftigen Gedanken voll Gottlosigkeit, durch die sie irregeleitet vernunftloses Gewürm und niedrigstes Getier verehrten«, heißt es in Weish 11, 15 (vgl. auch 11, 16-20; 12, 23-27), »sandtest Du ihnen eine Menge vernunftloser Tiere zur Strafe, damit sie erkennen sollten, daß man gestraft wird, womit man sündigt.« Mit Feuer und Schwert ziehen Juden und Christen gegen die Naturreligionen anderer Kulturen ins Feld: gegen die Froschverehrung der Ägypter ebenso wie gegen das Goldene Kalb der Kanaaniter. Die kategorische Trennung zwischen Mensch und Tier, der Kreuzzug gegen jedes Anzeichen ihrer Verquickung, rechtfertigt die Herrschaft einer sich überlegen dünkenden Kultur.

Es ist müßig, darüber zu streiten, ob die Entwicklung von einer animistischen Kultur in eine zunehmend schöpfungsfeindlichere Religion notwendig war oder nicht. Natürlich bestimmt die Temperatur das Temperament, die materiellen Lebensbedingungen die philosophische Sensibilität, die geographische Umwelt das zugehörige Glaubenssystem. Und doch fällt es schwer, zu akzeptieren, daß die jüdische Hirtenreligion nicht anders konnte, als den Wert der Kreatur stetig zu verringern.

Bei aller Lebensfeindlichkeit – im Glauben an die kommende Gottesherrschaft auf Erden bewahrt sich das Judentum die Vision von einem lebenswerten Dasein auf Erden, projiziert freilich in die Zukunft. Im Christentum wird sich dies ändern. Statt einen späteren Schöpfungsfrieden auf Erden zu erträumen, verlegt Paulus das Paradies der Hirten hinter den Horizont der diesseitigen Welt. Das letzte Relikt einer Zeit-Religion weicht einem Raum-Modell ohne weitere Hoffnung für das diesseitige Leben. Je stärker Ackerbauern und Viehzüchter die Natur als Produkt ihres Gestaltungswillens erfuhren, um so mehr verloren sie den Glauben an eine mächtigere Kraft, die die Verhältnisse auf Erden noch selbsttätig in andere Bahnen lenkt. Wenn tatsächlich ohne Zutun des Menschen etwas neu gestaltet werden konnte, dann nicht diesseits, sondern nur jenseits der Erfahrung.

Bezeichnenderweise setzen Religionen das erträumte bessere Leben gleich mit einem Zuwachs an Eigentlichkeit. Das erhoffte Dasein ist das »wahre«, das »wirkliche« Dasein, auf das es ankommt; der Rest eine Vorstufe, allenfalls die Probe für Kommendes oder ein Auswahlverfahren für die paradiesische Qualifikation. Verlegt eine Religion das Reich ihres Gottes von dieser in eine andere Welt, so wandelt sich auch die Bedeutung des Todes. Statt den Tod ins irdische Leben miteinzubeziehen, als akzeptierten Kreislauf der Lebensenergien beispielsweise, erscheint das Leben nun stets im Horizont des Todes. Die Entfremdung der Hirtennomaden von den zyklischen Kreisläufen des Lebens, den Energien der Natur, steigert sich zum Desinteresse. Den Blick gerichtet ins Jenseits, verlieren die Christen ihre animalische Mitwelt aus den Augen. Tiere existieren nur noch als Nutztiere; eine Tierethik findet in die heiligen Schriften keinen nennenswerten Einlaß.

Es gibt mithin im Neuen Testament kaum eine Stelle, an der sich Jesus explizit Gedanken über Tiere macht. Weder in den Worten über das Reich Gottes noch in den ethischen Richtlinien eines guten Lebens ist von animalischen Mitgeschöpfen die Rede. Mit Ausnahme des einen dünnen Belegs, daß Jesus in den Worten des Matthäus-Evangeliums in der Bergpredigt auch die vom himmlischen Vater ernährten Vögel erwähnt, bezieht sich die Ethik des Erlösers allein auf den Menschen; warme Worte über Ochs und Esel bleiben Fehlanzeige. Und während Jesus auf diese Weise den Tieren nimmt, was er den Menschen an gesteigerter Fürsorge zukommen läßt, verlieren sich auch die letzten Spuren der ohnehin dürftigen jüdischen Tier-Ethik. Paulus schließlich bleibt es vorbehalten, dieser Entwicklung die Dornenkrone aufzusetzen. Was hatte Gott dem Menschen in Dtn 25, 4 geraten: »Du sollst dem Ochsen, der da drischt, das Maul nicht verbinden.«? Die Textpassage, belehrt der Apostel die Korinther, habe mit dem Tier gar nichts zu tun. Ihr Charakter sei rein allegorisch: »Kümmert sich Gott etwa um die Ochsen? Redet er nicht überall von uns?« (1. Kor, 9, 9-10)

Alle drei monotheistischen Religionen des Nahen Ostens

werten das Tier gegenüber dem Menschen ab bis zur Bedeutungslosigkeit. Die »christliche Arroganz gegenüber der Natur« [10] steht nicht allein auf weiter Flur. Vergleichbares findet sich auch im Islam. Zwar hat Mohammed anders als Jesus immer wieder ein tröstliches Wort für die Kreatur, doch die moslemische Praxis kennt wenig Respekt vor dem Tier. Der eine Teil der Tiere ist eben zum Reiten da, der andere zum Essen (Koran 40, 79). Tiermärkte, auf denen alles verkauft wird, was lebt, illustrieren die Barbarei einer Religion ohne Sensibilität gegenüber der gequälten Schöpfung. Hühner, Gänse und Enten liegen meist zu viert oder fünft an den Füßen zusammengebunden, mit weit aufgerissenen Schnäbeln und entsetzten Augen; winzige Drahtverschläge und Pappkartons quetschen Hunde, Katzen, Affen, Falken und Eulen; in Dosen, Einmachgläsern und Plastiktüten vegetieren Schildkröten, Zierfische, Krebse, Leguane, Schlangen, Eidechsen und Skorpione.

Ob Christentum oder Islam: In beiden Religionen individualisiert sich das Verhältnis des Gläubigen zu seinem Gott so sehr, daß die persönliche Lebensführung zum Schlüssel wird, Gottes Wohlgefallen und seine Belohnung, die Unsterblichkeit, zu erlangen. Die Sehnsucht nach Erlösung überlagert das Gefühl für die Mitkreatur. Die Natur avanciert zur Kulisse für das egoistische Schauspiel nicht nur eines allgemein menschlichen, sondern eines persönlichen Sonderweges.

Der Preis, den Judentum und Christentum für ihren naturfeindlichen Art-Egoismus zahlen, ist die Verdrängung der Leiblichkeit und der Sexualität aus der Religion. Wo Jahwe regiert, gibt es keinen Trieb, kein Unterbewußtes und kein körperliches Begehren. Doch die Natur des Menschen läßt sich nicht völlig besiegen. Die körperlich geahnte Gemeinschaft allen Lebens überwintert als inoffizieller Glaube innerhalb der offiziellen Religion. In der christlichen Symbolik erscheint das heilige Land als ebenso weiblich wie ursprünglich in der Religion der Kanaaniter. Die Hauptstadt Jerusalem ist die Braut Gottes. Unmißverständlich bewahrt auch der Marienkult Traditionen einer vorchristlichen Religion. Ausgerechnet in Ephesus, der Stadt des von Christen zerschlagenen griechischen Artemis-Kultes, erklärt die Kirche die Jungfrau Maria endgültig zur Mutter Gottes. In ihrer Funktion als Urmutter verrät Maria ihre Herkunft aus dem griechischen Gaia-Mythos von der Mutter Erde wie aus der Fruchtbarkeitsreligion der Kanaaniter gleichermaßen.

Auch im Kathedralenbau finden sich allerorts Zeichen heidnischer Naturverehrung und volkstümlichen Aberglaubens. Nicht zufällig orientiert sich die gotische Baukunst an Gestalt und Ornamentik der vegetativen Natur und bewahrt so die Überlieferung von den heiligen Hainen heidnischer Kulturen. Die jüdische Tradition des Tempels, christliche Symbolik, griechische Philosophie und heidnischer Aberglaube mischen sich zu einer skurilen Verbindung voller unausgesprochener Widersprüche. An der Fassade des Doms von Siena lauern Geister und Dämonen in Form von Schlangenadlern, Löwen, Katzen und Fabeltieren, Drachenköpfe blecken ihre Zähne, die großen Heiligen geben sich ein Stelldichein, flankiert von Engeln, aber auch von Homer, Platon und Aristoteles. Und über allem thront die Jungfrau Maria.

Nicht jedem Ideologen der Kirche war die denkwürdige Legierung aus heidnischen Formen und christlichem Glauben auch tatsächlich geheuer. Was stellte sich hier in den Dienst von wem? Benutzte die christliche Religion tatsächlich nur die Formen heidnischer Götzenverehrung, oder unterwanderte alter Aberglaube die christliche Religion, um in ihr frei zu wuchern? Mit der Glut des Apostels wettert Bernhard von Clairvaux, der große christliche Agitator des 12. Jahrhunderts, gegen die phantastische Bausymbolik der Kathedrale von Cluny. Sie lenke den Gläubigen vom Gesetz Gottes ab: »Was tun die unflätigen Affen, die wilden Löwen, natürlichen

Kentauren, Halbmenschen, gefleckten Tiger, die Widder ...? Man sieht an einem Vierfüßler den Schwanz einer Schlange, dort an einem Fisch den Kopf eines Säugetiers. Hier ein Vieh, vorn Pferd und hinten eine halbe Ziege nachziehend ...«[11]

Doch Bernhard mochte sich noch so sehr erzürnen. In ihrer Bausymbolik bezahlt die christliche Religion den Preis für die gewaltsame Bekämpfung der animistischen Volkskultur. Je weiter die Natur- und Triebverdrängung in der christlichen Religion fortschritt, um so empfänglicher waren die Menschen für den abstrusesten Aberglauben, bei dem Tiere nicht selten die Leidtragenden waren. Selbst sorgfältige Observatoren des reinen Glaubens, wie den großen Theologen Thomas von Aquin, störte nicht, daß seine Empfehlung, gegen schädliche Tiere mit Gebeten, Exorzismen und Gerichtsklagen vorzugehen, den Aberglauben, den er so sehr verdammte, zusätzlich unterstützte. In sogenannten »Tierprozessen« bekämpft das christliche Mittelalter die bösen Geister von Verstorbenen oder finstere Dämonen, die in die Gestalt des Tieres »hineingefahren« sind. Andere Tiere wurden grausam verstümmelt, um Schaden und Krankheiten vom Menschen fernzuhalten oder zu bekämpfen. Unter den bevorzugten Opfern waren Katzen und Wölfe, als Hexentiere und Werwölfe gebrandmarkt, gequält, gefoltert und hingerichtet. Hunderttausende von Katzen, Hunden, Schweinen, Füchsen und Schlangen verbrannten lebendigen Leibes in den Flammen der Johannisfeuer.

Immerhin, dem christlichen Mittelalter galten Tiere als beseelte Wesen – mit allen negativen Konsequenzen, die dies im Falle des Aberglaubens mit sich brachte. Auch die strengen Verfechter der christlichen Anthropozentrik zweifelten nicht an der Existenz einer Tierseele. Schon der Begriff »animalisch« war von *anima* abgeleitet, dem lateinischen Wort für Seele. In der Tradition von Aristoteles und Augustinus disputierten Johannes Scotus Eriugena und Thomas von Aquin über das Verhältnis der auserwählten Menschenseele zur minderwertigen Tierseele, sorgsam darauf bedacht, den Graben tief genug zu schaufeln, dem Menschen alle Exklusivrechte zuzusprechen, das Tier hingegen metaphysisch leer ausgehen zu lassen.

Das entscheidende Argument schon bei Aristoteles und Augustinus war die Trennung zwischen einer animalischen oder sensiblen Seele auf der einen und einer überdies rationalen oder intellektuellen Seele auf der anderen Seite. Zur Sinneswahrnehmung und Handlungsmotorik der Tiere gesellten sich beim Menschen Willensfreiheit und Denkfähigkeit. So zweifelte Thomas von Aquin zwar keineswegs an der animalischen Sinnlichkeit des Menschen, ergänzte sie aber nach alter Tradition um die Zusatzqualifikation des Verstandes. Doch Thomas war zu intelligent, um nicht zu bemerken, daß auch Tiere nicht rein sensitiv (wahrnehmend) sind, sondern Gedächtnis- und Merkfähigkeiten besitzen, die ihr Handeln beeinflussen. Seine Abhandlungen sind Drahtseilakte zwischen Skrupeln und Nichtwahrhabenwollen: »Denkvermögen und Gedächtnis des Menschen haben ihre herausragende Stellung nicht durch das, was daran dem sensitiven Teil zugehört, sondern durch eine gewisse Affinität und Nachbarschaft mit der universellen Vernunft, weil diese gleichsam überfließt. Deshalb sind diese beiden beim Menschen auch nicht andere Kräfte, sondern durchaus dieselben, nur *vollkommener*.«[12]

Die ganze Akrobatik der Argumentation dreht sich darum, klarzumachen, mit welchem Recht sich aus dem kleinen Unterschied eines intellektuellen Bonuspacks die strenge Schlußfolgerung ziehen läßt, allein dem Menschen ein Recht auf Unsterblichkeit zuzuerkennen. Denn von Anfang an steht für Thomas außer Zweifel, »daß die Seelen der anderen Tiere, anders als die menschliche Seele, nicht selbständig sind. Daher vergehen die Seelen der anderen Tiere mit dem Vergehen ihrer Körper.«[13]

Um seine These von der Unvergänglichkeit der menschlichen Seele zu beweisen, führt Thomas also das Kriterium der »Selbständigkeit« der Seele ein. »Wenn gesagt wird, die sensitive Seele im Menschen sei unvergänglich, dann steht dagegen Aristoteles' Satz: ›Vergängliches und Unvergängliches unterscheiden sich der Gattung nach.‹ Nun ist aber die sensitive Seele im Pferd, im Löwen und überhaupt in anderen Tieren vergänglich. Wenn sie also im Menschen unvergänglich ist, dann ist die sensitive Seele im Menschen nicht von derselben Gattung wie die in einem anderen Tier. Als Tier wird etwas aber deshalb bezeichnet, weil es eine sensitive Seele hat. Folglich wird ›Tier‹ auch nicht als Bezeichnung einer für den Menschen und die anderen Tiere gemeinsamen Gattung sein.«[14]

Das Kartenhaus, bestehend aus der Unterscheidung von sensitiver und intellektiver Seele, von Unselbständigkeit und Selbständigkeit, einschließlich der Folgerung einer Gattungsunterscheidung von Mensch und Tier, fällt dann zusammen, wenn das Fundament des wunderbaren Gebäudes einstürzt: Die menschliche Seele, der Geist, oder wie auch immer wir es nennen mögen, ist nämlich *nicht* selbständig. Jedenfalls nicht im thomistischen Sinne. Kein Kognitionswissenschaftler ließe heute ein Haar an der statischen Gattungsunterscheidung des Aristoteles. Kein Gentechniker bestätigte den Satz, daß Existenzformen nicht substantiell verandert werden können. Kein Neurophysiologe verfiele der Idee, der menschliche Geist sei selbständig gegenüber der sensitiven Sphäre der Sinneswahrnehmung.

Man müßte sich nicht damit befassen, auf die Unzulänglichkeit einer siebenhundert Jahre alten Begründung hinzuweisen, verschanzte sich die offizielle Lehrmeinung der katholischen Kirche nicht heute noch hinter der thomistischen Unterscheidung und ihrer Schlußfolgerung: »... die Seele des Tieres ist nicht teilhaftig eines ewigen Seins.«[15] Bis in die Gegenwart wehren sich führende Vertreter der Kirchen gegen die Vorstellung eines gemeinsamen biologischen Status von Tier und Mensch und halten fest an der Phantasie vom menschlichen Sonderweg in Diesseits und Jenseits. In der gesamten christlichen Diskussion um die Tierseele, von Augustinus bis in die Gegenwart, bildet dabei das Vorrecht auf »Unsterblichkeit« das Schlüsselkriterium für die völlige Handlungsfreiheit des Menschen gegenüber dem Tier. Rückwirkend folgert die ins Jenseits schielende Transzendenzreligion auch fürs Diesseits ein menschliches Sonderrecht.

Kaum anders, nur etwas ungeschminkter, begründet die islamische Ihwan as-safa, die philosophische Enzyklopädie der »Lauteren Brüder« aus der zweiten Hälfte des 10. Jahrhunderts, den menschlichen Herrschaftsanspruch gegenüber dem Tier. In der hier erzählten Fabel prozessieren Tiere und Menschen vor dem König der »Geister«. Die Menschen beanspruchen die Herrschaft über die Tiere, allerdings ohne besonders gute Argumente. Trotzdem entscheidet der König der »ginn« gegen die überzeugendere Argumentation der Tiere. Auch in Zukunft müssen sie den Geboten und Verboten des Menschen untertan sein, und zwar mit der ebenso schlichten wie praktischen Begründung, daß der Mensch ihnen halt überlegen sei. Überlegen aber ist der Mensch, weil Gott nun mal gerade ihm das Paradies und die Auferstehung verheißen habe und niemandem sonst. Die Verfasser geben sich keine Mühe, die Unsterblichkeit der menschlichen Seele aus ihrer besonderen Beschaffenheit zu erklären. Unsterblichkeit und Herrschaftsgewalt sind weder logisch noch moralisch zu rechtfertigen, sondern verdanken sich einer willkürlichen Entscheidung Gottes.

Der christliche und der arabische Kulturraum nehmen sich wenig bei der Aburteilung des Tieres zur Sklavenexistenz. Und doch wird man, zumindest für das Christentum, den Namen einer leuchtenden Ausnahme erwähnen müssen: Franz von Assisi, ein Mann, von dem wir ehrlich gesagt kaum etwas wissen, mit Ausnahme der schwärmerischen Erzählungen des Thomas von Celano. Wie Sokrates bei Platon, so ist Franz von Assisi eine schemenhafte Gestalt. Und die Tatsache, daß beide zwar vorbildlich gelebt, aber andererseits keine beziehungsweise kaum Schriften hinterlassen haben, verleiht ihrem von anderen gezeichneten Nachbild geradezu mythische Züge. Schon die Form, in der uns von Franz von Assisi berichtet wird, erinnert an die Erzählungen früher Kulturen, bei denen Realität und Fiktion nicht geschieden sind, sondern sich ohne Widerspruch vermischen.

Bezeichnenderweise war Franz von Assisi, so wie Thomas von Celano ihn beschreibt, kein Religionsstifter vom Format eines Paulus, kein Staatsanwalt vom Schlage eines Thomas von Aquin und kein Realpolitiker im Sinne eines Bernhard von Clairvaux. Kein Brief und keine theologische Abhandlung tragen seinen Namen. Allein ein Orden, der nach und nach selbst Teil des Kirchensystems wurde, beruft sich auf den heiligen Franz. Was wir aus Celanos Erzählungen von ihm wissen, ist, daß der Mann aus Assisi alle Tiere in die Schöpfung miteinbezog und versuchte, sein Leben dementsprechend auszurichten. In den Worten und Taten Franz von Assisis regiert der alte Gedanke von der Einheit aller Schöpfung vor jeder Unterscheidung von Mensch und Tier. Ob Wurm oder Spinne, kein Tier erschien ihm so wertlos, daß er es zuließ, daß es willkürlich gestört oder getötet wurde. In Celanos enthusiastischem Bericht befreit Franz Hasen und Kaninchen aus Schlingen, setzt gefangene Fische ins Wasser zurück und kauft Lämmer frei, die auf dem Wege zum Markt feilgeboten werden. Gegen den schon damals in Italien verbreiteten Singvogelmord ersehnt er den Beistand des Kaisers, die grausame Jagd zu verbieten. Die Vogelpredigt des heiligen Franz wurde im nachhinein ebenso sprichwörtlich wie seine Anrede »Bruder Esel«.

Natürlich konnte die christliche Kirche mit dem Querulanten aus Assisi, der Armut predigte und den Schöpfungsfrieden lebte, nichts anfangen. Männer wie Franz waren gefährlich, weil sie das Machtsystem der Kirche untergruben. Doch als dessen Popularität immer weiter stieg, entschloß man sich schließlich dazu, die Weisheiten des Anarchisten dadurch zu mildern, daß man sie offiziell in den Kanon eingliederte. Am Ostersonntag 1980 erfuhr der aus der Realität hinaus und in die Heiligkeit hinein beförderte Franziskus die ungeheuerliche Ehrung, von Papst Johannes Paul II. zum Patron der Natur- und Umweltschützer erhoben zu werden. Als großer Heiliger, dem alltäglichen Leben entrückt bis zur schalen Vorbildlichkeit einer ohnehin unerreichbaren Figur, wiederholte die Kirche auch im Falle Franz von Assisis ihr Prinzip, alles das, was sie nicht ausmerzen konnte, ruhigzustellen dadurch, daß sie es in ihr System integrierte; ein Prinzip, mit dem man seit den Tagen des Paulus erfolgreich war, hatte man es doch mit niemand Geringerem zuvor erprobt als mit Jesus von Nazareth, dessen Soziallehre fast sang- und klanglos hinter der Figur des am Kreuz gestorbenen Erlösers verschwand. Nur ein toter Jesus war ein guter Jesus, und nur ein toter Franziskus ein guter Franziskus. Angesichts der Notwendigkeit, auch einmal was für die Kreatur zu tun, läßt sich der heilige Franz unverbindlich aus der Mottenkiste ziehen: »Sehet her, wir haben da auch einen!« Ein zynisches Machtspielchen, das eine leere Pose bleibt, solange die Kirche nicht bereit dazu ist, aus der Lehre ihres Heiligen irgendeine Konsequenz zu ziehen. Noch in der Mitte des 19. Jahrhunderts verbot Papst Pius IX. engagierten Tierschützern, ein Büro in Rom zu eröffnen. Wozu Tierschutz, wenn die Schöpfung doch für den Menschen gemacht, ihm untertan ist? Ebenso begreift der neue Katechismus der Kirche die Tiere als Diener des Menschen. In England verwaltet die Kirche als Firma einen gewaltigen Grundbesitz, den sie skrupellos an Rinderbarone und Massentierhalter verpachtet. Kein römisch-katholischer Würdenträger macht sich in Spanien gegen den Stierkampf stark. Was nützen die Jeremiaden der Kirche zur Würde der Kreatur: An ihren Taten sollt ihr sie erkennen!

Nach langer Beratung nötigte sich die Deutsche Bischofskonferenz 1980 in Fulda ein Positionspapier ab mit dem hehren Titel: »Zukunft der Schöpfung – Zukunft des Menschen«. Und was ist die Quintessenz? »Im Unterschied zum Menschen als Personenwesen haben Pflanzen und Tiere kein unantastbares individuelles Lebensrecht ... Wir Menschen sind berechtigt, Leistungen und Leben der Tiere in Anspruch zu nehmen. Es ist jedoch nicht zu verantworten, daß Tiere, die fühlende Wesen sind, ohne ernste Gründe, etwa bloß zum Vergnügen oder zur Herstellung von Luxusprodukten, gequält oder getötet werden.«

Mal Hand aufs Herz, Freunde des heiligen Franziskus, was soll das heißen? Was ich hier lese, heißt doch nichts anderes, als daß Tiere in Gottes Namen aus »ernsten Gründen« gequält werden dürfen. Und zwar millionenfach. Denn daß die Kirche nahezu alle Tierversuche, auch jene für den zweihundertsten Hustensaft, als ernste Gründe gutheißt, geht daraus hervor, daß sie nichts dagegen unternimmt. Sie unternimmt ja noch nicht einmal etwas gegen jene Quälereien, die die Bischöfe ausdrücklich verurteilen, etwa die Haltung von Pelztieren (»Herstellung von Luxusprodukten«). Nicht Prälaten, sondern engagierte Tierrechtler befreien, mit hohem Risiko, Nerze aus ihren Zuchtkäfigen. Wenn die Kirche dazu nicht schweigt, wie sie es gern tut, dann verurteilt sie solche Aktionen als »unverhältnismäßig«. Wohlgemerkt: die Aktionen – nicht die Pelztierhaltung. Und keiner der Gottesmänner hört, wie der heilige Franz an den Sarg klopft. Als »Übermensch« ist er längst der Lebenswelt kirchlicher Repräsentanten entrückt.

Es besteht wenig Zweifel daran, daß beide christlichen Kirchen bedauerlicherweise fester in einem materialistischen Weltbild verankert sind als im Geist ihrer wenigen folgenlosen Lichtgestalten, den Pappkameraden, geschwenkt für die Prozession des guten Gewissens. Noch immer steht, wo Tierleben gequält wird, die Kirche mehrheitlich auf der falschen Seite. Noch immer können sich kanadische Robbenschlächter der Unterstützung ihrer anglikanischen und katholischen Bischöfe sicher sein. Noch immer ermöglicht die Zentralsynode der Kirche von England organisierte Jagden auf kircheneigenem Land. Hinter alledem steckt ein Geist, der weltlichen Profit höher schätzt als die Verbundenheit mit der Schöpfung – der Geist des materialistischen Protestantismus.

Hatte das Christentum sich gegenüber jüdischem Glauben von der gelegentlich aufflackernden Schicksalsgemeinschaft mit dem Tier gereinigt, so wurde der weltliche Entzauberungsprozeß in der protestantischen Reformation definitiv zu Ende gebracht. Der letzte Funke eines naturreligiösen Glaubens erlosch unter dem Ansturm einer Ideologie, die das außermenschliche irdische Leben materiell, und zwar ausschließlich materiell, betrachtete. In den Grundsätzen Jean Calvins verschwand jede Form der Spiritualität aus dem Tier; die Seele – auch die vegetative Seele – avancierte zum Exklusivbesitz des Menschen. Gottes Herrlichkeit zeigte sich allein im Menschen, nicht in seiner Schöpfung.

An die Stelle der Naturtheologie trat im Protestantismus die Naturwissenschaft. Das Universum erschien als eine riesenhafte Maschine, funktionstauglich nach mechanischen Prinzipien. Freudlos und lustfeindlich verlor das Räderwerk dieser Maschine die verbliebenen Reste eines Eigenwertes. Alles wurde entzaubert, als Mummenschanz und Tand, als Accessoire der Vorstufe zum Jenseits gewertet, kapitalistisch ausgebeutet, um Gott über den Wert des einzelnen Menschen sprechen zu lassen, ablesbar an der Summe seines materiellen

Wohlstandes. Das kosmische Räderwerk fand seine Entsprechung in einer Zivilisationsmaschinerie, räumlich und zeitlich fortschreitend auf dem Weg zur Ausbeutung der Erde. Die Erfahrungsreligion der Juden pervertiert sich zur Glaubensreligion eines entsetzlichen Auftrags: den Planeten zu plündern für den Platz im Himmelreich.

Daß dieser Irrweg heute dem Ende zugeht, liegt wesentlich an zwei Gründen. Führt man den Entzauberungsprozeß konsequent zu Ende – und wir sind im westlichen Kulturkreis fortwährend dabei –, so richtet sich die Entheiligung irgendwann auch auf den Menschen selbst, und der protestantistische Geist treibt sich selbst aus. Mit den Worten Hans Peter Duerrs läuft der religiöse Glaube Gefahr, daß er ›sich wegkürzt‹, weil er nicht mehr eingreifen kann in das Leben, »was bedeutet, daß man sie (die Glaubensreligion), die ihre historische Schuldigkeit getan hat, ausrangiert und ihr heute in sonntäglicher Nische ihr Gnadenbrot gibt«.[16] Gleichzeitig wachsen die Tribute, die die Natur der längst verselbständigten Gier nach weltlichem Besitz entrichten muß, immer höher; zu hoch, um langfristig gewinnbringend fortgeführt zu werden.

Mitgeschöpfe

Schon im 17. und 18. Jahrhundert regte sich innerhalb der Protestantischen Kirche ein erster Widerspruch gegen die gnadenlose Ausbeutung der Schöpfung zum menschlichen Nutzen und Frommen. Puritaner, Quäker und Pietisten forderten die Kirche auf, ihren Umgang mit dem Tier gründlich zu überdenken. Bezeichnenderweise argumentierten sie dabei nicht gegen die Richtlinien des Glaubens; sie zogen nur andere Folgerungen aus dem Credo vom Leben als einer

Qualifikationsrunde fürs Paradies. Die protestantischen Nonkonformisten radikalisierten die Transzendenzideologie des Christentums zu einer konsequenten Todesreligion nahezu fernöstlichen Zuschnitts. Für Puritaner und Quäker war nicht allein das menschliche Leben, sondern die ganze Welt ein »Gefäß der Sünde«. Sie glaubten, daß Adams Sündenfall nicht nur ihn selbst und die zukünftige Menschheit mit der Erbsünde belastet, sondern zudem Krankheiten, Seuchen und Schmerz über die Tiere gebracht habe. Die ganze Welt war aus den Fugen geraten, und Tiere waren die unschuldigen Leidtragenden der menschlichen Verfehlung. Aus diesem Grund sorgten sie sich auch um die Kreatur und sprachen sich entschieden gegen alle damals verbreiteten Formen willkürlicher Tierquälerei aus: gegen Jagden und Schaukämpfe, Aberglaube und Verstümmelung.

Wer sich am Leid der Tiere ergötzt, wiederholt nach Ansicht der Puritaner den Sündenfall Adams, die Tiere unschuldig leiden zu lassen. Und er verstößt gegen das göttliche Gebot, in Askese zu leben und seine Freude allein aus der Erwartung des Jenseits zu ziehen. Tierquälerei war somit in doppelter Weise verachtenswert; als symbolische Wiederholung der Erbsünde wie als nutzlose Vergeudung wichtiger Qualifikationszeit. Ein guter Puritaner hatte sein Leben mit Askese und Arbeit zu verbringen, um Gottes Belohnung in der Form weltlichen Reichtums zu kassieren. Daß er dazu Arbeitstiere gebrauchen mußte, erschien ihm nicht problematisch. Als »Steward« der Schöpfung fühlte er sich geradezu dazu verpflichtet, sein Land wirtschaftlich zu nutzen und Tiere als Arbeitsmittel einzusetzen. Doch mußten diese Tiere gut versorgt und behandelt werden, schon aus Gründen einer vorausschauenden Ökonomie.

Das Eigentümliche an der Lebensfeindlichkeit des protestantischen Nonkonformismus ist, daß aus einer Todesideologie, die das ganze Leben allein im Fokus des Jenseits zu sehen vermag, etwas Nützliches für Tiere rausspringen kann. Eigentlich interessiert sich der Puritaner gar nicht für die Tiere, die in der verdammten Sphäre des Kreatürlichen leben: Seine ganze Hoffnung gilt ja gerade der Flucht aus dem nichtigen Jammertal des Diesseits ins jenseitige Leben. Und doch entwickelt sich vor allem bei Quäkern und Pietisten das Fundament einer Ethik, die heute aktuell zu sein scheint wie nie zuvor: das Konzept der Mitgeschöpflichkeit.

Diente den Puritanern tierfreundliches Handeln ausschließlich dem Zweck, Minuspunkte durch unnötige Quälerei oder schlechte Pflege ihrer Arbeitsmittel zu vermeiden, so gewinnt der allgemeine Ansatz einer teilweisen Schicksalsgemeinschaft von Mensch und Tier bei Quäkern und Pietisten mitunter eine ganz neue Qualität. Die Erbsünde, glaubten die Puritaner, verbindet Mensch und Tier durch einen einseitig verschuldeten, aber gemeinsam auszubadenden Fluch. Doch schließt sie damit die Tiere nicht in das christliche Heilsgeschehen mit ein? Gibt es eine Erlösung aus dem Jammertal auch für Tiere?

Wer diese Frage zu bejahen geneigt war, der konnte nicht allein Tierquälerei verdammen, sondern sah sich gezwungen, seine Bewertung der Tiere fundamental zu verändern. Die Ethik des maßvollen Umgangs wandelte sich zu einer Ethik des Mitleids. Die Tiere wurden Mitgeschöpfe. Im Jahr 1776 erkannte der englische Theologe Humphrey Primatt Tiere als »lebendige Seelen« aus dem »Odem« des Schöpfers. Mensch und Tier erschienen als Brüder in der Schicksalsgemeinschaft, beide waren sie »Geschöpfe Gottes«. Ein kleiner Schritt nur, und der cleverere der ungleichen Brüder sah ein, daß er den anderen nicht einfach verspeisen konnte. Der von den Quäkern geschätzte Thomas Tryon trat schließlich vehement dafür ein, die einzige heilsmethodisch akzeptable Lebensführung sei der Vegetarismus. Wer das »inward light« im Tier spürt, wird es nicht mehr genüßlich verspeisen können, sondern legt Wert auf einen freundlichen »brüderlichen« Umgang mit dem Mitgeschöpf.

Die Kette der Folgerungen aus dem Glauben an eine vom Menschen über die ganze Schöpfung gebrachte Sünde ist lang. Die Artgrenze zwischen Mensch und Tier erscheint als geringfügig gegenüber der Gemeinschaft der Gottesgeschöpfe. Da beide eines Tages von ihrem kreatürlichen Leiden erlöst werden, bemüht sich der Gläubige darum, schon auf Erden Zeichen zu setzen, daß er das Tier als »Bruder« akzeptiert und sich danach sehnt, in einem ewigen Schöpfungsfrieden mit ihm leben. Und weil es die Menschen waren, die das Tierleid verschuldeten, neigten manche Quäkergruppierungen dazu, die vom Menschen unkultiviert belassene Natur sogar als »refuge from worldly corruption« zu idealisieren. In der »wilderness« begegnete ihnen ein Teil vom ursprünglichen Zustand der Schöpfung.

Jahrhundertelang hatte sich die christliche Kirche darum bemüht, den Animismus auszutreiben, um schließlich in der Form protestantischer Sekten zu einem Glauben zurückzufinden, der das gemeinsame Schicksal von Mensch und Tier vor jeder Artunterscheidung ausdrücklich betont. Gleichwohl, die christlichen Sektierer blieben eine verschwindend kleine Minderheit, ihr Glaube machte kaum Schule und fällt in der Geschichte des Christentums somit wenig ins Gewicht. Vielleicht fehlte es den Quäkern und Pietisten auch schlicht an Personen, die sich zu Lebzeiten oder posthum zu Lichtgestalten emporstilisieren ließen, um als Vorzeigeapostel den Weg in eine bessere Zukunft zu weisen. Erst das späte 19. Jahrhundert brachte schließlich einen Mann hervor, der heute für die personifizierte Alternative eines schöpfungstheologisch konsequenten Christentums steht: Albert Schweitzer.

Im Alter von 25 Jahren beschäftigte sich der Pfarrerssohn aus Kayserberg im Oberelsaß mit den Unzulänglichkeiten der Geisteswissenschaften seiner Zeit. Als Vikar an der Kirche St.

Nicolai in Straßburg perfektionierte er seine Orgelkünste, habilitierte sich 1902 als Theologe mit einer Arbeit über die Leben-Jesu-Forschung und predigte die Notwendigkeit einer kulturellen Erneuerung. In der Zeit des Ersten Weltkriegs radikalisiert sich Schweitzers Zweifel an den bestehenden Grundlagen von Ethik und Moral: »Die bisherige Ethik ist unvollkommen, weil sie es nur mit dem Verhalten des Menschen zum Menschen zu tun zu haben glaubte. In Wirklichkeit aber handelt es sich darum, wie der Mensch sich zu allem Leben, in seinem Bereich befindlichen Leben, verhält. Ethisch ist er nur, wenn ihm das Leben als solches heilig ist, das der Menschen und das aller Kreatur.« Auf einer Afrikareise schließlich findet der Theologe die Formel für seine »ins Grenzenlose erweiterte Verantwortung gegen alles, was lebt«. Im September 1915 schippert Schweitzer auf dem Ogowedampfer an einer Nilpferdherde vorbei, die sich in den Seggen und Binsen des Ufers tummelt. Dieses Schauspiel hilft ihm dabei, jene Binsenweisheit zu formulieren, die seine ganze ethische Praxis bestimmen sollte: »Ich bin Leben, das leben will, inmitten von Leben, das leben will.«

Auch dieser sonderbare Querulant, der das Leben mehr liebt als die Karriere, der als habilitierter Theologe noch Medizin studiert, den Urwald schließlich dem Elsaß vorzieht und als Tropenarzt nach Afrika zurückkehrt, bleibt aus kirchlicher Sicht stets ein Außenseiter. Kein christlicher Würdenträger hatte ein Interesse daran, sich von dem »verrückten« Elsässer die Leviten lesen zu lassen, sich anhören zu müssen, der Wert des tierischen Lebens sei dem des Menschen keineswegs untergeordnet. Bis heute findet Schweitzers Ehrfurcht vor dem Leben wenig Resonanz in der Amtskirche; gut genug allenfalls für einen Kalenderspruch mit Sonnenuntergang oder als Anekdote im Konfirmandenunterricht.

Die Ausweitung der Ethik auf alles Lebendige stellt Schweitzer in die Tradition des Quäkertums. Doch nicht das

Himmelreich, das irdische Leben selbst erscheint ihm als ein Faszinosum, ein Geheimnis, dem er seine ganze Ehrfurcht entgegenbringt. Aus diesem Grund muß er sich auch mit einem Problem herumschlagen, das sich den Quäkern gar nicht stellte. Wie muß ich mich verhalten angesichts der Notwendigkeit, gar nicht umhin zu können, Tieren Leid anzutun? Für die Quäker war die Antwort einfach. Alles Leben ist durch die Erbsünde verderbt und daher auf Konflikt hin programmiert. Man muß halt sehen, wie man das Beste daraus macht. Doch was ist, wenn man das Leben ehrfürchtig liebt und trotzdem weiß, daß man es töten muß, um zu leben? »Der Landmann, der auf seiner Wiese tausend Blumen zur Nahrung für seine Kühe hingemäht hat«, sagt Schweitzer, »soll sich hüten, auf dem Heimweg in geistlosem Zeitvertreib eine Blume am Rande der Landstraße zu köpfen, denn damit vergeht er sich am Leben, ohne unter der Gewalt der Notwendigkeit zu stehen.« Was aus zwingender Notwendigkeit geschieht, ist moralisch sanktioniert, eine Art Notwehr gegenüber der Schöpfung. Alles andere jedoch verdient uneingeschränkte Sympathie, Respekt und Mitleid.

Fesseln der Kreatur

Der protestantische Nonkonformismus und die Ehrfurchtstheologie Albert Schweitzers waren nicht die einzigen, die sich um eine Ethik der Mitgeschöpflichkeit bemühten. Seit den Anfängen der vedischen Religion in Indien propagierten fernöstliche Glaubenslehren einen anderen Umgang mit dem Tier als das Christentum. Sie taten dies bezeichnenderweise nicht deshalb, weil sie gegenüber dem Abendland kulturell zurückgeblieben waren. Auch in Indien, in Südostasien, in China und Japan entwickelten sich in antiker und mittelalterlicher Zeit Kulturen von immensem technischen Fortschritt, die dem vorderen Orient und Europa nicht nachstanden. Naturbeherrschung war zu keiner Zeit eine Domäne des jüdisch-christlichen Kulturkreises.

Nicht wenige Tierschützer und Tierrechtler sehen in Hinduismus und Buddhismus eine Alternative zur schöpfungsfeindlichen Religion des Christentums. Heilige Kühe und vegetarische Lebensweise bieten augenscheinlich gute Argumente, eine Kultur zu preisen, deren Sicht der Natur vorbildlich zu sein scheint: Schöpfungsliebe statt kalte Zerstörung, Respekt statt Mißachtung, Ehrfurcht statt Sachlichkeit. Doch bieten Hinduismus und Buddhismus tatsächlich das geeignete Fundament für eine positive, eine »natürliche« Wertschätzung des Tieres?

Die fernöstlichen Religionen entstammen dem Denken einer alten Bauernkultur, geboren auf Acker und Feld. Die Arbeit des Bauern bedeutet Mühsal und Plackerei. Und wie die Bauern und Hirten im Mittelmeerraum, so lieben die indischen und chinesischen Bauern das Leben nicht: nicht den immerwährenden Kreislauf, das mühselige Säen und beschwerliche Ernten, nicht die Ungewißheit der drohenden Katastrophen wie Sturm und Regen, Dürre und Frost. Auch die Religion der Hindus und Buddhisten ist eine Todesreligion, die Hoffnung auf ein Entkommen aus dem Kreislauf des Immergleichen. Doch die Flucht aus den ehernen Gesetzen des Lebens ist mühseliger als im Christentum oder dem Islam. Unablässig dreht sich die Schraube des Lebens weiter, von Existenzform zu Existenzform. Statt rascher Erlösung aus den Fesseln des kreatürlichen Daseins droht die fortwährende Wiedergeburt auf Erden. Gleich einem Fluch sieht sich der Gläubige den Zyklen des *samsára* unterworfen, dem ewigen Kreislauf der Lebensenergien.

Ähnlich wie der Christ sehnen sich der hinduistische *samnyásin* und der buddhistische *arahat* nach der Überwindung all dessen, was ihr Leben bestimmt, von Trieb und Hunger, fleischlicher Lust, von Wille und Stoffwechsel. Doch der Erlösungsweg ist lang, die Qualifikation erfolgt nicht über eine einzige, sondern mehrere Runden. Ungezählte Male fällt der Kandidat durch, nur um neu anzufangen, getrieben allein von dem Wunsch, alles hinter sich zu lassen. Und jedes neue Leben bedeutet neue Qualen, die Mühsal der leiblichen Sorge, die Trennung von anderen und der Schmerz des Todeskampfes. Am Ende schließlich ersehnt er sich nur noch das Nichts, das Erlöschen und Vergehen: die Windstille des *nirvána*.

Auch der Hindu betrachtet die Welt vom Standpunkt der Erlösung, und auch für ihn besitzt das Leben keinen eigenen Wert. Die Erlösung freilich läßt sich nicht denken, ohne die Weltordnung zu akzeptieren, deren Teil sie ist. So engagiert sich der Gläubige nicht nur für die eigene Vervollkommnung, er ist gleichfalls darum bemüht, die gesamte Ordnung der Lebensenergien zu erhalten, das System zu unterstützen, dessen Erlösungsweg er beschreitet. Was immer sich die göttliche Macht bei der Einrichtung ihrer Lebensspirale gedacht haben mag, die Aufgabe des Gläubigen ist es, die vorgegebene Weltordnung zu unterstützen. Das Leben in den Fesseln des Kreatürlichen ist zwar beschwerlich, aber aus göttlicher Sicht weder sündhaft noch verderbt, sondern in der bestehenden Form gewollt. Und so hat jedes Lebewesen getreulich seine Pflicht zu erfüllen Es lebt ordnungsgemäß seinen vorgezeichneten *dharma*.

Natürlicherweise ist nicht jeder *dharma* gleich, sondern gestaffelt nach den Möglichkeiten der jeweiligen Lebensform.[17] Die Welt ist ein großes Ökosystem, in dem jedes Lebewesen seine ihm zugewiesene Funktion erfüllt. Weniger ökologisch freilich ist die Bewertung: Nach hinduistischen Lehren leisten vor allem die komplizierteren Lebensformen einen höheren Beitrag zum Erhalt der Weltordnung – also genau umgekehrt zu ihrer tatsächlichen ökologischen Bedeutung. Den wichtigsten Teil liefert, wenig überraschend, mal wieder der Mensch. Von allen Wesen verfügt er (und hier zu allem Überfluß auch noch exklusiv der *männliche* Mensch) über den perfektesten Sinnesapparat und damit zugleich über den größten körperlichen wie geistigen Handlungsspielraum. Verglichen mit dem Menschen erweisen sich alle anderen Lebensformen als mangelhaft. Ihr Sinnesapparat ist unvollständig, ihre körperlichen Bewegungsmöglichkeiten sind eingeschränkt.

Auch der Hinduismus veranstaltet sein Hase-und-Igel-Rennen mit dem bekannten Ergebnis. Der Mensch ist das Maß aller Dinge und die Tierwelt defizitär. Doch alles in allem bleibt die Argumentation vorsichtiger als die strenge Kategorisierung der abendländischen Denktradition. Die Tier-Mensch-Grenze ist nur die letzte unter vielen Grenzen. Vierbeinige Tiere stehen auf einer anderen Stufe als beinlose Schlangen und Würmer, Fische unterscheiden sich von Schwämmen. Die Grenzen sind auch hier ein für allemal als unveränderlich festgelegt. Alle Existenzformen auf Erden waren auf einmal da, Veränderungen sind ausgeschlossen.

Zwar bleibt die biologische Evolution fremd, dafür jedoch kennt der Hindu die spirituelle Evolution. Auch hier bildet der Mensch die Endstufe, und zwar nur der vollkommene Mensch. Spirituell ist der Mensch durchaus nicht von Natur aus komplett, sondern Vollkommenheit bleibt ein Ziel, das wenige erreichen. Sinnlich mangelhaft, wie sie im Vergleich zum Menschen sind, bleibt die Erlösungsmöglichkeit der Tiere hingegen gering. Aufgrund ihrer defizitären Sinnlichkeit fehlt es ihnen an erleuchteter Einsicht. Sie bleiben, wie es im Bhagavata-Purana heißt, »in bezug auf ihre Herzen unwissend«. Und so stellt es schon einen bösen Fluch dar, als Mensch in einem Tierkörper wiedergeboren zu werden; eine fürchterliche Strafe, die nur Verbrecher nach ihrem Tode erwartet.

Auch der Hinduismus also sortiert Leben nach seiner Erlösungsfähigkeit. Doch anders als Antike und Christentum kennt der *samnyásin* keine kategorische Grenze zwischen Tier- und Menschenseele: Der Unterschied ist graduell, und die Kluft läßt sich im spirituellen Kreislauf überwinden. Zwar bestimmt auch hier die erleuchtete Einsicht des Geistes über den Einzug in die göttliche Sphäre, doch kann man sich als Tier immerhin hocharbeiten auf die exklusiv menschliche Stufe, erlösbar zu sein.

Was den Erlösungsgedanken anbelangt, sind die meisten hinduistischen Glaubenslehren zwar nicht gerade tierfreundlich, aber ihre Artgrenzen sind durchlässig. Wenig progressiv allerdings ist auch hier die Definition des Lebenswertes nach dem Kriterium der menschlichen Artausstattung. Schon in den frühen vedischen Schöpfungsmythen entspringt die Welt aus den Körperteilen eines vollkommen geformten, also menschgestaltigen Gottes. Im Bhagavata-Purana bilden »die Berge sein Skelett, die Flüsse seine Venen und die Bäume seine Haare (...) Pferde und Maultiere, Kamele und Elefanten sind seine Nägel. Die Wildtiere und alle anderen Tiere soll man sich als in seinen Hüften und Lenden anwesend denken.«

So sehr der hinduistische Glaube seine Weisheiten dem Kreislauf allen Lebens ablauscht, so bleibt er doch befangen in einer anthropozentrischen Sicht. Wie im Christentum, so regiert auch hier der Mensch kraft seiner körperlichen und geistigen Überlegenheit über das Tier. Die Freiheit seines Geistes erlaubt es ihm, parallel zu den Vorstellungen des Christentums, seine körperlichen Bedürfnisse zu beherrschen; eine Leistung, die ihn über das Tier erhebt. Doch ähnlich wie bei den Quäkern darf er das Tier deshalb noch lange nicht quälen. Das Argument ist überraschenderweise nicht der Kreislauf fortwährender Wiedergeburt, sondern die Sinnlosigkeit der Quälerei in bezug auf den Erhalt der Weltordnung und die ersehnte Erlösung. Ein guter Hindu sorgt sich um seine Nutztiere wie ein guter Puritaner: Er erhält seine Arbeitsmittel und bestätigt damit implizit den *dharma*, nach welchem es die Aufgabe der Nutztiere ist, dem Menschen dienstbar zu sein.

Anders hingegen verhält es sich bei der in Indien weitverbreiteten vegetarischen Lebensweise. Obgleich die religiösen Vorschriften widersprüchlich sind, kommt die Seelenwanderung hier durchaus ins Spiel – freilich nicht immer konsequent, wie die große Zahl von Ausnahmen verrät: Wer von der Tiertötung oder der Verarbeitung von Leder, Federn, Horn und ähnlichem lebt, wird deshalb noch lange nicht religiös geächtet. Auch die Notwehr gegenüber einem Tier ist selbstverständlich gestattet. Und bezeichnenderweise gerät das Verdikt der Tiertötung schnell an seine Grenze, wenn sich der Fürst auf Jagd begibt. Hinduistische Maharadjas demonstrierten ihre Überlegenheit in der Weltordnung auf ihre Weise. Sie zogen hinaus in den Dschungel, um vom sicheren Elefantenrücken das Wild abzuschießen. Besonders kühne Fürsten legten sich etwas übersichtlichere Wildparks zu, ließen Tigern und Leoparden die Zähne abbrechen und schliffen ihnen die Krallen, um Jagdunfälle zu vermeiden. Anfang der 70er Jahre des 20. Jahrhunderts schlichen schließlich nur noch einige hundert Tiger durch Indiens Wälder, Zigtausende hatten bei fürstlichen Jagdausflügen ihren Tod gefunden. (Ich will nicht behaupten, die königlichen Mordgesellen, die dies zu verantworten hatten, seien gute Hindus gewesen. Fest allerdings steht, daß solch abscheuliches Betragen der Stellung des Königs keinen Abbruch tat und ohne größeres Murren toleriert wurde. Kein Maharadja wurde wegen der Jagd seiner Religion gegenüber als Verräter gebrandmarkt, obgleich die Jagd außerhalb des aristokratischen Kontextes allgemein verboten war; allem Anschein nach weniger wegen des Tötens von Tieren, sondern vielmehr deshalb, weil man sich an einem königlichen Privileg verging.)

Es scheint, als sei der hinduistische Realglaube mitunter von der gleichen Schizophrenie beseelt, für die das real existierende Christentum geradezu symbolisch steht. Die religiösen Vorschriften sind ein Sammelbecken widersprüchlicher Regelungen und die Praxis ohnehin eine andere Sache als die Theorie. Mal heißt es, man solle »Wildtiere, Kamele, Esel, Affen, Ratten, Schlangen, Vögel und Fliegen wie seine eigenen Söhne ansehen – wie gering ist der Unterschied zwischen ihnen« (Bhagavata-Purana); da werden wilde Flüche angedroht, daß der Bösgesittete, der »Tiere gegen die Vorschrift tötet, so viele Tage in fürchterlicher Hölle wohnen wird, als das Tier Haare zählt« (Yajnavalkya). Doch wenn es um Zeremonien wie die Ahnenspeisung geht, wird der Fleischverzehr zur heiligen Pflicht. Einer, »der zur Ahnenspeisung oder zu einem Opfer an die Götter eingeladen wurde und Fleisch abweisen sollte, soll solange in die Höllenwelten gehen, so viele Haare das (geschlachtete) Tier hat« (Kurma-Purana).

So verbreitet der Vegetarismus in Indien auch ist, er ist keineswegs eine strenge religiöse Vorschrift. Nicht ungern greift man auch hier auf die Weltordnung zurück, nach der sich der Schöpfergott schon etwas dabei gedacht habe, Tiere als schmackhafte Nahrungslieferanten des Menschen auftreten zu lassen. Die Wiedergeburt erscheint dagegen als ein verhältnismäßig schwaches Argument, auf Tiertötung zu verzichten. Schwerer wiegt vielmehr das Weltfluchtprinzip des hinduistischen Glaubens, sich von den Begierden des fleischlichen Wohles weitgehend zu befreien. Denn nicht nur das Leiden, auch Lust und Freude gehören zu den Fesseln des Kreatürlichen. Wer Lust erlebt und Freude empfindet, ist geneigt, das Leben dieser Gefühle wegen zu lieben. Doch je mehr er sich am irdischen Dasein erfreut, um so schwerer fällt der Abschied, und das Leiden angesichts des Todes wächst. Deshalb verzichtet der strenggläubige Hindu auf den Genuß von

Fleisch. »Von allem, was verzehrt und als Speise zubereitet werden kann, gibt es nichts schmackhafteres als Fleisch. Aus diesem Grund soll man Fleisch nicht essen. Nicht entsteht durch (den Verzehr von) Leckerbissen Glück.« (Brahma-Purana)

Weniger noch als das Christentum ist der Hinduismus ein einheitlicher Glaube; vielmehr eine wilde Ansammlung unterschiedlicher Glaubenslehren aus verschiedenen Zeiten. Es besteht wenig Zweifel daran, daß die Konsequenzen dieser Todesreligion für Tiere um vieles milder sind, als die schöpfungsverachtende Moral des real praktizierten Christentums. Doch obgleich der Hindu-Glaube von zum Teil sehr alten Mythen durchzogen wird, Mythen, die Gläubige mitunter dazu veranlassen, Affen oder Ratten als heilig zu verehren, dominiert auch hier eine anthropozentrische Ordnung. Im Mittelpunkt des Hinduismus steht die Erlösung des Menschen und sonst nichts. Auch die vielzitierten »heiligen« Kühe machen hier keine Ausnahme. Tiere sind in Indien nicht nur Mitgeschöpfe, sondern zugleich Statussymbole. Der Besitz von Tieren kann Angehörigen verschiedener Kasten erlaubt sein oder verboten. In dem Recht, Tiere zu halten, symbolisiert sich ähnlich, wie auch bei vielen Natur- und Hirtenvölkern, die soziale Ordnung. So sind Kühe den Hindus nicht deshalb heilig, weil sie Tiere sind, sondern aufgrund einer gesellschaftlichen Tradition mit starken Auswirkungen auf das Sozialgefüge und die Religion. Vor rund 2000 Jahren erklärte die herrschende Priesterklasse der Brahmanen die Kuh zum heiligen Tier und damit zugleich zum Zeichen der eigenen Kaste. Seit jener Zeit verehren Hindus Brahmanen und Kühe gleichermaßen. Die Wahl der Kuh war durchaus kein Zufall. Kein anderes Tier hatte und hat in Indien eine so immense wirtschaftliche Bedeutung wie das Rind. Durch Milchprodukte und Dung repräsentiert die Kuh die Fruchtbarkeit und Freigebigkeit der Erde. »Mutter Kuh«, sagte Mahatma

Gandhi, sei in mancher Hinsicht wertvoller als die Mutter, die uns gebar. »Einer, der tausend Kühe gespendet hat, sieht nach seinem Dahinscheiden die Hölle nicht. Vielmehr erringt er überall den Sieg.« (Mahabharata) Seit Jahrtausenden steht das Rind auf diese Weise für die gute Ordnung des Schöpfergottes – eine ausschließlich anthropozentrische Sicht, denn schließlich profitiert allein der Mensch von der Kuhmilch, nicht aber der Hirsch oder der Hase.

Auch die Privilegien der Rinder und die drakonischen Strafen bei Fehlverhalten gegenüber der Kuh werfen ein bezeichnendes Licht auf die Anthropozentrik des Rinder-Kults. Als Brahmanen-Tiere genießen Kühe Vorfahrt auf allen indischen Straßen. Wer sich an ihnen vergeht, erfährt Bestrafungen von zweifelhafter Humanität. Den halben Monatslohn eines Durchschnittsverdieners kostet die unabsichtliche Tötung eines Rindes im Straßenverkehr. Bei Kuh-Diebstahl drohte in früheren Zeiten das Abschlagen von Händen und Füßen. Hunde und Großkatzen gehören nach religiöser Vorschrift getötet, wenn sie sich an Kühen vergreifen. Doch daß verurteilt wird, wer »im Angesicht einer Kuh oder im Kuhstall uriniert«, dürfte kaum im Interesse der Kuh argumentiert sein. Was auf dem Spiel steht, ist die Ehre der Brahmanen.

Lebenspragmatisch gesehen, kennt der Hinduismus eine dreifache Abstufung des »Wertes« der Tiere. Am wichtigsten ist die soziale Bedeutung, zur Symbolisierung gesellschaftlicher Macht beizutragen. An zweiter Stelle steht der wirtschaftliche Umgang mit dem Tier, einschließlich der entsprechenden Vorschriften zur guten Behandlung der Arbeitsmittel. Und erst an dritter Stelle spielt das Konzept der Mitgeschöpflichkeit im Rahmen des *samsára* in den praktischen Umgang mit dem Tier hinein.

Alles in allem bleibt es für jede Religion, die die Welt vor allem im Hinblick auf die menschliche Erlösung betrachtet, ausgesprochen schwierig, ein positiv-vernünftiges Verhältnis zum Tier aufzubauen. In den Axiomen von Christentum und Hinduismus erscheint alles Kreatürliche als »verderbt« (Christentum) oder »defizitär« (Hinduismus). Verderbt und defizitär aber kann irdisches Leben nur dann sein, wenn ausschließlich der Mensch – ja nicht einmal der Mensch selbst, sondern allein seine idealisierte Projektionsphantasie des Jenseits oder des *nirvána* – als Maßstab dafür herhält, alles Leben zu bewerten. Was für die Schöpfung bleibt, ist bestenfalls Mitleid, schlimmstenfalls Verachtung und Ignoranz. Mit den Worten Hans-Peter Duerrs sind solche Religionen »Entlastungideologien«, »die den Menschen, die nicht mehr in der Lage sind, die Spannungen des Lebens auszuhalten, den Weg weisen, diese Spannungen aufzulösen, und zwar nicht, indem sie in die Welt eingreifen, sondern eher dadurch, daß sie sich als denkende, fühlende und handelnde Personen aus der Welt zurückziehen. Wenn Weisheit bedeutet, die Dinge im Schatten der Ewigkeit zu sehen, dann erkennt der Weise, daß nichts die geringste Bedeutung hat, und da folglich auch diese Erkenntnis keine Bedeutung hat, kürzt sie sich weg und läßt alles, wie es ist.«[18]

Die Ästhetik des Nichtwissens

Keine der großen Weltreligionen feiert die Liebe zum Leben oder die Ehrfurcht vor der Natur um ihrer selbst willen, allenfalls als Zeichen eines anderen. Zwar geht es den Tieren in Indien vergleichsweise gut, und die industrialisierte Tiertötung bleibt nach wie vor hinter der Praxis in den christlichen Ländern zurück. Doch auch das indische Denken ist, wie Albert Schweitzer es formulierte, »voller Inkonsequenzen, weil es nicht anders kann, als fort und fort dem trotz aller Welt- und Lebensverneinung weiterbestehenden Willen zum Leben Zugeständnisse zu machen, die es aber nicht als solche gelten lassen will«.

Die Crux aller großen Religionen ist ihre gegen jedes bessere Wissen beibehaltene Anthropozentrik, verbunden mit der eigentümlichen Hochschätzung eines jeweils unterschiedlich ausgemalten Jenseits. Selbst der liebenswürdige Theologe Eugen Drewermann plädiert nicht wirklich konsequent für eine neue Sicht des Natur, sondern fordert, nach all seiner vehement vorgetragenen Kritik am Anthropozentrismus des Christentums, ein *Mehr* an »Menschlichkeit« gegenüber dem Tier. Doch der Begriff »Menschlichkeit« bewahrt – nicht nur semantisch – das anthropozentrische Erbe in Reinform. Entgegen seiner sonstigen Scharfsichtigkeit denkt der Paderborner Theologe hier selbst in den Begriffen der von ihm kritisierten Tradition und trägt, gleich jenem berühmten Professor Abronsius aus Roman Polanskis *Tanz der Vampire*, das Übel, das er so sehr bekämpft, mit sich hinaus in die Welt.

Der Kern von Drewermanns Argumentation liegt darin, das Anrecht auf Unsterblichkeit auch auf das Tier auszudehnen. Als wortgewaltiger Anwalt der Kreatur liefert er sich hier rhetorische Scheingefechte mit dem großen Staatsanwalt Thomas von Aquin. Für Drewermann steht fest, »daß spätestens dort, wo es so etwas gibt wie individuelle Brutpflege und Mutterliebe, auch subjektiv eine erste Ahnung von der Macht gefühlt und empfunden wird, der wir alle unser Dasein verdanken; spätestens von dieser Stufe an gibt es, wie gebrochen auch immer, so etwas wie ein Anrecht auf Unsterblichkeit«.[19] Befangen in der Todesperspektive des Christentums, ist auch für Drewermann ohne die Unsterblichkeitshypothese nichts zu machen: »Wir brauchen zumindest als regulative Idee unserer praktischen Vernunft den Glauben an die Unsterblichkeit der Tiere, um eine Ethik zu begründen, die auf unsere Mitgeschöpfe die geschuldete Rücksicht nimmt.«[20]

Der Haken an einer solchen Argumention ist, daß sie den

Teufel mit dem Beelzebub austreibt. Steckt nicht gerade in der Unsterblichkeitshoffnung eine dicke Wurzel des Übels für das diesseitige Leben? Und ist es wirklich sinnvoll, zur Wertschätzung des Tieres einen so exklusiv theologischen Weg zu beschreiten wie die argumentative Sackgasse einer Vermutung von Unsterblichkeit? Eine solche Begründung steht immer zusammen mit einem Glaubensbekenntnis – und sie fällt auch mit ihm. Wie soll ich jemandem erzählen, auch Tiere hätten ein Anrecht auf Unsterblichkeit, wenn dieser Jemand nicht einmal an die menschliche Unsterblichkeit glaubt?

Bedenklich an der exklusiv theologischen Wertschätzung der Tiere ist der anmaßende Erkenntnisanspruch. Auch in Drewermanns Schriften begegnet das christliche Pochen auf unbedingte Erkenntnis. Die Tiere erhalten ihre unsterbliche Seele, *indem* Drewermann sie ihnen zuschreibt. Und natürlich grenzt die Seelen- und Unsterblichkeitstheorie alles Nichtbeseelte, also Wurm und Pflanze, aus. Pflanzen werden dadurch nur indirekt, über den Umweg, notwendiger Bestandteil des animalischen Lebensraumes zu sein, schützenswert. Sie haben, da sie nicht unsterblich sind, keinen eigenen Schöpfungswert.

Bei aller Kritik ist Drewermanns Plädoyer für eine höhere Wertschätzung des Tieres durchaus sympathisch. Die sinnliche Ausgestaltung seiner Rede mit Begriffen wie Ehrfurcht und Respekt bietet eine ansprechende Füllung für das, was ich eine Ethik des Nichtwissens nennen möchte. Ebenso wie eine jede Religion braucht auch die Ethik Bilder, man denke nur an Begriffe wie Brüderlichkeitsethik und Vertragsethik oder an Kants Wort vom moralischen Gesetz in uns und dem bestirnten Himmel darüber. Nun ist Religion ihrer Definition gemäß das, was sich allem Wissen entzieht: das Nicht-Wißbare, das man eben glauben muß. Niemand wird bestreiten, daß es Nicht-Wißbares gibt: persönlich Nicht-Wißbares, aber auch allgemein Nicht-Wißbares. So kann ich persönlich niemals definitiv wissen, was im Kopf meines hemdsärmeligen Nachbarn vor sich geht, der im Augenblick hinter der Fensterscheibe auf der anderen Seite der Straße aus dem dritten Stock beobachtet, wie ich diese Sätze schreibe. Wirklich wissen kann das niemand anderes als er selbst. Spätestens seit den Erkenntnissen der Kognitionswissenschaft wissen wir zugleich, daß wir vieles auch prinzipiell nicht wissen können, sondern ausschließlich das, was unser Sinnes- und Sinnapparat an Wissen zuläßt.

Ich weiß, daß es etwas gibt, das über mein Wissen-Können hinausgeht. Und selbst wenn ich wie Sokrates sage: »Ich weiß, daß ich nichts weiß« – so weiß ich damit nicht, daß es nichts gibt. Selbst der Atheismus ist ja bekanntlich ein Glaube, ein arroganter Glaube sogar, definitiv wissen zu wollen, was man nicht wissen kann. Wenn es jedoch ein prinzipielles Mehr gibt als das, was das menschliche Bewußtsein zu wissen in der Lage ist, dann kann dies naturgemäß nur ein Jenseits der Erfahrung sein und nicht ins Paradies transportierte Wunschvorstellungen: kein Vater im Himmel, keine pausbäckigen Engel, kein Beten und Frohlocken und wohl auch kein *nirvána* als vollständige Umkehr des irdischen Lebens – selbst das dürfte noch zu kurz gedacht sein.

Wem es wirklich ernst damit ist, die Tatsache anzuerkennen, daß es mehr gibt als das, was der Mensch begreifen kann, der versteht Religion als das, was sie ist: eine Ästhetik des Nichtwissens. Religion ist der Versuch, das, was man selbst und jeder andere Mensch prinzipiell nicht wissen kann, mit Bildern auszugestalten. Dagegen spricht überhaupt nichts. Was allerdings an den meisten Religionen stört, ist ihre paradoxe Rechthaberei, ihre Dogmatik. Nicht die symbolische Besetzung des Unbesetzbaren erscheint als unvernünftig – sie ist der Verfassungsauftrag jeder Religion –, sondern absurd ist der Erkenntnisanspruch. Je stärker ein Glaube reflektiert, daß er vom Menschen gemacht und damit an die Phantasieleistung seines Bewußtseins gebunden bleibt, um so glaubwürdiger wird er. (Ob ich diesen Glauben im traditionellen Sinne noch als Religion bezeichnen kann, sei einmal dahingestellt.)

Wissen und Glauben stehen durchaus nicht in einem solchen Widerspruch, wie die abendländische Kultur, verführt durch die Erfolge der Physik bei der Beherrschung der Natur, lange Zeit hatte glauben wollen. Beide sind Konstruktionen des Bewußtseins, freilich mit unterschiedlichen Bewährungskriterien. Bezeichnenderweise hatte gerade die Trennung von Glaube und Wissen die aberwitzige Lebensfeindlichkeit des Protestantismus verursacht, einschließlich seiner verheerenden ökologischen Blindheit. Von einem uneingeschränkten Vertrauen in die naturwissenschaftliche Erkenntnis ist in unseren Tagen kaum noch die Rede. Nicht die Physik zeigt uns die Welt, wie sie ist, sondern der Erkenntnisapparat unseres Bewußtseins. Es gehört heute schon eine gehörige Portion Religiosität dazu, so wissenschaftsgläubig zu sein, daß man den Part übersieht, den unser Bewußtsein bei jeder Modellbildung an subjektiver Interpretation hinzufügt; wäre Naturwissenschaft vollkommen objektiv, gäbe es, wie gesagt, keine Irrtümer und keine Revisionen.

Das gleiche gilt in einem besonderen Maß für unseren Umgang mit dem Tier. Niemand weiß tatsächlich, was im Kopf eines Tieres vor sich geht, und keine Apparatur liefert exakte Daten über seine gesamte Bewußtseinstätigkeit. Auch gegen Ende des 20. Jahrhunderts hat das Innenleben des Tieres für uns weitgehend »Black-Box«-Charakter. Gerade hundertzwanzig Jahre ist es her, daß der Mensch der Neuzeit seiner biologischen Herkunft aus dem Tierreich und seiner Zugehörigkeit dorthin definitiv gewahr wurde. Wohin wird uns die weitere Erforschung der Lebenszusammenhänge auf dem Planeten da erst noch in den nächsten Jahrzehnten und Jahrhunderten führen? Können wir uns tatsächlich anmaßen, über Gefühl und Bewußtsein, Seele und Unsterblichkeit von Tieren zu urteilen? Oder müssen wir nicht vielmehr zugeben, daß jede Interpretation des Tieres, des einzelnen Tieres wie des gesamten Tierreichs, eine Ästhetik des Nichtwissens ist? Es mag schon sein, daß, wie der Fernsehredakteur und überzeugte Tierschützer Wolf-Rüdiger Schmidt schreibt, »der fromme Mensch vom ›Mysterium Tier‹ mehr erkennt als der andere«. Doch man kann es auch umgekehrt ausdrücken: Wer Tiere als Mysterium begreift, denkt damit unweigerlich religiös. Er übersetzt das, was nur symbolisch vorstellbar ist, in eine mythische Anschauung. Ob er dabei überdies einer organisierten Religionsgemeinschaft nahe steht, dürfte ziemlich gleichgültig sein.

Es steht an, das religiöse Empfinden gegenüber dem Tier endlich auf die Höhe der Zeit zu bringen: eine Ästhetik des Nichtwissens zu praktizieren, die auf alberne Rechthaberei verzichtet und begreift, daß auch in der Religion der Mensch nicht Herrscher, sondern nur ein integraler Bestandteil der Schöpfung sein kann. Es ist an der Zeit, sich darauf zu besinnen, was die Nilkultur vor viertausend Jahren wußte: daß es keine absolute Erkenntnisgewißheit gibt, auch nicht in den Gesetzen der Natur. Die Wirklichkeit, so sahen es die Ägypter, ist nicht festgeschrieben: nicht in einem Buch, nicht in Steintafeln und nicht im Kopf eines Schöpfergottes: »die Wirklichkeit steht fortwährend auf dem Spiel« (Jan Assmann). Vielleicht werden wir dann auch verstehen, daß wir mit dem Zwei-Welten-Modell der christlichen Religion nicht weiterkommen, daß wir zeitlich und in Prozessen denken müssen, und nicht in Räumen.

Das mag reichlich abstrakt klingen, und wahrscheinlich werden Sie mir zutrauen, Ihnen abzunötigen, dem Osiris Hymnen zu singen. Doch vielleicht reicht es ja schon, darauf hinzuweisen, daß das, was uns an Ägypten abgestanden und versunken erscheint, auf diesem Planeten dreitausend Jahre gelebter Glaube war, länger präsent als das Christentum. Was sind dessen 2000 Jahre, hochgerechnet auf die Geschichte unseres Planeten oder auch nur auf die Geschichte der Menschheit und ihres Glaubens?

Mit dem Christentum hingegen ist es sicher nicht leicht, eine neue Tierethik zu begründen. Der Vorteil des christlichen Glaubens liegt vornehmlich in seiner gegenwärtigen Präsenz, der großen Gemeinde, die auch heute noch durch die Klammer des Christentums zusammengehalten wird. Es ist kaum zu übersehen, daß Jesus von Nazareth anderes im Kopf hatte als das Wohl der Tiere. Ebenso unübersehbar gehört es – der Theologe Carl Anders Skriver hat dies eindringlich klargemacht – »zur Unart der christlichen Kirche, ernste Probleme des Daseins und des Menschseins jahrhundertelang einfach nicht zu sehen, z. B. die Sklavenfrage, die Kriegsfrage, die Zinsfrage, die Arbeiterfrage, die Frauenfrage, die sexuelle Frage, die Ernährungsfrage und die Heilfrage, die *Tierfrage*, auch die Fragen der Gnosis, der Theosophien, der Geheimwissenschaften und der Weltreligionen. Als Hort der Reaktion bummelt sie in allem hinter dem Fortschritt der Menschheit her. Womit beschäftigen sich diese Leute eigentlich? Mit ihrem egoistischen Seelenheil, mit Gesangbuchrestauration und liturgischem Geklingel, mit der Bepredigung und Begrabung ihrer Toten? Jesus verhieß: Siehe, ich mache alles neu. Die Kirche lehrt das Gegenteil: Siehe, es bleibt alles beim alten. Sie predigt die Geduld, die Mittelmäßigkeit, die Gleichschaltung, sie warnt vor jeglicher ethischer Übertreibung und Überforderung.«[21]

Nun debattieren christliche Theologen immerhin seit geraumer Zeit über Strategien, eine Bio- oder Öko-Theologie zu formen, die einen neuen Umgang mit der Natur und dem Tier fundiert. Dafür gibt es im wesentlichen zwei Wege. Der eine besteht in der Inventur der Worte. So liest man in theologischen Büchern neuerdings Begriffe aus der Ökologie wie Entropie, Biosphäre, Kinetik, Genetic Ressources und Populationsbiologie. Kombiniert mit dem klassischen Vokabular der Theologie verkaufen die Autoren ihren alten Meßwein in neuen Schläuchen. Der evangelische Systematiker Jürgen Moltmann erfindet in seiner »ökologischen Schöpfungslehre« ein »geistiges Ökosystem«, in das sich der Mensch »demokratisch« einordnen solle.[22] Auch für den franziskanischen Befreiungstheologen Leonardo Boff ist Ökologie eine »Geisteshaltung – eine Form von Spiritualität«.[23] Begriffsakrobatisch definiert der katholische Theologe Hubertus Mynarek das Wort Ökologie schlichtweg als das »Heilende, das aus dem richtigen Verhältnis eines Menschen oder einer Gruppe zum möglichst umfassend gedachten und erfahrenen Ganzen der Wirklichkeit entsteht. Insofern sind meines Erachtens alle Religionen ökologisch, weil sie durch ein sich in Beziehung setzen zum Ganzen der Wirklichkeit ... sich selbst heilen wollen.«[24] Fazit: Das Ganze ist das Wahre.

All dies ist sicher gut gemeint. Doch gut gemeint ist, Gottfried Benn zufolge, immer noch der Gegensatz von gut gemacht. Die christlichen Öko-Ethiker mögen noch so viele Theoreme und Begriffe aus der Ökologie zitieren: Die vollzogenen Gleichsetzungen sind ein Aufmarsch der schönen Worte: Geist, Demokratie, Verantwortung, das Ganze, das Heilige, das Beseelte, das Geschaffene, das Wahre und was der Zauberworte mehr sind. Was fehlt, ist eine echte Begründung für die Notwendigkeit des Transfers, aus biologischen Gegebenheiten theologisch-metaphysische Schlußfolgerungen zu ziehen und Handlungsmaximen aufzustellen. Daß es Sinn macht, die Ressourcen der Welt zu schonen, die Luft nicht weiter zu verpesten, das Wasser nicht zu vergiften, die Tiere zu schützen – dafür gibt es genug Argumente. Allein um solche Weisheiten festzustellen, bedarf es nicht der Rücksichtnahme auf den vermeintlichen Schöpfergott, dessen Kunstwerk wir leichtfertig zerstören. Das leuchtet – mit Verlaub – den meisten Menschen auch so ein; etwa wenn sie an ihre Zukunft denken, oder die ihrer Gene, sprich: Kinder. Das Ganze nun das Wahre zu nennen, fügt dem globalen Ökosystem nichts hinzu als ein Wort!

Ein zweiter Weg besteht in dem Versuch, die Tradition der Schöpfungstheologie nicht über Vokabeln, sondern über Problemstellungen aufleben zu lassen: Fragen nach dem Sinn, der Geschichtlichkeit, nach Schönheit und Wert. Bezeichnenderweise finden sich gerade hier die schärfsten Kritiker der begrifflichen Annäherung an die wissenschaftliche Ökologie. Sollte sich Gott tatsächlich im Ganzen der Natur verwirklichen, so daß göttliches Wirken und biologischer Kreislauf zusammenfallen, bedeutete dann das mögliche Ende allen Lebens nicht zugleich die Verunmöglichung Gottes? Von einer Gleichsetzung des göttlichen Willens mit dem Funktionieren des globalen Ökosystems will der evangelische Dogmatiker Friedrich Wilhelm Graf deshalb nichts hören: »Die klassische Schöpfungstheologie fordert dazu heraus, den Gedanken zu denken, daß selbst eine mögliche atomare oder ökologische Katastrophe das theologische Recht der Rede von Gottes guter Schöpfung nicht außer Kraft zu setzen vermag.«[25] Für Graf ist Ökologie durchaus nicht die Lehre vom Heil des Ganzen. Gott und die Schöpfung bleiben sorgfältig voneinander geschieden.

Statt Ökologie schlicht zum Synonym christlicher Offenbarung umzumünzen, ersetzt die erneuerte Schöpfungstheologie die klassisch anthropozentrische Rede des Christentums über die Welt in eine neue anthropozentrische Rede, die eigentlich etwas ganz anderes sein will. Wenn in den Worten Günter Altners »Natur«, allen Bandwürmern und Viren zum Trotz, als »Partner« und »Mitkreatur des Menschen« auftritt, wird weniger »Natur« als ein spezifisch menschlicher Sprachgebrauch »ins Recht gesetzt«. Doch »Partner« hin und »Mitkreatur« her – irgendwie muß man auch hier am Ende zugeben, daß die christliche Romantik die blaue Blume nicht findet, wie sich der Mensch in den großen ethischen Fragen der Biologie zu verhalten hat.

Es ist leider kaum anzunehmen, daß eine Religion soweit veränderlich ist, daß sie sich in ihr Gegenteil verkehren ließe. Ein solchermaßen gewandeltes Christentum verlöre seine Identität. So ist es mir durchaus verständlich, daß sich die Führer der christlichen Religionen gegen die tierethische »Unterwanderung« der Amtskirchen sträuben: Es geht nicht um Mißverständnisse, sondern ans Eingemachte. Wer tierethisch denkt, wird vehement gegen die Bevölkerungsvermehrung auf dem Globus angehen, die den letzten Wildtieren ihre Überlebenschance nimmt; er wird die Lizenz zur Ausbeutung der Ressource ›Tier‹ anzweifeln, die durch den Herrschaftsauftrag der Genesis sanktioniert ist. Er wird die Kirche zum Handeln gegen einen Grundwert des bürgerlichen Liberalismus anstacheln: die uneingeschränkte Handlungsvollmacht des Menschen gegenüber der Natur. Und alles das will die Kirche nicht. Opportunismus gegenüber jederart weltlichen Herrschaftssystemen gehört bedauerlicherweise ebenso zu den Grundwerten des europäischen Realchristentums wie die nach allen Seiten gewendete Bibel.

Solange die weltliche Macht im Staate anthropozentrisch und kapitalistisch denkt, wird dies auch die Amtskirche tun. Dies scheint so sicher wie das Amen in der Kirche. Viel zu lange schon gilt die Bildersprache des Christentums nicht der Besetzung des Unbesetzbaren, als vielmehr weltlichem Herrschaftsauftrag. Eine Ästhetik des Nichtwissens, geboren aus Einsicht in die (sensorische) Unmöglichkeit des völligen Begreifens unserer Existenz, ist unter solchen Vorzeichen nicht realisierbar. Einer Religion, die ihren Sinn erfüllt, wäre das Wissen um ihr Nichtwissen eingezeichnet. Sie verzichtete auf Rechthaberei, wo es um Detailfragen der Ausmalung geht, um der »Heiligkeit« des Gesamtbildes willen, das es zu betrachten und zu achten gilt. Und so bleibt bis in ferne Tage die Lernaufgabe aller Religion: die Unverfügbarkeit des Seins tatsächlich zuzulassen und sie nicht durch Regeln und Vorschriften, randvoll mit sicherem Wissen, im Moment ihrer feierlichen Beschwörung zugleich auch zu beerdigen. Erst wenn Eitelkeit und weltliche Gier aufgrund schwindender Mitgliederzahlen von allein erlöschen, werden auch die christlichen Amtskirchen lernen, die Natur der Welt zu sehen, wie sie ist, nicht wie sie aus Kirchensicht zu sein hat. Solange gilt auch für die christliche Kirche der bekannte Zen-Spruch, in dem es heißt, daß jemand, bevor er sich mit Zen beschäftigt hat, die Berge als Berge und die Gewässer als Gewässer sieht. Hat er eine gewisse innere Schau der Wahrheit des Zen erlangt, sieht er, daß die Berge nicht länger Berge und die Gewässer nicht länger Gewässer sind. Wird er aber erleuchtet, dann sieht er die Berge wieder als Berge und die Gewässer wieder als Gewässer.[26]

Die klugen Tiere

Oder: Das Dilemma der Philosophie

Wir lieben es nicht, Tiere,
die wir zu unseren Sklaven gemacht haben,
als ebenbürtig zu betrachten.
Charles Darwin

Erfundene Wahrheiten

»In irgendeinem abgelegenen Winkel des in zahllosen Sonnensystemen flimmernd ausgegossenen Weltalls gab es einmal ein Gestirn, auf dem kluge Tiere das Erkennen erfanden. Es war die hochmütigste und verlogenste Minute der ›Weltgeschichte‹: aber doch nur eine Minute. Nach wenigen Atemzügen der Natur erstarrte das Gestirn, und die klugen Tiere mußten sterben. – So könnte jemand eine Fabel erfinden und würde doch nicht genügend illustriert haben, wie kläglich, wie schattenhaft und flüchtig, wie zwecklos und beliebig sich der menschliche Intellekt innerhalb der Natur ausnimmt; es gab Ewigkeiten, in denen er nicht war; wenn es wieder mit ihm vorbei ist, wird sich nichts begeben haben. Denn es gibt für jenen Intellekt keine weitere Mission, die über das Menschenleben hinausführte. Sondern menschlich ist er, und nur sein Besitzer und Erzeuger nimmt ihn so pathetisch, als ob die Angeln der Welt sich in ihm drehten. Könnten wir uns aber mit der Mücke verständigen, so würden wir vernehmen, daß auch sie mit diesem Pathos durch die Luft schwimmt und in sich das fliegende Zentrum dieser Welt fühlt. Es ist nichts so verwerflich und gering in der Natur, was nicht durch einen kleinen Anhauch jener Kraft des Erkennens sofort wie ein Schlauch aufgeschwellt würde; und wie jeder Lastträger seinen Bewunderer haben will, so meint gar der stolzeste Mensch, der Philosoph, von allen Seiten die Augen des Weltalls teleskopisch auf sein Handeln und Denken gerichtet zu sehen.«[1]

Kein anderer hat die Stellung des Menschen in der Welt auf eine so poetische und zugleich schonungslose Weise dargestellt wie Friedrich Nietzsche. Weit mehr als ein Jahrhundert ist es her, daß Nietzsches Fabel von den klugen Tieren jedem, der es nicht wissen wollte, die Grenzen der Erkenntnis nahebrachte: die begrenzte Auswahl der Begriffsgewänder des Denkens aus dem übersichtlichen Kleiderschrank der menschlichen Spezies. Anmaßend und wenig weise beurteilt *Homo sapiens* die Welt, in der er lebt, nach Logik und Wahrheit seiner Art, nach persönlichem Nutzen und Profitdenken.

Seitdem der Mensch erlernte, den Prozeß der Evolution selbst mitzugestalten, ihn nach eigenen Zielen zu beeinflussen, wuchs die Hybris der »klugen Tiere«, der Glaube an einen exklusiven Status des Menschen. Kaum ein bedeutender Philosoph des Menschengeschlechts hatte je Zweifel an der universellen Gültigkeit des menschlichen Denkens, seiner Instrumente und Kriterien. Systematisch leugneten sie das animalische Erbe, das ihnen bei der morgendlichen Rasur vor dem Spiegel ebenso unmißverständlich entgegengrinste wie später, nach Feierabend, das Gemächt in den Daunen. Platon, Aristoteles, Cicero, Augustinus, Thomas von Aquin, Descartes, Spinoza, Pascal, Hobbes, Locke, Leibniz, Kant und Hegel – allesamt schaufelten sie am großen Graben zwischen Mensch und Tier. Des Menschen Vernunft und Verstand, seine Denk- und Urteilsfähigkeit bildeten den allein seligmachenden Maßstab, die belebte Natur zu bewerten. Und da sich all diese Fähigkeiten beim Menschen nicht empirisch nachweisen ließen, verurteilten sie die Welt der Empirie, das »bloß« Körperliche, zum schwachen Abklatsch menschlicher Vollkommenheit. Wo nicht Vernunft und freier Wille den Ton der Sprache angaben, herrschte Zwang, mithin die seelenlose Automatik einer Uhr. Noch Goethe trennt in schlechter Tradition die himmlische Freiheit der Seele von der irdischen Unfreiheit des Körpers. Die Tiere, schrieb der sich als Naturforscher verkennende Dichter in seinen *Maximen und Reflexionen*, werden »von ihren Gliedern tyrannisiert«.

Die Aburteilung des Tieres zum Sklaven seiner Glieder hat eine lange philosophische Tradition. Solange der Mensch sich selbst als das »andere« gegenüber den Tieren definierte, solange gab es nur wenige wahrhaft aufgeklärte Denker, die die absurde These vom kategorialen Unterschied von Mensch und Tier anzweifelten. Bezeichnenderweise finden sie sich in jeder Epoche, von der Antike über die Aufklärung bis zur Gegenwart. Und doch blieben diese Realisten in den esoterischen Hallen der Philosophie stets belächelte Außenseiter. Die Deutungshorizonte der abendländischen Kultur ließen wenig Spielraum für eine nichtideologische Sicht der Natur. Während die Naturwissenschaften nach und nach die Falten des göttlichen Zaubermantels lüften, Planeten ihre Umlaufbahnen ändern, die Erde aus dem Zentrum der Welt verschwindet, der menschliche Körper, seine Anatomie, sein Blutkreislauf erforscht wird, während in Mitteleuropa und Nordamerika das Gottesgnadentum der Fürsten der aufgeklärten Rationalität weicht – »alle Menschen sind gleich und frei« –, als man hier zu guter Letzt dem Gedanken verfällt, auch Sklaven und Frauen könnten solche Menschen sein – in eben dieser Zeit vollendet sich Stück für Stück die Tötungsmaschinerie der Tierversuche und Fleischproduktion bis hin zum perfekten Horror der industriellen Tiernutzung. Rationalität, die ihre ersten Erfolge in der Physik des Himmels feiert, vollendet sich als Mikrophysik der Macht: in Schlachthäusern, Zuchtfarmen und Versuchslabors.

Kein Wissenschaftler, kein Politiker und kein »kleiner Mann von der Straße« wird heute noch unterschreiben, was

René Descartes, der Vater der neuzeitlichen Philosophie, den Tieren unterstellte: Automaten zu sein, empfindungslos und ohne Bewußtsein. Ginge er in heutiger Zeit mit solcher Ansicht auf Wählerfang, er scheiterte an der Fünf-Prozent-Hürde. Und doch leben wir heute nahezu allesamt cartesianisch: Die Praxis der industriellen Tierverwertung ist taub für das Leiden der Tiere, blind für die Angst in den Augen der Kreatur, des seelenlosen »Nutzviehs«. Es mag sein, daß, wie Albert Schweitzer vermutete, Descartes mit seinem Ausspruch, daß die Tiere bloße Maschinen sind, die ganze europäische Philosophie behext hat. Doch es ist sicher ebenso wahr, daß sich die ökonomische »Verwertung« der Tiere seit alters her um philosophische Legitimationen kaum mehr schert als um ein ungesalzenes Radieschen.

Die Kluft zwischen Mensch und Tier muß nicht unbedingt positiv begründet werden. Es genügt, auf die Konsequenzen hinzuweisen, die die Achtung vor den Tieren mit sich bringt: den Verzicht auf Fleisch als Nahrung oder das erhöhte Gesundheitsrisiko beim Wegfall von Tierversuchen. Und doch fühlt sich der Tiernutzer irgendwie wohler, wenn er »weiß«, wie wenig bedeutsam der Tod der Tiere, der Nutztiere wie der ausgerotteten Wildtiere, aus ethischer Sicht ist. Und so bemühen sich die Ideologen der abendländischen Kultur, die klügsten der sich als klug dünkenden Tiere, seit jeher, den Krieg gegen das Tier als einen gerechten Krieg zu legitimieren, den Blutzoll zu vertuschen, den er den Opfern abpreßt.

Die Welt, die allein für den Menschen geschaffen wurde, ist keine Erfindung nur des Christentums. Auch Griechen und Römer dachten sich den Sinn der Natur nach Maßgabe menschlicher Bedürfnisse. Für Cicero ist die Welt »in erster Linie der Götter und Menschen wegen erschaffen worden, aber all ihre Einrichtungen sind nur zum Nutzen der Menschen ersonnen und ausgeführt«.[2] Ebenso erklärt der Islam die Natur und mit ihr die Tiere nach den Interessen des Menschen. Gattungen, Familien und Ordnungen gliedern sich nach ihren Funktionen: dem Menschen als Speise zu dienen, ihn zu amüsieren, ihm symbolische Dienste zu tun bei religiöser und psychologischer Spekulation. Im 9. Jahrhundert bestätigt der irische Theologe und Philosoph Johannes Scotus Eriugena die Ordnung der Natur nach menschlichem Nutzen und Frommen: »Welcher richtig Philosophierende wüßte nicht, daß diese sichtbare Welt mit allen ihren Teilen vom Höchsten abwärts um des Menschen willen geschaffen ist, damit er ihr vorstehen und über alle sichtbaren Dinge herrschen solle?«[3] John Locke, einer der philosophischen Wegbereiter des Kapitalismus, bringt im 17. Jahrhundert auf altbewährte Weise die »Vernunft« in die Schöpfung: Die Erde und alles, was in ihr ist, sei den Menschen zum Unterhalt und zum Genuß ihres Daseins gegeben. Alle Früchte, die sie auf natürliche Weise hervorbringt, und alle Tiere, die sie ernährt. Dem christlichen Barockdichter Johann Heinrich Brockes schließlich bleibt es vorbehalten, einfühlsam darüber nachzusinnen, welch kluge Voraussicht Gott darauf gebracht hatte, die Steinböcke mit krummen Hörnern auszustatten, so daß sie den Menschen als Griffe für ihre Spazierstöcke dienen können. Und es bedurfte erst des scharfsichtigen Spotts eines Voltaire, das Gefasel von der besten der Welten zu karikieren. Die menschliche Nase, erklärt der französische Philosoph im

Candide, sei von Gott vortrefflich dazu gemacht, als Sitz der Brille zu dienen.

Es gibt viele Möglichkeiten, den Satz des Protagoras, daß der Mensch das Maß aller Dinge sei, zu interpretieren. Natürlich ist dem Menschen kein anderes Maß gegeben als sein eigenes. Wie schwer es sein kann, zu einer »objektiven« Definition zu kommen, erfuhr als erster Platon. Der Mensch, stellte er fest, ist ein »federloser Zweibeiner«. Doch schon wenige Tage später belehrte ihn der Kyniker Diogenes über die Mängel seiner Definition. Ein gerupftes Huhn unter dem Arm, machte er sich auf in die geweihten Hallen der Akademie und forderte die umstehenden Denker auf, »Platons Menschen« zur Kenntnis zu nehmen. Die Philosophen erkannten die Schwachstelle ihrer Definition und ergänzten sie um ein weiteres Merkmal: Der Mensch ist ein federloser Zweibeiner mit breiten flachen Nägeln.

Die Anekdote um die objektive Definition des Menschen ist eine heitere Episode ohne größere Bedeutung. Platon und Aristoteles waren sich sehr sicher, worin sich der Mensch von allen anderen Lebewesen unterschied, und zwar völlig ungeachtet seiner körperlichen Merkmale. Es war die Vernunft, die die Seele des Menschen über die unvernünftigen Seelen der Tiere stellte. Stärker noch als bei Platon war für Aristoteles allein der vernünftige Mensch ein wertvolles Geschöpf und Liebling der Götter. Tiere hingegen blieben metaphysisch uninteressant und entsprechend rechtlos. Ohne den geringsten Zweifel verkündete er, »daß die Pflanzen und Tiere um der Menschen willen da sind, die zahmen sowohl zum Gebrauch als auch zur Nahrung und von den wilden, wo nicht alle, so doch die meisten zur Nahrung und zum sonstigen Lebensbedarf, um Kleidung und Gerätschaften aus ihnen zu gewinnen«.[4] Nicht nur menschliches Maß, sondern zugleich kaltes Kalkül bestimmte Aristoteles' Gedankenwelt. Von der Welt als Vorratskammer zur Rechtfertigung jeglicher Grausamkeit gegen die Tiere und rechtlose Menschen ist es nur ein kleiner Schritt: »Denn wenn die Natur nichts zwecklos und vergebens tut, so ist hiernach notwendig anzunehmen, daß sie selber dies alles der Menschen wegen macht. Hiernach gehört denn auch die Kriegskunst von Natur in gewisser Weise mit zur Erwerbskunst, wie denn von ersterer die Jagdkunst nur ein Teil ist. Man muß nämlich die Kriegskunst anwenden sowohl gegen die wilden Tiere als auch gegen diejenigen Menschen, welche durch die Natur zum Regiertwerden bestimmt sind und dies doch nicht wollen, so daß diese Art von Krieg von Natur aus gerecht ist.«[5]

Für Aristoteles machen Krieg und Jagd keinen großen Unterschied. Mit unbegründeter Selbstverständlichkeit herrscht das Recht der Mächtigen über die ohnmächtigen Tiere und Sklaven. Das Beispiel ist verräterisch, weil Aristoteles den Sklaven keineswegs ihre Fähigkeit zum vernünftigen Handeln abspricht; auch sie sind, wie alle Menschen, »vernünftige Tiere«. Wenn es jedoch um die anderen Tiere geht, führt Aristoteles deren Mangel an Vernunft als Grund an, ihnen jegliche Rechte abzusprechen. Wozu, so kann man fragen, betreibt er solchen Aufwand? Wie aus dem Sklavenbeispiel ersichtlich, ist Vernunftlosigkeit ja gar nicht das Kriterium, andere Lebewesen zu knechten. Das entscheidende Argument ist der Selbstbehauptungswille der Herrschenden, und der bedarf nach Aristoteles keiner weiteren Begründung.

Es ist eine der aberwitzigsten Erkenntnisse in der philosophischen Diskussion um die Seele und die Vernunft der Tiere, daß es im Grunde gar nicht darauf ankommt. Wen soll das mehr als zweitausend Jahre alte Gerede über Tierseele und animalische Vernunft fesseln, wenn sich herausstellt, daß beide Kriterien den Menschen nicht davon abgehalten haben, seine unbezweifelt vernünftigen und beseelten Mitmenschen in Krieg und Völkermord millionenfach zu foltern, zu versklaven und zu töten?

Philosophische Überlegungen zum Tier, wie ›mangelhafte Vernunft‹ und ›minderwertige Seelen‹, rechtfertigten die bestehende Praxis. Schonungslos stellt das römische Recht Arbeitstiere mit Sachen gleich. Tierquälerei und Tierkämpfe erfreuten in grausamen Schaukämpfen die Herzen blutgieriger Zuschauer. In der Zeit der römischen Imperatoren starben Hunderttausende von Tieren in der Arena des Circus Maximus, abgeschlachtet von schwerbewaffneten Berufsschlächtern, zerfleischt von den Klauen und Zähnen anderer Tiere, dem Hungertod nahe oder mit Rauschmitteln vollgepumpt bis zur Raserei. Allein Kaiser Trajan verheizte in wenigen Wochen 11.000 Großtiere, blutiger Tribut der unschuldigen Kreatur zum Ruhme seines militärischen Sieges in Dakien.

Massaker wie die hier beschriebenen wären nicht möglich gewesen ohne die positive Resonanz beim Publikum. Der Durchschnittsmensch der antiken Welt dürfte ebensowenig Sensibilität für das Leiden der Tiere aufgebracht haben wie die philosophischen Wortführer. Und doch finden sich auch hier Ausnahmen. Ein Beispiel aus dem 6. Jahrhundert vor Chr. ist Pythagoras. Unermüdlich betonte er die Gleichheit aller Lebewesen vor jeder weiteren Unterscheidung: »Einer Verwandtschaft gleicht das Teilhaben der Lebewesen aneinander, sind doch diese durch die Gemeinschaft des Lebens, derselben Elemente und der aus diesen bestehenden Mischung gleichsam geschwisterlich mit uns verbunden.«[6] Pythagoras war Vegetarier, und sein Beispiel machte Schule. Die Pythagoräer wandten sich gegen jede Form der Gewalt gegenüber Tieren, mit Ausnahme von Notwehr. Doch nur wenige Denker wie Epikur, Plutarch und Porphyrios folgten ihrem Beispiel.

Interessanterweise dachten auch die Pythagoräer ihr Konzept der »Geschwisterlichkeit« mit den Tieren nicht gegen, sondern ganz im Einklang mit der damals sehr verbreiteten Vorstellung einer Ordnung der Natur: der Stufenleiter des Lebens. Von der unbelebten Materie über die Pflanzen und niederen Tiere bis zu den Säugetieren und dem Menschen staffelte sich die Natur zu immer größerer Vollkommenheit. Je höher ein Lebewesen entwickelt ist, um so größer wird die Freiheit seiner Handlungen. Erst der Mensch als Vernunftwesen besitzt diese Freiheit in größtmöglicher Fülle.

Die Stufenleiter der Natur ließ sich verschieden interpretieren. Für die Pythagoräer war die Annahme, daß jedes Lebewesen eine jede vorhergehende Seinsstufe in sich einschließt, daß das Frühere der Möglichkeit nach im Nachfolgenden enthalten ist, Anlaß genug, die nahe Verwandtschaft von Mensch und Tier zu betonen. Daß sie damit genetisch ziemlich richtig lagen, konnten sie noch gar nicht wissen. Die zeitliche Evolution der Lebewesen war auch den Pythagoräern noch unbekannt. Aristoteles hingegen legte den Schwerpunkt seiner Interpretation auf das eher neurobiologische Moment der Stufenleiter: die Annahme nämlich, daß sich das Bewußtsein der Lebewesen von Stufe zu Stufe verbessere, und zwar unter Einschluß all dessen, was zuvor vorhanden war. Doch was molekulargenetisch den Tatsachen nahekommt, ist neurobiologisch Unsinn. So sehr das menschliche Gehirn die Stadien der Evolution noch in sich erkennen läßt, so wenig verfügt es aktiv über die Summe aller Bewußtseinsformen der anderen Lebewesen. Statt eines göttlich inspirierten Plans zur absoluten Freiheit und Wahrheit regierten zufällige Anpassungen an neue Umweltbedingungen: von Vollkommenheit keine Spur.

Die genetische Evolution als Vervollkommnung zu deuten, den Menschen, der sich selbst zum Maß aller Dinge macht, nicht als *anders*, sondern als *mehr* anzusehen – in diesem Mumpitz liegt die Wurzel des Übels einer völlig schiefen Sicht der Natur und der Tiere. Kein Wunder, daß Aristoteles auf diese Weise der abendländischen Philosophie manch hartnäkkige Flausen in den Kopf gesetzt hat. Wer die Natur des Menschen für »die am meisten abgerundete und vollkommene« unter den Tieren hielt, der konnte auch auf den Gedanken verfallen, daß ein solcher Organismus selbstverständlich auch mit einem so fabelhaften Organ ausgestattet sein mußte wie der menschlichen Hand. Nur die Hand, erklärte der Akademiker, ermögliche dem Menschen all die anspruchsvollen Leistungen der Kultur. Der aufrechte Gang und die frei verfügbare Hand befreiten die Seele auf höchstmöglicher Stufe.

Schon um 530 v. Chr. hatte Pythagoras die Kugelgestalt der Erde erkannt, Aristarchus von Samos (310-230 v. Chr.) ihre Bewegung um die Sonne. Verblüffend genau errechnete Eratosthenes (276-195 v. Chr.) den Umfang der Erdkugel. Fünfzehn Jahrhunderte lang blieben diese Erkenntnisse verschüttet, verkannt von Menschen, die lieber glauben wollten, was sie wissen, als tatsächlich wissen zu wollen. Doch so, wie der Platz der Erde im Universum nicht sein durfte, wie er tatsächlich war, so durfte auch die belebte Natur nicht anders aussehen, als sie auszusehen hatte: mit dem Menschen als Endpunkt aller Lebensstufen, als vollkommenes Wesen vollkommener Erkenntnis und vollkommener Wahrheit.

Die Bedeutung dieser Definition der Lebensstufen läßt sich kaum überschätzen. Zwei Jahrtausende lang, über den Neuplatoniker Plotin im 3. Jahrhundert n. Chr. bis zu Leibniz im späten 17. Jahrhundert, beherrscht Aristoteles' Modell das Denken der Philosophen. Der Mensch – dieses Gerücht tradiert sich durch alle Zeiten – entscheidet frei über die Summe seiner Anlagen, so als seien menschlicher Geist und freies Denken mehr als selbst nur eine artspezifische Anlage. Obwohl Leibniz den Tieren immerhin Intelligenz zuspricht, ein Gedächtnis und ein Bewußtsein – die exklusive Fähigkeit des Menschen, sich seiner selbst bewußt zu sein, veredelt den graduellen Unterschied der verschiedenen Stufen zu einer kategorischen Kluft.

Obwohl der *mainstream* der griechischen Denker ein ungleich realistischeres Bild von der Verwandtschaft allen Lebens zeichnet als die naive Malerei der biblischen Priesterschrift, so betont er doch zugleich den Graben, der zwischen Mensch und Tier gleichwohl bestehe. Unüberbrückbar trennt der Styx der Vernunft das Tier von Unsterblichkeit und Ethik. Doch ebenso deutlich erscheint das Motiv dieser Trennung: die bestehende Praxis im Umgang mit dem Tier zu rechtfertigen. In seinen Dialogen über die »Findigkeit der Tiere« hat Plutarch diesen wahren Grund aller philosophischen Begründungen benannt. »Es gäbe doch gar keine Gerechtigkeit, wenn alle Tiere an der Vernunft teilhätten«, läßt er den Stoiker Chrysipp sagen. »Denn entweder wären wir dann notwendigerweise ungerecht, da wir ja die Tiere nicht ungeschoren lassen, oder aber, falls wir auf ihre Nutzung verzichteten, dann könnten wir selbst nicht überleben.«[7]

Vernunftlose Seelen

Bis weit in den Barock bestimmen die fraglose Nutzung der Tiere und der Treppenwitz der Scala naturae jede philosophische Diskussion um den Status von Tieren. Auch die neuen Erkenntnisse der Medizin und der Naturgeschichte ändern nichts an der strengen Teilung der Natur in wertvolles Menschenleben und wertloses Tierleben. Einzig der findige französische Moralphilosoph Michel de Montaigne wagte es, die starre Grenze zwischen tierischem Instinkt und vernünftigem Handeln anzuzweifeln. Bei seinen Beobachtungen der Natur entdeckte er »gleiche Verrichtungen und gleiche Fähigkeiten« bei Mensch und Tier. Warum also sollte man nicht schließen, daß Tiere analog zum Menschen handeln, aus vergleichbaren Motiven und auf durchaus ähnliche Weise?

Montaignes skeptische Vermutungen hatten etwas Ketzerisches: Sie rüttelten an den Fundamenten des christlichen Weltbildes. Kein Wunder, daß sich die Philosophen des Barock so weit provoziert fühlten, daß sie sich genötigt sahen, das krasse Gegenteil zu behaupten. Zwar räumt Spinoza ein, daß Tiere empfindende Wesen seien, doch das bedeute noch lange nicht, daß sie »der Natur nach mit uns übereinstimmen«. Statt Einfühlung fordert er eine kühle sachliche Einstellung. Nur wer sein Mitleid mit dem Tier unterdrückt, beweist »gesunde Vernunft«. Alles andere hingegen ist schwach: »eitler Aberglaube und weibische Barmherzigkeit«.[8]

Noch gesünder ist die Vernunft des René Descartes, der das Problem gleich bei der Wurzel, genauer: bei den Nerven packt und Tieren ein Empfindungsleben kategorisch abspricht. In seiner *Abhandlung über die Methode des richtigen Vernunftgebrauchs*, einer der fruchtbarsten und zugleich furchtbarsten Texte der Philosophiegeschichte, unternimmt Descartes einen titanenhaften Versuch, die christliche Weltsicht von der Sonderstellung des Menschen unter Einbeziehung der damaligen Leitwissenschaft, der Mechanik, neu zu begründen. Mit kalter Lust führt der Mechaniker des Geistes seinen Lesern vor, daß Tiere Maschinen sind, Automaten und Uhrwerke, unvernünftige Simulanten des Lebens, allenfalls dazu fähig, ein wahres Empfindungsleben technisch nachzuäffen. In seiner Suche nach den verborgenen Mechanismen dieser Tier-Automaten sezierte Descartes Tierköpfe und Herzen: »Schneidet man bei einem lebendigen Hund die Spitze des Herzens ab und führt einen Finger in eine der Kammern ein, so spürt man ganz deutlich, daß das Herz auf den Finger drückt, wenn es sich verkürzt, und diesen Druck wieder löst, wenn es länger wird.«

Nicht nur Tierversuche, jede Art von Nutzung der Tiere war für Descartes gerechtfertigt. Was nur eine minderwertige Seele besaß und wie ein Uhrwerk funktionierte, hatte in der

Ethik nichts zu suchen. Ein Narr, wer den Tier-Automaten mehr zutraute, sie gar in die Theologie aufnahm. Irrtum, Einbildung, Gefahr für die Tugend – schwere Geschütze führt Descartes ins Feld, die Schlacht um den exklusiven Platz im Himmel gegen jede andere Kreatur zu verteidigen. Wo, so fragt sich Descartes, kämen wir hin, wenn Tiere tatsächlich dem Menschen vergleichbar wären?

Seine Antwort (und seine Befürchtung) ist verblüffend offen: nicht in den Himmel! Wer wie Descartes die Hoffnung auf Auferstehung an den Sonderstatus des Menschen knüpft, *muß* den Tieren absprechen, mit dem Menschen prinzipiell vergleichbar zu sein.

Wie recht der Anwalt des christlichen Weltbildes mit seinen Ängsten hatte, Tier und Mensch ihrem Empfinden nach auf eine Stufe zu stellen, zeigte in erfrischender Klarheit hundert Jahre später David Hume. Der englische Empirist war ein zu guter Beobachter, um den Tieren ihre Empfindungen abzusprechen. Doch der Gedanke Descartes', Wahrnehmungen und Handeln nach mechanischen Grundsätzen zu erklären, gefiel ihm wohl.

Einmal dabei, das Innenleben beseelter Wesen nach Ursache und Wirkung zu erklären, macht Hume auch vor dem Menschen und seiner Vernunft nicht mehr halt. Selbst die Vernunfttätigkeit, vermutet Hume, könnte sich letztlich als nichts anderes herausstellen als »eine Art von Instinkt oder mechanischer Kraft ... die, uns selbst unbekannt, in uns wirkt. ... Die Instinkte mögen verschieden sein, aber es ist doch ein Instinkt, der den Menschen lehrt, Feuer zu meiden – gerade so wie der, welcher den Vogel mit solcher Genauigkeit in der Brutpflege unterweist und in der ganzen Einrichtung und Ordnung bei der Aufzucht der Jungen.«[9]

Humes Einsicht in das Zusammenspiel von Erfahren und Denken legte den philosophischen Grundstein einer Denkrichtung, die im 20. Jahrhundert als »Behaviorismus« für Furore sorgen sollte: die Erklärung des menschlichen Geistes nach Maßgabe seines sinnlichen Lernverhaltens.

Es ist schon ein eigentümlicher Lauf der Philosophiegeschichte, daß eben jene Erklärung, die Descartes dazu benutzt, Tiere abzuqualifizieren und Menschen aufzuwerten, sich hundert Jahre später wunderbar dazu gebrauchen läßt, anschaulich zu zeigen, wie sehr sich Tiere und Menschen ähneln. Die Einführung der Mechanik in die Seelendiskussion brachte keinen langfristigen Vorteil; im Gegenteil verhalf sie dazu, die animalische Natur auch des Menschen vorzuführen. Viel fataler als die Erfindung der Tier-Automaten wirkte sich Descartes' scharfe Trennung von Körper und Geist auf die nachfolgende Philosophie aus. Daß der Geist wesentlicher sei als der Leib, hatten im Prinzip auch die Griechen behauptet. Doch Descartes läßt kein einziges gutes Haar am Körper und reduziert ihn zum bloßen Anhängsel. An die Stelle einer Theorie der Wechselwirkung von Sinn und Sinnlichkeit tritt ein bizarr überanstrengter Begriff des menschlichen »Geistes«. Folgenschwer wütet das cartesianische »cogito« quer durch die Aufklärungsphilosophie bis ins leibfeindliche 19. Jahrhundert. Solange Geist und Körper nicht in ihrem Zusammenspiel erkannt werden, solange haben auch die Tiere keine echte Chance, daß man sie als Lebewesen ernst nimmt.

Was die Vorstellung von Tieren als Automaten betrifft, so wurde ihr schon zu Descartes' Lebzeiten mehrfach widersprochen. Für einige seiner Kritiker schoß die Automaten-Theorie weit über das verständliche Ziel hinaus, den Verzehr von Tieren zu legitimieren. Pierre Bayle, ein kluger Skeptiker der Cartesianischen Theorie, erkannte genau, daß hiermit gleich jede erdenkliche Grausamkeit gegenüber Tieren gerechtfertigt wurde. In den Vorbehalten seiner Zeitgenossen wird deutlich, daß Descartes' Sicht der Tiere keineswegs für das 17. Jahrhundert repräsentativ ist, sondern nur eine Ansicht unter vielen – freilich eine sehr verhängnisvolle Ansicht.

Das Verhältnis von Mensch und Tier im Barock hat viele verschiedene Gesichter. Die Gesellschaft an den Fürstenhöfen kennt Tiere als Prestigeobjekte. Je unnützer ein exotisches Tier seinem Besitzer in praktischer Hinsicht erscheint, um so mehr erfreut sich die höfische Gesellschaft an grazilen Windspielen, kapriziösen Rennpferden und kunstvoll verkrüppelten Tauben. Persönliche Lieblingstiere erhalten monumentale Gräber und Gedenksteine, exotische Tiere stehen für wilde Fremdheit und simulieren Horrorwelten in den Augen der Menageriebesucher. Doch immer wieder begegnen uns die entsetzlichsten Grausamkeiten. Bezeichnenderweise stützen sich die Quälereien gerade nicht auf eine Cartesianische Sicht. Denn es ist ja naheliegend, daß der Spaß an Tierkämpfen größer ist, wenn der mordlüsterne Betrachter nicht davon ausgehen muß, es handele sich lediglich um das Gemetzel von Automaten. Descartes' Ansicht dürfte jenseits der philosophischen Debatten nicht sehr verbreitet gewesen sein. Wo bleibt sonst der Spaß, Doggen gegen Bären und Stiere kämpfen zu sehen oder einem leibhaftigen »Prell-Spektakel« beizuwohnen? Immer wieder schleudert das Netz Füchse, Dachse, Hasen oder Wildkatzen in die Luft und läßt sie ein ums andere Mal auf dem Boden aufprallen. Und sollte der Tod durch Brüche und innere Blutungen allzu schnell eintreten, so schüttet man geschwind ein wenig Sand auf den Boden, um den Prozeß des Zermatschens ein wenig hinauszuzögern; ein zu kurzer Spaß ist kein richtiger Spaß. Befreiend öffnet die sadistische Quälerei dem umstehenden Publikum das Herz, so daß diese »Fürst-Adeliche Lust jedermann so sehr begnüget, und solch frey sonderbar Gelächter zuwege bringet«, daß »Adel- und Fürstliche Personen, bevorab Dero Frauenzimmer, durch eben das Gelächter, die Brust hauptsächlich räumen und erleichtern«.[10]

Männlicher als das Prellen ist die Jagd. Doch die barocken Höfe haben nur noch wenig Freude an simplen Jagdvergnügen. Statt waidmännischer Sportlichkeit herrscht Tonnage-Ideologie. Wechselseitig überbieten sich die Fürsten in der Zahl der zu massakrierenden Opfer. Hunderttausende von Tieren lassen auf Schaujagden ihr Leben. Schon ein einziges Hofjagdfest, wie das des Herzogs Karl Eugen von Württemberg am 20.2.1763, kostet mehr als 5200 herbeigeschafften Wildtieren den Tod. Der Mensch als »Besitzer und Herrscher der Natur«, wie Descartes ihn sich wünschte, zeigt seine Fratze: soviel Macht über die Kreatur zu haben wie irgend möglich, um den unsinnigsten Gebrauch davon zu machen.

Die höfische Gesellschaft und die gelehrte Welt des Barock hatten höchst unterschiedliche Gründe, sich gegenüber Tieren erbarmungslos zu zeigen. Während bei Hofe Prestigedenken und Spaß an der Quälerei den Ton angaben, lehrten Denker vom Schlage Spinozas geradezu das Gegenteil: Affekte gegenüber Tieren zu unterdrücken und zwar in jeder Hinsicht; als unnötige Quälerei ebenso wie als Mitleid. Mit eiserner Strenge verurteilt Spinoza unkontrollierte Emotionen selbst als animalisches Verhalten, als das Abscheulichste und Verachtenswerteste, das sich der kühle Rationalist denken kann. Während die Fürsten ihre Überlegenheit über alle Kreatur feiern, warnen Philosophen wie Spinoza vor dem Bestialischen im Menschen selbst. Wer nicht nach dem kalten Stahl der Vernunft lebt, macht sich verdächtig, verkommen, unmoralisch oder läppisch zu sein. Kurzum: Ein solcher Mensch benimmt sich armselig wie ein Tier.

Doch Leibfeindlichkeit und Vernunftdenken allein lösten noch nicht das Problem der Tierseele. Wer alles Animalische für niedrig und bedeutungslos hielt, mußte noch lange nicht Descartes' Automaten-Theorie unterschreiben. Die Angst vor der Tierheit im Menschen legte ja eindringlich nahe, daß es durchaus Überschneidungspunkte im Gefühlsleben von Mensch und Tier gab. Wie sehr das Problem nicht nur Philosophen auf den Nägeln brannte, zeigen vier Sammelbände aus den Jahren 1742 bis 1745, veröffentlicht von dem Leipziger Altphilologen Johann Heinrich Winkler. Als Ergebnis mehrerer interdisziplinärer Tagungen verkünden die Verfasser einige durchaus beachtenswerte Ansichten. Danach verfügen Tiere durchaus über Verstand und einige sogar über Anzeichen von Vernunft: »Diese Vortrefflichkeit im Denken beweisen einige Gattungen von Thieren durch ihre geometrische Kunst im Bauen, durch ihre Vorsorge für das Zukünftige, durch ihre sittlichen Handlungen, und durch die besonderen Töne, welche eine ihnen eigene Sprache ausmachen.« [11] Einmal dabei, die Seelen der Tiere einer ernsthaften Prüfung zu unterziehen, sprechen Winkler und seine Kollegen ihnen zugleich ein Anrecht auf Unsterblichkeit zu; ein Privileg, daß freilich nicht davor schützte, geschlachtet, gesiedet, gekocht und gebraten zu werden. Einzig bei Tierversuchen zieht Winkler aus den unsterblichen Seelen die Konsequenz, daß damit in Zukunft Schluß sein müsse.

Das 18. Jahrhundert mit seinen neuen naturwissenschaftlichen Erkenntnissen rüttelte kräftig am maroden Weltbild des Barock. Mit erstaunlicher Gedankenakrobatik unternimmt Gottfried Wilhelm Leibniz einen letzten großen Versuch, die traditionelle christliche Sicht mit dem neuen Naturverständnis zu vereinbaren. Auf ihre Weise entspricht die Leibnizsche Kapriole, neue Gesetze für die Aufrechterhaltung einer verfänglichen Sicht zu finden, Descartes' Anliegen, Gott und die Welt nach dem Stand der Logik *seiner* Zeit zu begründen. Leibniz bemüht sich darum, die christliche Sicht einer von Gott vortrefflich eingerichteten Welt so umzumodeln, daß sie nicht weiterhin so enttäuschungsanfällig ist. Die Lösung des Problems ist verblüffend: Die Welt bleibt weiterhin das perfekte Kunstwerk Gottes und mithin »die beste aller erdenklichen Welten«, aber sie ist eben nicht allein auf den Menschen zugeschnitten. Dieser ist zwar weiterhin Teil des göttlichen Plans, aber eben nur ein Teil und nicht das alleinige Zentrum.

In solcher Lage hat Leibniz wenig Probleme damit, den Tieren eigene »Ideen« und im weitesten Sinne »vernünftige Folgerungen« zuzuerkennen. In vergleichbarem Sinn lehnt Hermann Samuel Reimarus zwar den Begriff der »Vernunft« ab, spricht aber »vierfüßigen Tieren« eine produktive Einbildungskraft nebst Erinnerungsfähigkeit und Willensäußerungen zu. Auch werden, getreu der Leibnizschen Theorie von der besten der Welten, die empfindenden Tierseelen fest in den göttlichen Plan einer vollkommenen Welt integriert.

Doch die beste der Welten und der göttliche Plan, der die Tiere mit einschließt, sind erst mal nur schöne Worte; was aber ist mit den praktischen Fragen des Umgangs mit Tieren? Hat der Mensch nun Tieren gegenüber Pflichten, oder hat er sie nicht? Vor allem: Darf man Tiere schlachten, oder versündigt man sich dabei gegen Gott? Und wenn man sie schlachten darf, warum läßt Gott die Tiere dann dabei leiden?

Mit Descartes argumentiert, war die Lösung des Problems einfach. Gott war vom Verdacht frei, willkürlich Leid zu erzeugen – denn Automaten leiden bekanntlich nicht. Doch wer der Überzeugung war, Tiere hätten sehr wohl Empfindungen (und das waren im 18. Jahrhundert die meisten), konnte tiefe Zweifel hegen, daß Gottes Welt, die die Tiere so entsetzlich leiden läßt, tatsächlich die beste aller erdenklichen Welten war. Die Rechtfertigung des Fleischverzehrs konnte hier nur theologisch sein: Auch die Tierseele, erfuhr der verunsicherte Fleischesser, sei durch Adams Sündenfall verderbt. Warum also sollte man eine solch korrumpierte Seele nicht essen dürfen? Je mehr Tiere der Mensch ißt, um so mehr von ihnen gelangen auf schnellstem Wege ins Paradies. Daß diese im Ernst vertretene Ansicht ein gutes Argument auch für jede Art Krieg und Völkermord liefert, schien ihren Verfechtern nicht weiter bedenklich. Und wer sich mit dem Paradies für Tiere nicht recht anfreunden wollte, für den gab es noch eine zweite

Variante: daß die Tiere, durch ihren nach Gottes Willen zweckdienlichen Tod, zu höheren Wesen werden und ihre unsterblichen Seelen an Verstand und Vernunft zunehmen. »Den Thieren«, verstieg sich der Philosoph Georg Friedrich Meier 1749, »kann keine größere Wohltat wiederfahren, als wenn sie getödtet werden.« [12]

Was also hatte der Streit um die Seele den Tieren gebracht? Erst sprachen Philosophen vom Schlage des Descartes ihnen die Unsterblichkeit ab und reduzierten sie zu eßbaren Automaten. Allein, der Traum vom Menschen als dem einzigen Zweck der Schöpfung ließ sich nicht aufrechterhalten, zu wenig bestätigte der tatsächliche Lauf der Dinge – Kriege, Krankheiten und Naturkatastrophen – diese überkommene Sicht. Als Leibniz schließlich erklärte, jedes Lebewesen erfülle seinen klug ausgedachten Beitrag in der besten der Welten, änderte sich zwangsläufig die Sicht auf die Tiere. Auf einmal drehte man den Bratspieß um. Man verkündete die Unsterblichkeit der Tierseele, freilich nur, um sie wie bisher genüßlich verspeisen zu können. Entsprechend wenig Probleme hatte man später, als Leibniz' Philosophie an Einfluß verlor, die austauschbare Unsterblichkeit leichter Hand wieder zu tilgen.

So viel Papier auch beschrieben wurde und so heftig die Debatten mitunter ausfielen, um den Status der Tierseele zu definieren – nichts bleibt als die erbärmlichen Rechtfertigungen der »klugen Tiere«, warum sie die weniger klugen, entgegen allen Skrupeln und Ahnungen, dennoch essen dürfen. Ihnen eine Seele zu- oder abzusprechen, sie vergänglich oder unsterblich zu machen, war über Jahrhunderte letztlich kaum etwas anderes als ein Instrument der Macht, Ungerechtigkeit und Greuel zu rechtfertigen. Man konnte es gegen Frauen einsetzen, gegen andere Völker wie Negroide oder Indianer oder eben gegen Tiere. Die völlige Bedeutungslosigkeit der Andersdenkenden, die im Ernst forderten, den Umgang mit beseelten Tieren radikal zu verändern, spricht der ganzen gelehrten Diskussion Hohn. Prosaischer als jede kluge Abhandlung hatte Johann Gottlieb Fichte 1796 die wahre *Grundlage des Naturrechts* schonungslos niedergeschrieben. Tiere, so verfügte der Philosoph, sind das Eigentum des Menschen, ebenso wie ein Hut oder ein Haus. Jeder Mensch darf mit Tieren tun, was er will, solange er sich nicht am Eigentum anderer vergreift. Was öffentliche Tiere anbelangt, also Wildtiere im Gegensatz zu Nutztieren, so fällt Fichte nichts anderes ein als die »Schädlinge« abzuknallen, im Dienste der Kultur versteht sich. »Es ist … jedem vernunftmäßigen Staat anzumuten, daß er das Wild zunächst gar nicht ansehe, als etwas Nutzbares, sondern als etwas Schädliches … als einen Feind.« [13] Und sollten sich nicht genug offensichtliche Schädlinge mehr finden lassen, so kümmere sich der Jäger halt um die weniger offensichtlichen. Von Natur aus jedenfalls sind alle Wildtiere überflüssig und schädlich. Es ist deshalb sinnvoll, »dem Jäger noch andere Verbindlichkeit aufzulegen« wie »die Ausrottung der Raubtiere, aus denen er selbst keinen Nutzen ziehen kann, deren Leben ihm aber auch nicht unmittelbar schadet, (die welche seinem Widerstande schaden, Füchse, Wölfe u. dgl. rottet er schon aus) z. B. Hühnergeier, u. dgl. Raubvögel, Sperlinge, selbst Raupen und andere schädliche Insekten«. [14]

Pathologische Phantome

Die höfische Gesellschaft mochte sich noch so sehr an Tierquälereien erfreuen und ihre Philosophen die kalte »Rationalität« predigen – spätestens seit der Aufklärung mußten alle Ideologen der menschlichen Willkürherrschaft über das Tier einen Faktor einkalkulieren, der sich zunehmend ins allgemeine Bewußtsein drängte: das Empfinden von Mitleid mit der geschundenen Kreatur. Schon in den Zeiten des Barock gibt es Zeugnisse, daß die Jagden und Schaukämpfe des Adels durchaus nicht von allen Teilen der Bevölkerung umstandslos gutgeheißen wurden. So etwa bestand im Volksglauben die Ansicht, daß Kinder, die Tiere quälten, später genau an dem Körperteil erkrankten, an dem sie dem Tier Schaden zugefügt hatten. Zur selben Zeit erkannten, wie im vorhergehenden Kapitel beschrieben, protestantische Sekten in England, Amerika und Deutschland das Tier als »Mitgeschöpf«.

In Frankreich entwarf, in Anlehnung an das idealisierte Naturverständnis der Quäker (»refuge from worldly corruption«), der Philosoph Jean-Jacques Rousseau seinen »Naturzustand«, ein Bild vom Paradies vor den verhängnisvollen Folgen der Zivilisation. Auch in Rousseaus Tugendlehre ist von Tieren als leidensfähigen Wesen die Rede. Doch was bei den Quäkern Mitgefühl mit der unter der Last der Erbsünde leidenden Kreatur ist, wandelt sich zu einer bewußt nichtreligiösen Begründung. Nicht Gott, sondern Mitleid und Tugend verpflichten den Menschen zur Sorge um das Tier. Ein anderer Aufklärer, Voltaire, sollte ihm hierin zustimmen. Erbärmlich und armselig sei die Behauptung, Tiere seien Maschinen ohne Verstand und Gefühl. Auch Tiere, erklärte der Philosoph, seien empfindsam und lernfähig. Entsprechend gut müsse man sie behandeln.

Es ist das traurige Verdienst Immanuel Kants, dieses scharfsinnigen und zugleich erschreckend bornierten Stubengelehrten, das Mitleid gegenüber Tieren, das sich in der Philosophie mehr und mehr ausbreitete, wieder auf ein Minimum zu reduzieren. Während Rousseau und Voltaire das Tier als entfernten Schicksalsgenossen des Menschen entdecken, der Engländer Jeremy Bentham sogar die prinzipielle Gleichachtung von Tieren fordert, legt Kant, noch immer knöchern, fest: Der Mensch hat gegenüber Tieren keine unmittelbaren Pflichten, wir schulden ihnen nichts. Ein Unrecht, das man Tieren antun könnte, gibt es nicht. Der Verfasser dieser Sätze ist just derselbe Immanuel Kant, der in seinen *Vorkritischen Schriften* unbedarft behauptete: »Die Negers von Afrika haben von der Natur kein Gefühl, welches über das Läppische stiege.« Umstandslos schließt sich Kant der Meinung Humes an, »daß unter den Hunderttausenden von Schwarzen, die aus ihren Ländern anderwärts verführt werden, obgleich deren sehr viele auch in Freiheit gesetzt werden, dennoch nicht ein einziger jemals gefunden worden, der entweder in Kunst oder Wissenschaft, oder irgendeiner andern rühmlichen Eigenschaft etwas Großes vorgestellt habe, obgleich unter den Weißen sich beständig welche aus dem niedrigsten Pöbel empor schwingen, und durch vorzügliche Gaben in der Welt ein Ansehen erwerben. (...) Die Schwarzen sind sehr eitel, aber auf Negerart, und so plauderhaft, daß sie mit Prügeln müssen auseinandergejagt werden.«[15]

Es geht heutigen Interpreten leicht über die Lippen, die Haltung Kants ließe sich aus dem Geist seiner Zeit erklären. Doch abgesehen davon, daß sich dieses allzu preiswerte Argument letztlich sogar für Hitlers *Mein Kampf* geltend machen läßt: Nicht jeder Zeitgenosse dachte in diesem Punkt tatsächlich so reaktionär wie Kant. Daß schließlich für einen Mann, der alles Wertvolle am Menschen unvernünftigerweise auf die der weißen Rasse exklusive »Vernunftfähigkeit« beschränkt, auch die Tiere durch die Maschen fallen, bedarf wohl kaum mehr als einer Randnotiz. Tiere, die nach Kant kein Selbstbewußtsein besitzen, sind auch keine »Personen«, sondern »durch Rang und Würde ganz unterschiedene Wesen«, Sachen, »mit denen man nach Belieben schalten und walten kann«.[16]

Immerhin, auch ein so konsequent vernünftiger Denker wie Kant kommt nicht ganz ohne Mitleid aus. Obwohl der

Königsberger Gelehrte kein Pardon mit dem Leiden der Tiere kennt, stimmt er doch gegen die Tierquälerei; freilich nicht, weil sie den Tieren schadet, sondern weil sie die Menschen verroht. Wer schlecht zu Tieren sei, sei auch schlecht zu Menschen. Das Argument ist zwar nicht neu, aber Kant ist wohl der erste, der eine solche pädagogische Rücksichtnahme »in Ansehung der Tiere« nicht mit dem Willen Gottes, sondern nach Maßgabe der inneren Vernunft begründet. An die Stelle der Achtung vor der Schöpfung tritt die Selbstachtung – der erste zögerliche Schritt zu einer neuen, nicht theologisch motivierten Rücksicht gegenüber Tieren.

Doch wie schwach dieses Mitleid bei Kant ausfällt – keiner hat dies so überzeugend deutlich gemacht wie Arthur Schopenhauer: »Also bloß zur Uebung soll man mit Thieren Mitleid haben, und sie sind gleichsam das pathologische Phantom zur Uebung des Mitleids mit Menschen.« Auf diese Weise bleiben die Tiere »in der philosophischen Moral vogelfrei … bloße ›Sachen‹, bloße *Mittel* zu beliebigen Zwecken, also etwan zu Vivisektionen, Parforcejagden, Stiergefechten, Wettrennen, zu Tode peitschen vor dem unbeweglichen Steinkarren u. dgl. – Pfui!«[17] Moderner als Kant kann Schopenhauer mit der Vernunft des Menschen nicht viel anfangen: Er traut ihr nicht. Inspiriert durch die für einen abendländischen Denker des 19. Jahrhunderts äußerst ungewöhnliche Lektüre fernöstlicher Weisheiten, erkennt Schopenhauer die Wurzel allen Tierübels im christlich-jüdischen Fundament des abendländischen Moralempfindens: »Die vermeinte Rechtlosigkeit der Thiere, der Wahn, daß unser Handeln gegen sie ohne moralische Bedeutung sei, oder, wie es in der Sprache jener Moral heißt, daß es gegen Thiere keine Pflichten gebe, ist geradezu eine empörende Rohheit und Barbarei des Occidents, deren Quelle im Judenthum liegt.«[18]

Statt Tiere zu versachlichen und ihr Leiden zu verdrängen, fordert Schopenhauer eine nicht an philosophischen Stubenbegriffen, sondern an den Tatsachen des Lebens orientierte Ethik. Die Erde existiere nicht um der Menschen willen, so viel auch immer sie sich hierin einbilden mögen. Seltsam und weltfremd erscheint ihm die Vorstellung, die Tiere seien bloß zum Nutzen und Ergötzen des Menschen da. Philosophen und »Pfaffenschaft« mögen noch so viele »Sophistikationen« anstellen, durch künstliche Grenzziehungen und artegoistische Kriterien Mensch und Tier zu unterscheiden, »in der Hauptsache und im Wesentlichen« sind sie »ganz das Selbe« wie wir.[19] (Eine erstaunlich progressive Sicht der Lebens. Schade nur, daß Schopenhauer sich außerstande fühlte, Frauen und Juden mit in die warme Stube seines Mitgefühls aufzunehmen, und das Vorurteil bestätigte, Tierfreunde erkauften ihre Ethik durch einen Mangel an Menschenliebe.)

Wenn Mensch und Tier im Wesentlichen gleich sind, Schicksalsgefährten im ewigen Kreislauf von Leben und Tod, warum sollte ihnen nicht das gleiche Mitleid zukommen, das wir leidenden Menschen entgegen bringen? Wie kann es eigentlich so schwer sein, die Moral auch auf Tiere auszudehnen, den warmen »Mantel der Menschlichkeit«, wie Jeremy Bentham es einmal formuliert hat, um alles zu schlagen, was atmet? Ein einfacher Blick in den Betrieb eines Schlachthofs reicht völlig aus, ein Gespür für das zu bekommen, was Mensch und Tier vereint: das Lebensinteresse, die Angst und das Leiden. Wie also kann die sich selbst vernünftig dunkende Vernunft all dies übersehen, aus der Ethik verdrängen und wegschließen in die überquellenden Geheimfächer des Unterbewußtseins?

Im 19. Jahrhundert steigt die Peinlichkeitsschwelle gegenüber dem gesellschaftlich gewollten Tiertod stetig an. Doch statt tatsächliche Konsequenzen zu zeitigen, verschwinden die Massaker des Schlachtens und die Greuel der Tierversuche nach und nach hinter die Kulissen. Während einerseits in England der organisierte Tierschutz seinen Weg nimmt, ein erstes Gesetz aus dem Jahre 1821 übertriebene Grausamkeit gegen Tiere unter Strafe stellt, drei Jahre später der erste moderne Tierschutzverein, die *Society for the Prevention of Cruelity to Animals*, gegründet wird, entstehen parallel die ersten Tierfabriken zur industriellen Tötung von Nutztieren; die Tierversuchspraxis erlangt bisher ungekanntes Ausmaß, erste Pelztierfarmen beliefern die Textilfabrikation mit industriell gezüchteten Nerzen. Es ist eine makabere Pointe der Kriminalgeschichte des Bürgertums: In dem Moment, als das durch Vernunft privilegierte Vorrecht des Menschen gegenüber dem Tier philosophisch in sich zusammenfällt, empfindsame Bürger sich mitleidig um den Tierschutz sorgen – just in dieser Zeit nimmt die massenhafte maßlose Qual der Tierfabrikation ihren Anfang: die völlige Entwertung des tierischen Lebens, grausamer, lebensverachtender und kälter als je zuvor in der Geschichte der Menschheit.

»Können sie leiden?«

Während Schopenhauer sich in Deutschland darum bemüht, seine Ethik des Mitleids mit dem Tier gegen fast die gesamte philosophische Tradition des Abendlandes aufzustellen, gibt es in England bereits eine Diskussion um die Frage nach dem »Recht der Tiere«. Schon Jahrzehnte vor Schopenhauer hatte Jeremy Bentham seine Konzeption einer neuen Ethik vorgestellt. Was sonst, fragte Bentham, sei eigentlich der Sinn der Moral, als das Glück aller leidensfähigen Lebewesen zu mehren und ihr Leiden möglichst gering zu halten? Als streitbarer Kämpfer engagierte er sich für die Rechte aller Unterdrückten seiner Zeit, der Sklaven, der Frauen und der Tiere. Vor allem die Französische Revolution machte ihm Hoffnung, eine neue gerechtere Gesellschaft zu schaffen. »Der Tag mag kommen«, prophezeite Bentham im Jahr 1789, »an dem der Rest der belebten Schöpfung jene Rechte erwerben wird, die ihm nur von der Hand der Tyrannei vorenthalten werden konnten. Die Franzosen haben bereits entdeckt, daß die Schwärze der Haut kein Grund ist, ein menschliches Wesen hilflos der Laune eines Peinigers auszuliefern. Vielleicht wird eines Tages erkannt werden, daß die Anzahl der Beine, die Behaarung der Haut oder die Endung des Kreuzbeins ebensowenig Gründe dafür sind, ein empfindendes Wesen diesem Schicksal zu überlassen. Was sonst sollte die unüberschreitbare Linie ausmachen? Ist es die Fähigkeit des Verstandes oder vielleicht die Fähigkeit der Rede? Ein voll ausgewachsenes Pferd aber oder ein Hund ist ungleich verständiger und mitteilsamer als ein einen Tag oder eine Woche alter Säugling oder sogar als ein Säugling von einem Monat. Doch selbst wenn es anders wäre, was würde das ausmachen? Die Frage ist nicht: Können sie *denken*? Können sie *sprechen*? Sondern: Können sie *leiden*?«[20]

In derselben Zeit, in der Kant noch das Billett der menschlichen »Vernunft« zur exklusiven Eintrittskarte in die Moralgemeinschaft erklärte, hatten auch im deutschsprachigen Raum zwei Männer den Mut, die Karte der Vernunft zu zerreißen. Ihr Einlaßticket in die Moral ist wie bei Bentham das Anrecht auf Glück für alle leidensfähigen Lebewesen. Im Jahr 1787 fordert Wilhelm Dietler »Gerechtigkeit gegen Thiere«. Dietler hat eine Vorstellung von Glück, die man nach heutigem Verständnis »ökologisch« nennen müßte. Nicht das Interesse des einzelnen Lebewesens, sondern das Gleichgewicht des Naturganzen dient Dietler zum Maßstab. Quelle der Glückseligkeit ist die ungestörte Natur, in der jedes Lebewesen seinen Platz hat und seine Rolle ausfüllt. Wird dieses Gleichgewicht zerstört, gerät der göttliche Friede der Schöpfung durcheinander und das Unglück mehrt sich. Bewußte Eingriffe in die Schöpfung, wie das willkürliche Quälen und Töten von Tieren, widersprechen der rechtmäßigen Ordnung. Als erster Philosoph im deutschsprachigen Raum spricht Dietler vom »Recht der Tiere«: so zu leben, wie es von Gott bestimmt ist. Wer mutwillig dagegen verstößt, begeht Unrecht. Einige seiner Argumente sind erstaunlich modern. So etwa entkräftete Dietler das Kriterium der Vernunft durch den Hinweis, auch unmündige Kinder seien nicht vernünftig und hätten dennoch Rechte; ein Argument, das auch von heutigen Tierrechtlern ins Feld geführt wird.

Auf ähnliche Weise argumentiert der dänische Philosoph Lauritz Smith, ein Mann, den ebenso wie Dietler heute fast niemand mehr kennt. Auch Smith weist auf den Unsinn hin, vorgeblich nur denjenigen Rechte zuzuerkennen, die um diese Rechte wüßten. Kinder und phantasierende Kranke hätten Rechte, ohne darum zu wissen. Mit knappen Strichen nimmt er den Kern eines Arguments vorweg, das später als Weltraum-Szenario zu den überzeugungskräftigsten Bildern der Tierrechtsbewegung werden sollte: »Du zergliederst das lebendige Thier, weil es in deiner Gewalt ist; ... und ein jeder, der stärker ist als du, wird das Recht haben, dich eben so zu behandeln.«[21] Der Soziologe Gotthard Martin Teutsch wird diese Befürchtung in die konkrete Phantasie kleiden, daß fremde Lebewesen aus dem Weltraum auf der Erde landen. Sie sind den Menschen geistig weit überlegen und benutzen sie, trotz allen Mitleids, als »Versuchskaninchen« für ihre medizinische Forschung und grillen sie als Leckerbissen. Haben Sie dagegen etwas einzuwenden? Sehr interessant. Und warum kämpfen Sie dann nicht gegen Tierversuche und Fleischverzehr, finden beides am Ende sogar noch moralisch irgendwie vertretbar?

Es ist schon ein finsterer Scherz der Philosophiegeschichte, Denker vom Schlage eines Lauritz Smith aus ihrem Gedächtnis zu streichen. Einhundertfünfzig Jahre vor Konrad Lorenz' verhaltenspsychologischen Untersuchungen hatten Menschen in Smiths *Versuch eines vollständigen Lehrgebäudes der Natur und Bestimmung der Thiere und der Pflichten des Menschen gegen die Thiere* lernen können, daß Tiere durchaus »Geist« besitzen: Vorstellungskraft, Geschmack, Gehör, Geruch, Gesicht, Kenntnisse, Einbildungskraft, »die Fähigkeit zu urtheilen und zu schließen«, »ein Gefühl von seiner persönlichen Identität«, Selbstbewußtsein, ein Gedächtnis und einen Willen. Das Glück der Tiere besteht darin, diese Fähigkeiten auszuleben, »denn die Natur machte es dem Thiere zur Pflicht, Freude und Glück und Zufriedenheit mit seinem Zustande zu suchen, eben sowohl als dies, der Natur zu folge, die Pflicht des Menschen ist. Es ist uns also eben so unmittelbar Pflicht, dem Thiere Recht wiederfahren zu lassen, als es uns Pflicht ist, gegen den Menschen gerecht zu seyn.«[22]

Doch die Saat, die Bentham, Dietler und Smith gesät hatten, ging nicht auf. Zu lange lag der Dornröschenschlaf des Verdrängens über der Philosophie. Gegen Endes des 19. Jahrhunderts bemängelt Henry Salt die Rückständigkeit der Ethik gegenüber den Entwicklungen der Zeit. Während Darwin die Gleichheit aller Lebewesen vor jeder späteren Unterscheidung bewies, der Physiker Ernst Mach die Einheit des Bewußtseins und die sogenannte Vernunft zum Tummelplatz neutraler »Elemente« erklärte, bastelten sich führende Philosophen die Welt noch immer nach den überkommenen Kategorien des »Geistes« und der »Vernunft« zurecht. So hartnäckig wiederholen die Gebetsmühlen der Philosophie ihre ewig gleiche Leier, daß Leonhard Nelson sich zu Anfang des 20. Jahrhunderts noch immer genötigt sieht, seine Ethik der Tiere in Auseinandersetzung mit Kant zu begründen. Zu Recht kritisiert Nelson den esoterischen Begriff der Person als eines reinen Vernunftwesens als »unwissenschaftlich«. Nicht Sprache oder Vernunft machen ein leidensfähiges Lebewesen zur Person, sondern seine Interessen. Wie Bentham und Smith fordert er Rechte für alles Leben, das potentiell zu Interessen fähig ist.

Es dauerte weitere fünfzig Jahre, bis der Australier Peter Singer sich der Sache der Tiere annahm. Waren seine Vorgänger fast durchweg Außenseiter gewesen, ihre Ansicht über Tiere tief abgelagert in den Schichten des kulturellen Sediments, so avancierte Singers Buch *Animal Liberation* in den 70er Jahren zum Bestseller. Die Zeit, so scheint es, ist endlich reif für das Recht der Tiere. Tag um Tag zerren die Medien bestürzende Bilder aus Schlachthöfen, Legebatterien und Tierversuchslabors ins Licht der Öffentlichkeit, ohne daß tatsächlich etwas gegen die Greuel geschieht. Hunderttausende Spezies verschwinden inzwischen täglich aus ihren letzten wilden Refugien. Feuer und Motorsäge vernichten in Sekunden, was Millionen Jahre brauchte, sich zu entwickeln. Überall tummeln sich »Haustiere« in geheizten Wohnstuben, während Rinder, Schweine, Hühner und Puten in Gurten festgezurrt, in Käfige eingepfercht, zu Millionen vor sich hin vegetieren; nicht zu reden von den Millionen von Versuchstieren, die Jahr um Jahr bestialisch zu Tode gefoltert werden. Wie lange noch werden die führenden Philosophen daran vorbeisehen?

Singers Argumentation in *Animal Liberation* ist im Grunde sehr schlicht und wiederholt in etwas modernerer Form die Auffassung Benthams. Als »Utilitarier« kennt Singer zwei wichtige Prinzipien der Moral: die Gleichheit und die Nützlichkeit. Wer gleiche Interessen hat, etwa das Interesse daran, am Leben zu bleiben oder keine Schmerzen zu erleiden, muß in dieser Hinsicht auch gleich behandelt werden, völlig gleich, welches Geschlecht er hat, welcher ethnischen Gruppe er angehört oder welcher Art. Dies ist Singers oberster theoretischer Grundsatz. Pragmatisch jedoch ist es bekanntlich kaum möglich, Konfliktfälle zu vermeiden. Ein zweites Kriterium muß her, diese prinzipiell gleichen Interessen in der Not gewichten zu können: die Nützlichkeit für das Gemeinwohl. Ein Tyrann, der den Weltfrieden zerstört, darf deshalb getötet werden, weil die Summe des drohenden Unglücks schwerer wiegt als das persönliche Unglück des Aggressors, zu sterben. Auf Tiere angewendet, ist der Fall klar. Als empfindungsfähige Wesen sind sie dem Menschen prinzipiell gleich. Konfliktfälle, wie der menschliche Wunsch, die ›anderen Tiere‹ zu verspeisen, sind leicht zu entscheiden: Federleicht wiegen die simplen Gaumenfreuden des Menschen gegenüber dem unsagbaren Leid der Tiere, Leib und Leben dafür hergeben zu müssen.

So weit, so schön. Doch was auf den ersten Blick aussieht wie das kluge Patentrezept einer neuen Moral, hat ein paar bösartige Tücken. Wie Bentham, so erklärt auch Singer, das wichtigste Lebensinteresse von Lebewesen bestehe darin, nicht zu leiden. Was aber, wenn ich die Tiere, die ich essen will, vorher rasch und schmerzlos betäube? Und was spricht dagegen, einen schwerkranken Menschen ohne Freunde und Angehörige rasch und schmerzlos zu töten? Mit böser List konstruiert der amerikanische Tierrechtler Tom Regan den Fall seiner Tante Bea. Die Tante ist eine widerwärtige alte Frau, von niemandem geliebt – und sie ist reich. Wäre es da Unrecht, die alte Schachtel umzubringen, um zumindest einen Teil ihres Vermögens einem Krankenhaus für leukämiekranke Kinder zu spenden? Das Ergebnis, sagt Regan, schaffe doch den besten Ausgleich zwischen Befriedigung und Enttäuschung für alle vom Ergebnis Betroffenen und ist, nach Singers Theorie, kein Unrecht. Mit anderen Worten: Ein guter Ausgang für die Allgemeinheit rechtfertigt ein böses Mittel gegen eine Einzelperson.

Die Nützlichkeitsabwägungen auf der Basis von Singers Theorie hinterlassen einen etwas beklemmenden Beigeschmack. Das Leben ist der Güter höchstes nicht, sondern das Gemeinwohl. Im Grunde lassen sich Leid und Freud wie bei einer Rechenaufgabe addieren, um danach Entscheidungen über Leben und Tod von Individuen zu fällen – eine makabere Gleichung. Je länger er darüber nachdachte, um so bewußter wurde sich auch Singer dieser gefährlichen Schwachstelle seiner Theorie. In späteren Schriften versetzte er alle interessensfähigen Individuen in den Rang von »*Personen*«. Als Träger von Interessen haben Personen ein Recht darauf, nicht getötet zu werden, ein Argument, Tante Bea auch weiterhin zu respektieren und nicht allzu leichtfertig dem Gemeinwohl zu opfern. Doch so weit, Tante Bea *unter allen erdenklichen Umständen* vor dem Gemeinwohl zu schützen, möchte Singer auch heute noch nicht gehen. In extremen Fällen dürfen Personen nach wie vor getötet werden.

Um mit der neuen Wertung des Begriffs »Person« Ernst zu machen, fordert Singer seit einigen Jahren »Menschenrechte« für die Großen Menschenaffen. Der Kampf für die »radikale Befreiung unserer Mitaffen« Schimpanse, Gorilla und Orang-Utan wird zum Symbol des Kampfes, die Grenze zwischen den Spezies zu durchbrechen. Natürlich verlangt Singer keine völlige Gleichbehandlung, etwa Affen zum Militärdienst oder zu Steuern zu verpflichten. Auch unter Menschen bedeutet Gleichheit nicht, allen zu jedem Zeitpunkt und unter jedem Umstand dasselbe abzuverlangen. Ziel ist nicht die Gleich*behandlung*, sondern eine gleiche Interessen*erwägung*. Für die Menschenaffen könnte eine solche Interessenerwägung bedeuten, sie beispielsweise in UN-Treuhandgebieten vor anderen Völkern, sprich: Menschen, zu schützen. Nationale Gesetze hätten dafür zu sorgen, die Interessen der Affen analog zu jenen von Kindern oder geistig Behinderten durch einen Vormund wahrnehmen zu lassen.

Den praktischen Konsequenzen aus dem »Great Ape Projekt« würden sich viele Naturschützer wahrscheinlich anschließen; freilich nicht ohne den Hinweis, daß selbiges in den Nationalparks ja längst geschieht, auch wenn sich das Vokabular dieser Interessenerwägung von Singers Begriffen deutlich unterscheidet: Menschenrechte hier – Artenschutz dort. Strittig bleibt eigentlich nur die Frage, ob Menschenaffen in Zoos gehalten werden dürfen. Hier nämlich kommt ein ganz anderes Problem ins Spiel: die Frage nach dem Freiheitsempfinden von Tieren, speziell von Menschenaffen; eine Frage, bei der ich hier nur andeuten will, daß sie sich wissenschaftlich nicht beantworten läßt.

Daß Menschenaffen, Delphine und andere hochentwikkelte Tiere eine besonders sensible Behandlung verlangen, daran besteht kein Zweifel. Doch es ist ein bißchen zweifelhaft, ob Singers Begriff der »Person« viel taugt. Das erste Problem ist, daß man nicht genau weiß, wer nun »Person« ist und wer nicht. Was ist zum Beispiel mit Fröschen? Man muß eine Menge über das Bewußtsein von Fröschen wissen, um entscheiden zu können, ob Frösche über ein elementares Selbstbewußtsein verfügen – eine Menge mehr, als man zur Zeit wirklich weiß. Kennen Frösche Gegenwart und Zukunft, haben sie Angstgefühle, unterscheiden sie sich ihrer eigenen Vorstellung nach von anderen Fröschen? Das zweite Problem ist, daß Singers Definition geistig Schwerstbehinderte und Embryonen seinem eigenen Verständnis nach ausschließt. Zwar gilt auch hier, daß man nicht wirklich genau weiß, was in ihnen vorgeht, aber Singer vermutet, daß sie keine »Personen« sind. Und das heißt: Eine schmerzlose Tötung erscheint ihm in beiden Fällen aus dem gleichen Grund moralisch legitim. Verständlicherweise gibt es sowohl in der Abtreibungsfrage wie bei der Euthanasie eine heftige Diskussion um Singers Thesen: Erkauft der Australier die Einbeziehung der Tiere in die Ethik mit dem Leben von Schwerstbehinderten?

Den gewichtigsten Gegenvorschlag zu Singer unternimmt zu Beginn der 80er Jahre sein amerikanischer Kollege Tom Regan. Auch Regan beruft sich auf das moralische Gleichheitsprinzip aller leidensfähigen Wesen: Schmerz ist Schmerz, wo immer er auftritt. Wo Singer den Begriff der »Person« bemüht, spricht Regan von »*Präferenz-Autonomie*«, der Fähigkeit, Handlungen in Gang zu setzen, um Wünsche zu befriedigen. Unter dieses Kriterium fallen nach Regan Menschen und alle anderen Säugetiere. Um diese Klientel moralisch zu schützen, spricht ihnen Regan einen prinzipiell gleichen *inhärenten Wert* zu. Die Idee stammt ursprünglich von Kant, beschränkt freilich allein auf den Menschen als einziges Vernunftwesen. Doch schon in der Diskussion um Kant ist die Vorstellung von einem solchen inhärenten Wert äußerst umstritten. Logiker, analytische Philosophen und kritische Rationalisten können sich nur schwer damit anfreunden, das Zentrum der Moral in einem unbeweisbaren »Wert« anzusiedeln; und es ist ihnen völlig egal, daß dieser Wert als sogenannte »Menschenwürde« Kernpunkt jeder modernen Verfassung ist.

Im Vergleich mit Singer erscheint Regans Konzept weniger provokativ. Nicht nur Tante Bea kann ihres Lebens vor ihrem arglistigen Neffen sicher sein, ebenso wie Schwerstbehinderte. Zwar können die meisten von ihnen keine Handlungen in Gang setzen – ihre »Präferenz-Autonomie« ist eine nicht verwirklichte Anlage –, doch als potentielle Handlungsträger besitzen auch sie einen »inhärenten Wert«. Seine Kritiker hingegen kann die Wert-Spekulation nicht zufriedenstellen. Der Schweizer Philosoph Jean-Claude Wolf hält Regans »inhärenten Wert« für »problematisch oder zumindest überflüssig«.[23] Besonders störend erscheint ihm die Konsequenz, die Interessen aller Lebewesen mit inhärentem Wert prinzipiell gleich zu achten; der inhärente Wert kennt keine Abstufungen – anders wäre er kein Wert. Was Singers Addition von Glück so problematisch macht: die Rechte von Einzelwesen geringer zu achten als das Gemeinwohl, schlägt bei Regan um ins genaue Gegenteil: die absolute Vorrangstellung aller mit Wert versehenen Einzelwesen gegenüber jeder Möglichkeit, zu differenzieren. Der inhärente Wert ist das höchste aller Güter. Folglich läßt er sich nicht dadurch steigern, daß man ihn addiert. Ein Menschenleben kann nicht durch andere Menschenleben aufgewogen werden. Und da auch Kaninchen über einen inhärenten Wert verfügen, ist auch ihr Lebensrecht prinzipiell nicht überbietbar. Wenn man es böse auf den Punkt bringt, bedeutet dies: Das Interesse eines einzigen Kaninchens wiegt prinzipiell gleich wie das Interesse eines ganzen Volkes.

Die Ethik des Nichtwissens

Die moralischen Begründungen Singers und Regans haben einige Schwachstellen, die es schwierig machen, ihre Ethik des Tierrechts und des Vegetarismus zu unterschreiben. Doch es gibt eine Rechtfertigung, die diese Probleme zwar nicht löst, sie aber weniger spektakulär erscheinen läßt: Wieviel Schwachstellen, fragen Singer und Regan, hat denn der bestehende gesellschaftliche Konsens, die ästhetische Moral unseres Umgang mit Tieren? Mangelt es hier nicht bereits an den elementarsten Grundsätzen? Welches Selbstverständnis treibt die Anwälte des bestehenden Unrechts, millionenfache Greuel für gerechtfertigt zu halten, nur weil seine Kritiker es nicht hinbekommen, das Böse aus der Welt zu schaffen?

Die große Bedeutung der Tierrechts-Philosophen liegt weniger in der uneingeschränkten Überzeugungskraft der Alternativvorschläge als in der Tragweite ihrer Kritik. Mit provozierender Klarheit halten Singer und Regan der Philosophie den Spiegel vor: Nicht Logik und Rationalität, sondern ein biologischer Artegoismus bestimmt über die Grenzen unserer Moral. Ungeschminkt führen sie vor, was keiner der großen Ethiker unserer Zeit, ob Jürgen Habermas, Karl-Otto Apel oder John Rawls, zuzugeben bereit ist: daß der Maßstab der menschlichen Vernunft nicht nur ein logisches, sondern zudem ein handfestes biologisches Kriterium ist – ein Kriterium freilich, das sich ethisch nicht rechtfertigen läßt.

Um das bestehende Unrecht gegenüber Tieren in Philosophie und Gesellschaft aufzuheben, müssen daher mindestens drei Probleme bedacht werden. Erstens: daß man eine Ethik der Tiere nicht auf dem Kriterium der durch die Evolution mehr oder weniger zufällig entstandenen *menschlichen Vernunft* aufbauen kann, zumindest nicht in der Weise, daß man den möglichst unvernünftigsten Gebrauch von ihr macht: sie zum *Maßstab* der Ethik zu erheben. Zweitens: daß die Philosophie ihren *anmaßenden Erkenntnisanspruch verringern* muß. Ob konventionelle Ethiker oder Tierrechtler – ständig werden mit holzhackerischer Sicherheit Kerben geschlagen, welche Tiere nun über ein respektables Bewußtsein verfügen und welche nicht. Was aber weiß das menschliche Wirbeltiergehirn tatsächlich über das Innenleben anderer Gehirne? Nichts deutet darauf hin, daß wir wissen, was in einer Kuh oder einer Schnecke vor sich geht. Und doch werten wir ständig und vergleichen das Unbekannte mit uns selbst. In solcher Lage ist es sicherlich nicht verkehrt, vorsichtig zu sein und eine zukünftige Ethik nicht auf einem Wissen aufzubauen, das man nicht hat – sondern auf einem Nichtwissen, das man hat. Drittens: Gleichheit ist eine feine Sache, doch sollte sie etwas vorsichtiger definiert werden, als es bei Singer und Regan der Fall ist. Eine Ethik des gleichberechtigten Umgangs von Mensch und Tier ist, Singer gibt dies selbst zu, eine Moral für »Heilige und Heroen«. Da es in unserer Gesellschaft auch bis in fernste Zukunft davon nur einige wenige geben wird, bleibt Singers Ethik nicht mehrheitsfähig. Der Hauptgrund dafür dürfte sein, daß der verteufelte Artegoismus ein Teil unserer biologischen Ausstattung ist, der sich nicht durch eine Generalinventur, eine Palastrevolution des Bewußtseins in die Wüste schicken läßt. Wenn Menschen Tiere sind, so haben sie auch tierische Instinkte. Der *Faktor des Artegoismus*, der biologisch durchaus gesund und unersetzbar ist, kann *nicht wegdiskutiert* werden. Eine zukünftige Ethik, wenn sie Erfolg haben will, muß dies einkalkulieren.

Daß die Vernunft durch den Menschen definiert wird, ist ein Faktum; daß der Mensch durch die Vernunft definiert wird, eine Spekulation. Der Mensch ist in der Lage, Schlüsse zu ziehen, über sich selbst nachzudenken, für die Zukunft zu planen, schwierige Entscheidungen abzuwägen, mithin ein Buch über das »Recht der Tiere« zu schreiben. Er ist, was das Ausmaß dieser Fähigkeiten anbelangt, im Vergleich mit anderen Tieren einzigartig. Allein, welche Bedeutung haben Selbstreflexion, Zukunftsplanung und abwägendes Denken tatsächlich für die Alltagskultur? Wie groß ist, mit anderen Worten, der Anteil der Vernunft am tagtäglichen Handeln des Menschen? Ein jedes Kind lernt, zum Teil mühselig, die Tükken des Lebens zu meistern. Es muß nachdenken und sich anstrengen, Schreiben, Lesen und Rechnen zu lernen, sich seine Adresse und den Schulweg zu merken, seine Schuhe zuzubinden, vielleicht Schwimmen und später Autofahren zu beherrschen. Doch wieviel Vernunft erfordert es, diese Fähigkeiten als Erwachsener auszuüben? Nicht selten habe ich mich schon gewundert, wie meine Finger ihr Eigenleben auf der Tastatur des Computers ausleben, und mehr noch darüber, wie es mir neulich gelang, im Vollrausch über mehrere Kilometer zu Fuß nach Hause zu finden, obgleich ich mich am nächsten Morgen an keinen einzigen Vorfall dieses Heimwegs erinnern konnte. Es könnte doch sein, meinten der berühmte Evolutionsbiologe Stephen Jay und seine Frau Carol G. Gould, daß ein skeptischer und unbefangener außerirdischer Verhaltensforscher beim Studium unserer wenig reizvollen Art berechtigterweise zu dem Ergebnis käme, daß *Homo sapiens* größtenteils Automaten mit übertriebenen und sehr wortreichen Werbeabteilungen sind, um unsere Schwächen zu entschuldigen und zu vertuschen.

Erscheint der Anteil der Vernunft am Alltag des Menschen mitunter auffällig gering, so steigert sich die Skepsis erst recht beim Blick auf das politische Zusammenleben der Menschen. Auf die Vernunft als Maß aller Dinge kann nur kommen, wer so unvernünftig ist, ihre Grenzen nicht zu erkennen. Die Geschichte der Menschheit ist ein einziger Beleg für die Widersprüche, Grausamkeiten und Unzulänglichkeiten des menschlichen Bewußtseins. Ein *Erinnerungsvermögen*, das keine Schwierigkeit damit hat, systematisch zu vergessen, woher *Homo sapiens* kommt und was er von Natur aus ist; ein *Gerechtigkeitsempfinden*, das Millionen von Menschen aufgrund ihrer Hautfarbe oder ihrer Religion in ungezählten Vernichtungsfeldzügen dahinmordete; ein *Mitgefühl*, das die Hälfte der Menschheit aufgrund ihres Geschlechts knechtete und knechtet und nahezu tatenlos zusieht, wie Millionen von Menschen verhungern, während andere als Milliardäre leben; eine *Sensibilität*, die in mehr als 50 Ländern der Welt Folter und Todesstrafe zuläßt, Tiere in Labors vergast, verätzt und verstümmelt, in Batterien und Stehsärge zwängt; ein *Verantwortungsbewußtsein*, das die Ressourcen des Planeten in atemberaubender Geschwindigkeit verbraucht, Millionen von Tierarten ausrottet und das ökologische Gleichgewicht in katastrophale Schieflage bringt – ein mit solchen Mängeln versehenes Bewußtsein ist nicht »vernünftig«, allenfalls biologisch hinreichend für den gegenwärtigen Fortbestand der eigenen Art.

Für Mark Twain war die Frage, ob der Mensch durch seine Vernunft ausgezeichnet sei, eine offene Frage: »Ich finde, der stärkste Einwand gegen seine Intelligenz ist die Tatsache, daß er sich angesichts dieses (historischen) Sündenregisters selbst zum Leittier erklärt, während er doch eigentlich ganz ans Ende gehört.«[24] Kein Wunder, daß in der gegenwärtigen Diskussion häufig von einer »Vernunftdämmerung« die Rede ist. Die Vernunft und ihre Ordnungssysteme geraten ins Zwielicht. Statt weiterhin die Welt in ein System zu sperren, überdenken viele Philosophen den Totalanspruch der Vernunft als ein historisches Konzept. An die Stelle von Definitionen und Eingrenzungen treten Debatten über den geschichtlichen Hintergrund solcher Vorhaben, man bedenkt, wie vielfältig und zugleich wandlungsfähig die menschlichen Vorstellungen einer »vernünftigen« Welt aus heutiger Sicht sind.

Die Ranken der Vernunft fallen nicht als göttliche Hängepflanze vom Himmel auf die Erde herab, auf daß der Mensch an ihr zum Licht klettere; auch ist sie kein kühner Baum, der als sich selbst erkennender Geist in den Himmel wächst. Als stengellose Schwimmpflanze treibt sie auf einem See herum, dessen ökologisches Gleichgewicht längst gekippt ist. Nicht die Vernunft gibt dem Menschen die Spielregeln des Denkens vor, sondern sie ist selbst ein Konzept des biologischen Denkapparates. Bis weit ins 20. Jahrhundert erklärte der Großteil aller westlichen Philosophen den Menschen zum reinen Geist- und Vernunftwesen. Doch solange wir den menschlichen Leib nur als Accessoire betrachten, als bloßes Anhängsel, solange bleibt uns der Blick in das Geheimnis des Denkens und Erkennens verschlossen. Vernünftig denken Philosophen erst dann, wenn sie einsehen, daß sie keine reinen Vernunftwesen sind. Die Geschichte der Vernunft bleibt eine unvollständige Erzählung ohne die Geschichte der biologischen Natur, der sie entspringt. Ja selbst ihr Scheitern bleibt unverständlich, ohne das Wissen um die Architektur des Vorderhirns und seiner Funktionsmechanismen. Nicht erst zu reden von den Kontrollzentren der sexuellen Wünsche, Aggressionen, Herrschafts- und Platzansprüchen, von der Evolution bewahrt und mitgeschleppt aus der grauen Zeit urtümlicher Reptilien.

Zu lange schon definiert sich der Mensch über die Vernunft als das »andere« gegenüber dem Tier. Der Mensch ist das *zoon logon echon* (das Tier mit Vernunft und Sprache), das *zoon politikon* (das politische/gesellige Tier). Solange der

Mensch sich gegen die Natur und die Tiere verteidigen mußte, machten diese Definitionen Sinn. Doch in einer Welt, in der die letzten Refugien wilder Tiere auf erbärmliche Weise zusammengeschrumpft sind, Technik und Zivilisation den Menschen vor den Unbilden der Natur soweit schützen, das man von »Entfremdung« spricht – in solcher Lage ist es höchste Zeit, sich zurück auf das Gemeinsame von Tier und Menschentier zu besinnen. Statt alles Animalische aus der Lebenswelt wie aus der Philosophie auszugrenzen, steht es heute an, die Lebensgrundlage aller Lebewesen vor der drohenden Katastrophe des ökologischen Desasters zu sichern. Und vielleicht gelingt es dem Menschen über den Umweg der ökologischen Schicksalsgemeinschaft, zu lernen, daß er Tier ist und daß er nicht wie ein Gott denkt (selbst wenn er *an* Gott denkt), sondern so, wie ein besonders hochentwickeltes Wirbeltier nun mal zu denken in der Lage ist.

Eine jede Ordnung der Vernunft ist vergänglich; ihre erkenntnistheoretische Grundlage ebenso wie ihre Moral. Stets werden Dinge absolut gesetzt, manche als wichtig ausgewählt und andere ausgeschlossen. Hinter jedem »objektiven« Grund lauert ein Abgrund. Heute wissen wir nicht einmal mehr, ob der Begriff der Objektivität erkennntnistheoretisch überhaupt noch einen Sinn macht. Es gab – und gibt sie vereinzelt auch noch heute – Philosophen, die von der Existenz einer bewußtseinsunabhängigen Welt »an sich« ausgehen und daran glauben, diese objektiv erkennen zu können. Ich nenne sie die *Fotografen*. Bei ihnen wundert man sich immer, daß sie so oft irren können, und viele ihrer vermeintlichen Fotos sind Muster ohne Wert. Andere hingegen glauben zwar auch an diese Welt »an sich«, vermuten aber, diese mit Hilfe des menschlichen Bewußtseins niemals tatsächlich erfassen zu können. Ich nenne sie *Höhlenbewohner*, und die berühmtesten sind (mit durchaus gravierenden Unterschieden) Platon und Immanuel Kant. Andere nun wiederum glauben, daß es auch die Welt »an sich« *gar nicht gebe*, sondern immer nur subjektive Eindrücke (von unterschiedlichem Grad an Beweisbarkeit). Sie unterteilen sich nach dem Grad der Gewißheit, mit der sie trotzdem glauben, Aussagen mit Wirklichkeitsanspruch machen zu können. Die einen nämlich beziehen die unbedingte Richtigkeit ihrer Weltsicht, die sie ohne die Existenz einer Welt »an sich« ja nicht überprüfen können, daraus, daß Gott ihnen seine Geheimpläne einflüstert. Wie Leibniz sind sie *Eingeweihte* der himmlischen Wahrheit; die anderen traten in die Fußstapfen David Humes. Wie er teilen sie den Zweifel an einer äußeren Ordnung des Kosmos und suchen deshalb nach den Schemata der inneren Ordnung. Als *radikale Konstruktivisten* haben sie sich von der unbedingten Wahrheit verabschiedet. Für sie ist Erkenntnis »ausschließlich die Ordnung und Organisation von Erfahrungen in der Welt unseres Erlebens«.[25]

Es besteht wenig Zweifel daran, daß der Konstruktivismus die modernste dieser Sichtweisen ist. Statt vermeintlich objektive Ordnungen zu entwerfen, interessieren sich Konstruktivisten für die Logik unseres animalischen Bewußtseins, die Mechanismen, nach denen wir Größen wie ›Objektivität‹ und ›Welt‹ konstruieren. Die Metaphysik des Seins löst sich auf in die Physik ihrer Weissagungen. Sie erzählt mehr über die menschlichen Impulse in der Tiefenstruktur des Bewußtseins als über die vermeintliche Oberflächenstruktur der Welt.

Wer diese Bedingtheiten erkennt, wer reflektiert, daß die Spezies Mensch keinerlei Zugriff auf eine alles umfassende Wahrheit besitzen kann, der wird vorsichtig sein, sich Kriterien auszudenken, die belebte Natur tatsächlich objektiv zu beurteilen. Es ist und bleibt das Dilemma aller Philosophie, mit nichts anderem hantieren zu können als mit den Begriffswelten des *menschlichen* Geistes. Um so vorsichtiger sollten die »klugen Tiere« sein, die kognitiven Zustände der anderen Tiere mit leichter Hand als Automatismen oder Instinktverhalten wegzukürzen. Andernfalls könnten wir genötigt sein, auch Menschen allein auf Reiz- und Reaktionsmechanismen zu reduzieren; etwas, was wir aus gutem Grund nicht tun. Mit Recht glauben wir, daß es jenseits neurobiologischer Wahrheiten auch noch andere gibt; Wahrheiten, die sich mit biologischen Meßapparaturen nicht erfassen lassen. Welch verquerer Aberglaube freilich hindert uns dann daran, dasselbe für andere Tiere anzunehmen? Je mehr wir über die Funktionsweise unseres Wirbeltiergehirns erfahren, um so irrwitziger erscheinen auch die letzten Grenzposten unserer Weltanschauung, das Reich der Ethik gegenüber anderen Tieren zu verschließen.

Doch wer den Menschen nicht als reines Vernunftwesen, sondern als hochentwickeltes Wirbeltier betrachtet, ist schlecht beraten, dieser Tatsache nicht auch in seinen heiklen Punkten Rechnung zu tragen. Der Artegoismus des Menschen ist mehr als die Erfindung einer fensterlosen Philosophie, blind für das Leben anderer Tiere. Wer wollte tatsächlich fordern, daß der Mensch sich so weit über seine Instinkte erhebt, einen solchen biologischen Mechanismus aus freien Stücken fallenzulassen? Fänden wir es nicht im wahrsten Sinne des Worten abartig, wenn eine Mutter, vor die Wahl gestellt, den Dackel aus dem brennenden Haus rettet, ihren Säugling jedoch drinnen läßt; gestützt etwa auf Singers Argument, der Dackel sei bewußtseinsmäßig höher entwickelt und deshalb entsprechend leidensfähiger? Hielten wir es nicht sogar für verständlich, das eigene Kind im Zweifelsfall zwei fremden Kindern vorzuziehen, die gleichzeitig mit im brennenden Haus sind; ein Lebewesen der eigenen Spezies also schon allein deshalb für wertvoller zu erachten als zwei andere, weil es uns emotional näher steht?

Es ist allerdings die Frage, ob der menschliche Egoismus, Näherstehendes mehr zu lieben als Fernes, wirklich ein großes Problem für die Tierethik sein muß. Wir kennen den gleichen Mechanismus vielfach in der übrigen Tierwelt. Mütter verteidigen ihre Kinder gegen Feinde, Rudelführer sorgen sich um den Fortbestand und das Wohlergehen ihres Clans. Das einzige, was es aus menschlicher Sicht zu tun gibt, ist, dieses Interesse der Tiere zu respektieren, nicht sie zu lieben oder sie dem Menschen im Konfliktfall gleichzusetzen.

Die Tatsache, daß es keine Eigenschaft gibt, die prinzipiell allen Menschen, einschließlich Kleinkindern und Schwerstbehinderten, zukommt und die gleichzeitig exklusiv für den Menschen ist, verschafft uns noch keinen Einblick in das Bewußtsein der Tiere. Aber sie legt immerhin nahe, daß höherentwickelte Tiere komplexe Interessen haben können, die über reine Triebbefriedigung hinausgehen. Auch Säuglinge lassen sich nicht nach ihren Interessen befragen, und dennoch nehmen wir an, daß sie welche haben. Gewiß werden wir Tiere nie auf genau die gleiche innige Weise in unsere Moral einbeziehen können wie Säuglinge. Doch Liebe und Innigkeit sind im Umgang mit dem Tier auch gar nicht verlangt. Das einzige Verhalten, das wir aus dem Umgang mit dem Säugling, dessen wahres Innenleben wir nicht kennen, für eine Ethik mit dem Tier, dessen Innenleben wir auch nicht kennen, ablauschen können, ist eine grundsätzliche Regel: die durch vorsichtige Analogieschlüsse vermuteten Interessen zu respektieren und dort, wo kein unmittelbarer Zwang zum Töten vorliegt, Tieren möglichst gewaltfrei entgegenzutreten.

Wer wirklich reflektiert, daß wir kein verbindliches Wissen über das Innenleben von Tieren haben können, wird vorsichtig, das Tier weiterhin zu versachlichen. Eine *Ethik des Nichtwissens* ist gut beraten, das moralische Artempfinden analog zu respektieren. Es ist dabei durchaus nicht wichtig, daß Tiere genau *gleich* empfinden wie wir. Es reicht, daß sie überhaupt empfinden. Warum sollten sich andere Gefühle nicht genauso anerkennen lassen wie gleiche? Tiere deshalb zu achten, weil sie *anders* sind, ist die Herausforderung der Zukunft. Nicht unsere Liebe, wohl aber unser Verstand wird sich daran messen lassen, ob es ihm gelingt, über die engen Grenzen der menschlichen Art hinaus zu denken.

Dritter Teil: Was tun?

Ressource Tier

Oder: Fragen der Praxis

Man verzehrte Artgenossen,
selbst das liebenswerte Schwein.
Doch die aufrecht gehen konnten,
fraß man nicht – man grub sie ein!
Franz Josef Degenhardt

Die Prosa der Verhältnisse

Meister Tschuang-Tse wandert mit seinem Freund Hui-Tse über eine Brücke, die über den Fluß Hao führt. Tschuang-Tse blickt ins Wasser und sagt zu seinem Freund: »Sieh, wie die schlanken Fische umherschnellen, so leicht und frei. Das ist die Freude der Fische.« »Du bist kein Fisch«, sagt daraufhin Hui-Tse, »wie kannst Du wissen, daß sich die Fische freuen?« »Du bist nicht ich«, antwortet daraufhin Tschuang-Tse, »wie kannst Du wissen, daß ich nicht weiß, daß sich die Fische freuen?«[1]

Eine alte chinesische Anekdote erzählt davon, wie unmöglich es ist, wirklich zu wissen, was Tiere empfinden. Und sie verrät zugleich, worin die einzige Möglichkeit besteht, sich dem Innenleben von Tieren zu nähern: durch einen Analogieschluß zwischen dem Verhalten der Tiere und des Menschen. Zwar wissen wir bei körperlichen Schmerzen und Wohlergehen sehr genau, was viele Tiere empfinden: Ihr Nervensystem belehrt unmißverständlich darüber. Doch ihr Bewußtsein und ihre Glücksgefühle sind nur durch Analogieschlüsse zugänglich. So albern uns die vielen Versuche der Vergangenheit heute erscheinen, von bösen Menschen auf böse Wölfe zu schließen, so bleibt uns doch kein anderer Weg, als Freude und Leiden der Tiere nach Maßgabe eigener Empfindungen einzuschätzen; freilich nicht, indem wir sie positiv bestimmen, sondern indem wir sie negativ einkreisen: Wir vermuten, es könnte so sein.

Die Grenze, Leiden und Glück zu empfinden, die das Reich der Moralität von der *terra incognita* gefühlloser Insekten und niederer Tiere trennt, ist eine etwas unsichere Linie; ihre Grenzbefestigungen sind provisorisch, und das Wachpersonal ist gut beraten, die Schlagbäume nach dem je neuesten Kenntnisstand der Biologie zu öffnen. Bei alledem ist »Leiden« kein naturwissenschaftlich sicher bestimmbares Kriterium. Wirklich wissen kann der Mensch stets nur sein eigenes Leid, nicht einmal das Leiden seines Nachbarn. Wer weiß, welcher Phantomschmerz diesen quält? Wer weiß, ob er sich nicht einfach nur so entsetzlich anstellt?

Doch wie unwissenschaftlich auch immer: Die Grenze des »Leidens« ist allemal ein biologisch sinnvolleres Kriterium für moralisches Handeln als die biologische Unsinnsgrenze von »Mensch« und »Tier«. Und doch bedeutet, die klassische Kluft zu überwinden, noch keinen neuen Gleichheitsgrundsatz im Sinne Singers oder Regans. So konsequent eine negativ begründete Ethik des Nichtwissens das leidensfähige Tier in die Moral mit einbezieht, so läßt sie doch zugleich die Entscheidungsspielräume der Praxis ein ganzes Stück weit offen, statt sie durch *gleiche* Rechte zum Teil absurd zu verengen. Schon die geringste Belastung durch das Leben läßt die große Maxime von den Menschenrechten der Tiere zusammenbrechen; die Folgen des Gleichheitsgrundsatzes wären mitunter katastrophal. Auch läßt eine Moral für »Heilige und Heroen« sich nicht ausweiten auf alle Nichtheiligen wie Jäger, Tiermediziner, Gentechniker, Landwirte und Viehzüchter. Jede Moral ist letztendlich nur so gut, wie sie für die Praxis etwas taugt.

Ob einem das schmeckt oder nicht: In der Praxis ist das

ethisch geforderte *gleiche Recht auf Anderssein* nicht der Marshall-Plan zum Neuaufbau einer tiergerechten Gesellschaft, sondern ein *Richtwert*. Auch andere ethisch inspirierte Gemeinschaften, wie *Brot für die Welt*, schaffen nicht im Handstreich den Hunger aus der Welt, sondern arbeiten Schritt für Schritt daran, die bestehende Not zu lindern. Nach seinen Visionen oder Richtwerten befragt, würde wohl auch ein *Brot-für-die-Welt*-Sprecher gerne verkünden, das Ziel sei die christliche Abschaffung des Elends in der Welt; in der Praxis jedoch kümmert er sich um ein einziges Flüchtlingscamp in Zaire, voll banger Hoffnung, einer möglichst großen Zahl von Flüchtlingen das Überleben zu ermöglichen. Wie bei allen anderen Problemen auch, so gibt es für die Frage nach dem Tierrecht Grenzen, die sich gegenwärtig nicht überschreiten lassen, ohne gegen die gesellschafliche Akzeptanz zu verstoßen; auf jeden Fall dort, wo die Gesellschaft mehrheitlich der Ansicht ist, daß die artspezifischen Interessen des Menschen *grundsätzlich* in Frage gestellt sind. Statt der ethisch geforderten Revolution geht es in der Praxis um die sorgfältige Reflexion der menschlichen Interessen im Kontext der Mitwelt: Wo liegen grundsätzliche Konflikte vor und wo nicht?

Das Selbstverständnis dessen, was die Gesellschaft der Bundesrepublik Deutschland gegenüber Tieren gegenwärtig für zulässig hält, formuliert das Deutsche Tierschutzgesetz. Man kann dieses Gesetz, das in den Worten seiner Kritiker kein Schutzgesetz, sondern ein »Tierverwertungsgesetz« ist, mit vielen guten Argumenten angreifen. Doch ist es zunächst sinnvoll, zu überprüfen, was nun im Tierschutzgesetz steht und wie die gesellschaftliche Praxis des Tierleids und des Tiertods aussieht. Ich bemühe mich dabei, soweit es das Thema irgendwie zuläßt, sachlich zu bleiben. Dies ist kein Kapitel über die entsetzlichen Greuel der Tierquälerei und industriellen Verwertung von Tieren. Mag sein, daß allein die abwägende Beurteilung des gesellschaftlich gewollten Tiertods ein grausamer Zynismus ist, ein albern schrecklicher Versuch, ähnlich dem, über die Spannweite der Greuel von Dachau bis Auschwitz zu reden, ohne das Leiden von KZ-Häftlingen und die Foltermethoden der SS überhaupt zu beschreiben. Läßt sich wirklich sachlich darüber reden, ob es »inhuman« ist, Legehennen in der Batterie die Schnäbel zu kürzen, wenn selbige Hennen verkrüppelt, federlos und ethologisch tot ihr erbärmliches Restleben in der Drahtbatterie ausgackern? Stellt es tatsächlich eine Erleichterung dar, über Östrogene und Psychopharmaka bei der Rinderhaltung zu debattieren, solange in Gurten und Ketten gefesselte Rinder mit verformten Knochen und Gelenken auf den Lattenrosten ihrer Stehsärge umherrutschen, eingepfercht zu dem Zweck, bei wahnsinniger Todesangst zu Millionen in der perfekten Tötungsfabrik des Schlachthauses verwertet zu werden?

Ich gebe gerne zu, welches Unbehagen es mir bereitet, gesellschaftlich sanktioniertes Tierelend sachlich zu diskutieren. Denn »sachlich« – man sollte sich auch hier nichts vormachen – bedeutet in diesem Kontext nichts anderes, als die gesellschaftlichen Kriterien der Relevanz mit dem gesellschaftlich ja durchaus bestehenden Unbehagen an der Tiertötungskultur abzugleichen. Wer hingegen beides in Frage stellt, die offiziellen Relevanzkriterien der gesetzlich legitimen ökonomischen Verwertung ebenso wie die ästhetische Moral des Volksempfindens, macht sich in öffentlicher Diskussion verdächtig, emotional und weltfremd zu argumentieren. Die bestehende Moral im Umgang mit Tieren, wie diffus und widersprüchlich, unwissenschaftlich und inhuman sie auch ist, scheint gute beziehungsweise »vernünftige« Gründe für sich zu haben – und seien sie auch nur deshalb gut und vernünftig, weil wir uns an sie gewöhnt haben.

Niemand, sagt das deutsche Tierschutzgesetz, darf einem Tier Schmerzen, Leiden oder Schäden zufügen – es sei denn, er hat einen »vernünftigen Grund« dafür. Die Staaten Westeuropas und Nordamerikas sind sich einig darin, daß die unvernünftige Quälerei von Tieren barbarisch ist und strafrechtlich verfolgt werden sollte. Wer seinen »Mitgeschöpfen« dennoch Leiden zufügt, muß dies entsprechend rechtfertigen: durch einen Wert für die Menschheit, der das Leiden der Tiere aufwiegt. Doch eine »Legaldefinition des Begriffs ›vernünftiger Grund‹«, heißt es im Tierschutzbericht des Bundeslandwirtschaftsministers sehr weise, »gibt es nicht«. »Der Gesetzgeber bedient sich hier zur Beschreibung seiner Ziele eines unbestimmten Rechtsbegriffs, da die vielfältigen Vorgänge der Lebenswirklichkeit nicht umfassend und abschließend dargestellt werden können.«[2] Es scheint also nicht möglich, den Begriff des »vernünftigen Grundes« zumindest minimal zu definieren. So schützt der »unbestimmte Rechtsbegriff« zum Schutz der Tiere noch nicht einmal vor dem barbarisch eitlen Zweck, Tiere für das überflüssigste Dekor in den Drahtkäfigen von Pelztierfarmen zu züchten und zu vergasen. Auf dem »Gebiet der landwirtschaftlichen Nutztierhaltung« fällt dem Bundesminister gerade ein einziges Beispiel ein, über die Vernünftigkeit von Gründen nachzudenken: die Frage nach der Rechtmäßigkeit, Eintagsküken zu töten.

Daß solche erschreckende Auslegung eines vielleicht ja doch irgendwie gutgemeinten Gesetzes nicht so bleiben kann, dafür sorgt als Korrektiv das Volksempfinden. Nicht wenige stillschweigend legitimierte Greuel entsprechen nicht dem Wählerwillen, zumindest nicht in Deutschland. Die Mehrheit lehnt sowohl Pelztierfarmen als auch Massentierhaltung grundsätzlich ab und hält beides durchaus nicht für »vernünftig«. Jeder, der dieses Buch bis hierhin gelesen hat, wird, ich unterstelle das jetzt mal, sich dieser Meinung wahrscheinlich anschließen. Doch was ist mit jenen Bereichen, in denen der Tiertod nach wie vor gesellschaftlich gewollt, das Tierleid gesellschaftlich geduldet (wenn auch nicht unbedingt befürwortet) ist? Wie also verhält es sich bei der Jagd? Ist es ethisch vertretbar, in einer Gesellschaft wie der unsrigen Fleisch zu essen? Sind Tierversuche notwendig und legitim?

Das Tier als Trophäe

»Es hat mir nie eingeleuchtet, was manche Leute für Freude daran haben, Tiere totzuschießen.«

Bernhard Grzimek, der ehemalige Direktor des Zoologischen Gartens in Frankfurt und über Jahrzehnte Deutschlands bekanntester Natur- und Artenschützer, hatte ein problematisches Verhältnis zur Jagd. Freilich auch er selbst hat Tiere gejagt, mit der Kamera ebenso wie mit dem Betäubungsgewehr, doch das Schießen mit scharfer Munition war ihm stets zuwider.

So sehr der persönliche Widerwille Grzimek daran hinderte, aus Lust zum Gewehr zu greifen – der unerbittliche Schutzpatron afrikanischer Wildtierherden und Erzfeind aller Wilderer in der Serengeti blieb stets darauf bedacht, sich nicht mit der deutschen Jägerschaft anzulegen. Nicht wenige Freunde des WWF und der Zoologischen Gesellschaft in Frankfurt nämlich hielten (und halten auch heute) strenge Jagdschutzbestimmungen in Kenia und freimütige Jägerei in Deutschland durchaus für vereinbar; eine Klientel, auf die der umtriebige Spendensammler nicht verzichten wollte.

Deutschlands Jägerschaft ist eine finanzstarke Vereinigung. Im Jahr 1994 investierten insgesamt 326.000 Jäger, das sind etwa 0,4 Prozent der deutschen Bevölkerung, den Gesamtbetrag von über einer Milliarde DM in den Fortbestand ihrer Notwendigkeit; das sind umgerechnet 3000 DM pro Jagdscheininhaber. 87 Prozent aller Hubertus-Jünger sind Mitglieder des mächtigen Deutschen Jagdschutz-Verbandes (DJV). Nach eigenen Angaben brachten die edlen Waidwerker im Jagdjahr 1993/94 mehr als 5 Millionen Tiere zur Strecke, darunter 1 Million Rehe, knapp 1,3 Millionen Hasen und Kaninchen, 500.000 Füchse, über 300.000 Fasanen und viele andere mehr. Pro Jäger und Jahr sind dies ca. 3 Rehe, 4 Hasen, 1,5 Füchse und 1 Fasan. Oder auf den einzelnen Tag umgerechnet: Jeden Tag erlegen Deutschlands Jäger ca. 15.000 Tiere. Und die Zahl derer, die sich an des Waidmanns blutiger Arbeit beteiligen möchten, steigt stetig. Die Jagd ist beliebt, und ihre Anhänger erfreuen sich großer Akzeptanz, in Wirtschafts- und Naturschutzverbänden ebenso wie in der Politik. Franz-Josef Strauß, Friedhelm Farthmann und Niedersachsens Landwirtschaftsminister Funke bekannten oder bekennen sich mit stolz geschwellter Lodenbrust zu ihrem tötungsfreudigen Hobby. Doch was bringt Menschen im Zeitalter von Astra und Internet dazu, aus Spaß an der Freud in den Tann zu ziehen und gewaltige Summen auszugeben, um Füchsen, Rehen, Wildschweinen und Fasanen mit Flinten, Leimruten, Knüppeln, Nickmessern, Netzen, Gaspatronen, Schlagfallen und raubzeugscharfen Hunden den Garaus zu machen? Und wie erklärt sich die Haltung der Gesellschaft, solche Strafexpeditionen gegen die Wildnis nicht als Barbarei zu ächten, sondern sie im Rahmen des deutschen Jagdgesetzes ausdrücklich zu achten?

Eine willkommene Begründung dafür, die Jagd zu dulden, lieferte lange Zeit die Anthropologie. Der Mensch, so hieß es (und heißt es in Jägerkreisen bis heute), ist ein krankes, gestörtes Tier, Sklave seiner übermächtig aggressiven Hormone. Aber immerhin: Allem Übel zum Trotz bescherte die Jagd dem Menschen zugleich die Grundlagen seiner Kultur. Stöcke und primitive Faustkeile stehen für den Ursprung der Technik. Nichts anderes als die einzigartige Aggression und Erfindungsgabe der Jagd ermöglichten es dem Menschen, sich über die anderen Tiere zu erheben, »Mensch« zu werden, was immer wir auch darunter verstehen mögen. Erst vor dreißig

Jahren bekam diese Sicht der Evolution ihre ersten Risse. Die Vielzahl neuer Funde veränderte die Vorstellung von unseren Vorfahren gewaltig, und die »Jagdhypothese« rückte in den Hintergrund. Was ehedem sicheres Wissen zu sein schien, erweist sich heute als eine Spekulation mit geringer fachwissenschaftlicher Zustimmung.

Doch je mehr die Lehre von der Jagd als eigentlich menschliche Tätigkeit aus den Lehrbüchern der Paläoanthropologie verschwand, um so zäher hielt sich die Jagdhypothese in der Verhaltensforschung. Kulturpessimisten wie Konrad Lorenz retteten den aufgeweichten Jagdmythos in das wetterfeste Lehrgebäude der Ethologie und schrieben sich die Hypothese vom Menschen als aggressivem Jäger gegen alle Weltverbesserer von der argwöhnischen Seele. Doch die finstere Weltanschauung von der Jagd als wichtigster Ureigenschaft der Gattung *Homo* – neubegründet aus der Natur als einem Schauplatz unerbittlicher Kämpfe ums nackte Dasein – hat eine viel längere Geschichte. Sie existierte schon vor der Evolutionstheorie, und bezeichnenderweise lauschte Darwin die Vorstellung vom »survival of the fittest« nicht der Natur ab, sondern übertrug Herbert Spencers gesellschaftstheoretische Überlegung aus der Sozialphilosophie in die Biologie. Kein Wunder, daß sich der Darwinismus umgekehrt geradezu aufdrängte, jede Art gesellschaftlicher Ungerechtigkeit einleuchtend zu rechtfertigen.

Allein, die Jagdhypothese und der »Kampf ums Dasein« taugen wenig, die Lust heutiger Jäger an ihrer Passion zu erklären. Denn was hat das heutige Jagen mit dem vorzeitlichen Jagen noch gemeinsam? Was vormals Kampf um die Existenz war, ist heute ein von allen Existenznöten befreiter »Jagdsport«, geboren aus dem Geist des 19. Jahrhunderts. Statt eines »gerechten Krieges« gegen die Wildnis begegnen sich hier, mangels realer Bedrohung, eine eigentümliche Mischung aus Romantik und Tötungswille. Die größte Zahl der heute gepflegten Rituale, wie die archaisch anmutende Gewohnheit, Skalps verendeter Tiere an die Wände zu nageln, dürfte in Mitteleuropa kaum älter sein als hundert Jahre.

In einer Zeit, in der die als »Wildnis« geliebte Restnatur einen Freizeitwert darstellt und keine Bedrohung, bedarf es neuer Rechtfertigungen, einen anmutigen Rehbock zum Zeitvertreib in ein Stück Aas zu verwandeln. Immerhin »hört sich die Vorstellung, einmal im Jahr rituell in den Wald zu gehen, um mit dem Gewehr Hirsche zu erschießen«, für die meisten Nordamerikaner und Europäer »ungefähr so verlockend an, wie einmal im Jahr in den Kuhstall zu gehen, um mit dem Vorschlaghammer Kühe totzuschlagen«.[3] Angesichts solchen Unverständnisses wirkt der Verweis auf den Tötungstrieb des Menschen eher dürftig. Immerhin mehr als 99 Prozent der deutschen Bevölkerung scheinen diesen Trieb nicht zu verspüren, zumindest nicht in dem Maße, daß sie es für nötig befinden, dann und wann eigenhändig ein paar Tiere zu töten. Auch widerspricht es dem ethischen Kodex liberaler Gesellschaften auf das äußerste, vermeintliche Urtriebe wie Mordlust oder Vergewaltigungsfreuden ungestraft zu lassen. Keinem Mörder und keinem Triebtäter nützt es auch nur entfernt, zur Rechtfertigung seiner Gelüste an archaische Bedürfnisse zu appellieren. Kriegserklärungen, die sich auf nichts anderes als die anthropologische Ausstattung des Menschen berufen würden, erschienen uns hochgradig verwerflich, selbst dann, wenn der Aggressor argumentiert, Krieg sei schließlich traditionsreiches Kulturgut – was zweifellos richtig ist.

Wer in den Wald geht und allein zur eigenen Freude mutwillig Tiere tötet, begeht eine Tätigkeit, die unvereinbar ist mit dem ethischen Selbstverständnis moderner Gesellschaften, wie es u. a. das Tierschutzgesetz festschreibt: Einem Tier ohne vernünftigen Grund Schmerzen, Leiden oder Schäden zuzufügen, ist verboten – und sportliche Tötungsfreude ist nach Auffassung eines liberal-demokratischen Staates kein »vernünftiger Grund«. Doch wie kommt es dann, daß die Jagd dennoch gesetzlich erlaubt ist? Und wie erklärt sich die mitunter große Akzeptanz der Jägerei sogar unter Natur- und Artenschützern?

Jäger und Jagdzeitschriften mögen noch so viel über den archaischen Jagdtrieb oder die männliche Passion des Waidwerkes schwadronieren, die einzige offizielle Legitimation, die gegenwärtig zählt, ist die wildbiologische Bedeutung der Jagd. Seit Jahrzehnten schon rechtfertigen die Grünröcke ihr Treiben durch den ökologischen Auftrag, die notwendige Regulierung der Wildbestände zu gewährleisten; eine Selbstdefinition auf der Höhe der Zeit, gegen die zunächst nichts einzuwenden ist. Auch andere Institutionen, Politik und Gesellschaft passen sich fortwährend neuen Erfordernissen und Aufgabenstellungen an. So muß die Berufung auf Ökologie nicht schon allein deshalb Etikettenschwindel sein, weil die Jägerei eine Tradition hat, die mit Ökologie kaum etwas zu schaffen hat.

Ohne Zweifel: Die ökologische Lage der mitteleuropäischen Restnatur ist so problematisch, daß sie in weiten Teilen der Regulation bedarf. Ohne gezielte Maßnahmen wären große Tiere, wie der Rothirsch, in Deutschland mit hoher Wahrscheinlichkeit ausgestorben, der Reh- und Damwildbestand weitaus geringer, als er es zur Zeit ist. Wenn es heute so viele große Wildtiere in Deutschlands Wäldern gibt, wie seit über hundert Jahren nicht mehr, so haben Jäger daran entscheidenden Anteil. Viele deutsche Wälder sind heute bis an die Grenzen ihrer ökologischen Kapazität mit Wild gefüllt – und zum Teil auch darüber. Denn da einige große Tiere, wie zum Beispiel Rehe, sich unter künstlich hergestellten Bedingungen in kurzer Zeit fast explosionsartig vermehren können, besteht heute genau das umgekehrte Problem. Rehe sind, anders als noch vor hundert Jahren, keine bedrohte Tierart mehr, sondern eine bedrohliche Tierart für den Forstbestand. Jäger haben die Zahl der Rehe in Deutschland nicht nur vermehrt, sondern zugleich gefährlich hochgezüchtet. Die Fütterung des Wildes im Winter verhindert die natürliche Auslese; denn stärker als alle anderen Faktoren bestimmen harte nahrungsarme Winter über die Größe der Population. Eben dieser Regulator jedoch fällt durch Winterfütterung flach. Nicht wenige Jäger bestellen sogar Äcker zu dem einzigen Zweck, den Wildbestand durch eiweißhaltige ausländische Pflanzen wie Topinambur so hoch wie möglich zu halten. Winterliches Kraftfutter mit Hormonpräparaten zum Ausschub gewaltiger Stirnwaffen und Eckzähne tun ihr übriges.

Mit größter Anstrengung sorgen Waidmänner in Deutschland für ein ökologisch besorgniserregendes Ungleichgewicht. Selbst die natürlichen Folgen wie Streß, abnehmende Fortpflanzungsrate und zunehmender Parasitenbefall erscheinen ohnmächtig, die durch die Winterfütterung gewaltsam gestörte Balance wieder auszugleichen. Als Folge dieser Schieflage entsteht genau die Situation, die der Flintenmann sich erträumt. Selbst Naturschützer und Tierfreunde wissen keinen anderen Rat, als den Terminator des Waldes aufzufordern, die überzähligen Rehe doch bitte zu erschießen.

Daß Jäger aus den angesprochenen Gründen eine ökologische Aufgabe wahrnehmen, ist unbestreitbar; eine Aufgabe freilich, deren Bedarf sie in hohem Maße selbst verschuldet haben. Es ist eine von Ökologen kontrovers diskutierte Frage, inwieweit größere Waldstücke sich ohne Hege- und Jagdaktivitäten selbst regulieren können oder nicht; es dürfte von Fall zu Fall verschieden sein. Doch wie groß oder klein die regulierenden Eingriffe in die Wildbiologie deutscher Restnatur in Zukunft auch zu sein hätten – an der Jägerei müßte sich vieles ändern, wenn sie tatsächlich eine sinnvolle und keine aberwitzige wildbiologische Rolle spielen will.

Zunächst einmal müßte klar sein, daß »Bestandsregulierung« und »Jagd« durchaus nicht identisch sind. Sie sind es einmal insofern nicht, als selbst der Deutsche Jagdschutz-Verband zugibt, nicht jede Jagd diene notwendig der Bestandsregulierung. Zum anderen erfordert nicht jede Bestandsregulierung notwenig jägerische Aktivitäten. (So etwa erhalten vermehrungsfreudige Zootiere, wie Löwen oder Tiger, in deutschen Tiergärten die Pille, um ihre Fortpflanzung zu kanalisieren, anstatt etwa Jäger in den Zoo zu lassen, auf daß sie ein paar überzählige Tiger abknallen. Wieviel Empörung würden solche Maßnahmen wohl auslösen? Und trotzdem halten wir das Abschießen von Füchsen und Rehen, das gleiches Leid verursacht, für irgendwie vertretbar.)

Ein weiterer Schritt wäre die dringende Maßnahme, Jäger-Logik und Öko-Logik tatsächlich aufeinander abzustimmen. Noch immer sehen sich Deutschlands Lodenkittel als notwendige Hilfswölfe, die den ausgerotteten Freßfeind ersetzen: ein schwerwiegendes Mißverständnis. In erster Linie regulieren nicht Freßfeinde die Kopfzahl einer Reh- oder Hirschpopulation, sondern die Faktoren Lebensraum, Nahrungsangebot und der parasitäre Befall. Hätte die simple Logik vom Freßfeind als Regulator tatsächlich Gültigkeit, so wären alle Wildpopulationen in Deutschland mit dem gleichen Anteil an Freßfeinden genau gleich groß! Zudem gilt die Hege des Waidwerkers bekanntlich nicht allen Tieren, sondern nur ihren wenigen jagdbaren Vertretern. (Auf eindrucksvolle Art demonstrierte dies unlängst der streitbare SPD-Genosse Friedhelm Farthmann in einer Fernseh-Show. Im Rahmen eines launigen Potpourris sah der passionierte Jäger sich genötigt, zu einem Foto Stellung zu nehmen, das einen Mantelpavian zeigte. Achselzuckend und kopfschüttelnd bekannte der rheinische Waidmann, mit »diesem Tier« nichts anfangen zu können; es gehöre nicht hierher und sei sicherlich nicht jagdbar.) Zwar kommt die Sorge des Jägers um seine Jagdbeute auch anderen Tieren, mitunter ganzen Waldstrichen zugute. Doch die spezifischen Probleme etwa der Wasseramsel interessieren den Jäger nicht. So mag es wohl sein, daß der Naturschutz von der Hege profitiert; aber wenn er profitiert, dann nicht nach ökologischen Gesichtspunkten, sondern nur als eine Nebenfolge und durchaus nicht in allen Fällen.

Zwingende Konsequenz für eine ökologisch gerechtfertigte Jägerei wäre überdies der völlige Verzicht darauf, in Gefangenschaft erbrütete Vögel wie Fasane und Enten auszusetzen, um sie dann zwecks Superernte an Waidvollzugsstätten wie Wald und Teich zu töten. Ohne Zweifel erfüllt, wer Tiere ohne ökologischen Sinn aussetzt und tötet, den strafbaren Tatbestand der unvernünftigen Quälerei. Wenn es mit dem ökologischen Auftrag wirklich ernst wäre, so bestünde der Sinn der Jägerei in nichts anderem als der Abschaffung ihrer Notwendigkeit. Die größte Freude des Jägers wäre dann das intakte natürliche Gleichgewicht, das ihn davor bewahrte, seinem ungeliebt blutigen Handwerk nachgehen zu müssen. Wie jeder Bundeswehrsoldat genötigt wird, seinen Job zu quittieren, sobald sich herausstellt, daß er das Töten liebt, so gälte das gleiche auch für den Jäger. Spießgesellen, die allen Ernstes Freude am Tiertod empfänden und nicht abgrundtiefes Bedauern, gehörten aus jeder Zunft ausgeschlossen. Aus dem gleichen Grund müßte jeder um das ökologische Gleichgewicht besorgte Jäger befürworten, daß sich die natürlichen Feinde des Wildes wieder ausbreiten oder wieder angesiedelt werden. Immerhin tragen auch sie dazu bei, ihm die Drecksarbeit abzunehmen, notgedrungen als »Metzger des Waldes« zu fungieren. Was heute noch wildes Geschrei gegen die »Raubtiere« Fuchs, Marder, Wolf und Habicht ist, wandelte sich in eine bisher ungekannte Freude über den Nutzen zusätzlicher biologischer Regulatoren.

Auch macht eine verantwortungsbewußte Jagd nur dort

Sinn, wo das natürliche Gleichgewicht durch Zivilisation so sehr gestört ist, daß es sich nicht von allein wieder einzupendeln vermag. Kein ökologisch denkender Jäger könnte von nun an mehr in den riesigen Naturgebieten Kanadas und der USA jagen, die Karpaten wären ebenso tabu wie der Ural und all die anderen wildreichen Gebiete Osteuropas. Überall dort, wo zu jagen nahezu eines jeden Jägers Traum ist, wäre die Jagd verboten, weil sie ökologisch nicht zu rechtfertigen ist. (So hat man sich für solche Gebiete auch längst ein neues Argument ausgedacht: Der einfühlende Jäger jagt hier aus Mildtätigkeit. Weil er nicht länger tatenlos zusehen will, wie kranke und schwache Hirsche im Winter verhungern, erlöst er sie gezielten Schusses von ihren Leiden. Er ist schon ein guter Mensch, der Waidmann.) Jede Art von Jagd in sich selbst regulierenden Biotopen müßte nach der von Jägern selbst vertretenen Öko-Logik vom Jäger als Naturschützer mindestens genauso verachtenswert sein wie ein Soldat, der neben der pflichtgemäßen Verteidigung seines Vaterlandes ohne Not wegen des besonderen Kitzels auch ein paar friedliche Zivilisten umbringt.

Daß der Trophäenkult um selbst erlegte Großtiere eines Naturschützers unwürdig ist, versteht sich wohl von selbst. Um den Bestand genetisch so gesund wie möglich zu halten, erschießt ein umsichtiger Wildbiologe allenfalls Exemplare, die die natürliche Auslese nicht erwischt hat, also junge, kranke oder schwache Tiere. Und wenn er sich denn zum Töten gezwungen sehen sollte, so überlegt sich der wahre Naturfreund sehr genau, ob die Wahl der Mittel, die er nutzt, in jedem Fall vertretbar ist. Gasangriffe auf Fuchsbauten, marternde Fallen, Knüppel und ähnliches – alles geeignete Werkzeuge im Dienste der Ökologie?

Welche echte Dankbarkeit (statt schulterzuckender Resignation) leuchtete weit umher, sollte der dreistellige Millionenbetrag, den Deutschlands Jagdgesellen Jahr um Jahr für ihre Hege aufwenden, tatsächlich einem friedlichen, ökologisch durchdachten Naturschutz zukommen. Niemand hätte etwas dagegen, wenn sich die Jagd auf beschriebene Art und Weise zu einer wildbiologisch sinnvollen Betätigung wandelte. – Wirklich niemand? Niemand, außer viele Jäger selbst. Nicht ohne Grund befürchten sie, der Schuß gehe nach hinten los. Anstelle sich weiterhin als Herren des Waldes aufzuspreizen, hätten sie sich als Diener des Waldes zu verstehen. Eine Demokratisierung des Naturschutzes von der feudalen Willkür zu verantwortlichem Handeln mit Rechenschaftspflicht – für viele Lodenkittel ein Alptraum! »Wer durchs Fernglas des Jägers blickt, sieht früher als andere, was auf ihn zukommt«, verrät mit der Sicherheit eines erfahrenen Waidmanns, der ins Schwarze trifft, selbst wenn er ins Blaue redet, eine alte Hubertus-Weisheit. Statt tief befriedigende Schüsse auf hochgezüchtete Sechzehnender abzufeuern, sieht sich der freizeitjagende Zahnarzt längst mit sorgender Miene am selbst finanzierten Tümpel hocken, um mit der netten Dame vom BUND über Libellen und Wasserläufer zu diskutieren. Wenn es eine Hölle für Jäger gäbe – für manchen Flintenmann sähe sie wohl so aus.

Eine weitere Frage wäre zudem, wieviel der wackere Waidwerker wohl zu der Fachdiskussion über Gewässerbiologie beizutragen hätte; Jäger sind ihrer Ausbildung entsprechend keine professionellen Ökologen (wiewohl es auch unter ihnen welche gibt). Kein Wunder, daß nicht nur Kritiker, sondern auch viele Jäger es als paradox empfinden, ausgerechnet ihnen einen durchdachten Naturschutz abzuverlangen. Doch ohne echten Naturschutz kein »vernünftiger Grund«, und ohne diesen keine nachvollziehbare Straffreiheit. Diejenigen Jäger, denen nach eigenem Bekunden der Naturschutz das Hauptanliegen ist, werden sich wohl kaum dagegen wehren können, ein Verbot der Lustjagd zu unterstützen. Sie, denen es aufs Töten ja ohnehin nicht so sehr ankommt, werden sicher damit leben können, aufs Abknallen zu verzichten und professionellen nichtjagenden Wildbiologen gerne die Hand zum gemeinsamen Naturschutz reichen.

Doch noch immer erfreut sich selbst die schiere Lust an der Tiertötung der gesellschaftlichen Duldung. Wenn jeder Lusttäter ein »schwarzes Schaf« ist, so lassen sich die wenigen weißen leicht zählen. Kein Jäger ist schon allein deshalb moralisch sanktioniert, weil es in seiner Zunft noch einige schlimmere Tierquäler gibt. Sinnlose Tiertötung ist kein Sport oder Kavaliersdelikt, noch läßt sie sich durch die Sextanerlogik rechtfertigen, andere Leute seien noch schlechter als man selbst. Mit welchem Argument legitimiert die deutsche Gesetzgebung, die das Töten von Tieren als Publikumssport unter Strafe stellt, das Töten von Tieren als Teilnehmersport? Und worin liegt eigentlich das sportliche Moment, leidensfähige Wesen ohne Zweck zu quälen und zu töten?

Es ist sicher richtig, daß Rehe für den Gasthof zu schießen nicht unmoralischer ist, als Kühe für denselben Gasthof im Schlachthaus zu töten. Aber das Töten von Tieren zum Nahrungserwerb (über das man geteilter Meinung sein kann) rechtfertigt noch lange keinen Sport. Ansonsten wäre (entgegen der bestehenden Gesetzgebung) gegen tierquälerische Spektakel wie Stier- oder Hundekämpfe nichts einzuwenden – vorausgesetzt, die Stiere oder Pitbulls würden anschließend gegessen. So verpflichtete sich ein Waidmann, der seine Legitimation daraus zieht, daß er Rehe ausschließlich zum Verzehr schießt, seiner eigenen Logik zufolge dazu, keine Tiere zu jagen, die er nicht zu essen beabsichtigt, also beispielsweise Füchse. Sorgsam achtete er zugleich darauf, daß die schnelle sachgerechte Tötung absoluten Vorrang vor allem Jagdvergnügen hätte. Die Früchte des Tötens zu genießen, ist immerhin etwas anderes, als Spaß am Töten selber zu haben. Denn selbst »der leidenschaftlichste Hühnchenesser könnte auf den Gedanken kommen, daß es bei einem Mann nicht ganz stimmt, der zum Zeitvertreib Hühnern den Hals umdreht«.[4]

Schießfreudigen Bürgern Jagdscheine auszustellen und somit Fragen der Wildbestandsregulierung freimütig Menschen zu überlassen, die meistenteils ein völlig untergeordnetes Interesse daran haben, ist ein höchst bedenklicher Anachronismus. *Die Jagd in ihrer bestehenden Form ist sowohl moralisch verwerflich als auch ökologisch der falsche Weg.* So etwa praktiziert die Verwaltung des Nationalparks Bayerischer Wald, die dies seit langem begriffen hat, für ihre Gebiete ein »konsequentes Rehwild Management nach internationalen Grundsätzen: keine Fütterung, keine Bejagung«. Innerhalb kurzer Zeit pendelte sich das gewünschte ökologische Gleichgewicht des Naturschutzgebietes von alleine wieder ein. Statt eines künstlichen »Jägerwaldes« entwickelte sich ein »Urwald«. Seltene Tiere wie Luchs und Biber breiteten sich mit solchem Erfolg aus, daß es hier mittlerweile mehr Biber gibt als vor 200 Jahren. Gefordert ist auch anderswo ein modernes Wildlife-Management unter Berücksichtigung aller ökologisch bedeutsamen Faktoren, ein sachkundiger Umgang mit der Populationsbiologie statt schlichter Jäger-Logik. Allein der wissenschaftliche Nachweis, daß tatsächlich keine Alternative zur Tötung vorliegt, könnte jägerische Aktivitäten in Zukunft noch erlauben. Solche Jäger freilich sind keine Hobby-Waidwerker im bisherigen Sinne mehr, sondern bezahlte Fachleute mit einem expliziten Naturschutzauftrag. Ihre Aufgabe wäre es, einer unabsehbar langen Übergangsphase von einer waidmännischen Willkürherrschaft in ein wildbiologisch ausgeklügeltes Wildlife-Management als letztes Mittel zu dienen.

Die Jägerei als reiner Lust-Sport hingegen verstößt gegen das Tierschutzgesetz § 17 (1): »Mit Freiheitsstrafe bis zu zwei Jahren oder mit Geldstrafe wird bestraft, wer ein Wirbeltier ohne vernünftigen Grund tötet.« Doch noch immer blockiert die Verflechtung von Politik und Jagd die seit langem fällige konsequente Auslegung. Um diesen rücksichtslosen Lobbyismus zu schwächen, reichen Appelle nicht aus. Gefordert sind neue Solidaritäten und neue Kontroversen auch jenseits althergebrachter Freund-Feind-Linien. Noch immer arbeiten mehrere führende Naturschutzfunktionäre in Deutschland den Jagdverbänden offen zu und umarmen den schießlustigen Waidmann als ihresgleichen; ein moralischer Mißstand, der unter gegenwärtigen Bedingungen unentschuldbar ist. An die Stelle des bisherigen »Freizeitspaß und Schmierfett für die politischen und wirtschaftlichen Gelenke von Parteien, Verbänden und Betrieben« (Horst Stern) kann nur die gesellschaftliche Ächtung unnötiger Tierquälerei treten. Ob durch generelle Abschaffung von Jagdscheinen in privater Hand oder systematische Einbindung der Jäger in die ökologische Forstwirtschaft – der gesellschaftliche Hochsitz der Jägerei gehört der Vergangenheit an; in einer tiergerechten Gesellschaft der Zukunft hat die althergebrachte Jagd weder etwas zu suchen noch zu schießen.

Das Tier auf dem Teller

Argumente gegen die Jagd als mörderischem Freizeitsport gibt es genug. Doch vom Standpunkt des Tierleids her gesehen, stellt das blutige Vergnügen der Jagd im Grunde sogar noch ein geringes Übel dar, verglichen mit der alltäglichen Gewohnheit der Fleischproduktion. Zynisch gewendet, könnte man immerhin sagen, die Jagd sei – zumindest in Deutschland und in bezug auf eßbare Tiere – kaum anderes als die artgerechte Haltung von Nutztieren. Und in gewissem Sinne ist das nicht falsch. Auch macht es vom Standpunkt der Tiere sicher keinen Unterschied, ob die tödliche Kugel nun zum Zweck des Nahrungserwerbs oder aus Spaß an der Freud abgefeuert wurde; das Resultat ist allemal dasselbe.

Bevor ich mich mit solchen Sätzen noch für das silberne Jagdkreuz mit Büchse und Nickmesser empfehle, ein kurzer aber wichtiger Hinweis: Die Gesamtsumme des verursachten Tierleids ist mitnichten der entscheidende Maßstab für die gesellschaftliche Ächtung der Tierquälerei! Der Maßstab für die Regelung im Deutschen Tierschutzgesetz ist das *Motiv*, mithin der »vernünftige Grund«. Deshalb – und auch nur deshalb – befindet sich das Gros der 5 Millionen waidmännisch verschuldeten Tierleichen in einem größeren Widerspruch zum Tierschutzgesetz als die jährlich über 200 Millionen Tierleichen der landwirtschaftlichen »Intensivhaltung«. Doch ist die Tatsache, daß einige Tiere dem Menschen gut schmekken, eigentlich ein »vernünftiger Grund«, ihnen »Schmerzen, Leiden oder Schäden« zuzufügen?

Es läßt sich schnell Einigkeit darüber erzielen, daß der Mitteleuropäer des ausgehenden 20. Jahrhunderts nicht auf fleischliche Ernährung angewiesen ist. Jeder Arzt kann Sie überzeugen, daß Sie sich alle wichtigen im Fleisch enthaltenen Nährstoffe ohne größere Schwierigkeiten anderweitig zuführen können. Während »Naturvölker« wie Eskimos zu über 90 Prozent von Fleisch leben müssen, bietet der Markt in fast allen Ländern der westlichen Zivilisation ausreichend Alternativen, sich auch anderweitig gesund zu ernahren. Ein zwingender medizinischer Grund, Fleisch zu essen, besteht nicht.

Doch wenn die Medizin keine Argumente liefert, die fleischliche Ernährung zu einem »vernünftigen Grund« zu machen – dann nicht wenigstens die Kulturgeschichte? Begründungen, den Verzehr von Fleisch kulturanthropologisch zu rechtfertigen, verlaufen analog zum Muster der Jagd. Ihre Verfechter appellieren an die prähistorische Tradition des Fleischverzehrs. Die vegetarische Lebensweise würde den

Menschen um 4 Millionen Jahre auf die Entwicklungsstufe der Australopithicenen zurückwerfen. Abgesehen davon, daß ein solcher Einwand so klingt, als ob gerade der Fleischverzehr das Gehirnwachstum und die menschliche Kultur ermöglicht hat (was völlig spekulativ ist) – wer so argumentiert, bestreitet auf eine recht eigentümliche Weise den allgemeinen ethischen Fortschritt der Menschheit. Immerhin bemühen wir auch sonst in der Moral nicht gerne Argumente aus dem Pliozän, um gegenwärtige Wertmaßstäbe und Verhaltensweisen zu rechtferigen. Definieren wir unsere heutige Kultur nicht gerade dadurch, reines Instinktverhalten und barbarische Moralvorstellungen überwunden zu haben?

Noch schlichter ist das oft genannte Argument, das Tiertötungsverbot der Vegetarier würde schließlich selbst Löwen zu Mördern abstempeln, denn auch Antilopen hätten ein Recht auf Leben. Anders aber als die anderen Tiere definiert sich der Mensch nicht umsonst durch die Freiheit seiner Handlungen. Freiheit ist die Grundlage jeder Ethik, anderweitig wäre eine Moral gar nicht möglich. So verzichten Menschen durchaus freiwillig darauf, wie Löwenmännchen oder Schimpansen die Jungen ehemaliger Rudelführer zu töten, um Platz für den eigenen Nachwuchs zu schaffen; eine Entscheidungsfreiheit, die zumindest dem Löwen fehlt.

Der sozialethische Kodex der menschlichen Moral ist nicht ein für allemal festgeschrieben; er wird permanent überprüft und immer wieder revidiert. So ist es zweifellos richtig, daß Tierrechtsideen und Vegetarismus nur in einer naturentfremdeten Wohlstandsgesellschaft entstehen können, für die das tägliche Brot so selbstverständlich geworden ist wie die Luft zum Atmen. Das gleiche gilt auch für viele andere moralische Ideen, deren gesellschaftliche Akzeptanz in der westlichen Zivilisation bereits um einiges größer ist: die Sozialversicherung zum Beispiel, die gebunden ist an eine bestimmte wirtschaftliche Entwicklungsstufe, die Gleichberechtigung der Frau, die von den Produktionsbedingungen abhängt, und vieles andere mehr. Ethik entsteht nicht im zeitlos luftleeren Raum, sondern im Zusammenspiel mit ökonomischen und kulturellen Bedingungen. Mit anderen Worten: Nur in einer volkswirtschaftlich soliden Gesellschaft, für die ein Sozialwesen so selbstverständlich ist wie die Luft zum Atmen, können derartige »Hirngespinste« wie eine Arbeitslosenversicherung überhaupt erst entstehen.

Es ist schon richtig, daß unsere Vorfahren im Pleistozän oder Eskimos, Pygmäen und Buschmänner heute unsere Diskussion darüber, ob es berechtigt ist, Tiere zu töten und zu verzehren, nur mit Kopfschütteln quittieren würden. Sie schüttelten den Kopf, weil sie ohne fleischliche Ernährung nicht überlebensfähig wären. Bei uns hingegen sieht die Situation völlig anders aus: Wir brauchen Fleisch nicht als Ernährungsgrundlage. Die Vorfahren im Pleistozän und Pygmäen und Buschmänner heute würden über so manches den Kopf schütteln, was wir in der westlichen Zivilisation für wichtige Errungenschaften halten: unsere Hygienevorstellungen zum Beispiel, unsere Mode und Freizeitvergnügen, die Geldwirtschaft, unseren Zeitbegriff und wahrscheinlich nicht zuletzt über Legebatterien und Schweinefabriken.

Die fraglose Legitimation, Fleisch zu verzehren, stammt aus einer Zeit, in der das Töten von Tieren überlebensnotwendig war. Die nahe biologische Verwandtschaft des Menschen mit anderen Säugetieren war nicht gewußt, allenfalls geahnt. (So verzichteten viele Kulturen freiwillig darauf, Affen zu essen.) Eine Notwehrsituation gegenüber unseren nahen Verwandten aus dem Tierreich ist heute in der Frage der Ernährung nicht mehr gegeben, und die Verwandtschaftsverhältnisse sind allgemein bekannt. Wer sich gegen die Idee des Vegetarismus sträubt und ihr eine falsche »unbiologische« Gleichmacherei vorwirft, muß sich fragen lassen, inwieweit die Entscheidung, zwischen Mensch und Schimpanse kategorisch zu unterscheiden, zwischen Bandwurm und Schimpanse aber nur graduell, etwa nicht »unbiologisch« sein soll.

Immerhin: Noch ist der Vegetarismus in Deutschland wie in allen anderen Ländern Europas und Nordamerikas ein Randphänomen. Ob nun ein wahrhaft »vernünftiger Grund« oder nicht – der Verzehr und die Produktion von Fleisch stellen keinen prinzipiellen Widerspruch zum Deutschen Tierschutzgesetz dar: Fleisch zum Zweck des Verzehrs zu erzeugen, erscheint nach allgemeiner Ansicht »vernünftiger« als die zwecklose Tötung von Tieren. Man kann natürlich auch umgekehrt der Ansicht sein, daß etwas mit einem Tierschutzgesetz nicht stimmt, das die Jagd im Prinzip leichter strafbar macht als die Massentierhaltung – und über diesen Zweifel an einen zweiten Richtwert erinnern, der ebenfalls für das Tierschutzgesetz maßgeblich ist: das Ausmaß der Leiden so gering wie möglich zu halten. So etwa definiert § 2: »Wer ein Tier hält, betreut oder zu betreuen hat, 1. muß das Tier seiner Art und seinen Bedürfnissen entsprechend angemessen ernähren, pflegen und verhaltensgerecht unterbringen, 2. darf die Möglichkeit des Tieres zu artgemäßer Bewegung nicht so einschränken, daß ihm Schmerzen oder vermeidbare Leiden oder Schäden zugefügt werden.«

Jeder von Ihnen, der einmal einen jener dreckigen Orte mit eigenen Augen gesehen hat, der sich mit dem sauberen Begriff »landwirtschaftliche Intensivhaltung« tarnt, wird ebenso wie jeder Landwirtschaftsminister wissen, daß überall, wo es industrielle Massentierhaltung gibt, die Bestimmungen von § 2 aufs äußerste verletzt sind; daß diese Stätten des Leidens, der Schmerzen und Schäden nahezu unvorstellbaren Ausmaßes dem Tierschutzgesetz mit sardonisch dreister Fratze hohnlachen.

Ich fasse mich kurz: 45 Millionen »Mastgeflügel«, also Hühner, Enten und Puten, vegetieren bei Dauerbeleuchtung in großen Hallen; ganze vierzig Tage dauert das Leben eines

»Endproduktkükens«, vierzig Tage ohne Sonne und ohne Nacht. Schlimmer noch leben – welch ein Wort: leben! – die »Leghühner«. »Die auf das Tierschutzgesetz gestützte Hennenhaltungsverordnung geht aus Tierschutzgründen über die Mindestanforderungen der EG-Richtlinie hinaus. Sie enthält größere Käfigmindestflächen für Hennen mit einem Durchschnittsgewicht von mehr als 2 kg (550 cm^2) und ist auch für bestehende Anlagen schon am 1. Januar 1993 in Kraft getreten.«[5] Man könnte lachen (nein, man *müßte* wohl lachen) über soviel offensichtlichen Zynismus im Tierschutzbericht des Bundesministeriums für Ernährung, Landwirtschaft und Forsten (1995), wenn der Anlaß nicht so entsetzlich grausam wäre. Ganze 100 cm^2 fügt der Bundesminister der EG-Richtlinie zur Käfighaltung um des lieben Tierschutzes willen hinzu; ein juristischer Skrupel vor dem Gesetz, der 550 cm^2 – das ist weniger als das DIN-A4-Blatt, auf dem diese hehre Verordnung geschrieben steht – für befriedigend erachtet, ein »Tier seiner Art und seinen Bedürfnissen entsprechend angemessen (zu) pflegen und verhaltensgerecht unter(zu)bringen«. Hockend auf dem Gitterrost mit verkümmerten Zehen, die das Greifen schmerzt, mit gestutztem Schnabel, psychisch zerstört durch Enge und schummriges Dauerlicht, vegetieren mehr als 43 Millionen Hennen in deutschen Batterien. Alljährlich tötet das Gas mehr als 44 Millionen männliche Küken, unbrauchbar für die Eierproduktion, brauchbar allenfalls als Schweinefutter. Genug über Hühner!

Soll ich von Schweinen reden, quiekendes Tierleid, 25 millionenfach? Eingepfercht in ewiger Nacht, schleifen sie ihre verkrüppelten Beine über breitbalkige Eisenroste. Allein der Weg zum Schlachthof zeigt ihnen für Sekunden das Tageslicht; wer weniger »Glück« hat, verdurstet schon beim langen Transport; die anderen krepieren, wenn es gut geht betäubt, vor den Augen ihrer Schicksalsgenossen am Hinterfuß aufgehängt über dem Entblutungsbecken. Genug über Schweine!

Ich rede nicht über Rinder; nicht über den Wahnsinn, 200.000 Kälber im Jahr auf quälend langen LKW-Fahrten in andere Staaten auszuführen, um schließlich weitere 170.000 einzuführen; nicht über Stehsärge und Dunkelheit, gezielte Fehlernährung und Fehlzüchtung. Wozu sollte ich darüber reden? Wozu sollte ich erzählen, was der deutsche Durchschnittsbürger längst weiß oder eben nicht wissen will. Ich rede auch nicht über die moralische Zurechnungsfähigkeit von Menschen, die von den Greueln der Massentierhaltung profitieren. Ich rede allein von der Auslegung eines Tierschutzgesetzes, die all diese Verbrechen gegen die sogenannte Menschlichkeit für rechtens erachtet, obgleich sie den Bestimmungen gnadenlos widersprechen.

Auch der Bundeslandwirtschaftsminister ist ein Freund der Sextanerlogik: Andere Länder hätten schließlich keine besseren Tierschutzgesetze. Und immerhin hat er es ja geschafft, den unglückseligen Legehennen wenigstens das DIN-A4-Blatt für ihr Käfigmaß zu sichern. Daß die Käfighaltung in der Schweiz mittlerweile aus Tierschutzgründen vollständig verboten ist, scheint dem Minister kein Vorbild zu sein; die Schweiz ist halt kein Mitglied der Europäischen Union. Nicht ungern nämlich verweist, wenn es um tatsächliche Verbesserungen geht, der Bundesminister das Problem in die Richtlinienkompetenz der EU. Tierschutz ist eine gesamteuropäische Frage, bei der man halt nicht immer kann, wie man will. Von daher sollte man auch beim nationalen Tierschutz die Meßlatte nicht allzu hoch legen – jedenfalls nicht so hoch wie bei einer wirklich wichtigen Frage: dem Reinheitsgebot fürs deutsche Bier beispielsweise, wo man sich selbstbewußt gegen den Druck anderer EU-Staaten behauptet.

Jeder politisch Verantwortliche weiß, daß die »Intensivhaltung« von Hühnern, Puten, Schweinen und Rindern am Wählerwillen vorbeigeht; die Zeit, solche Greuel ethisch skrupellos durch den Verweis auf ihre ökonomischen Vorteile zu rechtfertigen, ist passé. Zwar ist das Kaufverhalten der Verbraucher (mitunter notgedrungen) noch immer recht beharrungsfreudig; ein Faktor, mit dem Politik und Massentierproduktion gerne kalkulieren. Über 100 kg Fleisch verzehrt der deutsche Durchschnittsbürger im Jahr. Das ist weit mehr als das Doppelte des Jahres 1970. Doch schon bieten mittlerweile erste Supermarktketten Biofleisch an, die Zahl der Biohöfe hat sich gegenüber den frühen 70er Jahren mittlerweile verzwanzigfacht, und jeder vierte greift zumindest gelegentlich zum moralisch besseren Eierkarton. Es ist an der Zeit, daß die Politik diese Signale versteht und ihnen durch ein entschiedenes politisches Verbot im Sinne einer konsequenten Auslegung des Tierschutzgesetzes nachhilft.

Wer sich partout nicht davon überzeugen lassen will, die hundertmillionenfache Ausschlachtung der Ressource Tier abzulehnen, den bringt vielleicht das ökologische Argument zum Nachdenken. So hat der »ständig anwachsende Rinderbestand ... verheerende Folgen für die Ökosysteme der Erde; auf fünf Kontinenten werden Lebensräume zerstört: Die Viehzucht gehört erstens zu den Hauptverursachern der Zerstörung der noch existierenden tropischen Regenwälder Mittel- und Südamerikas, wo viele Millionen Hektar Urwald gerodet und anschließend als Weideland für die Rinderzucht benutzt werden. Die Viehwirtschaft ist zweitens zu einem großen Teil verantwortlich für die Ausbreitung der Wüste in der Sahelzone in Afrika und im westlichen Bergland der USA und Australiens. Auf vier Kontinenten hat die Überweidung aus halbtrockenen und trockenen Regionen unfruchtbares, kahles Wüstenland gemacht. Drittens gehören heute in den Vereinigten Staaten die Abflüsse der Mastbetriebe zu den Hauptquellen der organischen Grundwasserverschmutzung. Der Viehbestand trägt viertens wesentlich zum weltweiten Treibhauseffekt bei. Die Rinder scheiden Methan aus, ein Gas, das für die Erwärmung unseres Klimas sorgt und bewirkt, daß die Wärme nicht von der Erdatmosphäre abgegeben werden kann. Rinder und anderes Vieh fressen über 70 Prozent des in den USA produzierten Getreides. Weltweit wird etwa ein Drittel der gesamten Getreideernte an Vieh verfüttert, während gleichzeitig eine Milliarde Menschen an Hunger und chronischer Unterernährung leiden.«[6]

Die bestehenden Verhältnisse der weltweiten Haltung von Nutzvieh sind sowohl ethisch wie ökologisch höchst bedenklich. Bezeichnenderweise macht es jedoch wenig Sinn, den Massai in Ostafrika oder den Gauchos in Argentinien eine andere Landwirtschaft zu empfehlen, ohne selbst die längst fälligen Konsequenzen zu ziehen, die so denkbar einfach sind: Jedes nicht gegessene Steak ist ein Schritt zur ökologischen und ethischen Verbesserung! Es ist schon ein Witz, daß allein die Tatsache, daß Steaks oder Hähnchen den meisten Menschen gut schmecken, ein zureichendes Argument, mithin ein »vernünftiger Grund« ist, ökologische Risiken und ethische Grausamkeiten millionenfach zu legitimieren. Niemand, der die Mechanismen der moralischen Sensibilisierung kennt, wird allen Ernstes verlangen können, aus allen Deutschen in kurzer Zeit Vegetarier zu machen. Doch letztendlich wäre schon allein damit etwas bewirkt, die barbarische »Intensivhaltung« gesetzlich zu verbieten, ihre Produkte nicht aus dem Ausland einzuführen und Biohöfe stärker zu begünstigen. Zwar bleibt das getötete Tier ein »Mitgeschöpf«, ungeachtet dessen, ob es auf dem Biohof stirbt oder im Schlachthof der Tierfabriken. Aber das Verbot der Massentierhaltung bewirkte immerhin, daß der Preis für *alles* Fleisch auf das Niveau etwa der 50er Jahre ansteigt, der Verbrauch entsprechend auf mindestens die Hälfte der bestehenden Zahlen sinkt. Ob am Ende einer solchen Entwicklung in ferner Zukunft einmal eine überwiegend vegetarische Gesellschaft steht – dies auszumalen überlasse ich gerne den Propheten.

Dem Schaf »Dolly« ist es vermutlich egal; auch die beiden putzigen Rhesusäffchen aus Oregon wissen nichts von ihrem Geschick, genmanipuliert gezeugt zu sein. Ängstlich aneinandergeklammert starren sie auf den Fotografen, der ihre Identität für die Nachwelt festhält. Zwei Gen-Kinder aus einer einzigen künstlich zerteilten Eizelle – Affenleben im Zeitalter seiner technischen Reproduzierbarkeit.

Seit 1952 klonen Wissenschaftler Frösche aus den Zellen junger Kaulquappen. Zwanzig Jahre darauf entstanden die ersten Mäuse aus der Retorte. Im Jahr 1986 klonten Menschen zum ersten Mal die Embryonalzellen von Schafen. 1997 gelang mit »Dolly« die erste Klonung eines Schafs aus den Körperzellen erwachsener Muttertiere ohne das Zutun eines Vaters. Tierversuche im Dienst der medizinischen Forschung und der Agrarwirtschaft produzieren seit Jahren genmanipulierte Mäuse und Kaninchen sowie schnellwachsende Super-Lachse. Dem Treiben der Gen-Architekten, so scheint es, sind keine Grenzen gesetzt. Mit Ausnahme einer einzigen: der Grenze zwischen Tier und Mensch.

Seit 1990 bewahrt das Embryonen-Schutzgesetz den deutschen Menschen davor, durch Kloning erzeugt zu werden. »Wer künstlich bewirkt, daß ein menschlicher Embryo mit der gleichen Erbinformation wie ein anderer Embryo, ein Foetus, ein Mensch oder ein Verstorbener entsteht, wird mit Freiheitsstrafe bis zu fünf Jahren oder mit Geldstrafe bestraft.« Trotz einer, wie unlängst bekannt wurde, kleinen Lücke im Gesetz soll das Klonen von Menschen in Deutschland auf absehbare Zeit verhindert werden; eine Entscheidung, die sich der Mehrheit des Volkswillens sicher sein kann: Das menschliche Erbmaterial, so scheint es, darf nicht künstlich reproduziert werden.

Es scheint so. Genaugenommen jedoch beläuft sich das für

die Gentechniker tabuisierte Erbmaterial geradem al auf sieben Prozent der menschlichen Erbinformation. Immerhin 93 Prozent des Genmaterials der in Oregon erzeugten Rhesusäffchen ist mit dem Menschen identisch. Genetisch gesehen ist der Unterschied zwischen Schaf und Rhesusaffe wesentlich größer als jener zwischen Rhesusaffe und Mensch. Doch wenn wir dazu bereit sind, mit 93 Prozent unserer eigenen Erbinformation zu spielen, welche eigentümliche Sicht der Dinge hält uns dann davor zurück, das gleiche auch mit dem noch verbleibenden kleinen Rest zu tun?

Die unüberschreitbare Grenze zwischen Mensch und Tier zu betonen und gesetzlich festzuschreiben, wirft ein bezeichnendes Licht auch auf das ethische Chaos in der gesellschaftlichen Diskussion um die Gentechnik. Wissenschaftler, die mit flammendem Appell an die Freiheit der Wissenschaften jeden Skrupel an ökonomisch vielversprechenden genetischen Eingriffen bei Tieren wie eine lästige Fliege verscheuchen, beteuern aufrichtig, niemals Eingriffe in die menschliche Keimbahn vornehmen zu wollen. Von den Visionen einiger weniger Frankensteins der Zunft abgesehen, scheint die Genmanipulation des Menschen für die Forschung tabu. Und das alles nur wegen der winzigen 1,6 Prozent DNS, die Mensch und Schimpanse trennt?

Es ist schon erstaunlich, daß eine so hochentwickelte biologische Disziplin wie die Gentechnologie weniger den nüchternen Fakten der Gene, als einem Mythos verpflichtet zu sein scheint; ein hohes Haus an Know-how auf einem verschwindend kleinen Fundament an Ethik. Gerade für einen Molekularbiologen kann doch kaum zu übersehen sein, daß die genetische Verwandtschaft des Menschen mit anderen Wirbeltieren jede sekundäre Unterscheidung vom Schlage »Vernunft«, »Seele« oder »Kultur« bei weitem überwiegt. So reicht es allem Anschein nach völlig aus, irgendeine handgewebte Ethik zu besitzen, um mit Pailletten und Petrischale

Schöpfer zu spielen. Werden die Genarchitekten bei ihrer zukunftsträchtigen Arbeit gestört, beklagen sie sich, nicht selten zu Recht, über das fachliche Unwissen ihrer aufgebrachten Kritiker. Welcher ausgewiesene Fachmann will sich schon von sentimentalen Langhaarflöten mit entrücktem Fernblick in eine böse Zukunft die Leviten lesen lassen? Und wenn am Ende noch der Pastor mit seinen Friedensfreunden anrückt, um über den lieben Gott und die Chimären zu diskutieren, entsichert er sein Seziermesser. Doch wie steht es umgekehrt mit der ethischen Qualifikation eines Molekularbiologen? Kann über Biologie nur urteilen, wer zumindest einschlägig promoviert ist, über die komplizierten Kausalitäten der Ethik hingegen ein jeder nach seiner Facon schwadronieren, frei nach dem Motto: Philosophen sind wir schließlich alle?

Der italienische Physiologe und Experimentalbiologe Lazaro Spallanzani ahnte dunkel, was er wohl angerichtet hatte, als er vor 200 Jahren eigenhändig einer Hündin den Samen eines Rüden einpflanzte und damit die Möglichkeit einer künstlichen Befruchtung von Säugetieren bewies. »Mein Geist, übervoll der Verwunderung und des Staunens«, bekannte der Jesuitenzögling, »kann nicht an die Zukunft dessen denken, was ich entdeckt habe.« Sicher, der Mensch hatte, seit er seßhaft geworden war, schon immer Anteil an der Vermehrung von Pflanzen und Tieren genommen, Züchtungen gefördert und andere ausgeschlossen und damit die Domestikation von Nutzpflanzen und Haustieren bewerkstelligt. So gesehen sind die künstliche Befruchtung und die spätere Gentechnik lediglich weitere Schritte in eine längst eingeschlagene Richtung. Seit den 50er Jahren dieses Jahrhunderts setzte sich die künstliche Besamung bestimmter Haustierarten, vor allem von Rindern, fast überall durch. Gegenwärtig werden, um die Milch- und Fleischleistung der Tiere zu steigern, weltweit jährlich 100 Millionen Rinder besamt. In Ländern mit hochentwickelter Tierzucht, wie der

Bundesrepublik oder den Vereinigten Staaten, haben nahezu 95 Prozent aller gebärenden Rinder niemals einen Bullen gesehen, geschweige denn gespürt.

Mit Hilfe der Gentechnik können Wissenschaftler heute in der kurzen Zeit von ein bis zwei Jahren die Baupläne des Lebens verändern und zum Teil völlig neue Unterarten, ökonomisch gesprochen »Sorten«, erzeugen. Zahlreiche Hausrindrassen verschwinden, ersetzt durch neue genetisch manipulierte »Hochleistungsrinder« und »Elitekühe«. Überall in der Welt, wo es sich kommerziell lohnt, werden nicht nur Spermien, sondern auch tiefgefrorene Embryonen gehandelt. Auf die künstliche Besamung folgte der Embryonentransfer. Befruchtete Säugetiereizellen werden von Spender- auf Empfängertiere übertragen. Die einschlägige Forschung begann in den 50er Jahren. Man zeugte Mäuse und Kaninchen im Reagenzglas und wendete das gleiche Verfahren später auf Nutztiere an. Mittlerweile entstehen jedes Jahr mehr als hunderttausend Kälber nicht im Kuhstall, sondern im Labor. Genarchitekten teilen Rinderembryonen mit Hilfe der Mikromanipulation und erzeugen so genetisch identische Tiere. Nachdem Rinderembryonen bereits erfolgreich geklont waren, erblickte im Februar 1997 das Schaf »Dolly« in einem schottischen Kuhstall das Licht der Welt: das erste ausgewachsene Tier, das erbidentisch reproduziert wurde. In kurzer Zeit, freuen sich die Schöpfer, gehen Schafe wie »Dolly« in Serienreife.

Doch Embryonentransfer und Klonierung sind nur der eine Teil der Zukunftsvisionen in der Tierzucht. Zusätzlich zu den neuen »Sorten« sorgen gentechnologisch hergestellte Enzyme und Leistungsförderer wie rbST und rpST für ertragreichere Nutztiere. 10-15 Prozent mehr Milch pro Kuh und bis zu 10 Prozent schnelleres Wachstum versprechen größeren Profit. Auch das Fleisch-Fett-Verhältnis von Schweinen und andere Faktoren der »Schlachtkörperzusammensetzung« lassen sich auf diese Weise gewinnträchtig steigern. Daß bei einigen Wachstumshormonen Nebeneffekte wie Magenulcera, Arthrosen, Fertilitätsstörungen und Diabetes auftreten, fällt angesichts solch freudiger Erwartungen kaum ins Gewicht. Unliebsame Folgen, wie erhöhte Anfälligkeit gegen Streß, Verdauungsstörungen, Organverkrüppelungen, geschädigte Wirbel und ähnliches mehr, gibt es schließlich auch bei konventionell hochgezüchteten Turbo-Schweinen und mit »normalen« Hormonen versorgten Kälbern.

Was machbar ist und Gewinn verspricht, wird auch gemacht; eine alte Regel der Ökonomie, die genauso auch für die Gentechnologie gilt. Erstaunlich am Selbstverständnis der verantwortlichen Bioingenieure freilich ist, daß sie für ihr Treiben tatsächlich auch noch ethische Werte reklamieren. Ohne jeden Sinn für die unfreiwillige Ironie ihrer Worte bringen Joachim Hahn, langjähriger Leiter der Abteilung für experimentelle Fortpflanzungsbiologie an der Tierärztlichen Hochschule Hannover, sein Kollege Heiner Niemann und Otto-Werner Marquardt, Hauptgeschäftsführer der Zuchtrinder-Erzeugergemeinschaft Hannover e.G., in trauter Einigkeit zu Papier: »Bei jeder tierexperimentellen Forschung trägt der Mensch die Verantwortung für das Tier als Mitgeschöpf. Er hat stets den moralischen Aspekt seiner Entscheidungen zu erkennen und angemessen zu berücksichtigen.«[7] Wieviel Mißbrauch darf man da mit dem Wort »Mitgeschöpf« eigentlich treiben? Was, so wäre zu fragen, darf man mit Rücksicht auf die Mitgeschöpflichkeit nach der Ethik der Tierzüchter eigentlich *nicht* machen? Es gibt in der Praxis der Forschung keinen einzigen Punkt, wo aus der reklamierten Rücksicht auf das Tier als Mitgeschöpf eine Möglichkeit des gentechnologischen Eingriffs nicht genutzt wird. Statt dessen verrät die Sprache der Tierzüchter – »Elitekühe mit fettkorrigierter Milchmenge« (korrigiert!), »Verbesserungen« im Verhältnis von Fleisch und Fett (auch eine Verbesserung für das

Tier?) – keinerlei ethische Sensibilität im Umgang mit dem »Mitgeschöpf«. Für Forscher und Lobbyisten wie Hahn, Marquardt und Niemann sind Tiere nichts als lebende Pharmafabriken, Organbanken und Nutzvieh. Wozu also der unnötige ethische Firlefanz?

Auch gesetzlich gibt es für die Gen-Architekten kaum ernsthafte Grenzen, vorausgesetzt, es geht um Tiere, nicht um Menschen. Konsequenterweise denkt man in der Bundesrepublik und der EU zur Zeit darüber nach, das geltende Patentrecht nach amerikanischem Vorbild auf Tiere auszuweiten. Warum sollten wir vor der Patentierung von Lebewesen erschrecken? Den Tieren kann es allemal egal sein, ob sie patentiert sind oder nicht. Die schöne neue Landwirtschaft der Pharmabauern fügt der grausamen Schattenseite der Intensivhaltung kaum weitere Dunkelheit hinzu; sie macht sie allenfalls sinnfällig.

Auf der Sonnenseite verspricht der Einsatz der Gentechnik in der Landwirtschaft geradezu Phantastisches: das wahre Utopia einer satten und glücklichen Menschheit. Gentechnisch veränderte Proteine und Impfstoffe kurieren Menschen, Tiere und Pflanzen; isolierte Resistenzgene stabilisieren die Abwehrsysteme aller Formen von Lebewesen gegen Bakterien, Viren und Parasiten; die neuen »Sorten« von Pflanzen und Tieren haben einen höheren Nährwert, weniger Bitterstoffe und sind leichter verdaulich. Gezielt manipulierte Kühe produzieren keine Lactose mehr, sondern nur noch die beiden Bausteine Glucose und Galactose, ihre Milch wird dadurch leichter bekömmlich. Am großartigsten aber sind die Visionen bei der Bekämpfung des Hungers in der Welt. Pflanzen können für jede erdenkliche Öko-Erfordernis manipuliert werden und damit sogar auf extrem trockenen oder salzigen Böden wachsen. Zugleich liefern die neuen Sorten höheren Nährwert und zeigen sich resistent gegenüber den bekannten Krankheiten und Schädlingen. Statt ausgedorrter Klapperkühe ernähren gentechnisch hochgezüchtete Super-Rinder die Bauern in den Entwicklungsländern; der Hunger in der Welt ist besiegt.

Gene, so scheint es, sind der Stoff, aus dem die Träume sind. Daß einige dieser schönen Zukunftsträume auch Träume bleiben werden, dafür sorgt die Prosa der Verhältnisse, genauer: Ökologie und Ökonomie. Ob sich die neuen Sorten ökologisch als willkommene Lösung in die bestehenden Ökosysteme der Länder und Kontinente problemlos einfügen werden, glaubt im Grunde keiner, nicht mal die Bioingenieure selbst. Daß landwirtschaftliche Monokultur, die auf immer größeren Anbauflächen immer weniger hochgezüchtete Sorten anpflanzt, der Natur einen gewaltigen Tribut abnötigt, weiß jeder Ökologe, ob in Deutschland oder einem Entwicklungsland. Angestammte Arten, die auf abwechslungsreiche Landschaften angewiesen sind, sterben aus. Daß gezielt gentechnisch veränderte Pflanzen und Tiere gegen konkrete Schädlinge resistent sind, ist schön; weniger schön hingegen sind all die anderen nicht einkalkulierbaren Schädlinge, die sich über die neuen absolut identischen Pflanzen und Tiere freuen können.

Verdienen die Öko-Versprechen der Gentechnik das Prädikat »bedenklich«, so gibt es für die sozialen Visionen vom Ende des Hungers in der Welt nur *ein* passendes Wort: Es ist blanker Unsinn. Es ist wohl müßig, darauf hinzuweisen, daß nicht *Brot für die Welt* Forschung und Produktion gentechnologischer Lebewesen finanziert, sondern kommerzielle Firmen mit verständlichem Interesse an hohen Gewinnen. Welchen Vorteil zögen Firmen wie Hoffmann La Roche oder Ciba-Geigy wohl daraus, teures Saatgut und teure Super-Rinder in die Dritte Welt zu verkaufen? Warum sollte man überhaupt danach forschen, Weizen für die Sahelzone zu züchten, wenn niemand diesen Weizen kaufen kann? Zahlreiche Tropenkrankheiten werden heute nahezu überhaupt nicht erforscht, weil sich der Verkauf der teuer entwickelten Impfstoffe und Medikamente niemals rentierte. Aus dem gleichen Grund besteht die Zielsetzung, den Hunger zu bekämpfen, allenfalls rhetorisch, ein faktisches Interesse gibt es getreu den Gesetzen des Marktes nicht. Wer als Freund der Gentechnik mit dem Hunger in der Welt argumentiert, bekundet das schlechte Gewissen, sein Metier nicht anders rechtfertigen zu können; zugleich treibt er Schindluder mit einem ethischen und sozialen Problem von schrecklichem Ausmaß. Die Ochsen in der Sahelzone vor einen Kornkarren zu spannen, den niemand dort einzusetzen beabsichtigt, ist bestenfalls Augenwischerei, schlimmstenfalls ein makabrer Zynismus.

Bekanntlich erwirtschaften die großen Industrienationen bereits jetzt Jahr um Jahr gewaltige Agrarüberschüsse, ohne daß die Dritte Welt besonders reichhaltig davon profitiert. Warum sollte sich durch den Einsatz der Gentechnik an diesem Ungleichgewicht etwas ändern? Statt daß sie den Hunger in der Welt besiegt, ist zu vermuten, daß die Gentechnik die Kluft zwischen arm und reich durch zusätzliche Trümpfe noch vergrößert. Denn die Massaihirten in Afrika werden kaum von deren Errungenschaften profitieren. Sie profitieren ja noch nicht einmal von den konventionellen Mastrindern der Industrieländer.

Der Zweifel an den Visionen der Befürworter der Gentechnik ist weder Zweifel an der Gentechnologie im allgemeinen noch schiere Fortschrittsfeindlichkeit. (Immerhin hat die Gentechnologie den Fortschritt nicht gepachtet, es wäre ja auch ein anderer Fortschritt denkbar. Ähnlich wie bei der Diskussion um die Kernenergie setzen die Freunde der Gentechnik einen bestimmten Fortschritt gerne mit *dem* Fortschritt gleich.) Wie auch immer man die Gentechnik ganz allgemein einschätzt, so gelten beim Einsatz der neuen Möglichkeiten in der Tierzucht die gleichen Fragen nach den Vor- und Nachteilen für Tier und Mensch wie in der konventionellen Landwirtschaft. Daß es in der Welt der Pharmabauern nicht ganz schmerzlos zugeht, hat auch die Enquete-Kommission des Deutschen Bundestages über »Chancen und Risiken der Gentechnologie« festgestellt. »Die letzten zwanzig Jahre der Produktion landwirtschaftlicher Nutztiere mit Hilfe arbeits- und ressourcensparender Technologien zum Zwecke der Steigerung der Erträge hatte nach der Meinung von Veterinären negative Auswirkungen auf die Tiergesundheit und verringerte deren Lebensleistung.« Gemeint sind die Verkürzung der Lebenserwartung der Nutztiere, Stoffwechsel- und Fruchtbarkeitsstörungen, Euterkrankheiten, die Schwächung des Immunsystems und Verhaltensstörungen.

Gentechnologische Veränderungen von Nutztieren werden von der Pharmaindustrie und der Agrarwirtschaft gefördert, nicht vom Deutschen Tierschutzbund. Insofern ist kaum zu erwarten, daß das primäre Interesse ihrer Befürworter dahin geht, das Wohl der Tiere zu steigern. Um die Intensivhaltung weiterhin zu rechtfertigen, erwägen Bioingenieure, Nutztiere in der Intensivhaltung genetisch dahingehend zu manipulieren, daß sie schmerzresistenter werden und ethologisch stumpfsinniger. Was die Descartes'sche Philosophie verhieß, realisieren uns die Genarchitekten: die schmerzfreie Tiermaschine, ein reiner Reflexmechanismus. Wenn Tiere keinen Schmerz mehr empfinden, verlieren sie ja selbst nach Ansicht der Tierrechtler ihren moralischen Status und sind nichts als Sachen, mit denen man zu Recht ungestraft verfahren kann. Lösen wir eines Tages auf diese Weise das Tierschutzproblem? Das einzige was bleibt, wäre dann eigentlich nur die Frage, warum man dergleichen, einmal am Tier erprobt und bewährt, nicht auch beim Menschen durchführen sollte. Schmerzresistente Menschen sind gute Stahlarbeiter, Boxer, Soldaten und Fußballprofis; kleine Menschen passen besser ins Bergwerk und in den Formel1-Rennwagen; streßunanfällige Schüler lernen besser und sitzen später geduldiger im Büro: All das könnte unbezweifelt dem Fortschritt der Menschheit dienen und ihre Produktivität steigern. Wie gesagt, der entscheidende Schritt vom Tier auf den Menschen sind halt nur 1,6 Prozent DNS, und daß genmanipulierte Stahlarbeiter und Büroangestellte gewiß weniger leiden als ihre »normalen« Kollegen, wäre ein sicheres Indiz für die ethische Vertretbarkeit eines solchen Schritts. Ganz im Ernst: Ein wirklich unbezweifelbares rationales Argument gegen diese Vision gibt es nicht. Wenn sich dem einen oder anderen Leser trotzdem der Magen herumdreht bei dieser schönen neuen Welt – woran liegt das dann eigentlich? Macht uns hier wieder die unbeweisbare »Menschenwürde« einen Strich durch die billige Rechnung? Eine Würde, die wir nicht beweisen können, aber spüren, daß es sie gibt und geben muß – und die wir verständlicherweise bei Tieren nicht wahrnehmen, weil wir sie nicht spüren können, weil wir nicht in ihrer Haut oder besser: ihrem Fell, ihren Schuppen oder ihrem Gefieder stecken und deshalb immer noch stillschweigend davon ausgehen, daß dort, wo wir Wert und Würde spüren, nichts ist als ein großes Loch.

Mit welchem Recht nehmen wir bei Tieren mit Siebenmeilenstiefeln Schritte in eine Richtung vor, die wir beim Menschen nicht mal im Kriechgang für verantwortbar halten, sie aus gutem Grund als einen nichtartgerechten, sprich »humanen« Weg ansehen, ökonomische Probleme ethisch verträglich zu lösen? Sicher: Kühe brauchen keine Menschenrechte, sondern Kuhrechte, was ja nichts anderes heißt, als daß die Tiere in ihren existentiellen Bedürfnissen so weit wie möglich respektiert werden. Wie moralisch verkommen muß man da eigentlich sein, 50.000 potentielle Arbeitsplätze in der deutschen Agrarwirtschaft für ein zureichendes Argument zu halten, das unkontrollierte Klonen genetisch verkrüppelter Masttiere herbeizuwünschen?

Zweifel an der ethischen Vertretbarkeit konventioneller

wie genmanipulierter Extrem-Tierzucht bestreiten nicht, daß es sinnvoll sein kann, gentechnologische Verfahren in der Medizin oder beim Wildlife-Management einzusetzen. Zur Debatte steht nicht die Technologie als solche, sondern ihre Zielsetzung. Technik ist kein Wert »an sich«, sondern steht und fällt mit ihrem Einsatz im Dienst des Menschen. Eine verantwortungsvolle Gesellschaft überläßt die Zielsetzung risikotechnologischer Forschung nicht allein Universitäten, Instituten und Unternehmen, sondern kümmert sich darum, daß Ethik-Experten tatsächlich an den Entscheidungsprozessen beteiligt sind. Wer mit dem Argument operiert, das Welthungerproblem durch genmanipuliertes Getreide zu lösen (eine ethisch erstrebenswerte Zielsetzung), muß glaubhaft nachweisen, tatsächlich einen großen Beitrag in diesem Sinne zu leisten, und bei Nichteinhaltung dementsprechend belangt werden. Niemand hat etwas dagegen, daß die deutsche Pharmaindustrie Gewinne erzielt; doch wenn Gewinnmaximierung das einzige echte Argument ist, »Mitgeschöpfe« ohne zwingenden sozialen Bedarf mit gentechnologischem Risiko zu manipulieren, so ist das eben nicht Grund genug. Es gibt schließlich genügend andere Arbeitsplätze, an denen nicht das Blut von Mitgeschöpfen klebt. Soviel sollte jedem Politiker das Tierschutzgesetz wert sein – oder wir sollten es abschaffen und uns offen zur Barbarei bekennen.

Die derzeitige Praxis jedenfalls ist reine Heuchelei, das Wort »Ethik« ein lästiges Anhängsel oder Designer-Logo auf dem genmanipulierten Produkt. Verstöße gegen die »Würde« der Tiere bedürfen, gemäß dem Tierschutzgesetz, schwerwiegender Gründe. Zählen wir ausschließlich ökonomisches Interesse leichter Hand dazu, wie es gegenwärtig der Fall ist, gibt es praktisch überhaupt keine Beschränkungen mehr. Züchter mit konventionellen Methoden haben, vor allem bei Schweinen und Rindern, alle erdenklichen Grausamkeiten in der Tierzucht betrieben. Aus welchem Grund sollte man glauben, daß die gentechnologische Tierzucht mehr Skrupel haben wird, reine Fleischberge mit verkrüppelten Wirbelsäulen und verkümmerten Hinterbeinen zu züchten als die Tierzucht bisher? Man muß weder religiös noch ein besonderer Freund des Papstes sein, um Johannes Paul II. zuzustimmen: »Die Händler unserer Zeit machen aus dem Markt ihre Religion und gehen so weit, im Namen von Gott-Macht und Gott-Geld die Menschenwürde mit Füßen zu treten.« Schade nur, daß der Papst die Würde der Kreatur, um die es derzeit in erster Linie geht, vergessen hat – niemand ist halt unfehlbar.

Das Tier als Dummy

Sieben Prozent der DNS unterscheiden Rhesusaffen und Makaken vom Menschen. Sieben Prozent Unterschied, die einen Unterschied machen. Wen interessiert, daß Makaken ein kompliziertes Familienleben haben, Freude und Angst empfinden, miteinander kommunizieren und als Charaktere unterscheidbar sind? Mit entschlossenem Druck schiebt die Hand des Hirnforschers den Affen auf den »Primatenstuhl«. Langsam drehen sich Schrauben in den Schädel und klemmen das zappelige Tier fest. Für Stunden wird es hier eingeschraubt sein, ausgeliefert der Neugier der Forschung. Stunden, in deren Verlauf ihm nach und nach ein Auge vernäht und eine Kupferdrahtspule unter die Bindehaut geschoben wird.

Die hier geschilderte Szene entstammt keinem Science-fiction-Roman. Sie rührt auch nicht aus der Vergangenheit einer unwissenden Zeit. Und sie spielt nicht in einem fernen barbarischen Land mit verrohten Sitten, irgendwo im fernen Osten oder in den Forschungslabors skrupelloser Wissenschaftler eines ebenso skrupellosen Ost-Staates. Die Szene spielt in Berlin im Jahr 1994, und sie ist, wütenden Protesten von Tierschützern zum Trotz, gerichtlich abgesegnet.[8] Affenversuche der geschilderten Art sind in der Bundesrepublik Deutschland völlig legal. Zwar gibt es seit 1991 keine Experimente mit Menschenaffen mehr, aber immerhin 1297 Affen wurden 1993, dem letzten im Tierschutzbericht (1995) erfaßten Jahr, für Forschungszwecke »verbraucht«. Einen hochentwickelten Primaten mit Elektroschocks zu quälen, zu verätzen und zu verbrennen, ihm Gift zu spritzen und ihn mit unheilbaren Krankheiten zu infizieren – all dies befindet sich nicht im Widerspruch zum Selbstverständnis der freiheitlich-demokratischen Grundordnung der Bundesrepublik Deutschland.

Schmerzhafte Versuche mit Wirbeltieren sind an der Tagesordnung, tausendfach. Im Dienst der Toxikologie, der Strahlen- und Krebsforschung, der Immunologie und der experimentellen Chirurgie fauchen und quieken, stöhnen und schreien, heulen und wimmern Tiere unter menschlicher Folter. Schweißausbrüche und Zittern, unkontrolliertes Urinieren, zusammengekrümmte Körper und Zähneknirschen begleiten die Kämpfe und Krämpfe gequälten Lebens auf heißen Platten, mit versengten Fußsohlen und durchtrennten Nerven. In deutschen Labors werden Tiere lebend aufgeschlitzt, zersägt, verbrüht, in brennbare Flüssigkeit getaucht, lebend angezündet, die inneren Organe zerstört, herausgeschnitten oder unterbunden. Man hindert Tiere am Schlafen, bis sie sterben, näht ihnen After und Harngang zu, bricht oder verrenkt ihnen die Glieder und vieles mehr.

Allein im Jahr 1995 verbrauchte die deutsche Forschung nach offiziellen Angaben mehr als 1,6 Millionen Wirbeltiere im Dienste der Menschheit; das sind mehr als 4000 pro Tag. Dem Leiden der Tiere gegenüber steht der medizinische Erfolg und die Notwendigkeit, kaum oder nicht heilbare Krankheiten weiterhin zu erforschen und neue Medikamente zu finden. Schutzimpfungen, Betablocker, Organ-Transplantationen, die Chirurgie von Herzkrankheiten, die Chemotherapie, die Behandlung der chronisch lymphatischen Leukämie, Mittel gegen epileptische Anfälle, Antibiotika und ungezählte andere Fortschritte der Medizin wären ohne Tierversuche nicht denkbar gewesen. Krebs- und Aidskranke, Betroffene von Multipler Sklerose und Mukoviszidose, Kreislauf- und Drüsenerkrankte mit Störungen der Nebennieren, Hypophyse, Eierstöcke und Schilddrüsen warten auf neue Erkenntnisse und bessere Arzneimittel. Herz- oder Nierentransplantationen, Manipulationen an Nervenzellen, Schrittmacherverpflanzung und ähnliches sind ebenso auf Tierversuche angewiesen wie die Krebs-Forschung oder die Bekämpfung des Bluthochdrucks. »Ein Verzicht auf Tierversuche«, erklärt eine Stellungnahme der DFG aus dem Jahr 1993, »würde weite Bereiche der Biologie zum Stillstand bringen.« Zukunftsträchtige Forschungszweige wie die Neurobiologie, die Kognitionsforschung, die Erforschung von Stoffwechselregulationen und Hormonwirkungen könnten ohne Tierversuche nicht weiter verfolgt werden. »Langfristig käme die gesamte biologische Forschung einschließlich der aus ihr entstehenden Biotechnologie in Gefahr.« Im übrigen, beeilten sich die Verfasser des DFG-Papiers hinzuzudichten, gebe es an deutschen Forschungsinstituten gar keine »grausamen Tierversuche«.

Handelte es sich bei der Auflistung der Probleme einer versuchstierfreien Forschung um ernstzunehmende Argumente, so ist der zuletzt zitierte Satz schlicht Unsinn. Wie können renommierte Fachleute, die um die Qualen der Tiere bestens Bescheid wissen, schreiben, es gäbe in deutschen Forschungslabors keine Grausamkeit? Und wie kann eine notable Organisation wie die Deutsche Forschungsgemeinschaft ein Papier veröffentlichen, das eine für jeden Kenner der Materie offensichtliche Unwahrheit beinhaltet? Gewiß ist es ein Faktum, daß der größte Teil der in deutschen Labors durchgeführten Versuche mit narkotisierten Tieren erfolgt, die während des

Versuchs nicht leiden und die, sollte ihre Psyche oder ihr Organismus stark geschädigt worden sein, anschließend getötet werden. Doch erstens narkotisiert man nicht alle Tiere – Schmerzforschung, die ihre Versuchskaninchen narkotisierte, wäre Unsinn –, und zweitens: Erfüllt der Vorgang, einen Affen monatelang in einem engen Gitterkäfig isoliert vor sich hin vegetieren zu lassen, um ihn anschließend unter Narkose zu verstümmeln, nicht auch den Tatbestand der Grausamkeit?

Daß es mit der ethischen Sensibilität und der Aufrichtigkeit vieler Befürworter von Tierversuchen schlecht bestellt ist, wird auch derjenige zugeben müssen, der Tierversuche prinzipiell für ethisch akzeptabel hält. Die eigentümliche Moral des DFG-Papiers findet ihre Entsprechung im Tierschutzbericht des Bundeslandwirtschaftsministers. Nicht ohne Stolz verweist der Minister auf die stetig absinkende Zahl der Tierversuche. Vor zwanzig Jahren lag die Zahl der gequälten Tiere noch doppelt so hoch. Seit zehn Jahren wachen Ethik-Kommissionen über die »Vertretbarkeit« einer Versuchsreihe; die Zahl der geschundenen Hunde und Katzen nimmt immer weiter ab, unter den verwendeten Wirbeltieren finden sich zu zwei Dritteln Ratten, und Versuche mit Tieren von der Straße sind mittlerweile verboten. Bei der Lektüre des Tierschutzberichts gewinnt man den Eindruck, die Situation habe sich inzwischen soweit gebessert, daß sie keinen Widerspruch zum Tierschutzgesetz mehr darstellt, gemäß dem, wie gesagt, keinem Tier Schmerzen, Leiden oder Schäden zugefügt werden darf, es sei denn, man hat dafür einen vernünftigen Grund. Doch 1,6 Millionen Tierversuche im Jahr – alles vernünftige Gründe?

Über die Vernünftigkeit von Gründen für Tierversuche bestehen viele verschiedene Ansichten. Für Mahatma Gandhi beispielsweise gab es überhaupt keinen vernünftigen Grund, Tieren zu Forschungszwecken Schmerzen zuzufügen: »Vivisektion«, erklärte der gläubige Hindu, »ist nach meiner Auffassung das schwärzeste von allen Verbrechen, deren sich der Mensch heute gegenüber Gott und seiner Schöpfung schuldig macht. Lieber auf das Leben verzichten, als es mit der Qual fühlender Geschöpfe erkaufen.« Weniger religiös, aber mit gleicher Zielrichtung, erklärt Peter Singer das moralische Dilemma des Tierversuchs durch eine klare Entweder-Oder-Situation: Entweder ist das Tier nicht wie wir, dann gibt es keinen Sinn, mit ihm zu experimentieren, oder es ist wie wir, dann gibt es kein Recht, mit ihm Versuche zu machen, die als empörend betrachtet würden, wenn man sie mit einem von uns machte.

Die Crux an Singers klarer Alternative ist, daß sie sich gar nicht eindeutig entscheiden läßt. Könnte man das eine oder andere sicher behaupten, wäre das moralische Problem des Tierversuchs wesentlich leichter zu handhaben. Doch die Situation ist vertrackt. Einerseits gelingen Tierversuche gerade deshalb, weil Tiere in hohem Maße dem Menschen ähnlich sind; andererseits jedoch gibt es in vielen Bereichen immer wieder Schwierigkeiten damit, Ergebnisse mit Versuchstieren auf den Menschen zu übertragen. Die Aids-Forschung gehört zu den Beispielen, mit denen Laien leicht überzeugt werden können, daß Tierversuche notwendig sind. Die Wahrheit freilich ist, daß gerade hier Experimente mit Tieren kaum eine Rolle spielen. Zwar bilden auch Affen die charakteristischen Antikörper aus, aber sie erkranken aufgrund ihres anders gearteten Immunsystems nicht auf dieselbe Weise an Aids wie Menschen. Ein berühmtes Beispiel für die Katastrophe, die eintreten kann, wenn leichtfertig von Tieren auf Menschen geschlossen wird, ist der Contergan-Fall aus dem Jahr 1961. Während sich das Schlafmittel bei Mäusen, Fröschen, Kaninchen und Meerschweinchen problemlos bewährt hatte, verursachte es beim Menschen Nervenentzündungen und verstümmelte 5000 bis 6000 ungeborene Kinder. Manche Stoffe, wie das in vielen Desinfektionsmitteln enthaltene Phenol, sind für Kinder ungefähr 50mal giftiger als für Hunde. Da Tierexperimente keine sicheren Prognosen für die Übertragbarkeit auf den Menschen liefern, schreibt die deutsche Gesetzgebung für alle neuen Medikamente nach dem Tierversuch eine klinische Erprobung an Menschen vor. Nur etwa 80 Prozent der tierexperimentell gewonnenen Ergebnisse lassen sich hierbei bestätigen.

Daß Tierversuche nicht aussagekräftig sind, da sie kein gesichertes medizinisches Wissen liefern, erscheint als die vorsichtigste Variante im wissenschaftskritischen Streit um den Sinn der Vivisektion. Viel fundamentaler ist die Kritik, die Pietro Croce, ehemaliger Chefarzt des Laboratoriums für chemisch-klinische Analysen, für Mikrobiologie und pathologische Anatomie in Mailand, seinen Kollegen aus der medizinischen Forschung ins Stammbuch schreibt: »Die Forderung nach der Abschaffung der Tierversuche wird nicht aus Tierliebe erhoben, sondern aus Sorge um die Gesundheit der eigenen Artgenossen. Die antivivisektionistische Zivilisation ist viel wissenschaftlicher als die vielgepriesene der Tierexperimentatoren, die sich über das kulturelle Mittelalter, in dem sie leben und handeln, keine Rechenschaft ablegen.«[9] Unter dem kulturellen Mittelalter versteht Croce eine »verstaubte positivistische Logik«, geboren aus dem empirischen Verständnis der Wissenschaft im 19. Jahrhundert. So wie Croce sehen auch in Deutschland Tierversuchsgegner, wie die Ärzte Werner Hartinger und Bernhard Rambeck, den monokausalanalytischen Ansatz der tierexperimentell arbeitenden Schulmedizin als verfehlt an. Statt sich allein um die experimentell zugänglichen Seiten von Störungen zu kümmern, bedürfe es eines neuen Zugangs zu »ganzheitlichen Erfahrungen im Bereich der Heilkräfte und Selbstheilungsfähigkeiten des Organismus«. Die »maßlose Überbetonung der scheinbar experimentell, vor allem tierexperimentell, zugänglichen Aspekte von Leben, Krankheit, Heilung haben eine echte Weiterentwicklung der Medizin seit vielen Jahrzehnten total abgeblockt«.[10]

Für Fundamentalkritiker des medizinischen Wissenschaftsbegriffs ist der Tierversuch die Antwort auf eine falsch gestellte Frage. Die Zukunft der Menschheit liege, ähnlich wie in der Gentechnologie oder bei der Nutzung der Atomkraft, gewiß nicht darin, in einem »lebensverachtenden Forschungs- und Ausbeutungssystem« sich immer neue Wege auszudenken. Gefordert sei nicht die Bekämpfung der Symptome, sondern der Ursachen von Krankheiten. Mit dem blutigen Aufwand von vielen Millionen Wirbeltieren im Jahr kümmert sich die Forschung um die Folgen einer verfehlten Ernährung, von Zigarettenkonsum und Alkohol, Umweltgiften und um psychosomatische Krankheiten. Die bessere Lösung hingegen liege darin, die vermeidbaren Gründe für die Erkrankungen gar nicht erst auftreten zu lassen. Etwa 80 Prozent unserer heutigen Todesursachen, so errechnet Bernhard Rambeck, gehen auf das Konto von Zivilisationskrankheiten; 54 Prozent aller Deutschen sterben an chronischen Herz- und Kreislauferkrankungen, die Rambeck für eine Zivilisationsfolge hält, weitere 24 Prozent sterben an Krebs.

Man kann darüber streiten, inwieweit der Hinweis auf vermeidbare Ursachen von Krankheiten das Mittel heiligt, auf ihre Bekämpfung zu verzichten. Was nützt es einem an Lungenkrebs Erkrankten, zu wissen, daß die verpestete Luft der Großstadt, in der er wohnt, zu seiner Krankheit mit beigetragen hat? Er selbst hätte den Ausstoß von Luftschadstoffen durch den Autoverkehr oder die benachbarten Kraftwerke gewiß nicht verhindern können. Und es mag ja durchaus sein, daß der Wissenschaftsbegriff der Schulmedizin einer Revision bedarf – aber sollen wir tatsächlich solange mit der weiteren Erforschung von Krebsleiden warten, bis diese umfassend erfolgt ist?

Der völlige Verzicht auf alle Tierversuche scheint nur dann möglich, wenn man bereit ist, die Konsequenzen daraus zu tragen. Gewiß ist es richtig, daß beileibe nicht alle Erfolge der Medizin auf Tierversuchen beruhen; die statistisch höhere Lebenserwartung in den westlichen Industrieländern ist vornehmlich dem Rückgang von Infektionskrankheiten zu verdanken, der Hygiene, dem Wohlstand und den Fortschritten der nicht tierexperimentell arbeitenden Chirurgie. Doch noch immer gibt es zahlreiche Forschungsbereiche, die zum gegenwärtigen Zeitpunkt nicht gänzlich ohne Tierversuche auskommen könnten. Um deren Situation »humaner« zu gestalten, bemühen sich Pharmaindustrie und Wissenschaftsförderung darum, Alternativmethoden zu finden. So hat das Bundesforschungsministerium in den vergangenen vier Jahren 38 Millionen Mark in die Entwicklung von Alternativen zu Tierexperimenten investiert. Kein Land der Welt forscht so stark an neuen Wegen wie die Bundesrepublik Deutschland, und kein Land setzt so hohe Erwartungen darein, durch alternative Verfahren Zeit und Geld zu sparen und wissenschaftlich sinnvollere Resultate in manchen Teilbereichen zu erlangen. Etablierte Standards, wie die überaus schmerzvolle Reizung von Kaninchenaugen im »Draize-Test«, stehen heute auch fachwissenschaftlich zur Diskussion. Seit einigen Jahren stehen Hühnereier als Ersatz für die Kaninchen bereit. Nicht wenige Fachbereiche der Medizin können heute schmerzhafte Tierversuche durch Zellkörperkultur-Tests im Reagenzglas ersetzen. Der Einsatz von Computern erlaubt, giftige Substanzen im »Toxicology Modeling« aufzuspüren, und entbindet Studenten, qua Simulation auf dem Bildschirm, von der widerlichen Aufgabe, Frösche lebendigen Leibes und bei vollem Bewußtsein zu sezieren.

Das Zauberwort für den schrittweisen Weg, von Tierversuchen loszukommen, heißt RRR (*Reduce, Refine, Replace*): vermindern, verfeinern und zu ersetzen. Doch die »Realos«

unter den Tierversuchsgegnern werden von den »Fundis« scharf kritisiert. Wer statt auf schmerzhafte Tierversuche vermehrt auf Zellkörperkulturen und ähnliches setze, ändere nichts am grundsätzlichen System, Tiere für humanmedizinische Interessen auszubeuten. Das prinzipielle Recht des Menschen, Tiere zu seinen Zwecken zu mißbrauchen, werde nicht hinterfragt. Immerhin stamme der größte Anteil des Zellgewebes in den Reagenzgläsern der Alternativ-Methodiker weiterhin von Tieren. Das 3R-Prinzip schminke die bestehende Praxis nur schön und stabilisiere die bestehende Schulmedizin. Wenn schon mit Zellkörpern experimentiert werden müsse, dann bitte schön mit Material aus chirurgischen Eingriffen beim Menschen oder aus Organspenden. Im Gegensatz zu tierischem Gewebe fällt hier ja auch das Problem der Übertragbarkeit weg.

Zusätzliches Futter für die Kanonen fundamentaler Kritiker des etablierten medizinischen Systems liefert der Einsatz der Gentechnik. Um Schmerzen zu vermeiden, befürworten die meisten RRR-Strategen, Versuchstiere zu züchten, die bereits »von sich aus«, das heißt durch Genmanipulation, gewünschte Eigenschaften mitbringen, die ansonsten mehr oder minder qualvoll verursacht werden müßten. Für solchen Bedarf züchten amerikanische Labors seit einigen Jahren alle erdenklichen Mutanten, von der haarlosen Nacktmaus bis zur Maus mit angeborenen Eingeweidetumoren. Maßgeschneiderte Kreaturen von der Stange bedienen jeden Forschungszweck, von der »angeborenen« Immunschwäche bis zu paßgerechten Organen als Ersatzteillager für die Verpflanzung auf den Menschen, die sogenannte Xeno-Transplantation.

Unter Tierschutzaspekten, erklärte Bundesforschungsminister Jürgen Rüttgers unlängst im *Spiegel*-Gespräch, mache es keinen Unterschied »ob man Schweine zum Zweck der Schlachtung oder der Entnahme von Organen hält, die dann transplantiert werden«.[11] Mit der gleichen Logik rechtfertigen viele Befürworter von Tierversuchen auch die bestehende Praxis in deutschen Forschungslabors. Jahr für Jahr sterben mehrere hundert Millionen Tiere in deutschen Schlachthöfen, werden gefischt, gejagt oder im Straßenverkehr überfahren – was also soll an den überwiegend unter Narkose durchgeführten Tierversuchen schlimmer sein als an all den anderen widernatürlichen Todesursachen?

Wen kümmert es da, daß bei mutwillig getöteten Tieren im Schlachthof und im Versuchslabor, bei der Jagd und der Fischerei Äpfel mit Birnen verglichen werden, wenn man sie mit den nichtmutwilligen Unfallopfern im Straßenverkehr verrechnet. Tiertod ist nicht gleich Tiertod. Bezeichnenderweise bilanziert auch die Kriminalstatistik Mord und Totschlag nicht gemeinsam mit Verkehrstoten. Und natürlich feiert auch hier die Sextanerlogik fröhliche Urstände, andere genauso schlecht zu finden wie sich selbst und deshalb zu glauben, man habe es nicht nötig, sich Sorgen zu machen. Was solche Vergleiche wirklich taugen, zeigt jedoch vor allem die direkte Konfrontation. Kein Jäger, der sich nicht in der waidmännischen Ehre verletzt fühlte, wenn sein ehrbares Handwerk mit den tierquälerischen Praktiken feiger Labor-Täter verglichen wird, die Ratten in Plexiglas einschweißen und Mäusen Krebsgeschwulste anhexen. Welch ein gewichtiger Unterschied, einem entfesselten Wildschwein-Keiler ins Auge zu blicken oder einer verängstigten Versuchs-Maus! Umgekehrt gibt es wohl kaum einen forschenden Wohltäter der Menschheit, den Eid des Hippokrates im Nacken, der sich nicht energisch dagegen verwehrte, bei seiner blutigen Tätigkeit mit Lusttätern wie Jägern in einen Topf geschmissen zu werden.

Es kommt also nicht allein auf die Zahlen und den Tatbestand der Tiertötung an, sondern, gemäß dem Selbstverständnis der Berufsgruppen und dem Tierschutzgesetz, auf das

Motiv. Tierversuche und Genmanipulationen werden nicht deswegen durchgeführt, weil wir in Deutschland ja auch Schweine schlachten und Katzen überfahren – sondern weil Wissenschaft, Wirtschaft und Politik sie völlig ungeachtet von Schlachthöfen und Jagdausflügen für medizinisch notwendig halten. Die einzige Grundlage, die Legitimität der Vivisektion zu bemessen, ist ihre zwingende Erfordernis im Dienst der Menschheit und – so sieht es auch das Tierschutzgesetz – sonst nichts. Aus diesem Grund ist es kein zureichendes Argument, mit der Freiheit der Wissenschaften zu argumentieren und jeden Kritiker an der bestehenden Praxis als kommunistisch unterwanderten Systemverbesserer zu brandmarken, dessen einfältig-nostalgische Psyche ihn dazu zwingt, den Fortschritt zu bekämpfen, wie Don Quijote die Windmühlen. Im Gegenteil dürfte es nicht ganz unwahrscheinlich sein, daß mancher Vivisekteur selbst von nostalgischer Beharrlichkeit und uneingestandener Zukunftsangst heimgesucht wird. Wenn man einigen seiner Kollegen »die Tierversuche verbietet«, vermutet Horst Spielmann, Leiter der ›Zentrale zur Erfassung und Bewertung von Ergänzungsmethoden zum Tierversuch‹, »können die doch nicht vom nächsten Tag an mit Zellkulturen arbeiten. Davon verstehen die doch nichts.« [12]

Das Problem der bestehenden Praxis bei Tierversuchen besteht darin, daß es, Ethikkommission hin oder her, kaum einen ernsthaften Versuch gibt, die Notwendigkeit einzelner Tierversuche nach Maßgabe grundsätzlicher Menschheitsinteressen zu überprüfen. Statt sich der Öffentlichkeit zu stellen, berufen sich Vivisekteure darauf, daß selbst einschlägig gebildete Laien nicht in der Lage sind, die Erfordernis eines Versuchs zu beurteilen. Unterstützt wird diese Ansicht von zwei weiteren Gründen, die gängige Praxis nicht schärfer zu kontrollieren. Anträge für Tierversuche sind aufgrund bürokratischer Vorschriften sehr langwierig, sie durchlaufen einen Dienstweg, den man nicht durch zusätzliche Gutachter verlängert, sondern verkürzt sehen möchte. In diesem Sinne fordert der jüngste Entwurf des Bundeslandwirtschaftsministers für eine Novelle zum Tierschutzgesetz auch tatsächlich schnellere Genehmigungsverfahren. Der zweite Grund dafür, sich gegen eine nähere Prüfung zu wehren, dürfte die berechtigte Angst sein, das Treiben der Vivisekteure noch weiter in der Öffentlichkeit bekannt zu machen. Der überwiegende Teil aller Tierversuche ist mutmaßlich allein deshalb möglich, weil breite Teile der Bevölkerung, einschließlich Politiker und Juristen, sich das Ausmaß der Grausamkeit in deutschen Forschungslabors, trotz aller Aufklärungsarbeit von Tierversuchsgegnern, schlichtweg nicht vorstellen oder nicht glauben wollen.

»Artgerechte Tierhaltung und Schmerzfreiheit«, bringt K. Peter, Dekan der Medizinischen Fakultät der Universität München, ruhigen Gewissens zu Papier, »sind wesentliche Voraussetzungen für das Experimentieren mit Tieren. Gerade in der Grundlagenforschung werden Bedürfnisse und Lebensgewohnheiten der Tiere besonders berücksichtigt, um optimale Versuchsbedingungen zu gewährleisten. Operationen werden grundsätzlich in ausreichender Narkose durchgeführt. Die Tiere leiden nicht mehr, als Menschen in derselben Situation leiden müssen.« [13] Von Peters Begriff der artgerechten Haltung möchte ich gar nicht erst reden, auch nicht von der unerschrockenen Behauptung der »Schmerzfreiheit«. Was mich interessiert, ist die beabsichtigte Pointe des letzten Satzes. Daß Tiere nicht mehr – und wohl auch nicht weniger – leiden als Menschen in der gleichen Situation – was soll das heißen? Wenn das nur für die Operation unter Narkose gilt, ist es geschenkt. Gilt die Behauptung jedoch für die Tierversuchspraxis allgemein (und ansonsten verstünde ich den Sinn nicht, hier ein Beispiel zu bringen, daß keine Tragweite hat und keine Möglichkeit, es zu verallgemeinern), so wird das Grauen geradezu manifest. Welche Brisanz, etwa bei Tierversuchen in der Schmerzforschung, erzeugt wird, wenn ich daraus folgere, die Ratte auf der 70 Grad heißen Platte leide nicht mehr als ein Mensch in der gleichen Lage, wird sich auch K. Peter denken können.

Die überwiegende Zahl der Tierversuche ist nur möglich, weil Verdrängungsmechanismen im Spiel sind, und zwar sowohl auf seiten der Gesellschaft, die sie duldet, als auch auf seiten der Vivisekteure selbst. Ob ein Hirnforscher, der auch nur kurze Zeit das Sozialleben wilder Schimpansen, die Fülle von Charakteren, jede einzigartige Persönlichkeit, das Familienleben, die Ängste und Freuden studierte, ihnen noch immer seelenruhig die Köpfe aufmeißeln könnte, um seine Habilitation in Neurobiologie empirisch zu unterfüttern? Da wäre es doch allemal ein sinnvoller Vorschlag, jeden Vivisekteur, der mit so hochentwickelten Tieren wie Primaten zu experimentieren beabsichtigt, zuvor zu einem dreimonatigen Aufenthalt in Jane Goodalls Forschungszentrum in Tansania zu verpflichten. Ich bin sicher, daß sich das Institut, trotz seiner begrenzten Mittel, finanziell gerne an solchen Studienaufenthalten zum Zweck einer ethischen Schulung beteiligte.

Ohne Zweifel hat die menschliche Spezies ein Interesse daran, unter Einsatz nahezu aller Mittel das Überleben und ein hohes Maß an Schmerzfreiheit ihrer Individuen zu sichern. Aus meiner Sicht ist es deshalb nicht verwerflich, im Dienst solcher grundsätzlichen, man könnte sagen: biologischen, Grundinteressen Tierversuche, sofern sie dafür tatsächlich notwendig sein sollten, als ein letztes Mittel zu legitimieren. Warum sollte dem Menschen versagt sein, was wir jedem »wilden« Tier zugestehen: für den Erhalt seines Lebens und seiner Population zu kämpfen. Daß sich die Grenzen dieses artegoistischen Grundinteresses nicht klar und eindeutig ziehen lassen, bedeutet freilich nicht, es beliebig auf jeden erdenklichen Bedarf auszuweiten. »Versuche an Wirbeltieren, die zu länger anhaltenden oder sich wiederholenden erheblichen Schmerzen oder Leiden führen«, definiert in ähnlichem Sinn das Tierschutzgesetz §7 (3), »dürfen nur durchgeführt werden, wenn die angestrebten Ergebnisse vermuten lassen, daß sie für die *wesentlichen Bedürfnisse* von Mensch und Tier einschließlich der Lösung wissenschaftlicher Probleme von *hervorragender Bedeutung* sein werden.« (Hervorhebungen R.D.P.)

Wären die vom Gesetzgeber verordneten Kriterien für Tierversuche tatsächlich mehr als bedrucktes Papier, so gäbe bei uns pro Jahr 1,6 Millionen Versuche von hervorragender Bedeutung im Dienste wesentlicher Bedürfnisse. Da in Deutschland niemand an schlichtem Erkältungshusten oder Schnupfen stirbt, wären Versuche für Hustensaft und Schnupfenspray, von denen jedes Jahr neue Produkte auf den Markt kommen, obgleich es bereits jetzt unüberschaubar viele gibt, schlichtweg tabu. Daß dem nicht so ist, und gerade im Gegenteil jedes neue Medikament und jede neue Chemikalie an mehreren tausend Tieren erprobt werden müssen, dafür sorgen Arzneimittel-, Chemikalien-, Futtermittel-, Lebensmittel-, Wasserhaushalts-Bundes-Seuchen-, Bedarfsgegenstände-, Pflanzenschutz- und Tierseuchengesetz. Mit anderen Worten: Die Gesetzgebung *zwingt dazu*, gegen das Tierschutzgesetz zu handeln; allein im Arzneimittelbereich 850.000 mal im Jahr!

Mehr als 85 Prozent aller Tierversuche in Deutschland sind gesetzlich vorgeschrieben. Der überwiegende Teil erfolgt zudem ohne Kontrolle von Ethik-Kommissionen. Die Prüfung von Arzneimitteln und Chemikalien ist gesetzliche Pflicht und muß nicht eigens genehmigt werden. Da sich an dieser Gesetzgebung aller Voraussicht nach nichts ändern wird, besteht der einzige momentan gangbare Weg darin, die Volkskrankheit zu bekämpfen, sich unausgesetzt krank zu fühlen und wegen jeder minimalen Verstörung zu Medikamenten zu greifen. Eine solche, auch aus anderen Gründen zwingend erforderliche Therapie des Bewußtseins könnte Millionen von

Tieren das Leben retten. Sie widerspricht freilich dem Interesse der Pharma-Industrie. Zwar dient es gewiß nicht der Erhaltung der menschlichen Spezies, in jeder Apotheke auf Nachfrage zehn verschiedene Hustenbonbons und zehn verschiedene Schnupfensprays von zehn verschiedenen Herstellern zu bekommen. Aber hinter jedem dieser durch tausend Tiere getesteten Medikamente steckt die Hoffnung auf wirtschaftlichen Gewinn.

Die Widersprüchlichkeit einer Gesetzgebung, die Tierversuche einerseits auf »wesentliche Bedürfnisse« reduziert und andererseits Pflichttests für jedes Medikament und jeden neuen Stoff vorschreibt, ist damit noch nicht zu Ende. Denn natürlich gilt auch hier, daß Tierversuche keine verläßlichen Aufschlüsse darüber liefern, ob das Medikament oder die Chemikalie tatsächlich für den Menschen verträglich sind. Auch hier bleibt der Mensch als »Versuchskaninchen« unverzichtbar. Nicht wenige Wissenschaftler, die Tierversuche durchführen, räumen gerne ein, daß aus ihrer Sicht viele Experimente nicht erforderlich wären. Ihr einziger Sinn besteht darin, die behördlichen Verordnungen zu erfüllen.

Tiere, so erklärt es das Tierschutzgesetz, sind keine billigen Wegwerf-Meßinstrumente. Gleichwohl jedoch werden sie in der bestehenden Praxis nach wie vor wie solche behandelt. Um daran tatsächlich etwas zu ändern, fordern Bündnis 90/Die Grünen seit zwei Jahren, die gängige Rechtsprechung umzukehren. Statt Tierversuche pauschal zu erlauben, um sie im Kleingedruckten zu relativieren, müßten Tierversuche grundsätzlich verboten werden; Genehmigungen sind nur unter strengsten Auflagen und bei Nachweis des Bedarfs möglich. Die Einrichtung einer Tierversuchsdatenbank soll Wiederholungsversuche vermeiden helfen. Zwangsabgaben (»Mäusepfennig«) für denjenigen, der Tierversuche durchführt, förderten tierversuchsfreie Methoden.

In der gegenwärtigen politischen Lage haben solche Vorschläge kaum Chancen. Die Forderung, »die Unerläßlichkeit eines Versuchs zu belegen und der Nachweis einer gesicherten Aussage der Ergebnisse des Tierversuchs für den Menschen«, empört sich Klaus U. Meier, Tierschutzbeauftragter der BASF AG und Mitglied des Landestierschutzbeirates am Ministerium für Umwelt und Forsten in Mainz, »könnte faktisch zu einem Verbot sämtlicher Tierversuche führen«.[14] Woher stammt diese Befürchtung? Ist sie nicht gleichbedeutend mit dem Eingeständnis, daß der Löwenanteil aller Tierversuche eben nicht zwingend erforderlich ist? Besonders prekär wird Meiers Stellungnahme dann, wenn er anschließend die Drohung ausspricht, die »auf Innovation ausgerichtete chemisch-pharmazeutische, biomedizinische Forschung« würde bei einer entsprechenden Änderung des Tierschutzgesetzes sicher abwandern. Daß nach Meinung des Tierschutzbeauftragten eines deutschen Chemie-Weltkonzerns deutsche Pharma-Firmen im Dienst ihrer Aktionäre eher bereit sind, ihre nach etwaigem Maßstab der demokratischen Gesellschaft der Bundesrepublik ethischen Verwerflichkeiten im Ausland zu begehen, als sich diesen Maßstäben anzupassen, gibt moralisch sehr zu denken. Wir reden nicht über Steuern oder Lohnnebenkosten, sondern über Moral: Wer hier mit Abwanderung droht, zeigt eine ethische Rücksichtslosigkeit, die eines deutschen Unternehmens unwürdig ist!

Die Ethik der Wirtschaft und der von ihr gestellten »Tierschutzbeauftragten« hat ein bedenkliches Verhältnis zum Umgang mit Tieren. »Dem Tierschutz, der biomedizinischen Forschung, der Industrie«, erklärt Klaus U. Meier in einem Atemzug, »ist es nicht dienlich, wenn Deutschland als der wichtigste Forschungsstandort innerhalb Europas wegen einer vergleichsweise überzogenen Gesetzgebung an Attraktivität verliert.« Daß die Forschung und die Industrie sich über schärfere Bestimmungen nicht freuen, leuchtet mir ein. Aber warum wäre dem Tierschutz nicht gedient? Wenn er dieselben Interessen wie Forschung und Industrie hat, können wir ihn auch gleich rauskürzen.

Ähnlich wie die Massentierhaltung, so treibt auch die derzeitige Praxis der Tierversuche in Deutschland Schindluder mit den Bestimmungen im Tierschutzgesetz. Der weitaus größte Teil aller Versuchsvorhaben dient nicht den geforderten »wesentlichen Bedürfnissen«, sondern erfolgt aus rein kommerziellen Gründen oder aus persönlichem Ehrgeiz von Medizinern, die sich auf der Basis von Tierversuchen akademisch profilieren können, mitunter sogar müssen. Von sehr wenigen Ausnahmen abgesehen, wo Versuche nicht genehmigt wurden, reichen wirtschaftliche Erwägungen und wissenschaftliche Neugier ohne den Nachweis eines »höheren Zwecks« völlig aus, empfindsame Lebewesen wie totes Zeug zu behandeln und als »Sachen« zu gebrauchen. Statt das Tier als »Mitgeschöpf« zu respektieren, erhält es in der Praxis nicht einmal eine minimale Würde. »Während es ungesetzlich ist, medizinische Experimente an einem hirntoten menschlichen Wesen vorzunehmen, das weder sprechen noch fühlen kann«, beklagt sich Jane Goodall über die Praxis in nahezu allen Ländern der westlichen Zivilisation, »ist es gesetzlich zulässig, diese an einem wachen, fühlenden und hochintelligenten Schimpansen durchzuführen. Einen unschuldigen Schimpansen darf man laut Gesetz lebenslang in einer leeren Laboratoriumszelle mit einem Rauminhalt von 1,52 mal 1,52 mal 2,13 Meter hinter Eisengitter sperren, während für einen psychopathischen Massenmörder eine wesentlich größere Zelle vorgeschrieben ist.« [15]

Ohne Zweifel erzählt auch die Praxis der Vivisektion vom Aberglauben und der Hybris der menschlichen Spezies, im Sinne des biblischen Herrschaftsauftrages, mit Tieren nach Belieben schalten und walten zu können. Nicht die Tatsache, daß wir Tierversuche unter bestimmten Umständen für zulässig halten, erscheint meines Erachtens als die moralische

Katastrophe, sondern, daß wir fast jedes wirtschaftliche Interesse und jede wissenschaftliche Neugier im Zweifelsfall als wichtigere Werte erachten als das Mitgeschöpf Tier. Bei einer klaren Zielbestimmung der Vivisektion im Sinne des Tierschutzgesetzes hingegen wären mehr als 90 Prozent aller Tierversuche in Deutschland unzulässig. Konsequent abzuwägen bedeutet nicht, kleine Schönheitskorrekturen durchzuführen, sondern Befugnisse danach zu beurteilen, ob sie für das Überleben des Menschen und zur Abwendung unerträglicher Schmerzen unerläßlich sind. Eine dergestalt umgewandelte Praxis wäre gegenüber gegenwärtigen Standards nicht mehr wiederzuerkennen, der Tierversuch nicht die Regel, sondern die Ausnahme.

Um solche Bestimmungen zu erreichen, genügt es nicht, endlich Ethik-Kommissionen einzurichten, die wirklich unabhängig über den Sinn einzelner Forschungsziele debattieren, sondern auch die Bevölkerung muß ihren Teil dazu beitragen. Daß heute Unsummen für die tierexperimentelle Krebsforschung ausgeben werden und Hunderttausende von Tieren darunter leiden, ist keine Naturkatastrophe, sondern von vielen Betroffenen selbst mitverschuldet. Menschen, die so fahrlässig sind, ihren regelmäßigen Tabakkonsum nicht einzuschränken, erweisen sich demnach als doppelt verantwortungslos: sich selbst und den Tieren gegenüber! In diesem Sinne ist die Debatte über den Tierversuch tatsächlich eine Frage sowohl an das medizinische System der Bundesrepublik wie auch an das Gewissen jedes einzelnen Bürgers: die Frage nämlich, welchen Preis wir dem »Mitgeschöpf« Tier für unsere eigene Verantwortungslosigkeit abnötigen wollen.

Treuhand Zoo

Oder: Vom Nachteil und Nutzen der Tiergärten für das Tierleben

> Die Hoffnung … geht darauf, es möchte die animalische Schöpfung das Unrecht überleben, das ihr vom Menschen angetan ward, wenn nicht ihn selber, und eine bessere Gattung hervorbringen, der es endlich gelingt. Der gleichen Hoffnung entstammen schon die zoologischen Gärten. Sie sind nach dem Muster der Arche Noah angelegt, denn seit sie existieren, wartet die Bürgerklasse auf die Sintflut.
>
> *Theodor W. Adorno*

Zuflucht Zoo?

Mama, ist das da ein Dino? Zoobesuch, Samstagnachmittag. Vor dem kleinen, etwa sechsjährigen Jungen stampft ein urwüchsiges Ungetüm die dreißig Meter seines Geheges immer wieder hin und zurück. Eingepfercht zwischen Glasscheibe und stakettierten Eisenbahnbohlen dreht der tonnenschwere Koloß langsam seine Runde, immer im Kreis. »Nein Kevin, das ist kein Saurier.« Die Mutter hat das kleine Schild an der Scheibe entdeckt. »Das ist ein Indisches Panzernashorn.«

Das Indische Panzernashorn ist zwar kein Dinosaurier, aber mit seinen Schicksalsgenossen von vor 65 Millionen Jahren hat es durchaus etwas gemeinsam: Es stirbt aus. Nur noch 1500 dieser gepanzerten Riesen leben in kleinen Schutzgebieten Nordindiens und Nepals. Aber voraussichtlich nicht mehr lange. Dann fordert fast eine Milliarde Menschen allein in Indien ihren Raum, rodet die letzten Wälder, baut Staudämme und Kraftwerke, potenzsüchtige Menschenmännchen jagen nach dem Horn des Urtieres. Schlechte Karten für das Panzernashorn.

Die Spezies *Rhinoceros unicornis* teilt ihr Schicksal mit vielen Millionen anderen Tierarten, deren Untergang in naher Zukunft bevorsteht. Das Aussterben des Panzernashorns fällt nur ein wenig mehr auf als das von über tausend Käfer- und Milbenarten, die jede Woche, zum Teil niemals entdeckt, im südamerikanischen Regenwald das Weltliche segnen. Doch so gewiß die Fakten auch sind, so sehr streiten sich Zoologen und Naturschützer darüber, wie zu reagieren ist. Lautstark im Konzert der Zukunfts-Ökologen ist seit einigen Jahren die Stimme der Welt-Zoo-Organisation (IUDZG), die sich mit eigenwilligen Vorschlägen zu Wort meldet. Fragt man den Direktor des Kölner Zoos, Gunther Nogge, dann kann die Antwort nur sein, mehr Geld in Zoologische Gärten zu investieren. Als Stätten wissenschaftlicher Forschung und pädagogischer Belehrung seien es gerade die Zoos, denen bei der Rettung des biologischen Erbes eine besondere Bedeutung zukomme. Tiere, die angesichts der verheerenden Situation der Schöpfung keinen Platz in der Natur mehr haben, könnten nur noch in Zoologischen Gärten vor dem Aussterben gerettet werden. »Wenn es keine Zoos gäbe«, so Nogges Fazit, »wäre es höchste Zeit, sie zu gründen.«

Optimisten unter den Demographen gehen davon aus, daß nach Erreichen der Maximalzahl von 12 Milliarden Menschen eine Wiederabnahme der Weltbevölkerung in ferner Zukunft denkbar ist. Unter Annahme eines langfristigen Wohlstandswachstums in den Ländern der Dritten Welt ließe sich die Bevölkerungsexplosion nicht nur aufhalten, sondern die Zahl der Menschen auf unserem Planeten vielleicht sogar wieder auf eine geringere Menge als die heutige reduzieren.

Die bessere Zukunft ist eine Spekulation, abhängig davon, daß sich nicht nur am augenblicklichen Dilemma der Überbevölkerung, sondern auch an der rücksichtslosen Ressourcenausbeutung durch die Industrieländer in Zukunft einiges ändern werde. Nur unter dieser Voraussetzung macht das Programm der Aufbewahrung wilder Tiere im Zoo überhaupt einen Sinn. Denn Nogge, oder vielmehr dessen designierter Urenkel, will die zukünftigen Nachkommen heutiger Tiere eines Tages wieder freilassen. Sollte es gelingen, die Vielfalt der Arten die nächsten zwei Jahrhunderte mittels kontrollierter Artenzucht in den Zoologischen Gärten der Welt zu parken, könnte das Schlimmste eventuell überstanden sein. Solange blieben die Zoos ein notwendiges Mittel zur Erhaltung der Tierwelt.

Das neue Losungswort heißt ›Erhaltungszucht‹. Mit Hilfe eines ausgeklügelten genetischen Managements entstehen seit einem Jahrzehnt weltweit Zuchtpopulationen für große Landwirbeltiere, deren Bestand in der Natur gefährdet ist. Nashörner, Tiger, Leoparden, Affen, Asiatische Elefanten und einige Antilopenarten, dazu größere Vögel wie Greifvögel, Papageien oder Kraniche wurden in den letzten Jahren vielfach in Menschenobhut gezüchtet. Über 130 Zuchtbücher unter Leitung der *Conservation Breeding Specialist Group,* eine Expertengruppe der Uno-Naturschutzbehörde *IUCN* und der *IUDZG,* regeln die gezielte Vermehrung von Wildtieren in Menschenobhut. Im November 1985 startete das *Europäische Erhaltungszuchtprogramm* (EEP), das sich auch in den deutschen Zoos um besonders bedrohte Arten kümmert.

Alle wissenschaftlich geleiteten Tiergärten der Bundesrepublik nehmen mittlerweile am EEP teil. So koordiniert der Frankfurter Zoo das Programm für den südamerikanischen Mähnenwolf und den Waldhund; der Kölner Zoo kümmert sich um den Vari aus Madagaskar, den nahezu ausgerotteten Bali-Star, den Kleideraffen aus Vietnam und das Przewalski-Pferd. In Nürnberg bemüht man sich um den Schabrackentapir und den Weißnackenkranich; in Hannover um den Drill und die Mendes-Antilope; der Zoo Karlsruhe koordiniert die

Orang-Utan-Zucht, Stuttgart die Zucht von Giraffe und Bongo, der Tierpark Berlin-Friedrichsfelde pflegt den Mesopotamischen Damhirsch und den Kiang, eine chinesische Wildeselform. Einige dieser Tierarten werden wohl nur durch die Initiative der Tiergärten überleben. Die Geschichte der Erhaltungszucht, so scheint es, ist ein neues, diesmal positives Kapitel in der problematischen Geschichte der Zoos.

Artgerechte Haltung

Es scheint so. Doch die Zahl der Kritiker an den Zuchtprogrammen der Tiergärten ist groß. Vor allem engagierte Tierrechtler mißtrauen dem neuen Selbstverständnis der Zoos als Treuhänder der Konkursmasse der Schöpfung auf das äußerste. Eine Institution, die seit ihrer Gründung vornehmlich an Eigennutz interessiert gewesen sei und nicht am Schicksal der ausgestellten Tiere, als Motor des internationalen Artenschutzes? Erhaltungszuchtprogramme seien keineswegs ökologisch sinnvolle Beiträge zum Naturschutz, sondern Rechtfertigungsversuche der Zoos im Zeitalter ihres moralischen Bankrotts. Mindestens fünf wichtige Einwände stellen das Selbstverständnis der Zoos grundsätzlich in Frage.

Fundamental-Kritiker der Zoologischen Gärten verwerfen bereits den Grundgedanken, wilde Tiere überhaupt in Gefangenschaft zu halten. Dies ist freilich kein Argument, sondern eine Schlußfolgerung aus anderen Argumenten. Wer der Ansicht ist, der Mensch hätte »nicht das Recht«, Tiere im Zoo zu halten, muß eine ganze Reihe von Vorüberlegungen angestellt haben, warum es an diesem Nicht-das-Recht-Haben nichts zu deuteln gibt. So läßt die »moralische Anmaßung«, wilde Tiere im Zoo zu halten, sich zum Beispiel dadurch begründen, daß man Zoos vorwirft, *Tiere aus ihrem ursprünglichen*

Lebensraum zu reißen, sie über große Entfernungen zu transportieren und sie in einer ihnen völlig fremden Umwelt festzuhalten. Die exotischen Tiere würden ihres natürlichen Lebensraums entkleidet und museal zur Schau gestellt.

Daß hier berechtigte Kritik am historischen Selbstverständnis der Zoos zur Sprache kommt, steht außer Frage. Ohne Zweifel ist es ein dunkler Punkt in der Geschichte der Zoos, sich über das Verletzungs- und Tötungsrisiko sowie die Dezimierung der Populationen von Tieren erschreckend wenig Gedanken gemacht zu haben. Um sich die eigentümliche Ignoranz zu verdeutlichen, mit der ausgewiesene Fachleute bis vor zwanzig Jahren das Fangen wilder Tiere moralisch und ökologisch für unbedenklich hielten, genügt ein kleines Beispiel: Anfang der 70er Jahre beschenkten meine Eltern mich als Kind mit dem damals sehr beliebten Kinderbrettspiel *Wild Life*. Sinn dieses vom WWF unterstützten und mit einem flammenden Appell zum Schutz von Wildtieren versehenen Spiels war es, auf »Tierfang für unseren Zoo« zu gehen. Mit ausreichendem Geld für die Fangkosten und sicherem Wissen um ihren genau bezifferten »Wert« erwarb der Spieler seine Tiere, versteigerte sie auf Tierhändlerauktionen und komplettierte so Stück für Stück die Sammlung im heimischen Zoo.

Was in den 70er Jahren gut gemeint war, gehörte heute auf die rote Liste der besonders jugendgefährdenden Spiele. Es kann kein Zweifel daran bestehen, daß sich das Bewußtsein gegenüber dem Fangen von Wildtieren in den letzten zwanzig Jahren fundamental gewandelt hat. »Wildtierentnahmen«, wie es im Zoologendeutsch heißt, sind seit dem Washingtoner Artenschutzabkommen von 1975 nicht mehr Privatsache einzelner Zoos. Nur wenige der heute in Zoos gezeigten Tiere entstammen einer »freien Wildbahn«, die meisten sind in den Zoologischen Gärten selbst geboren.

Der einzige heute noch bestehende Grund für Wildtierentnahmen ist der Versuch, das in den Zoos vorhandene Genmaterial von Zuchttieren zu bereichern und Inzuchten zu vermeiden. Doch auch hier fängt heute niemand mehr einen freilebenden Amur-Leoparden oder einen Sibirischen Tiger, Tiere, deren Bestand in der Natur auf einen letzten Rest von wenigen hundert Exemplaren zusammengeschrumpft ist. Wo Zoodirektoren mit großem Optimismus noch vor wenigen Jahren einige der letzten freilebenden Vertreter des vom Aussterben bedrohten Sumatra-Nashorns einfingen, um in englischen und amerikanischen Zoos Zuchtpopulationen aufzubauen, ist man heute vorsichtiger geworden. Statt große Summen für bislang noch nicht geglückte Zuchtprojekte in Zoos auszugeben, entscheidet man sich im Zweifelsfall heute immer öfter dafür, das gesamte Geld in den Schutz vor Ort zu investieren. Die gegenwärtig relevante Frage heißt also nicht: Mit welchem Recht reißen Zoos wilde Tiere aus ihrem Lebensraum, sondern: Wie gehen wir mit den Hunderttausenden von Tieren um, die heute in den Zoologischen Gärten leben?

Nun gut, wenn sich die Zoos beim Fangen von exotischen Tieren mittlerweile auch zurückhalten mögen, so rechtfertigt dies noch lange nicht, sie *zur Schau zu stellen*. Ob nun in Kenia geboren, oder im Zoo: Ein Tier in einen Käfig zu setzen, damit es dort »begafft« wird, verletzt die »Würde« des Tieres auf das äußerste.

Auch hier scheint die Kritik berechtigt. Wer erinnert sich nicht an den Gorilla, der traurig in seiner Käfigecke hockt, im Duisburger Zoo zum Beispiel, oder früher im Tierpark Berlin-Friedrichsfelde. Davor Dutzende von Menschen, die der eingepferchten Kreatur ihr dummdreistes »Hallo, King Kong!« in die Ohren dröhnen, acht bis zehn Stunden am Tag, jahrein, jahraus. Kaum ein deutscher Zoo, bei dem sich nicht noch heute Mißstände feststellen ließen, die ein wildes Tier so schonungslos der Schaulust des Besuchers preisgeben. Ein Schuft, der hier kein Mitleid fühlt und die »begaffte« Kreatur nicht weit weg aus dem trostlosen Kachelverlies wünschte, zurück in den Regenwald.

Negativbeispiele gibt es genug. Doch sind sie ein ausreichender Grund dafür, das Zeigen von Tieren in Zoologischen Gärten prinzipiell abzulehnen? Immerhin: Kein Mensch weiß genau, an welchem Punkt sich ein Tier »begafft« fühlt oder nicht. Im übrigen ist »Begaffen« kein moralisches Argument, sondern ein ästhetisches. Wir haben gute Gründe, anzunehmen, daß sich ein Gorilla »begafft« fühlt, weil wir glauben, uns in ihn hineinversetzen zu können. Auch ich vermute, daß es dem Gorilla unter den oben beschriebenen Haltungsbedingungen schlecht geht, aber nicht weil er in einem Zoo lebt, sondern weil das aufdringliche Geschrei und die fehlende Chance, sich zurückzuziehen, sein angestammtes Sozialverhalten entscheidend beeinträchtigt und somit auch seine Gefühle. Wer ein hochentwickeltes Tier so hält, daß es bereits an der elementaren Möglichkeit gehindert wird, sich der unmittelbaren visuellen wie akustischen Präsenz von Zoobesuchern zu entziehen, dokumentiert einen erschrekkenden Mangel an Sensibilität und verwirkt seine moralische Lizenz, mit Tieren umzugehen.

Das Problem des »Begaffens« ist damit freilich kein prinzipielles, sondern ein graduelles. Eine modern gestaltete Zooanlage bietet hochentwickelten Tieren nämlich durchaus die Chance, sich vor den Augen des Zoobesuchers zu verbergen. Daß allein die Tatsache, sich in einem Zoo zu befinden, in einem jeden Tier die Empfindung auslöst, sich »begafft« zu fühlen, ist ein kurzsichtiger Anthropomorphismus. Nicht »realistisches« Einfühlen in einen Aquarienfisch, einen Webervogel in der Freiflughalle oder eine Gazelle in ihrem 1000-qm-Areal, sondern eine naive Übertragung spezifisch menschlicher Gefühle in das tierische Bewußtsein verleitet mich dazu, den Tieren prinzipiell Empfindungen wie »Gefangenschaft« oder »Begafftwerden« zu unterstellen. Doch wer erkennt, wie anders das Gehirn dieser Tiere arbeitet, wer sie nicht als gleiche, sondern gerade als andere Lebewesen respektiert, dürfte schlecht beraten sein, den in der Kulturgeschichte zu Recht kritisierten Anthropozentrismus im Umgang mit Tieren durch einen ebenso naiven Anthropomorphismus zu ersetzen. Es dürfte wahrscheinlicher sein, anzunehmen, daß Tiere nicht darunter leiden, im Zoo zu sein, allerdings durchaus darunter, schlecht gehalten zu werden.

An dieser Stelle tritt das dritte Argument gegen Zoos auf den Plan: Die Haltung von Tieren im Zoo sei *nicht artgerecht*. Der ursprüngliche Sozialverband der Tiere ist dahin; die aktive Futtersuche wandelt sich zum bloßen Gefüttert-Werden durch den Pfleger; wo große Vögel frei durch die Lüfte schwebten, Delphine kilometerweit im Meer schwammen, engen Maschendraht und Beton ihr Domizil auf weniger als ein Tausendstel ihrer natürlichen Entfaltungsmöglichkeiten ein.

Daß diese Kritik nicht einfach dahergeredet ist, wird im Grunde auch jeder Zoodirektor zugeben müssen. Viele Tiere können nur deshalb im Zoo gehalten werden, weil ihr natürliches Verhalten umgestellt wird. Statt selbst zu jagen, erhalten Großkatzen, Bären, Marder, Greifvögel und Krokodile ihre Fleischportionen zugeteilt; keine Voliere für Greife entspricht annähernd der Größe ihres Jagdreviers; Gnu-Herden ziehen in der Serengeti über mehr als tausend Kilometer durch die Savanne; im Zoo gerade mal hundert Meter weit – wenn sie Glück haben.

Nun verweisen Zoodirektoren freilich ebenso gerne darauf, daß solche Umstellungen in den meisten Fällen gut gelingen. Heutige Zootiere erreichen nahezu allesamt ein höheres Alter als in der Natur; die meisten von ihnen vermehren sich so prächtig, daß ihr Fortpflanzungszyklus künstlich eingeschränkt werden muß. Doch können wir daraus pauschal folgern, daß sie allesamt »artgerecht« gehalten werden?

»Artgerecht«, definiert Wolfgang Grummt, der stellvertretende Direktor des Tierparks Berlin-Friedrichsfelde, »ist das, worin eine Art sich zurechtfindet«, also mitunter auch ein Gitterkäfig. Einige aufgeklärtere Kollegen hingegen sind hier schon wesentlich vorsichtiger und vermeiden bewußt eine allzu rigorose Definition. Denn die Frage nach einer artgerechten Haltung ist kaum eindeutig zu beantworten. Sollte nur das artgerecht sein, was dem Lebensraum in der Natur tatsächlich gleichkommt, so lassen sich nahezu alle größeren Landwirbeltiere in Zoos nicht halten. Bedeutet artgerecht, daß die Tiere ihre wesentlichen arttypischen Verhaltensweisen ausleben können, wird die Klientel für den Tierpark schon erheblich größer. Oder ist es ein Zeichen von artgerechter Pflege, wenn sich die Tiere in Menschenobhut vermehren? Doch es gehört schon eine große Portion an unfreiwilligem Zynismus dazu, wie die Erklärungstafel im Zoologischen Garten Münster zu behaupten, große Greifvögel brauchten in der Tat nur eine kleine Maschendraht-Voliere, da sie hier am besten nachzüchteten.

Erst seit einem Jahr gibt es Richtlinien der EU, welche die Mindestraumansprüche von Wildtieren verbindlich regeln. Bisher durfte in Deutschland im Prinzip ein jeder Wildtierhalter machen, was er wollte. Zwei Jahre lang arbeiteten Gutachter-Kommissionen aus Tierschützern und Zoologen an Mindestmaßregelungen, um den Veterinärbehörden in Zukunft endlich etwas an die Hand zu geben. Die Regelung war langwierig und kompliziert, denn daß ein juristischer Handlungsbedarf besteht, wurde zwar von niemand bestritten – aber wonach sollte man entscheiden, ob für die artgerechte Haltung eines Löwen 50, 200 oder 2000 qm erforderlich sind?

Vor solche Entscheidungen gestellt, argumentieren Zoodirektoren wie Christian Schmidt vom Frankfurter Zoo gerne damit, daß viele Zootiere, wie zum Beispiel Antilopen, ihre

Anlagen durchaus verlassen können. »Sie tun es nicht, weil sie sich in ihrem Ersatzterritorium, sofern es artgemäß und ihren Bedürfnissen entsprechend eingerichtet ist, nicht als ›Gefangene‹ fühlen. Auch durch Steppe und Tundra ziehen sich unsichtbare Zäune, welche die Tiere in ihre Territorien ›einsperren‹. Ähnlich wie bei uns Menschen hört nämlich auch beim Tier die individuelle Freiheit dort auf, wo jene des Artgenossen beginnt. (...) Ist es unsere eigene Unfreiheit in einem zunehmend durch vielerlei Zwänge ›eingezäunten‹ Leben, die uns veranlaßt, eine vage Freiheits-Sehnsucht auf das Tier zu projizieren?« [1]

Christian Schmidt hat sicher recht, wenn er davor warnt, Tieren unvorsichtig menschliche Freiheitssehnsüchte zu unterstellen; auch hier lauert die Gefahr einer vorschnellen Anthropomorphisierung. Doch ist es nicht ebenso bedenklich, umgekehrt zu schlußfolgern, die Freiheitsgefühle von Antilopen seien auf den Frankfurter Zooanlagen vollends befriedigt? Man wäre fast geneigt, Herrn Schmidt einmal allen Ernstes zu empfehlen, eine seiner Antilopenanlagen über Monate hinweg Stück für Stück zu verkleinern, um abzuwarten, bei welcher Größe das Tier schließlich über den Graben springt. Ich halte es nicht für unwahrscheinlich, daß sich das Gehege einer Impala-Antilope bis auf sehr wenige Quadratmeter verkleinern ließe, ohne daß sich die Antilope auf den von Menschen bevölkerten Asphalt rettet. Nun bin ich freilich ebenfalls davon überzeugt, daß ein moderner Zoodirektor wie Schmidt ein nur wenige Quadratmeter großes Gehege für Impalas nicht als eine artgerechte Haltung ansehen wird; woraus zu folgern wäre, daß Schmidt seinem eigenen Argument nicht traut.

Freiheitsgefühle von Tieren sind eine komplizierte Sache. Der empfindsame Zoobesucher denkt beim Anblick von Gitterstäben an ein Gefängnis. Den Leoparden dahinter interessieren statt dessen wohl eher die Klettermöglichkeiten und

Versteckplätze. Ob Gitter oder Glasscheibe, ist ihm wahrscheinlich gleich. Gehen wir vom Menschen aus, machen wir uns einer naiven Sentimentalität verdächtig: Wir wissen halt nicht, was in den Tieren vor sich geht. Und natürlich gilt das gleiche auch umgekehrt: Wer Tieren jegliches Freiheitsempfinden abspricht, maßt sich auf gleiche Weise an, über eine Sache zu urteilen, von der er nichts verstehen kann. Das einzige, was bleibt, ist, Zooanlagen so zu gestalten, daß wir nach bestem Wissen und Gewissen hoffen können, das potentielle Freiheitsgefühl der Tiere so wenig wie möglich zu beeinträchtigen – und das ist schwierig genug. Denn das große Problem vieler Zoologischer Gärten ist ihr notorischer Platzmangel. Kein Zooplaner des 19. Jahrhunderts ahnte voraus, welche Platzansprüche ein Zoo der 90er Jahre des 20. Jahrhunderts hat, um seine hehren Ziele der Erhaltungszucht zu realisieren. Zoos, die vor hundertfünfzig Jahren am Stadtrand angelegt wurden, liegen heute meistenteils im belebten Zentrum der Städte, ohne jegliche Möglichkeit zur Erweiterung. Über 20 Jahre kämpfte der gerade mal 10 Hektar große Frankfurter Zoo um ein sechsmal so großes Gelände am Niederurseler Hang am Rand des Taunus, bis man den ehrgeizigen Plan schließlich aufgab und die geplante Dependance in die Gemeinde Steinbach verlegte. Aber auch dort will keiner den Zoo haben. Wie die hochverschuldete Stadt die erforderlichen 200 Millionen Mark Baukosten aufbringen will, weiß ohnehin niemand.

Trotz immens hoher Besucherzahlen, von denen andere städtische Einrichtungen wie Theater, Oper und Museum nur träumen können, sind nahezu alle deutschen Zoos in den roten Zahlen. Der Kölner Zoo wird mit jährlich 10 Millionen Mark bezuschußt, der großflächige Tierpark Berlin-Friedrichsfelde benötigt fast doppelt soviel aus dem Säckel des Berliner Finanzsenators, der überdies noch den Berliner Zoo finanzieren muß. Deutsche Zoos decken im Schnitt nur 40 bis

60 Prozent ihrer Etats durch Umsatzerlöse. Private Unternehmen, wie der einstige Tierhändlerzoo Hagenbeck in Hamburg, stocken immer wieder ihre Eintrittspreise auf, um zu überleben. Und auch im Ausland ist die Situation nicht besser. Der Londoner Zoo, Privateigentum der Zoological Society von 1826, sieht mittlerweile so alt aus, wie er ist, und wurde bislang allein durch die Privatinitiative eines Scheichs gerettet. Wer finanziell nicht in der Lage ist, in die Zukunft zu investieren, verpaßt über kurz oder lang den Anschluß an internationale Standards.

Alcatraz oder Psychotop?

Dicke Gitterstäbe weisen den kauernden Tiger in seine Schranken; auch die Schimpansenhand klammert sich ans Gitter. Den Kopf gesenkt, hockt der große Affe in der Ecke, die Augen leer: nichts als Stäbe. Die Schlange ringelt sich in der Blechwanne; kotverschmierte Kacheln pflastern das Stelzvogelhaus, höhnisch kommentieren sie die lustigen Flamingos, aufgemalt auf die Rückwand des Winterquartiers; zwei Baumstümpfe spielen Amazonas im Kachelknast des Tapir-Hauses, trostlos wirkt die Leere des Gutgemeinten im Symbol, schrecklicher noch als das Nichts ist die schlechte Anwesenheit der Natur. Sie manifestiert das Fiasko.

Die Welt in schwarz und weiß zu teilen, ist nicht schwer, wenn man sie schwarz-weiß fotografiert. Nicht selten fühlt sich der Betrachter von Bildbänden über das Elend der Zootiere erbärmlich, ratlos und resigniert wie die verzweifelte Kreatur im Gitterloch. Seit 1993 vertreibt der Verlag Zweitausendeins das englische Schreckensbuch *Gefangen im Zoo. Tiere hinter Gittern* auch in Deutschland, das Werk der *Foundation Freeborn*, einer Anti-Zoo-Vereinigung unter Führung der Schauspielerin Virginia McKenna. Ein Jahr später legte die deutsche Projektgruppe *Panthera* einen weiteren Bildband nach: *Der Zoo. Fotografien von Tieren in Gefangenschaft*.

Welten liegen zwischen den Selbstdarstellungen der Zoos, netten Hochglanzbroschüren mit freundlichen Farbfotos glücklicher Tiere, und der massiven Anklage suggestiver Schwarzweiß-Bilder vom traurigen Los eingekerkerter Zootiere. Wie aber geht dies zusammen: der Zoo als Naturschutzzentrum und als Ort pathologischen Ungeistes?

Man darf sich nicht täuschen. Die viel zu kleinflächigen Anlagen vieler europäischer Zoos sind nicht allein Folge akuten Geld- und Platzmangels. Die Arche Noah als Ruderboot spiegelt ebenso die Mentalität früherer Kapitäne, deren Mangel an Problembewußtsein heute unbegreiflich ist. So rühmt das offizielle Buch des Kölner Zoos die 1957 errichtete Eisbärenanlage als einen »kühnen Betonbau«. Dahinter verbirgt sich ein mit elektrischem Draht umzäunter Komplex, der an den Hochsicherheitstrakt auf der amerikanischen Schwerverbrecher-Insel Alcatraz erinnert. Was den Eisbären selbst vermutlich wenig stört, tut zoopädagogischen Absichten einen schlechten Dienst: die Manifestation von Gefangenschaft im Auge des Betrachters. Mit einem ›Psychotop‹, wie es in der neueren Zoologensprache heißt, das dem Besucher eine Einfühlung in den natürlichen Lebensraum ermöglichen soll, hat eine solche Anlagen nicht viel gemein. Die Liste der Verfehlungen ließe sich weiter fortsetzen: In der Stuttgarter Wilhelma fristen Flußpferde und Tapire ihr unartgerechtes Dasein in Verliesen und Betongräben. Das gleiche gilt für die Einkerkerung von Malaienbären im Tierpark Friedrichsfelde; ein kleines Tierhaus, das erst kürzlich ein Außengehege bekam und in dem zuvor schon mancher Menschenaffe stumpfsinnig verblödet ist.

Im April 1995 ketteten sich Aktivisten von *Animal Peace* an die Stahlträger eines Gorillakäfigs im Münchner Tierpark

Hellabrunn und wiesen demonstrativ auf die »Isolationsfolter im Zuchthaus Hellabrunn« hin. Wer sich dagegen schützen will, muß die Verhältnisse der Tierhaltung ändern, nicht die Sicherheitsvorkehrungen. »Denn wenn wir anfangen, mit unseren Tieren Mitleid zu erregen, können wir uns die hehren Ziele der Bewahrung und Wiederansiedlung aus dem Kopf schlagen«, mahnt auch Gunther Nogge die Notwendigkeit weiterer Umwandlungen an.

Beim Hinweis auf die Mißstände der Tierhaltung erwähnen deutsche Direktoren gerne die Vorbildzoos von New York und San Diego oder den Jersey Wildlife Preservation Trust. Doch das Schaffen solcher Musterverhältnisse kostet Zeit und Geld. Hauptfehler der Vergangenheit und betoniertes Symbol früherer Ignoranz war der Gedanke, die exotische Tierwelt den Formvorlieben großstädtischer Menschenarchitektur anzupassen. Der bei seiner Eröffnung 1974 als vorbildlich ausgezeichnete Allwetterzoo in Münster ist ein El Dorado für Beton-Fans. Worin der Unterschied zwischen Menschen- und Tierarchitektur liegt, spürt der Zoobesucher, wenn Kölns Halbaffen an warmen Sommertagen die galaktischen Stahlkugeln verlassen und jenseits ihrer preisgekrönt formschönen Eisenstäbe frei durch Laub und Geäst turnen. Noch konsequenter waren die Architekten konventioneller Großkatzenhäuser bis weit in die 70er Jahre. Anstatt eine abwechslungsreiche Naturlandschaft nachzuempfinden, sortierten sie die belebten Ausstellungsstücke mit der seelenlosen Akribie eines Briefmarkensammlers ins Einsteckalbum einer langen Galerie von Gitterboxen. Psychotope, die mehr über ihre Erbauer verraten als über die gezeigten Tiere. In der Stuttgarter Wilhelma ist dem Besucher der Zutritt ins alte Raubtierhaus aus guten Gründen und schlechtem Gewissen gar nicht erst gestattet. Die letzte Zuflucht Zoo gleicht hier tatsächlich einem Flüchtlingslager.

Nun lassen sich gegen Schreckensanlagen, wie die hier genannten, mittlerweile zahlreiche Anlagen stellen, die den von den Zoos selbst formulierten Ansprüchen an eine moderne Zootierhaltung auch tatsächlich entsprechen. Zwar trifft auch hier zu, daß die gezeigten Tiere auf einen Teil ihrer in der Natur ausgelebten Verhaltensweisen verzichten müssen; die entscheidende Frage dürfte freilich sein, wie groß die Abstriche bei der jeweiligen Tierart sind. Antilopen, Büffel, Hirsche oder Steinböcke können im Zoo in Herden gehalten werden, die ihrem natürlichen Sozialverband entsprechen, vorausgesetzt, ihr Gehege ist dafür groß genug. Auch die aktive Suche nach Nahrung ist bei diesen Pflanzenfressern problemlos möglich. Räumt man den Tieren überdies Rückzugsmöglichkeiten auf ihrer Freianlage ein, um sich den Blicken der Zoobesucher zu entziehen, und gestaltet das Terrain so, daß sich die Tiere nach Bedarf aus dem Wege gehen können – welcher wirklich entscheidende Mangel beeinträchtigt nun das Ausleben des elementaren natürlichen Verhaltens? Was spricht tatsächlich dagegen, kleinere Vögel in großen Freiflughallen fliegen zu lassen, Fische in geräumigen Aquarien zu halten, Eidechsen in modernen Terrarien?

Schwieriger hingegen wird die Sache bei jenen Tieren, die auf fleischliche Nahrung angewiesen sind, wie etwa Großkatzen, Hyänenhunde und Bären. Daß hier starke Einschränkungen des natürlichen Verhaltens vorliegen, steht außer Frage. Doch was Zoodirektoren früher ziemlich gleichgültig ließ, führte in den letzten Jahren zu immer neuen Ideen, den Nahrungserwerb für die Tiere spannender zu gestalten. Im Kölner Zoo suchen sich Malaien- und Brillenbären ihr zuvor kunstvoll verstecktes Futter in hohlen Baumstämmen; Wuppertals Eisbären bekommen ihren Fisch eingefroren in großen Eisblöcken, die sie zuvor in Kleinarbeit zertrümmern müssen; Duisburgs Hyänenhunde und Wiens Geparden »erjagen« ihre Beute am Beutesimulator, der das begehrte Fleisch mit großer Geschwindigkeit durch ihre Anlagen zieht.

Beschäftigungstherapien sind sicher kein vollwertiger Ersatz für das Leben in der Natur, aber immerhin besser als nichts. Es gibt größere Unbilden bei der Haltung von Zootieren als die Notwendigkeit, Raubtieren ihren Nahrungserwerb künstlich zu erschweren. Besonders prekäre Pfleglinge aber sind vor allem Greifvögel, Elefanten, Delphine und Menschenaffen. Bei Elefanten, Delphinen und Menschenaffen macht das komplizierte Sozialleben der Tiere starke Eingriffe des Menschen notwendig. Auch besteht in den meisten Zoos schlichtweg nicht die Möglichkeit, die Platzansprüche von Elefanten und Delphinen zu erfüllen. Für die Erhaltungszucht vollkommen sinnlos, ist die Zahl an Todesfällen zur Belustigung des Publikums abgerichteter Delphine ein erschreckendes Alarmsignal. Der schaulustige Besucher, dessen Unterhaltungsbedürfnis hier gestillt werden soll, wird von den Show-Spektakeln der Zoos selbst produziert. Vergleichbare Schwierigkeiten ergeben sich bei Greifvögeln. Tiere, die zum Teil mehrere Stunden am Tag in der Thermik segeln, in kleine Drahtvolieren zu sperren, beeinträchtigt ihr natürliches Verhalten auf drastische Weise.

Alle bisher vorgebrachten Rechtfertigungen der Zoos hatten das Ziel, die Kritik an den Haltungsbedingungen der Tiere abzumildern. Doch was ist, wenn der Zweck von Zoos überhaupt zur Debatte steht? Was nützt es, darauf hinzuweisen, daß sich Elefanten oder Tiger mit Einschränkungen noch gerade irgendwie vertretbar halten lassen, wenn sich die Kritik gegen den Sinn der Zoos und ihre Erhaltungszucht allgemein richtet?

Eine solche Kritik bringen beispielsweise Vertreter der *Foundation Freeborn* vor. Die Zuchtbemühungen der Zoos hätten lediglich die *Alibifunktion*, Menschen glauben zu machen, die Tierwelt ließe sich durch den Zoo retten. Hinter alledem stecke nicht Verantwortungssinn, sondern schnöder Eigennutz und gefährliche Geldverschwendung. Mit dem

Geld, das erforderlich ist, sechzehn Nashörner ein Jahr lang in einem europäischen Zoo zu verpflegen, rechneten die Kritiker aus, ließe sich im gleichen Zeitraum in Afrika ein ganzer kleinerer Nationalpark finanzieren.

Der Vorwurf der Alibifunktion ist nicht spezifisch für die Zuchtbemühungen von Zoologischen Gärten. Er gilt ohne Zweifel für jede Form einer karitativen Hilfe, die maximal etwas Linderung, nicht aber die Lösung des Problems erreichen kann. Auch *Brot für die Welt* besiegt nicht den Hunger in der Welt, sondern hilft wenigen Hungernden. Kein Wunder, daß vor allem linke Fundamentalethiker der Kirche Augenwischerei und Alibihilfe vorwerfen, gut genug, das Gewissen der Weihnachtsspender zu erleichtern, viel zu schlecht jedoch, um ernsthafte Veränderungen zu bewirken. Doch die Sache der Moral ist eine andere Sache als die der Geschädigten. Es ist, gelinde gesagt, schon eine Perversion, sich gut dabei zu fühlen, die moralische Inkonsequenz von helfenden Menschen zu verurteilen, um gute Gründe zu haben, selber nichts zu tun.

Das zweite Mißverständnis an der *Freeborn*-Kritik ist, den Zoos zu unterstellen, in der Erhaltungszucht eine Alternative und nicht eine Ergänzung dazu zu sehen, vor Ort zu helfen. Gründe für die Erhaltungszucht als flankierende Maßnahme gibt es genug. Viele Tierarten unternehmen in der Natur Wanderungen und sind deshalb nicht in bestimmte Gebiete eingrenzbar, in denen man sie schützen könnte. Angesichts der unsicheren politischen Situation vieler Entwicklungsländer und immerwährender Kriegsgefahr sind auch Reservate prinzipiell gefährdet. Umweltverschmutzung und Gifte machen vor Nationalparks nicht halt. Und schließlich sind viele wichtige Lebensräume, zumal die Meeresbiotope, überhaupt nicht käuflich. Nur mit Hilfe eines Artenpools könnten einmal vernichtete oder stark dezimierte Tierbestände wieder aufgefrischt werden.

Kernpunkt der Erhaltungszucht-Strategie der IUCN und der Zoodirektoren ist demnach gerade das Zusammenspiel zwischen Zucht im Zoo (ex situ) und Schutzmaßnahmen vor Ort (in situ), eine Abstimmung, die vor allem im Fall des südamerikanischen Löwenäffchens gut geglückt ist. Nicht nur gelang es den Zoos, die charismatischen Äffchen regelmäßig zu züchten. Die Rückführung und Wiederansiedlung der Äffchen war das entscheidende Argument, einen Streifen des brasilianischen Küstenregenwaldes unter Schutz zu stellen, der zuvor auf weniger als zwei Prozent seines ursprünglichen Bestandes abgeholzt war.

Ein fünfter Kritikpunkt schließlich richtet sich deshalb gegen die Erhaltungszucht, weil ihre *Erfolgschance als ausgesprochen gering* eingeschätzt wird. Das Löwenäffchen ist Beispiel für eine Erfolgsgeschichte, ein Erfolg freilich unter wenigen. Noch immer lassen sich die meisten der im Zoo planmäßig gezüchteten Wildtiere nicht in ihre Heimatregionen zurücksetzten. Gründe dafür gibt es viele. Da sind zum einen jene Arten, deren Lebensraum vom Menschen definitiv zerstört wurde, durch Abholzung zum Beispiel oder menschliche Ansiedlungen. Dazu kommen all jene Tiere, die mindestens eine ihrer arttypischen Verhaltensweisen im Zoo einbüßen, zum Beispiel ihr Jagdverhalten oder die Scheu vor dem Menschen. Ein weiteres Problem ist die in früheren Jahrzehnten bedenkenlos betriebene Inzucht von Arten, deren genetisches Material auf diese Weise entscheidend verändert wurde. Folge solcher »genetischen Verarmung« können Fruchtbarkeitsstörungen sein oder eine erhöhte Anfälligkeit für Krankheiten, die eine Wiederansiedlung der Tiere hochproblematisch machen.

Welche der auserwählten Tiere sich langfristig wiederansiedeln lassen, ist äußerst ungewiß. Man kann sicher ernsthaft darüber nachdenken, welchen Sinn es macht, Tiere zu züchten, deren Wiederansiedlung völlig unmöglich erscheint, vor allem jene, deren natürlicher Lebensraum unwiederbringlich verloren ist. Was hingegen jene Tiere betrifft, deren Wiederansiedlung *gegenwärtig* nicht realisierbar erscheint, so sollte man vorsichtig sein, von einem »unmöglich« zu sprechen. Es fällt zugegebenermaßen schwer, sich vorzustellen, wie ein im Zoo geborener Tiger jemals wieder in die Taiga oder den Regenwald Sumatras zurückgesetzt werden sollte: Die Großkatze hätte wahrscheinlich nicht die Spur einer Chance, in Freiheit zu überleben. Doch die Geschichte der Erhaltungszucht ist noch nicht einmal zwanzig Jahre alt, und die Erfahrungen mit Übergangsquartieren und Renaturierungstechniken sind zweifellos gering. Immerhin gab es selbst für Löwen ein Wiederansiedlungsprojekt in Kenia. Wer weiß heute schon, was in fünfzig Jahren möglich sein wird? Im Zoo geborene Bartgeier flogen kurz nach ihrer Wiederansiedlung in den Alpen mit Knochen in die Luft und zerschmetterten sie auf den Felsen, um an das Mark im Inneren zu kommen; eine arttypische Verhaltensweise, die sie von ihren Zoo-Eltern niemals hatten lernen können.

Die Chancen, genetisch gesunde und variable Populationen aufzubauen und ihre langfristigen Chancen auf Wiederansiedlung einzuschätzen, ist nicht leicht; nicht nur für Zoodirektoren, sondern auch für ihre Kritiker. Bei aller Kritik liegt der Verdacht nahe, daß es hier oft gar nicht so sehr um die realistischen Chancen der Erhaltungszucht geht als vielmehr um Weltanschauungen. Die alles entscheidende Frage nämlich wurde bislang noch ausgeklammert: Zu welchem Zweck machen wir uns überhaupt die Mühe, die wenigen »Flaggschiffe« der Tierwelt zu erhalten, wenn die restliche Flotte ohnehin untergeht? Handeln wir hier tatsächlich im Namen der Tiere? Oder geht es dabei nur um die Interessen der Menschen?

Die Ethik der Bewahrung

Für die meisten Tierrechtler gibt es eine klare Alternative: Entweder ich handele um der Tiere willen und setze sie demgemäß ins Recht, oder ich handele aus zweckrationalen Überlegungen, also aus menschlichem Eigennutz; die erste Variante ist gut, die zweite schlecht.

Ein Blick auf die Auswahlkriterien für die in den Erhaltungszuchtprogrammen vertretenen Tiere scheint den Verdacht des Eigennutzes zu bestätigen: Keine Schnecke, kein Käfer und keine Spinne sind hier vertreten; dafür: Nashörner, Großkatzen und Giraffen. Entscheidend für ein EEP-Zuchtbuch ist nicht nur der Grad der Gefährdung einer Tierart in der Natur, sondern ebenso der Attraktionswert einer Spezies. So tritt der englische Wissenschaftsjournalist Colin Tudge, ein flammender Befürworter der Erhaltungszucht-Strategie, dafür ein, im Zweifelsfall einen Greifvogel einem Käfer vorzuziehen: »Stünden wir direkt vor der Wahl … erschiene es abartig, den Vogel zugunsten des Käfers zu opfern. Das wäre, als würden wir einen Rembrandt aussortieren, um Platz für das Aquarell eines Hobbymalers zu schaffen.«[2]

Von den theologischen Bedenken einmal abgesehen, dem lieben Gott, der offensichtlich eine enorme Schwäche für Käfer hatte, zu unterstellen, es handele sich bei den über acht Millionen verschiedenen Arten nur um Fingerübungen – als »schön« oder »beeindruckend« empfundene Tiere haben in der Öffentlichkeit tatsächlich die besseren Karten. Nicht jeder, der einmal mit einer Sammelbüchse für den Erhalt des Sibirischen Tigers eine Fußgängerpassage entlanggebettelt ist, wird sich bereit finden, das gleiche auch für eine bedrohte Schnecke zu tun. Daß er für die Schnecke besonders viel Geld bekommen würde, ist ohnehin fraglich. (Gleichwohl gibt es ein Schnecken-Projekt in der Südsee sowie Wiederansiedlungen von Insekten in England.)

Allem Anschein nach spielt die Ästhetik eine große Rolle bei der moralischen Einteilung der Natur in erhaltenswerte und weniger erhaltenswerte Spezies. Im Grunde ist dies nicht weiter verwunderlich. Es gibt gute Argumente anzunehmen, daß Ästhetik einer der wichtigsten Faktoren des moralischen Bewußtseins überhaupt ist. Sie hat einen so wichtigen Anteil an unseren moralischen Wertschätzungen, daß man heutzutage noch nicht einmal Geld für *Brot für die Welt* sammeln kann, wenn man dafür nicht gleichzeitig süß aufgerissene Kinderkulleraugen über den Hungerbäuchen zeigt; eine Strategie, die selbst dann angewendet wird, wenn das Geld alten Menschen zugute kommen soll.

Man mag das alles unmoralisch finden oder nicht: An der Ästhetik als einem wichtigen Faktor dafür, dem Leben einen »Wert« zu verleihen, gibt es wohl kaum etwas zu deuteln. Und Artenschutz oder Naturschutz können ohne das Argument der »Schönheit« (und des aus ihr abgeleiteten »Wertes« der Natur und der Tiere) nicht überleben. Um dies zu zeigen, möchte ich im folgenden zwei andere Argumente für den Erhalt von Wildtieren vorstellen, die beide auf ihre Weise unbefriedigend bleiben: das Nützlichkeits-Argument und das Argument von einem prinzipiellen, vom Menschen völlig unabhängig gedachten Lebensinteresse von Arten.

Bei der Diskussion um den Schutz des afrikanischen Elefanten kamen findige Pragmatiker, wie John Beddington vom Londoner Imperial College, eines Tages auf das Nützlichkeitsargument: Der Elefant habe nur dann eine Chance, das Jahr 2000 zu erleben, wenn es gelingt, die Elfenbein-Jäger von einer kontrollierten Ausbeutung ihrer Natur-Ressourcen zu überzeugen (*sustainable use*). Das Millionen Jahre alte Rüsseltier soll also nicht trotzdem, sondern gerade deshalb überleben, weil sich aus seinen verlängerten Schneidezähnen Nippes schnitzen läßt. Pragmatisch gesehen, mag diese Strategie erfolgreich sein und das Aussterben des afrikanischen

Elefanten in naher Zukunft verhindern. Doch läßt sich aus diesem Beispiel eine allgemeine Handlungsmaxime ableiten? Der Gedanke einer Nützlichkeitsprüfung jagt nicht wenigen Artenschützern eine Gänsehaut über den Rücken. Soll man zahlreiche Robbenarten erhalten, weil man ihnen ihr wunderschönes Fell über die Ohren ziehen kann – gigantische Pelztierfarmen an Nord- und Südpol als Beitrag zum Artenschutz? Und was ist mit Tieren, die solche vermeintlichen Vorzüge nicht haben? Die Milch der Elen-Antilope könnte dem Menschen vielleicht in Zukunft einmal als Nahrungsquelle dienen. Aber eine Million Käferarten mehr oder weniger macht den Kohl nicht fett. Und es reicht leider auch nicht, daß Saatgutfirmen, Biotechnologen und Arzneimittelkonzerne mittlerweile systematisch im Regenwald auf Suche gehen, die genetischen Ressourcen von Insekten, Pflanzen und Mikroorganismen zu erforschen – auch hier wird nur weniges Auserlesenes bewahrt; der Rest bleibt wertlos zurück.

Die Überzeugungskraft des Nützlichkeitsarguments ist begrenzt. Daran ändert auch die zweite Variante nichts: Nützlichkeit nicht nach den Bedürfnissen des Menschen, sondern nach jenen der Natur zu bestimmen. Statt sich auf das ästhetische Bedürfnis des Menschen näher einzulassen, fordert Dick Vane-Wright vom Londoner Naturkundemuseum, den Artenschutz allein danach auszurichten, wo tatsächlich die meisten ökologisch bedeutsamen Spezies vorkommen. Im Zweifelsfall bedeute dies, nicht für den Kondor, sondern für den Käfer zu stimmen. Doch Gott, so scheint es, meint die Welt keineswegs nur biologisch. Was aus Sicht eines Biologen zweifellos sinnvoll und vernünftig erscheint, ist ethisch eine höchst problematische Maxime. Wie sehr Biologie und menschliches Moralempfinden kollidieren, zeigt schon der im dritten Kapitel von mir zitierte Hinweis, daß, ökologisch betrachtet, viele Bakterien schützenswerter sind als der Mensch. Eine wirklich konsequent gedachte Ökologie kennt keine Ethik.

Der genau gegenteilige Weg zum Nützlichkeitsargument besteht darin, ein vom Menschen völlig unabhängig gedachtes Lebensinteresse der Arten anzunehmen. Doch gilt, was für ein einzelnes Individuum ganz unbestreitbar besteht, auch für Arten? Auch hier, so scheint es, macht es durchaus einen Unterschied, ob man im Namen der Moral oder im Namen der Geschädigten argumentiert. Inwiefern sollte ein Tier darum wissen und darunter leiden, daß mit ihm zugleich seine Art ausstirbt? Sollte der Sibirische Tiger in den nächsten Jahren für immer aus den Birkenwäldern der Mandschurei verschwinden, dürfte ihn das Aussterben seiner Art wahrscheinlich weniger interessieren als uns.

Wir retten den Tiger nicht im Interesse des Tigers, sondern im Interesse all jener Menschen, die Tiger faszinierend finden und nicht tatenlos zusehen wollen, wie Wilderer den letzten Vertretern der schönen Großkatze für eine Handvoll Dollar oder Rubel den Garaus machen. Zu diesem prinzipiell anthropozentrischen Denken gibt es keine Alternative. Folglich kann man sie auch nicht einfordern. Im übrigen muß einmal klar gesagt werden, daß nicht jede Handlung schon allein deshalb schlecht ist, weil sie einem menschlichen Interesse dient. Wichtig hingegen erscheint es mir, das menschliche Interesse zu unterteilen: in Absichten, die sich kurz- oder langfristig gegen die Natur richten, und solche, die ihr förderlich sind. Besonders ethisch erscheinen mir dabei vor allem jene vom Menschen aus gedachten Interessen zu sein, die nicht auf einen unmittelbaren Vorteil des Menschen zurückverweisen. Bezeichnenderweise erscheint uns Mutter Teresa nicht allein deshalb besonders vorbildlich oder »heilig«, weil sie den Sterbenden in Kalkutta hilft, sondern deshalb, weil sie dies zugleich ohne Hoffnung auf einen praktischen Vorteil tut. Auch Mutter Teresa verspricht sich von ihrer Arbeit einen Lohn, den Lohn nämlich, sich trotz religiös motivierter Passion bei ihren Handlungen ganz irdisch »gut« zu fühlen. Doch wir sind gerne bereit, dieses Motiv trotz seines Eigennutzes als ethisch besser anzusehen als einen beispielsweise finanziellen Vorteil.

Warum sollte das, was wir im Fall von Mutter Teresa für ethisch richtig halten, bei der Bewahrung von Wildtieren falsch sein? Wenn wir den Tiger nicht deshalb retten, weil wir uns schnöden Eigennutz versprechen, sondern deshalb, weil es uns bekümmert, daß die Großkatze ausgerottet wird — macht es angesichts eines so indirekten Eigennutzes wirklich etwas aus, daß wir dabei ein ästhetisches Motiv haben; das Interesse nämlich, wie es der Philosoph Michael Hauskeller einmal genannt hat, »daß es etwas geben soll, das nicht wir selbst sind, mit anderen Worten, daß es weiterhin Werte geben soll, die wir nicht geschaffen haben«? [3]

Der Schutz ökologisch wenig bedeutsamer Tierarten und mit ihm die Erhaltungszuchtprogramme in den Zoologischen Gärten lassen sich nicht anders begründen als mit dem Kalkül auf ästhetische Empfindungen. Daß die Ästhetik auch anderen Arten zugute kommt, wurde bereits am Beispiel des brasilianischen Küstenregenwaldes gezeigt, der allein deshalb gerettet werden konnte, weil Menschen das Löwenäffchen putzig finden. Vergleichbares gilt auch für das seit den 70er Jahren von der indischen Regierung geförderte Tiger-Projekt. Hätte man nicht den Bengalischen Tiger, sondern eine Fledermaus oder eine Milbe zum Leittier erklärt, hätte sich in Indien wohl kein einziges der vielen Reservate einrichten lassen, die heute unter strengem Naturschutz stehen.

Es liegt schon ein Aberwitz darin, daß trotz jeder im Zoo gezüchteten und in die Natur zurückgeführten Art tausend andere Arten für immer aussterben. Und natürlich lösen die Zoos mit ihren Zucht- und Schutzprojekten nicht das große Problem des Artenschutzes. Doch es macht wenig Sinn, Zoologischen Gärten weiter vorzuwerfen, sie betrachteten die »Gefangenschaftszucht« als grundsätzliche Lösung der Probleme des Naturschutzes – kein Erhaltungszüchter hat dies tatsächlich jemals behauptet. Auch die Zuchtbemühungen und Wiederansiedlungsprojekte sind nicht mehr als jener berühmte Tropfen auf den heißen Stein, ein Tropfen freilich von öffentlichkeitswirksamem Symbolwert. Darin, nicht in einem großartigen Artenschutzprogramm, liegt der vornehmliche Nutzen der Erhaltungszucht.

Man sollte vorsichtig sein und nicht aus der verständlichen Frustration angesichts der katastrophalen Zukunftsaussichten für Millionen von Tierarten den Fehler begehen, den eigenen Unmut pauschal an den Projekten der Zoos abzureagieren und jeden guten Willen als vermeintliche Heuchelei zu enttarnen. Es ist zweifellos richtig, daß Zoos ihre Kriminalgeschichte haben (wie übrigens die meisten gesellschaftlichen Institutionen, zum Beispiel Kirche oder Justiz, auch). Ebenso richtig ist es, daß Zoos sehr viel Geld kosten, das vielleicht tatsächlich sehr sinnvoll in andere Projekte investiert werden könnte. Aber woher stammt das Geld für die Tiergärten? Aus den Etats der Kommunen. Wer deren Finanzplanung kennt, wird wissen, daß die Millionen, die Jahr um Jahr den Zoos zukommen, im Fall, daß diese abgeschafft würden, gewiß nicht anderen großen Naturschutzprojekten zugute kämen. Das Geld, das Zoos die Kommunen kosten, ist nicht einem anderweitigen Artenschutz abgetrotzt, sondern Theatern, Museen und Sportveranstaltungen. Und daß die Städte in Zukunft »Zoos« unterstützen würden, die als reine Artenschutzinitiativen vor Ort ohne ihre »Flaggschiffe« in der Heimat aktiv wären, ist mehr als unwahrscheinlich.

Tiere aufgrund ihres Symbolwertes weit entfernt von ihren Heimatländern im Zoo zu halten, ist vielleicht keine sehr schöne Lösung. Doch ob es uns gefällt oder nicht, wir brauchen das Löwenäffchen und den Sibirischen Tiger im Zoo als Botschafter für den Artenschutz. Für eine mit dem Faktor »Ästhetik« kalkulierende Bewahrungsstrategie gibt es keine zureichende Alternative zur unmittelbaren Präsenz der Tiere im Tiergarten. Wir werden nur erhalten, was wir lieben oder bewundern, was wir sinnlich erfahren können, riechen, sehen und hören. Nirgendwo sonst, außer im Zoologischen Garten, können Großstadtkinder die exotischen Tiere, die es zu schützen gilt, als respektable Lebewesen erfahren lernen. In einem Zeitalter, wo seit Jahrmillionen ausgestorbene Dinosaurier virtuell zum Leben erweckt werden, könnte es den Fernseh-Kindern der 90er Jahre letztlich gleich sein, ob es die Tiere, die sie dort sehen, tatsächlich noch gibt oder nicht. Die Dinosaurier sind ein schlechtes Argument für den Artenschutz; Tierfilme im Fernsehen kein gleichwertiger Ersatz für das sinnliche Erleben der Tiere im Zoo.

Doch wer als Zoodirektor mit den ästhetischen Empfindungen von Schönheit, Respekt und Ehrfurcht kalkuliert, übernimmt zugleich eine Verpflichtung: die Pflicht nämlich, alles dafür zu tun, eben jene Werte dem Zoobesucher auch tatsächlich zu vermitteln. Wer von »Würde« und »Wert« der Tiere spricht, wäre schlecht beraten, bei der ästhetischen Aura der Tiere zu verweilen, ohne diese zugleich ethisch zu füllen. Denn zweifellos meint, wer von der Würde und dem Wert des Menschen spricht, diese Begriffe auch im ethischen Sinn. Zwar wäre es auch hier kurzsichtig, menschliche Rechte leichter Hand für das Tier geltend zu machen, doch bleibt am Recht jedes einzelnen Tieres auf individuelles Wohlergehen kein Zweifel: nicht weil es wie wir Menschen ist, sondern weil es *anders* ist.

Symbolisch stehen die Repräsentanten im Zoo für zwei verschiedene Konzepte: das Recht jedes einzelnen Tieres auf individuelle Entfaltung und das ästhetische Interesse des Menschen am Fortbestand von Arten als Voraussetzung für den Schutz von Ökosystemen. Dies ist durchaus nicht das gleiche, und beides fordert, wie gesehen, einen anderen Begründungsweg. Im Fall des Artenschutzes aber kommen beide Faktoren ins Spiel, die in Konfliktsituationen sorgfältig abgewogen werden müssen. Ein Artenschutz, der sich ausschließlich am ästhetischen Eigennutz oder ökologischen Relevanzen orientiert, ist barbarisch; Artenschutz hingegen, der allein nach dem Lebensinteresse der Tiere entscheidet, ist weltfremd.

Projekte wie die Erhaltungszucht der Zoos sind nur dann sinnvoll, wenn es gelingt, dem Individualwohl der gezüchteten Tiere so weit wie möglich Rechnung zu tragen. Eine Tierhaltung wie die Zucht von Malaienbären im Tierpark Berlin-Friedrichsfelde, die ihre Zuchttiere in dunkle Verliese einsperrt, ist widersinnig. Kein Funke von Ehrfurcht und Respekt scheint auf in den Bären-Kerkern, und die einzige wirklich überzeugende Legitimation der Zucht wird ad absurdum geführt. Wer Bären grauenvoll vor sich hin vegetieren läßt, unterstützt auf gefährliche Weise den Prozeß der würdelosen Versachlichung des Tieres zur Ressource, der den Tieren in ihren Heimatländern gegenwärtig den Garaus macht. Dagegen anzugehen, ist der einzig moralisch legitime Sinn der Erhaltungszucht – nicht, diesen Geist auch noch zu fördern.

Von »sogenannten Tierrechten« will Bernhard Blaszkiewitz, Direktor des Tierparks Berlin-Friedrichsfelde, nichts hören. Für ihn sind die Kritiker der Zoos »Weinerliche« und »Normale Verrückte«. Mir hingegen ist es völlig unerklärlich, aus welchem Grund man sich die Mühe macht, Tiere vor der Ausrottung zu bewahren, ohne ihnen zugleich ein Recht auf individuelle Entfaltungsmöglichkeit zuzugestehen. Tiere ohne die dafür notwendige Sensibilität und ohne erforderlichen Verantwortungssinn gegenüber ihrem Lebensrecht zu halten und zu züchten, bestätigt auf das beste die scharfe Kritik vieler Zoo-Gegner und gefährdet das Ansehen der Zoos auf eine geradezu zynische Weise.

Die Zukunft der Zoos

Ein Recht der Tiere auf individuelles Wohlergehen und der Gedanke vom Zoo als flankierende Maßnahme zum Artenschutz müssen sich nicht prinzipiell ausschließen. Noch immer bestehen zwischen Zoodirektoren und Tierrechtlern neben verständlichen Kontroversen zahlreiche Vorurteile und vorschnelle Unterstellungen: übertriebene Tierliebe und falsche Sentimentalität hier, Eigennutzdenken und barbarische Tierquälerei dort.

Es ist ein weiter Weg vom Recht der Tiere, wie Peter Singer es versteht, zum Eingeständnis, daß Zoos nicht generell verwerflich sind, sondern dort unterstützt werden sollten, wo es Anzeichen zur Hoffnung gibt. Tierrechtler werden in der Erfahrung der Alltagspraxis lernen müssen, daß der heilige Weg zum Recht der Tiere die Belastung aushalten muß, mit einem Traktor befahrbar zu sein. Eine konsequente Ethik läßt sich nicht leben; schon bei einfachen Fragen des Artenschutzes trennen sich die Interessen der Moral und jene der Geschädigten auf mitunter verblüffende Weise.

Umgekehrt finden sich zur Zeit erst wenige Zoodirektoren, denen das Anliegen von Tierrechtsinitiativen zumindest diskussionswürdig erscheint. Auch dürfte die Ernsthaftigkeit des Artenschutzinteresses von Zoo zu Zoo leider noch immer sehr unterschiedlich sein. Wer leidenschaftlich für die Erhaltungszucht streitet, wird sich zum Beispiel der Frage stellen müssen, warum er noch immer Pumas, afrikanische Löwen, russische Braunbären oder Flußpferde hält – allesamt Tiere, deren Bestand in der Natur nicht gefährlich bedroht ist. Nur die konsequente Umwandlung des Bestandes nach dem Kriterium der Gefährdung macht den Ernst der Erhaltungszucht tatsächlich sinnfällig. Und nur so ist der notwendige Platz zu schaffen, vom Aussterben bedrohte Tiere tatsächlich halbwegs bedürfnisgerecht unterzubringen.

Noch tun sich die Zoodirektoren schwer, ihre eigenen Prinzipien auch tatsächlich zu befolgen. Der Wert der Tiere im Zoologischen Garten ist auch weiterhin ihr Attraktionswert. Der Verzicht auf zugkräftige Ausstellungsstücke, so wird befürchtet, kostet die Zoos zu viele Besucher. Doch makabrerweise haben Zoos das zweifelhafte Glück, daß viele der spektakulären Tiere ja tatsächlich bedroht sind: ein Grundbestand, der jeden Zoobesucher zufriedenstellen wird. Es ist ein völlig unbestätigtes Vorurteil, daß Besucher nur deshalb in den Zoo gehen, um Löwen und Flußpferde zu sehen, Tiger und Panzernashörner hingegen nicht ausreichen. Wenn es in keinem deutschen Zoo Flußpferde zu sehen gibt, gewöhnt man sich schnell daran, statt dessen Panzernashörner zu erwarten. Man wird guten Gewissens davon ausgehen können, daß Zoobesucher, die im Regelfall Leoparden und Jaguare nicht auseinanderhalten können, nicht sonderlich enttäuscht sind, wenn der eine oder andere fehlt.

Es ist an der Zeit, daß die Zoologischen Gärten hier endlich konsequent handeln und sich von ihrer eigenen Rhetorik überzeugen lassen. Denn der pädagogische Wert eines verhaltensgestörten Elefanten, der sich auf einer kleinen Betonplatte in den Dämmerzustand schaukelt, ist mehr als zweifelhaft. Manche Zoos ziehen daraus ihre Konsequenzen. So verzichtet der Frankfurter Zoo schon seit zwölf Jahren auf die Elefantenhaltung. Andere Zoos hingegen orientieren sich noch immer am Prinzip des systematischen »Sammelns« ganzer Tiergruppen, und zwar vollkommen ungeachtet ihrer Gefährdung in der Natur. Verständnislos beklagt sich Bernhard Blaszkiewitz darüber, daß im modernen Zoo oft schon die Vermutung Entrüstung auslöst, daß Tiere bzw. Tierarten »gesammelt« werden könnten.[4] Daß ausgerechnet der Direktor des mit 160 Hektar flächenmäßig größten und von seinen Möglichkeiten her interessantesten Zoologischen Gartens sich noch immer gegen den notwendigen Lauf der Dinge sperrt, ist ausgesprochen bedauerlich. Was nützt es der IUDZG, Hochglanzbroschüren zu drucken, die den Zoo des 21. Jahrhunderts als Naturschutz- und Umweltschutzzentrum mit dem Schwerpunkt auf Ökosystemen und Arterhaltung definieren, solange Verantwortliche wie Blaszkiewitz schon die elementarsten Umwandlungsschritte blockieren. Statt der geforderten »Darstellung von ökologischen Zusammenhängen« gibt es in Berlin noch immer zahlreiche Käfige zu sehen mit dem Schwerpunkt auf taxonomischer Vielfalt – eine Denkweise, die die IUDZG als typisch für Menagerien des 19. Jahrhunderts ausweist. Und das alles sogar noch unter dem Vorwand einer pädagogischen Funktion! Der Besucher, so heißt es in Berlin, hätte durchaus ein Anrecht darauf, vier verschiedene Unterarten des Leoparden zu sehen, und zwar deshalb, damit er ihren Unterschied erkennen lernt. Ich möchte gerne wissen, woher man den pädagogischen Optimismus nimmt, der Besucher des Berliner Alfred-Brehm-Hauses interessiere sich tatsächlich für die feinen Unterschiede der verschiedenen Leoparden, die hier in erschreckende Kleinkäfige eingesperrt sind. Wer ein aufrichtiges Interesse daran hat, die Varietät von Leoparden-Unterarten zu vermitteln, macht sich zunächst einmal die Mühe, seine Leoparden in naturgemäß nachgestalteten Lebensräumen zu präsentieren, von denen die Fell- und Größenunterschiede wesentlich mitgeprägt werden. Um das Wechselverhältnis von geographischer Umwelt und körperlichen Merkmalen zu zeigen, tun zusätzliche Videofilme aus Taiga und Tropenwald einen entschieden besseren pädagogischen Dienst im Raubtierhaus als lebensverachtende Tier-Kerker.

Viel mehr als die Summe der Arten entscheidet deren Präsentation über die Freude des Besuchers im Tiergarten. Gegen Tieranlagen, deren Baustoffe und Platzmangel an Gefangenschaft denken lassen, setzen aufgeklärte Zoo-Pädagogen heute das Konzept des Erlebnisparks. Um dem Besucher die möglichst authentische Illusion des tropischen Regenwaldes und der nordamerikanischen Wüste zu suggerieren, errichtete Burger's Zoo in Arnheim zwei lichtdurchflutete Erlebnishallen im Größenmaßstab von Fußballstadien. (Doch wo Licht ist, ist auch Schatten. Burger's Zoo ist ein Privatzoo; nicht allein die Liebe zum Tier, sondern ebenso jene zum Gulden ermöglichte diese in Europa einzigartigen Gebäude, bezahlt auf dem Rücken von Flußpferden, Panthern und Robben, die weiterhin in trostlosen Tierhaus-Ruinen aus den 20er Jahren hausen.)

Ein ausgesprochen positives Beispiel hingegen ist die Entwicklung des ältesten heute noch bestehenden Zoos, des Tiergartens Schönbrunn. Als Helmut Pechlaner, der vormalige Direktor des Alpenzoos Innsbruck, die Leitung des Tierparks 1992 übernahm, war dessen Zustand skandalös. Schon in den 80er Jahren hatten Tierrechtler der Aktionsgruppe *Oryx* mit spektakulären Aktionen die erschreckenden Haltungsbedingungen in Schönbrunn kritisiert und ins Licht der Öffentlichkeit gezerrt; ein Beweis dafür, daß gezielte Aktionen von Tierrechtlern an richtigen Stellen ein wichtiges Korrektiv sind, ernsthafte Mißstände anzuprangern und Veränderungen zu beschleunigen. Bis zur Umwandlung des Tiergartens 1992 in eine GmbH hatte zoologische Ignoranz im Verein mit dem langen Dienstweg der Bürokratie alle dringend erforderlichen Neuerungen verhindert. Seit fünf Jahren nun begeht Pechlaner in Wien neue Wege der Tiergärtnerei: weniger Gitter, weniger Käfig, mehr Freiraum, mehr Anpassung an die natürliche Umwelt und eine pfiffige Zoo-Pädagogik. Mit dem Umbau des Affenhauses und der Fertigstellung der freizügigsten Elefantenanlage, die jemals in einem Zoo gebaut wurde, rückte der Tiergarten schon im letzten Sommer vor in die Spitzengruppe der europäischen Zoos. Zum 250. Geburtstag 2002, sagt Helmut Pechlaner, ist Schönbrunn der »schönste und vorbildlichste Zoo der ganzen Welt«.

Das Beispiel Wien zeigt auf eine eindrucksvolle Weise, was tatsächlich möglich ist, wenn man nur wirklich will. Denn um das zu sein, was er zu sein vorgibt, darf der Zoo der Gegenwart nicht mehr das sein, was er zur Zeit allerorten ist: ein noch immer problematischer Kompromiß zwischen traditioneller Ignoranz und einer halbherzigen Suche, neue Wege zu beschreiten. Nach der Vorstellung der Welt-Zoo-Naturschutzstrategie der IUDZG ist der Zoo der Zukunft ein Naturschutzzentrum: ein großflächiger Erhaltungszuchtpark mit möglichst artgerechten Haltungsbedingungen, ästhetisch einfühlsam gestalteten Naturanlagen und einer ausgeklügelten Pädagogik. Ob es zur Realisierung solch hehrer Ziele in Zukunft allerdings noch vertretbar erscheint, alle die kleinen Zoos mit einem zoologischen Vollprogramm weiter bestehen zu lassen, ist mehr als fraglich. Wer weder Fläche noch Geld aufbringen kann, den selbstformulierten Maximen Rechnung zu tragen, wird gut beraten sein, sich auf wenige attraktive Tiergruppen zu beschränken. Spezialsammlungen wie der Vogelpark Walsrode belehren darüber, daß sich solche Beschränkungen tatsächlich besser vermarkten lassen als ein unsortierter Kleinzoo beispielsweise in Hamm.

Was heute gefordert ist, sind nicht kosmetische Reformen; es gilt, den einhundertfünfzig Jahre alten Geist des bürgerlichen Zoos grundlegend zu verändern. Die neue selbstformulierte Rolle wirklich ernstzunehmen bedeutet, daß sich die Zoologischen Gärten nicht länger auf die Gewißheit der schweigenden Mehrheit einer Kuscheltier-Lobby verlassen dürfen, die weiterhin regelmäßig Zoos besucht, und zwar unabhängig davon, wie artgerecht die Unterbringung der Vorzugsobjekte ihrer Schmusephantasien ist. Es ist sicher richtig, daß viele Zoobesucher gar nichts lernen wollen und lediglich darauf bedacht sind, sich zu amüsieren. Ein seit hundertfünfzig Jahren einschlägig erzogenes Publikum läßt sich gewiß nicht im Handstreich für Ehrfurcht und Respekt gewinnen.

Doch befreit solche Skepsis durchaus nicht davon, die neue Sichtweise des Tieres zu forcieren. Ohne die mit allen Mitteln betriebene Umerziehung des Publikums erscheint der Gedanke der ethisch motivierten Erhaltungszucht absurd.

Zu guter Letzt wird es vom Willen der Zoodirektoren und ihrem Marketing-Geschick abhängen, aus schönen Worten handfeste Tatsachen zu formen, die das Existenzrecht der Zoos sinnfällig machen. Die Zukunft der Zoos ohne Zoos der Zukunft ist finster. Noch gibt die Entwicklung der letzten zwanzig Jahre keinen Anlaß zur Zufriedenheit, wohl aber zur Hoffnung. Was fortschrittlichen Zoodirektoren der Gegenwart heute eine vernünftige Tierhaltung zu sein scheint, geht vielfach über die Vorstellungen der vorhergehenden Generation hinaus. Warum also sollten die Nachfolger heute amtierender Direktoren nicht den gleichen Sprung wagen wollen wie einige ihrer Vorgänger? Der Fortschritt der Zoos hat heute eine geringere Halbwertzeit als jemals zuvor: Zooanlagen, die einst für ein halbes Jahrhundert halten sollten, veralten heute in einem Takt von 20 Jahren.

*

Als Stephan von Lothringen, Gemahl der Maria Theresia, die Menagerie in Schönbrunn anlegte, träumte der Kaiser von einer fundamentalen Anordnung des Wissens, dem ehrgeizigen Versuch, die belebte Natur in einem System von Zeichen zu repräsentieren. Großen Tortenstücken gleich gruppieren sich zwölf Abteilungen um den Frühstückspavillon, »Logen« für die gesammelten Tiere. Grundprinzip für ihre Anordnung sind die Tierkreiszeichen in der Astrologie. Nur eine dreizehnte Loge bleibt den Tieren verschlossen; sie ist für den Menschen vorgesehen: den Aufseher der Menagerie.

Heute, nach einer gründlichen Sanierung, haben alle dreizehn Logen wieder ihr ursprüngliches Format; kein Trenngitter zerschneidet die Tierkreise. Von der geheimen Intelligenz der Freimaurer zur offensichtlichen Intelligenz neuer Tiergärtnerei schließt sich der Kreis. In seinen neuen Anlagen wahrt der Zoo der Zukunft die Balance zwischen pädagogischem Nutzen für den Menschen und dem Respekt vor der Natur – und findet, ganz nebenbei, jene richtige Ordnung der Schöpfung, die Stephan von Lothringen einst gesucht hatte. Beim Umbau des Raubtierhauses nutzte Pechlaner die alten Gitterboxen als Besuchergang für den Ausblick auf die Großkatzen.

Und so erhielten Schönbrunns Geparden Logen der ganz besonderen Art. Ihr träger Blick streift über die Hügel und Gräben der Freianlagen; gleichmütig weist er dem ominösen Raubtier aus der dreizehnten Loge seinen Platz zu: hinter die Gitter des verwaisten Käfigs.

Das Recht der Tiere

Oder: Die Pragmatik des Nichtwissens

An sich von Recht und Unrecht reden entbehrt alles Sinns.
Friedrich Nietzsche

Warum Tiere?

Rosarote Flamingos flattern auf vor den blauen Wolkenkratzern in Downtown Philadelphia; Giraffen galoppieren über Autobahnbrücken, Zebras durchkreuzen den Straßenverkehr; ein stolzer Löwe blickt vom Dach eines Bankgebäudes majestätisch über die winterlich verschneite menschenleere Großstadt.

Mit phantastischer Entschlossenheit zeigte Hollywoods *Twelve Monkeys* im Jahr 1996 die aus dem Zoo von Philadelphia befreiten Tiere als letzte Überlebende einer globalen Katastrophe. Tödliche Viren haben die Menschheit dahingerafft. Erst das Ende des Films verrät, daß diese Wahnsinnstat dem Hirn eines Molekularbiologen entsprungen ist; die verdächtigten Tierrechtler haben nur mit der Befreiung der Zootiere zu schaffen, nicht mit dem bösen Ende des ebenso bösen Experiments Mensch.

Tierbefreier als vermeintliche Schreckensfiguren – was dem deutschen Publikum ziemlich fremd und unrealistisch erschien, ist in Amerika längst ein gebräuchliches Bild. Immerhin mehr als 4000 Anschläge verübten amerikanische Tierrechtler auf medizinische Hochschulen und Forschungslabors. Aktionen der starken Tierrechtsorganisation *PeTA* lösten die Schließung der größen Pferdeschlachterei der USA aus, nötigten Militärlabors dazu, ihre Versuche mit Katzen und Hunden einzustellen, erwirkten ein Verbot von Automobil-Unfalltests mit Schweinen und Frettchen und führten zur öffentlichen Kritik großer Kosmetikfirmen. Die Zahl der Tierrechtsaktivisten steigt stetig, moralisch unterstützt durch die Bevölkerung. Umfragen zufolge befürworten rund 80 Prozent aller US-Bürger die Idee, Tieren Rechte zu geben.

In Deutschland freilich sehen sich Tierschützer und Tierrechtler noch immer häufig der Frage ausgesetzt: warum denn eigentlich Tiere? Gibt es nicht genug Probleme der Menschen auf dieser Welt, für die sich der Einsatz lohnt? Nach seiner Haltung zum Tierschutz befragt, erklärte einst ein deutscher Bundesminister, daß man sich lieber gegen die Käfighaltung des Menschen in den Großstädten engagieren solle als gegen die Käfighaltung von Hühnern. Die Wissenschaftsredakteurin einer großen deutschen Wochenzeitung hielt in einem persönlichen Gespräch jeden öffentlichen Einsatz für das Wohl der Tiere für absurd. Man solle sich lieber um Kindergartenplätze kümmern als um die Viecher. Im sicheren Bewußtsein, etwas Kluges zu sagen, erklärte mir unlängst der Kurator für Wirbeltiere im Nürnberger Tiergarten, man solle mit den Rechten der Tiere am besten solange warten, bis alle entrechteten Menschen auf diesem Planeten die ihren erhalten haben.

Ob es den Entrechteten etwas nützt, wenn die Tiere erst nach ihnen an der Reihe sind, sei einmal dahingestellt. So richtig es ist, daß dem größeren Teil der Menschheit zumindest ein Teil der Menschenrechte noch immer versagt wird, daß arme, hungernde, von Kriegen und Seuchen gequälte Menschen das Mitgefühl und den entschiedenen Beistand der reichen satten Staaten dringend benötigen – spricht all dies tatsächlich dagegen, etwas für Tiere zu tun? Geht es denn überhaupt um eine Entweder-Oder-Entscheidung?

In einem Alter, in dem man noch alle Fragen des Haarschnitts und der Mode ernst nimmt, glaubt man fest entschlossen daran, das Wichtigste im Leben bestehe darin, unentwegt das Wichtigste zu tun. Schwer genug, das Wichtigste herauszufinden! (Einmal entschlossen, engagierte ich mich in dieser Zeit für die Gefangenenhilfsorganisation *amnesty international*, um den Opfern des Pinochet-Regimes in Chile beizustehen. Zu meiner nicht geringen Verärgerung betraute man mich mit dem Fall eines unbekannten jugoslawischen Ingenieurs, Verfassers einer Iran-freundlichen »Islamischen Deklaration«, der dafür fünfzehn Jahre Gefängnis bekommen hatte. Ich konnte mich weder in den Mann hineindenken, noch mich mit dessen völlig spinnerten Zielen identifizieren: die Einheit von Staat und Kirche, die Verschleierung der Frauen etc. Wie gerne hätte ich einen leibhaftigen Freiheitskämpfer unterstützt! Aber fünfzehn Jahre Haft für ein Stück beschriebenen Papiers, bekam ich meine Lektion, sind zuviel, egal, was darauf steht, und egal, an welchem Ort der Welt und zu welcher Zeit es geschrieben wurde. Der Mann kam übrigens einige Jahre später tatsächlich frei und ist heute Staatspräsident von Bosnien.)

Mit dem Wichtigsten ist es eine komplizierte Sache, und kein Mensch und kein Staat leben tatsächlich danach, an erster Stelle immer das Wichtigste zu tun. Sich für das Wohl der Tiere einzusetzen bedeutet, weder dieses Ziel für das bedeutsamste aller Ziele zu halten, noch seine Erfüllung für wichtiger zu erachten als Menschenrechte, Gesundheit, Wohlstand und Frieden. Die Frage nach dem Entweder-Oder ist nicht eine Frage des Grundsatzes, sondern eine Frage der Psychotechnik. Die meisten Menschen haben ein recht beschränktes Kapital an Idealismus und Kraft, das sich nicht gleichzeitig in mehrere Projekte investieren läßt So entsteht mitunter der Eindruck, die Verfechter von Tierschutz oder Tierrecht zögen die Tiere den Menschen vor. Von den Idealen des Tierschutzes und des Tierrechts aus gesehen, gibt es keinen Vorrang des Tieres vor dem Menschen. Rücksicht auf fühlende Wesen zu nehmen und alle Träger von Lebensinteressen moralisch ins Recht zu setzen, schließt Tiere und Menschen gemeinsam ein.

Ihre besondere Bedeutung erhält die Frage nach dem Tier vor allem als eine *Lernaufgabe*, deren Lösung nicht nur Tieren zugute kommen soll, sondern der Zukunft der Menschheit. Gewiß lernen Menschen über das Leiden im Kuhstall und den Artentod im Regenwald einiges über Tiere; aber sie lernen in gleichem Maße etwas über sich selbst: über ihre gegenwärtige Rolle auf diesem Planeten ebenso wie über die bedrohte Zukunft des Lebens auf der Erde. Seit *Homo sapiens* den Prozeß der Evolution nach seinem Gusto beeinflußt und selbst eine Naturkatastrophe geworden ist – in seinen Auswirkungen auf den Planeten vergleichbar nur mit den erdgeschichtlichen Ausnahmezuständen in den Übergängen des Ordoviziums zum Silur, vom Devon zum Karbon, dem Ende des Perm und der Kreidezeit –, seit dieser Zeit also bestimmt der Mensch selbst mit über die Ziele der Evolution: Wer darf überleben, und wer stirbt aus. Doch diese Zielsetzungen folgen keiner Logik, keinem klugen Plan, die Zukunft auch nur der eigenen Gattung zu sichern. Die Geschichte der Menschheit ist ein Museum gedachter und gelebter, gestürzter und reformierter Ordnungssysteme. Auch die gegenwärtige Ordnung von Schöpfung und Moral, die uns noch immer selbstverständlich erscheint, ist gerade mal in unserer heutigen Zeit und Kultur verständlich und versteht sich gewiß nicht von selbst. Ordnung fällt nicht vom Himmel; sie ist gemacht nach je eigenen Regeln in verschiedenen Zeiten, verschiedenen Kulturen und Sachbereichen.

Die langfristige Vorausschau in die Zukunft des Lebens auf unserem Globus hingegen spielt in der Planung der Menschen und Nationen kaum eine Rolle. Natürlich ist es naheliegend, dem menschlichen Leben vor allem einen art-egoistischen Wert beizumessen, einen Wert, der die Bedeutung aller anderen Lebewesen übertrifft; es ist »natürlich«, insofern eine jede Spezies sich notwendig zuallererst um das Wohl und den Fortbestand der eigenen Art kümmert (beziehungsweise um die Maximierung des individuellen Reproduktionserfolgs). Doch als das Tier mit der überlegenen Intelligenz und der damit einhergehenden Gefahr für die Zukunft allen Lebens darf das artegoistische Interesse nicht auf den Moment beschränkt bleiben. Die Frage nach der Zukunft des Menschen ist zugleich die Frage nach seiner Mitwelt. Nichts belehrt darüber so unmißverständlich wie die Ausrottung anderer Tiere. Nicht etwa, weil Tierarten aus ökologischer Sicht mehr Bedeutung hätten als Pflanzen, sondern weil wir – und sei es nur aus ästhetischen Gründen – das Verschwinden ihrer spektakulären Vertreter mehr bedauern als den Artentod von Gräsern und Moosen.

Das Zeitalter der Einsamkeit

Es ist eines der großen Probleme der menschlichen Verdrängungskultur, daß wichtige biologische Kontrollmechanismen der Gattung *Homo* augenscheinlich nicht funktionieren. Schon immer konnte es tatsächlich geschehen, daß sich bestimmte Spezies selbst ihre Ernährungsgrundlage nahmen. Koala-Bären auf der australischen Känguruh-Insel vermehren sich gegenwärtig so stark, daß die von ihnen bevorzugte Eukalyptusart wegen Kahlfraß abstirbt und die Koalas über kurz oder lang dem Hungertod ausliefert. Doch unterscheidet sich die Situation des Menschen in ihrem Ausmaß. Mehr als 12.000 Jahre hatten vergehen müssen, um die Menschheit auf die Zahl von einer Milliarde anwachsen zu lassen; gegenwärtig ist der Zuwachs um eine weitere Milliarde die kurze Angelegenheit von weniger als zehn Jahren. Ohne natürliche Feinde und ohne den Zwang, sich geographisch zu beschränken, setzt der kosmopolitische Allesfresser auch nahezu die gesamte Besatzung der Arche gleich mit auf Grund.

Freilich, anders als andere Tiere besitzt der Mensch genug Intelligenz, um zu sehen, was er auf der Erde anrichtet. In atemberaubender Geschwindigkeit rottet *Homo sapiens* gegenwärtig millionenfach Lebewesen, Pflanzen wie Tiere, aus; die einen, weil er sie braucht (etwa um Bleistifte, Papier, Schränke, Handtaschen oder Mäntel aus ihnen zu fertigen), die anderen hingegen, weil er glaubt, daß er sie *nicht* braucht und keinen Schaden daran nimmt, sie für immer auszuradieren. Erst das ganze Ausmaß der Vernichtung macht das Desaster, die eigene Lebensgrundlage zu zerstören, offenbar. Menschen haben in den letzten Jahrzehnten der Erde größere Wunden geschlagen als in der gesamten Zeit vom Beginn des Holozän bis zum Zweiten Weltkrieg zusammen. Nach Angaben des Evolutionsbiologen Edward O. Wilson werden Jahr um Jahr fünf Prozent der Landfläche des Planeten Opfer der Flammen. Gerademal sechs Prozent sind heute noch mit tropischen Wäldern bedeckt, den artenreichsten Biotopen der Erde; innerhalb von nicht einmal dreißig Jahren schrumpften die Wälder auf weniger als die Hälfte zusammen. Tag für Tag sterben einige hundert Tierarten aus; die meisten namenlos und von der Wissenschaft nie entdeckt. Mit jeder Spezies erlischt das komplizierte Erbgut von einer bis zehn Milliarden Basenpaaren für alle Ewigkeit. Wenn in den nächsten 50 oder 100 Jahren nichts geschieht, vermutet Wilson, wird nach dem Zeitalter der Dinosaurier, dem Mesozoikum, und dem Zeitalter der Säugetiere, dem Känozoikum, ein neues erdgeschichtliches Zeitalter anbrechen: das »Eremozoikum«: Zeitalter der Einsamkeit. »Wenn wir fortfahren, Arten auszulöschen wie bisher, wird die Menschheit für Millionen von Jahren zwar noch mit einer gewissen Artenvielfalt leben. Aber es werden soviel weniger Arten sein als heute, daß wir uns einsam fühlen werden. Vieles von dem, was das Leben einmal war, werden wir aus den Archiven und Museen kennen. Aber es wird nicht länger mit uns sein.«[1]

In solcher Lage fordert Wilson eine schnellere Übersicht der Weltflora und Weltfauna sowie einen möglichst vollständigen Katalog der bislang überlebenden Ressourcen. Nur so können Schutzkonzepte entwickelt werden, die sich um die wichtigsten Gen-Pools auf der Erde kümmern. Noch weiß niemand wirklich genau, welche Regionen der Tropenwälder tatsächlich die größte Artenvielfalt beherbergen. Und auch die Frage nach dem biologischen Sinn der Vielfalt ist durchaus nicht geklärt. Ist jede Art ein spezieller Niet im großen Flugzeug des Ökosystems, dessen Flugtüchtigkeit mit jeder wegfallenden Spezies weiter gefährdet wird? Oder sind viele Arten lediglich überflüssige Passagiere in einem Flugzeug, das auch mit einer kleinen Besatzung hervorragend fliegen könnte?[2]

So unbekannt das Zusammenspiel in komplexen Ökosystemen auch heute noch ist, und so ungewiß die Folgen menschlicher Eingriffe auf lange Sicht sind – die Ausrottung mancher Spezies scheint durchaus nicht zwingend so gravierende Folgen zeitigen zu müssen, wie mancher Ökologe sie für den Artenschutz in der Öffentlichkeit ausmalt. Es könnte durchaus sein, daß einige wenige Baumarten ausreichen, den Kohlenstoffkreislauf in den Tropenwäldern in Gang zu halten. Der Regenwald auf Sumatra steht und fällt gewiß nicht mit den letzten zweihundert Tigern, die heute noch durch sein Unterholz streifen, und kein Ozean kippt, nur weil die Wale aus ihm verschwinden. Die Vergiftung des Trinkwassers und die Zerstörung der schützenden Ozonschicht verursachen unverhältnismäßig mehr Schaden an den biologischen Kreisläufen der Natur als der Artentod eines brasilianischen Nachtfalters. Aber abgesehen davon, daß der Falter dem Menschen vielleicht doch einmal nützlich hätte werden können (enthielt sein Gen-Material vielleicht den entscheidenden Wirkstoff gegen das HIV-Virus?), so ist er in jedem Fall Indikator für den fahrlässigen und gefährlichen Umgang des Menschen mit seiner Mitwelt. Daß der dahinsterbende Falter wahrscheinlich kein Bewußtsein besaß und nur sehr begrenzt Gefühle wahrnehmen konnte, ist angesichts dieses Symbolwertes ziemlich unwichtig.

Über den Respekt vor leidensfähigen Tieren hinaus, die wir aus Gründen der Selbstachtung respektieren sollten, hat auch der Schutz von mutmaßlich wenig sensiblen Tieren durchaus seinen Sinn. Während einerseits die banal kurzsichtige Sicht der Natur als einem Ensemble von Nützlingen und Schädlingen ungebrochen fortdauert, Tag für Tag sich die Bagger und Planierraupen weltweit fortfressen, die letzten Refugien des Tierlebens auf dem Planeten für immer zu planieren und in »Kulturland« umzuwandeln – in solch barbarischen Zeiten also erkennen neben den Philosophen zum ersten Mal in der Geschichte auch Naturwissenschaftler den immateriellen Wert all dessen, was hier vernichtet wird. In einer Welt, in der Tiere kaum noch als Konkurrenten des Menschen auftreten und die zugleich umfassend bedroht ist, entdeckt die junge Wissenschaft der Ökologie in erstaunlichem Tempo immer neue Fäden und Knoten im Teppich des Lebens. Vielleicht mußte die Menschheit sich tatsächlich erst von der übrigen Natur entfremdet und sie zerstört haben, um durch das distanzierte Fernglas der Wissenschaft neu zu erkennen, was einstmals dumpf geahnt war. Ob diese neue alte Sicht der ökologischen Wechselwirkungen den Tieren zugute kommt, wird jedoch nicht allein davon abhängen, was uns die Ökologie über die Synergismen des Lebens erzählt. Ebenso entscheidend wird sein, inwieweit es *Homo sapiens* gegen den Druck seiner eigenen Kultur, die eine Verdrängungskultur ist, gelingt, sich der eigenen animalischen Bedingtheit bewußt zu werden; zu lernen, daß alle menschliche Erkenntnis begrenzt bleibt, gekoppelt an die Triebe seines Reptil-Gehirns und gebunden an die sinnliche Wahrnehmungsfähigkeit eines Primaten.

Der Mensch, meinte schon in den ökologisch friedlicheren 50er Jahren der Kulturanthropologe Arnold Gehlen, ist die biologische Spezies »mit der konstitutionellen Chance zu verunglücken«. Ob es tatsächlich gelingt, daß sich das Tier mit der beispiellosen Täterbegabung selbst Grenzen setzt, ist allemal fraglich. Erfolg haben wird *Homo sapiens* nur, wenn er es schafft, sein ökologisches Wissen in ein Bewußtsein von den Werten zu übersetzen, die gegenwärtig verlorengehen.

Der Wald oder die Bäume?

Vierzig Jahre ist es mittlerweile her, daß Grzimek in seinem großen Klassiker *Serengeti darf nicht sterben* das deutsche Kinopublikum mahnte, sich des traurigen Schicksals von ihren Weidegründen abgeschnittener Gnus und zusammengeschossener Nashörner zu erbarmen; Nachrichten aus einem fernen Phantasialand mit Namen, die sich auf immer im Gedächtnis verewigten: der Ngorongoro-Krater, die Etoscha-Pfanne, der Naivasha-See. Und in die goldenen Strahlen des Sonnenuntergangs mischten sich getragene Worte: Der Mensch nehme sich ein Beispiel an der Natur. So wie die Löwen zärtlich und harmonisch miteinander umgingen – so sollten auch die Menschen lernen, in Frieden und Eintracht zu leben.

Mag sein, daß auch dies einer der zahlreichen Tricks des findigen Zoodirektors war, um Menschen für den Artenschutz zu begeistern. Vielleicht aber war es in den 50er Jahren tatsächlich noch biologische Unkenntnis. Ein Löwenleben in der Serengeti ist gewiß alles andere als harmonisch. Blutige Existenzkämpfe tragen Löwenmännchen um die Führung eines Rudels aus, und nicht wenige Verlierer sterben an ihren

Verletzungen. Neue Rudelführer töten als erste Maßnahme für den schnellen Erfolg ihrer Gene die Jungen ihres Vorgängers. Eine friedliche und liebevolle Welt?

Wer die Faszination des Lebens auf diesem Planeten als einen »Wert« in sich spürt – und dies sind sicher nicht wenige in den reichen Industrieländern des Westens –, neigt leicht dazu, die Natur romantisch zu idealisieren. Allein der Mensch erscheint als gefährlicher Störfaktor einer wunderbaren Welt des »fließenden Gleichgewichts« und der Harmonie. In der Realität des Planeten freilich leben nicht nur Löwen weit weniger friedlich, als Grzimek einst erzählte: Kosmische Explosionen, Meteoriteneinschläge, katastrophale Vulkanausbrüche und andere geologische Desaster schreiben die Geschichte eines Planeten, von dessen vielfältig hervorgebrachten Lebensformen nur ein einziges Prozent gegenwärtig existiert. Der Rest schwand für immer dahin, erstickt in der Asche der Vulkane, erfroren unter der grauen Dreckschicht in der Atmosphäre, gefangen durch grausame Werkzeuge und hinterhältige Fallen, dolchbezahnte Kiefer und unerbittliche Krallen, Verlierer in der kalten Schlacht um den Reproduktionserfolg.

Angesichts solcher biologischer Voraussetzungen ist es nicht unbedingt leicht, das Gefühl einer harmonischen und erhabenen Natur mit den Grausamkeiten und Dissonanzen des Lebens zum Bild eines vom Schöpfungsfrieden beseelten Paradiesgartens zu verschmelzen. »Von sich aus« ist die Natur weder gut noch schlecht, sie weiß nicht einmal, was gut und schlecht ist. Die Natur als einen positiven Wert zu erkennen bedeutet folglich, von den menschlichen Vorstellungen der Moral abzurücken und das Leben als solches als einen Wert zu erkennen. Für einen New-Age-Autor wie James Lovelock ist alles, was lebt, zu respektieren. Nicht nur Pflanzen und Tiere zählt Lovelock zum Leben dazu, sondern ebenso vermeintlich tote Stoffe wie das Erdöl, den Humus, die Kalkfelsen und den Sauerstoff. Sie alle entstanden im Zusammenspiel biotischer Vorgänge von großer Dynamik. Etwas weniger schwärmerisch, aber mit vergleichbaren Prämissen fordern in Deutschland Werte-Ethiker wie Hans Jonas, Klaus Michael Meyer-Abich oder Vittorio Hösle die fällige Ausweitung von Ehrfurcht, Verantwortung, Respekt und Würde auf die Natur. Als Anwälte eines vom Menschen unabhängigen Wertes der Natur bereiten sie mehr oder weniger absichtlich den Boden für einen neuen religiösen Boom, einen radikalökologischen Pantheismus, verführerischer, wenn auch nicht weniger wirr, als die Widersprüche der christlichen Religion. Ob die Kirche, trotz einschlägiger Öko-Theologie, noch Nutzen aus der Schlacht um das ökologische Wertefundament der Zukunft ziehen wird, ist dabei überaus fraglich. Um wie vieles leichter fällt es jüngeren Generationen, den mystischen Funken der Schönheit der Natur zu entlocken als den Enzykliken des Papstes.

Allein, mit dem Wert der Natur »an sich« ist das so eine Sache. Was sich in den schönen Worten Jonas' oder Hösles so wunderbar liest, erscheint auf einmal höchst problematisch, wenn es ums Kleingedruckte geht. Aus Sicht der Ökologie als Wissenschaft nämlich beinhaltet die ökologische Weltanschauung der Werte-Ethiker reichlich unangenehme Konflikte. Ein Autökologe, der sich um die Bedeutung des einzelnen Organismus in seinem Umfeld kümmert, und ein Demökologe, der nach den Fortpflanzungsmöglichkeiten einer Population fragt, können leicht zu anderen Wertmaßstäben kommen als ein Synökologe, der die Erhaltungsbedingungen komplexer Ökosysteme erforscht. Was »gut« für das Wohl eines Einzelorganismus ist, muß noch lange nicht »gut« für die Population sein, und das Wohl der Population wiederum kann der Schaden eines Ökosystems sein. Für manche Tierherden ist es ratsam, ein krankes oder schwaches Mitglied aus dem Verband auszustoßen, um Raubtiere von der restlichen

Herde fernzuhalten. Lemmingpopulationen, die sich auf der Suche nach neuen Nahrungsquellen millionenfach ins Meer stürzen, riskieren den Tod ungezählter Einzelindividuen. Und die erwähnten Koalas auf der Känguruh-Insel zerstören auf empfindliche Weise ihr Ökosystem: Sie fressen sich selbst und zahlreiche andere Tiere um ihre Existenz.

Vor allem aus der Sicht des Synökologen erscheint der Gedanke, einzelnen Tieren »Rechte« zuzugestehen, völlig unsinnig. Strenggenommen gibt es für den Synökologen auch keinen Vorrang von Tieren vor Pflanzen und anderen Faktoren des Ökosystems. Der schützenswerte »Wert« des Ökologen ist immer der gesamte Wald, nicht aber die einzelnen Bäume. Ob sich Käfer, Vögel und Tiger wohl fühlen oder nicht, ist absolut uninteressant – ihr »Wert« besteht allein in der Bio-Gemeinschaft; das persönliche Wohl eines einzelnen Schimpansen zählte demnach weniger als die Wasserqualität eines Tümpels.

Wo Tierrechtler den Wert eines jeden leidensfähigen Wesens einfordern, kennen Synökologen nur den Wert des Gesamtsystems, das immer mehr ist als die Summe seiner Elemente. Hauptziel eines ökologisch kalkulierten Artenschutzes ist der Erhalt der Biotope. Man könnte sagen, daß die Verteidiger der Ökosysteme nicht das *Lebensrecht*, sondern das *Wohnrecht* von Arten zum höchsten Gut erheben. So fordern Ökologen in Deutschland, das im Grundgesetz festgeschriebene Wohnrecht auch auf Tiere und Pflanzen auszudehnen, um Habitate auf diese Weise schützen zu können. Trotz aller wissenschaftlichen Nüchternheit bei der Bewertung einzelnen Lebens setzen sich also auch einige Ökologen für moralische und juristische Rechte von nichtmenschlichem Leben ein: freilich nicht aus Mitleid mit den Bäumen, sondern aus Mitleid mit dem Wald.

Doch die Ökologie steckt in einem moralischen Dilemma. Während sich Ökologen gegen das »unangebrachte Mitleid«

und die »falschen Werte« von Tierrechtlern zur Wehr setzen, empfinden sie nicht selten selbst Mitleid und setzen ihrerseits Werte. Zwar hat der Ökologe gute rationale Argumente, im Dienst der Menschheit die Ressourcen der Tropenwälder zu schonen und die Meere nicht weiter zu vergiften – doch daß es einen Nationalpark im Bayerischen Wald geben muß und jedes Feuchtbiotop einen unersetzlichen Beitrag zum Weltklima leistet, wird er kaum glaubhaft machen können. Wenn sich ein Ökologe dennoch für solche Gebiete einsetzt, so kann es nur zwei Gründe dafür geben: Entweder er denkt an den Nah- bzw. Fernerholungswert der Biotope (und müßte sich im Zweifelsfall einsichtig der Mehrheit seiner Mitbürger beugen, die einen Jachthafen und einen See zum Surfen für erholsamer halten), oder er spricht dem Biotop schlicht deshalb einen Wert zu, weil es ein faszinierendes Stück Natur ist. Nicht wenige ökologisch denkende Naturschützer neigen tatsächlich der zweiten Variante zu. Aber sind sie dann nicht auf ähnliche Weise »Irrationalisten« wie die von ihnen kritisierten Tierrechtler, die Werte an Leiden statt an Schönheit koppeln?

Daß Biokatalysatoren für Stoff- und Energieumsätze als Einzelorganismen keinen Wert darstellen, als Summe jedoch schon, ist eine nicht unbedingt plausible Gleichung. Sowohl der Artenschutzgedanke der Tierrechtler wie jener der Werte-Ökologen hat handfeste Risse, die sich nicht durch schöne Worte wie »Verantwortung«, »Partnerschaft« und »Mitgefühl« übertünchen lassen. Seit mehr als einem Jahrzehnt liest der Münchner Ökologe Jens Reichholf den deutschen Naturschützern die Leviten: Zu den artenreichsten Biotopen, verrät Reichholf, gehören bei uns vor allem die Städte! Durchdachter Artenschutz beschränkt sich demnach nicht in erster Linie auf jene Naturregionen, die wir besonders schön und faszinierend finden. Vergleichbare Probleme mit ihren Prioritäten bekommen auch die Tierrechtler, etwa wenn vom Menschen eingeschleppte Hauskatzen oder Hunde auf kleinen Inseln bodenbrütende Vögel ausrotten, die durch die Evolution nicht auf solche Räuber geeicht sind. Zählt das Lebensrecht der Katze tatsächlich mehr als das Existenzrecht einer Vogelart? Oder erfüllt in solchen Fällen der Mensch notgedrungen die Funktion eines »natürlichen Feindes«, der die Suppe, die er eingebrockt hat, auch selbst mit allen erdenklichen Mitteln auslöffeln muß? Zu guter Letzt dürfen sich sowohl Werte-Ökologen wie Tierrechtler eine schlaue Antwort darauf überlegen, welche Tierarten wir angesichts unserer beschränkten Rettungsmöglichkeiten eigentlich bewahren sollen? Die am höchsten entwickelten Tiere? Die schönsten Tiere? Oder die Tiere im schönsten Wald?

Konflikte zwischen Tierrecht und Artenschutz lassen sich nicht dadurch lösen, dem jeweils anderen einen Mangel an Logik vorzuwerfen. Ohne Zweifel macht der Begriff des Biotops, eines »Lebensraums«, ohne einen besonderen Begriff vom Leben, das sich in ihm abspielt, genauso wenig Sinn wie ein Tierrechts- oder Tierschutzgedanke, der dem natürlichen Schutzraum der Tiere nicht gebührende Aufmerksamkeit schenkt. Tierrecht und Artenschutz sind richtig verstanden Komplementärbegriffe; ein durchdachter Naturschutz ist nur dann möglich, wenn man beide wichtigen Faktoren berücksichtigt. So wie demokratische Staaten das Einzelwohl ihrer Bürger mit dem Gemeinwohl aller abgleichen, so fordern sowohl der Wald als auch die Bäume ihr Recht.

Es wäre zu schön, mit diesem etwas handgewebten Satz zu schließen (der die Probleme natürlich nicht löst), ohne den zweiten großen moralischen Konflikt nicht wenigstens zu nennen, der sich beim Artenschutz vor allem in den Entwicklungsländern immer wieder einstellt: die Kollision von Tierrecht und Menschenrecht. Solange Menschen in den Ländern der sogenannten Dritten Welt durch den Egoismus und die Unvernunft der herrschenden Cliquen vom Raubbau an ihren Naturschätzen leben müssen, macht es wenig Sinn, ihnen aus dem piefigen, prassenden Westeuropa zuzurufen, sie sollten doch bitte ihre Wälder schonen und sich nicht so ungebührlich vermehren. Und natürlich werden sich die für ein Gorilla-Reservat aus ihrem angestammten Tropenwald umgesiedelten Pygmäen fragen: Wieso sind wir eigentlich weniger wert als die Affen?

Seit Einrichtung der großen Nationalparks in Süd- und Ostafrika starben bislang mutmaßlich mehrere hundert Wilderer, niedergestreckt von den Kugeln staatlich bezahlter Wildhüter. Solche Zwischenfälle, so bedauerlich sie sind, erscheinen vor allem deshalb interessant, weil hier zahlreiche moralische Stellungnahmen denkbar sind. Als Biozentriker könnte ein Ökologe argumentieren, der biozönotische Wert von Elefanten oder Nashörnern sei höher als der des Menschen (etwa im Hinblick auf die Funktion von Elefanten für die Waldbiologie). Insofern sei das Töten von Wilderern als letztes Mittel zum Schutz gerechtfertigt. Als Werte-Ökologe könnte er dieses Argument noch dadurch stärken, der drohende Artentod der faszinierenden Tiere sei ein weitaus größerer Verlust für die Schönheit des Planeten als der Tod einiger Angehöriger der Spezies Mensch, von der es ja ohnehin einige Milliarden zuviel gibt. Bezeichnenderweise jedoch schließen durchaus nicht alle biozentrisch denkenden Ökologen den Menschen in ihre Rechnung mit ein; manche von ihnen sind gleichzeitig Humanisten und stellen den Wert des menschlichen Lebens über alles andere. Aber können sie dann Tierrechtlern, die das leidensfähige Leben über alles andere stellen, »Irrationalismus« vorwerfen? Doch auch für Tierrechtler ist die moralische Lage vertrackt. Für einen Utilitaristen wie Peter Singer müßte vor allem die Zahl der Betroffenen ausschlaggebend sein. Da Elefant und Wilderer moralisch gleich wertvoll sind, das Glück zweier Elefanten hingegen mehr wiegt als das *eines* Menschen, müßte der mögliche Tod des Wilderers als letztes einkalkuliertes Mittel (was etwas anderes als eine Todesstrafe ist) dann legitim sein, wenn er mehrere Tiere tötet und damit die Summe des von ihm verursachten Leides größer ist als das eigene Leid im Falle seines Todes. (Ich will den Fall jetzt nicht noch auf die Spitze treiben und das Schicksal der Kinder und anderen Angehörigen, sowohl der Elefanten als auch der Wilderer, miteinkalkulieren.) Welche Lösung einem Werte-Ethiker wie Tom Regan, der solche Additionen nicht zuläßt und das individuelle Leben aller leidensfähigen Spezies zum höchsten Wert erklärt, zu diesem Problem einfällt, würde mich sehr interessieren.

Das Eigentümliche an dieser Diskussion ist, daß nicht wenige Menschen in Deutschland den Tod eines mit Drahtschlingen bewaffneten Wilderers in Afrika als letztes Mittel für gerechtfertigt halten. Gibt es bei uns tatsächlich so viele radikale Tierrechtler, die den Wert eines seltenen Tiers höher schätzen als den eines Menschen? Des Rätsels Lösung zeigt sich, wenn man das gleiche Szenario in den heimatlichen Wald verlegt und den Elefanten gegen ein seltenes Insekt austauscht. In diesem Fall kommen den meisten Menschen Todesschüsse auf »Wilderer« absurd vor. Irgendwie scheint der tödliche Blattschuß auf den Elefantenjäger in Kenia etwas anderes zu sein, als wenn er den heimischen Falterfreund trifft, während er den letzten Vertreter einer Spanner-Familie eintütet. Unser Mitgefühl mit anderen Menschen sinkt ab, je weiter sie von unserer Lebenswelt entfernt sind, und unser Mitgefühl mit Tieren steigt mit ihrer ästhetischen Faszination.

Ästhetik ist neben dem praktischen Nutzen für den Menschen die zweite große Triebfeder des Artenschutzes. Wir können uns nicht einfach von unseren ästhetischen Vorlieben für üppige Wälder und beeindruckende Elefanten befreien; sie sind ein wichtiger Teil unserer Sicht der Natur. Doch ästhetische Faszination ist nicht gleichbedeutend mit einem Wert »an sich«. Es gibt in der Welt des Menschen – und für den Menschen gibt es keine andere – nicht die Möglichkeit, außermenschliche Werte vorzufinden. Werte werden nicht im Wald entdeckt wie Pilze, sondern sie werden der Natur vom Menschen verliehen. Wildschweine in der Mandschurei erliegen nicht der ästhetischen Faszination des Tigers, sondern allenfalls dessen Pranken und Gebiß. Die Schönheit und der »Wert« der Katze ist eine menschliche Zutat. Der besondere Witz liegt darin, diesen verliehenen Wert so zu betrachten, *als ob* er der Natur von sich aus innewohnte, denn so wird er von vielen ja schließlich auch empfunden. (Daß Logiker mit solchen Werten Probleme haben, besagt noch nicht, daß Werte zu empfinden Unsinn ist. Ein Logiker oder eine Logikerin können auch nicht begründen, warum er oder sie eine Frau oder einen Mann »schön« finden oder lieben. Und sie werden kaum bestreiten, daß es das Empfinden von Schönheit und Liebe nun einmal »gibt«.) Auch die von ihrem »Wert« abgeleiteten »Rechte« der Tiere und der Natur auf ihren Erhalt werden ihnen vom Menschen verliehen – freilich so, als ob sie es nicht wären. Der Begriff des »Rechts« ist dabei sehr wichtig. Denn nur das »Recht«, nicht aber der »Schutz«, unterstreicht die Bedeutung erhaltenswerter Naturphänomene so stark, daß sich vor allem der Status von Tieren vom Status bloßen Kulturgutes unterscheidet.

Noch in den 50er Jahren hatten die gestrengen Herren der Prüfungskommission, die über die Steuerbegünstigung des Grzimek-Films *Serengeti darf nicht sterben* urteilten, den Tierfilmer empört zurechtgewiesen. Da hatte sich der Zoodirektor doch tatsächlich zu einem absurden Vergleich verstiegen: Die Erhaltung der letzten afrikanischen Wildtiere, betonte Grzimek, sei für die Menschheit ebenso wichtig wie die Erhaltung der Akropolis oder des Louvre. Auch heute ist man geneigt, den Juroren der Filmbewertungsstelle recht zu geben für ihre weise Einsicht. Nicht, daß man ernsthaft glaubte, der Vergleich mit Zebras, Gnus und Nashörnern beleidige die Kunstschätze, wie die Sittenwächter des Films befanden. Die wahre Pointe des albernen Scherzes liegt im Gegenteil: Der Vergleich von Kulturgütern mit Wildtieren diskreditiert die Tiere!

An Ehrfurcht vor der Natur zu appellieren, ist kein Relikt aus vergangenen Jahrhunderten. Im Gegenteil: Noch im 19. Jahrhundert hatte der pathologische Naturbegriff der aufgeklärten Bürgerphantasie sich die Welt der Tiere und Pflanzen nicht anders vorzustellen gewußt als unter ihrem praktischen Nutzen und ihrer Tauglichkeit fürs Amüsement. Eine Würde der Tiere neben der des Menschen zu denken, ist ein neuer Gedanke. Die Aufgabe der Zukunft aber kann nur sein, alles dafür zu tun, wenigstens Fragmente eines Reiches der Tiere zu ermöglichen, nicht, es unseren Kindern im Fernsehen vorzugaukeln. Die Dialektik des Artenschutzes gerät zur Feuerprobe unserer eigenen Bestimmung: die Notwendigkeit, aus Eigennutz etwas zu tun, das uns unter kurzsichtig praktischen Erwägungen nutzlos erscheint.

Sicher: Kein Philosoph und kein Ökologe vermag wirklich stichhaltig zu begründen, warum es alle die Millionen Tierarten auf diesem Planeten geben muß. Aber er wird, ohne einen erheblichen theologischen Aufwand, auch nicht begründen können, warum es Menschen geben soll. Vielleicht liegt sogar gerade darin das stärkste Argument für den Artenschutz: Solange der Mensch sich selbst nicht begriffen hat und es ihm nicht gelingt, sich über die Folgen seines Tuns wirklich klarzuwerden, dürfte er gut beraten sein, seine Gefährten im verschuldeten Elend vor dem Verschwinden zu bewahren. Denn gerade am Umgang mit dem Tier wird sich entscheiden, ob wir der Natur den mystischen Funken zurückgewinnen können, von dem auch unsere eigene Zukunft, sprich: unser Überleben, abhängt. Wie wenig verstehen wir selbst von unseren eigenen Interessen, die wir so leichtfertig »anthropozentrisch« nennen, so als seien das grausame Ungleichgewicht der Welternährungslage, die Vergiftung unserer Nutztiere mit Antibiotika und Wachstumshormonen, das Verseuchen der Meere und die schonungslose Plünderung aller Ressourcen tatsächlich »anthropozentrisch« auf das Wohl und die Zukunft der Menschheit hin ausgerichtet und nicht schlichtweg Dummheit!

Schopenhauers Treppe

Nach Arthur Schopenhauer durchläuft jedes Problem bis zu seiner Anerkennung drei Stufen. Zuerst wird es kaum beachtet oder lächerlich gemacht. Als nächstes wird es bekämpft. Und zuletzt gilt es als selbstverständlich.

Die Geschichte der politischen Freiheit, der Sklavenbefreiung und der Emanzipation der Frau scheinen dieses Stufenmodell zu bestätigen. Wenn heute das Recht der Tiere den Weg über Schopenhauers Treppe nimmt, so scheint der Weg ebenso mühselig zu sein wie in den beiden anderen Fällen zuvor. Unter den gegenwärtigen Zielsetzungen der westlichen Gesellschaften findet sich keine Möglichkeit, das Eigenrecht der Tiere auf ein ihnen gemäßes Leben irgendwo sinnvoll unterzubringen. Etablierte Staatsziele sind, Wirtschaft, Wissenschaft und Technik zu fördern und die menschliche Wohlfahrt zu pflegen. Das Recht der Tiere hingegen, ja selbst ihr Schutz, bleiben dabei außen vor. In der Rechtsprechung der Bundesrepublik Deutschland sind Tiere schlichtweg »nicht beteiligungsfähig«, und daß Menschen stellvertretend ihre Interessen wahrnehmen, davon will die gegenwärtige Gesetzgebung nichts wissen. Daß Frösche im Tümpel ein Anrecht auf ihr Biotop haben und man es deshalb nicht einfach trockenlegen darf, erscheint nach dem Selbstverständnis des Staates mindestens ebenso absurd wie die Forderung, einen mit Elektroschocks gequälten Labor-Affen durch einen staatlich beauftragten Treuhänder vor Gericht vertreten zu lassen, um ihn vor weiterer Folter zu schützen.

Da Tiere sich nicht selbst vor einem menschlichen Gericht verteidigen können, haben sie auch kein für die Justiz wahrnehmbares Interesse daran, dies zu wollen. Wie groß war daher die Freude unter deutschen Tierschützern und -rechtlern, als der Bundestag im Jahr 1990 nach österreichischem Vorbild ein Gesetz verabschiedete mit dem hoffnungsvollen Titel: »Gesetz zur Verbesserung der Rechtsstellung des Tieres im bürgerlichen Recht«. Seit jenem Jahr findet sich im BGB der eingeschobene § 90a mit der Bestimmung: »Tiere sind keine Sachen. Sie werden durch besondere Gesetze geschützt.« Doch noch bevor die ersten Tierfreunde die Sektflasche entkorkt hatten, belehrte sie der Nachsatz: »Auf sie (die Tiere) sind die für Sachen geltenden Vorschriften anzuwenden, soweit nicht etwas anderes bestimmt ist.« Etwas anderes bestimmt freilich wurde gerade mal in drei läppischen Fällen. Wenn bis dahin noch niemand genau wußte, was eine Sache von einer Nicht-Sache unterscheidet, seit dem Juni 1990 weiß er es also: Man bekommt seine Heilkosten zum Teil erstattet, man kann nicht ohne weiteres gepfändet werden und man erfreut sich der gesetzlichen Schutzpflicht durch seinen Eigentümer. Die »Rechtspolitik der großartigen, aber leeren Versprechungen« (Gotthard Martin Teutsch) hatte sich selbst ein Denkmal gesetzt.

Für viele Kenner der deutschen Gesetzgebung freilich ist die Schizophrenie der Justiz im Umgang mit dem Tier nichts Neues. Seit mittlerweile elf Jahren thront der stolze Satz: »Zweck dieses Gesetzes ist es, aus der Verantwortung des Menschen für das Tier als Mitgeschöpf dessen Leben und Wohlbefinden zu schützen« über einem korrumpierten Barbarenreich der millionenfachen Folter und rücksichtslosen Ausbeutung. In jenem elenden Territorium, das sich durch das Tierschutzgesetz legitimiert, gibt es nahezu nichts als

»vernünftige Gründe«, »unvernünftige« hingegen kaum. Regiert wird das blutige Brachland der Humanität von einem Bundesminister für Ernährung, Landwirtschaft und Forsten, bezeichnenderweise nicht von dem vorhandenen Umweltminister, sondern vom Interessenvertreter der Agrarindustrie und der Forstwirtschaft.

Einmal erreichte Standards der Ausbeutung von Tieren, wie Hühnerbatterien, Stehsärge und Schweine-Kerker stehen nicht mal mehr zur Diskussion. Allenfalls ein paar Zentimeter werden von Richtlinie zu Richtlinie verschoben. (Mutmaßlich aus Protest gegen die von mir verwendeten Begriffe »Stehsärge« und »Rinder-Gefängnisse« in meinem ZEIT-Essay vom April 1996 schickte mir das Landwirtschaftsministerium die »Verordnung zum Schutz von Kälbern bei Stallhaltung (1992)«. Die »besonderen Anforderungen für das Halten von Kälbern im Alter von bis zu zwei Wochen« verfügen, daß die entsprechenden Boxen mindestens 120 Zentimeter lang, 80 Zentimeter breit und 80 Zentimeter hoch sind. Bei größeren Kälbern wird das Längenmaß um 40 Pflichtzentimeter verlängert. Was das Bundesministerium mit dieser Richtigstellung der Begriffe bezweckt haben mag, überlasse ich gerne dem Urteil des Lesers.)

Freiwillig, soviel scheint sicher zu sein, räumen die Interessenvertreter der Argarwirtschaft keinen Zentimeter ihrer Spaltenböden für den Tierschutz. Immerhin profitiert der Verbraucher von billigem Fleisch und billigen Eiern. Wen interessiert es im nachhinein, daß bei einer Beibehaltung der Freilandhaltung von Hühnern und hohem Eierpreis ebenso wenig eine Revolution ausgebrochen wäre wie bei einem konstanten Preisniveau für Fleisch aus den Zeiten der Weimarer Republik. Solange Tierschutzpolitik eine Sache des Landwirtschaftsministers ist, bleibt sie unweigerlich Agrar-Lobbyismus. Und noch immer liegt in weiter Ferne, was der englische Philosoph Jeremy Bentham 1780 erhoffte: »Es wird so weit kommen, daß der Mantel der Menschlichkeit alles umfängt, was atmet.« Auch in seiner neuesten Fassung ist das Tierschutzgesetz kein Mantel der Menschlichkeit; allenfalls das Feigenblatt einer uneingestandenen Scham darüber, daß das Wort vom Mitgeschöpf im Tierschutzgesetz eine Mücke bleibt – erstickt im Bernstein ökonomischer Interessen.

Um einen weiteren Schritt nach vorn zu kommen, fordern Tierschützer und Tierrechtler seit langem, den Tierschutz als Staatsziel im Grundgesetz zu verankern. Frischen Wind erhielt diese lange Zeit vor sich hin dümpelnde Diskussion im Jahr 1994. Die Tierschutzkommission des Berliner Senats hatte die grausamen Affenversuche des Hirnforschers Otto J. Grüsser mit dem Verweis gestoppt, die ethische Vertretbarkeit der Experimente sei nicht erwiesen. Der Hirnforscher klagte daraufhin beim Berliner Verwaltungsgericht, das die Tierschutzkommission korrigierte: § 8 Abs. 3 Nr. 1 besage nicht, daß die ethische Vertretbarkeit des Tierversuchs *nachgewiesen* werden müsse, sondern lediglich *wissenschaftlich begründet dargelegt*. Entscheidend für die Beurteilung seien allenfalls »qualifizierte Plausibilitätskontrollen«, nicht aber »außerwissenschaftliche Beurteilungsmaßstäbe«, sprich: ethische Kriterien. Im Konfliktfall entscheidet die Rechtsprechung nach dem verfassungsrechtlich höheren Wert der Freiheit von Forschung und Lehre. Das Interesse der Tiere, da nicht im Grundgesetz verankert, ist demnach weniger bedeutsam. Nur ein als Staatsziel festgeschriebener Tierschutz ermöglicht tatsächlich, den Nutzen für den Menschen mit dem Leiden der Tiere abzuwägen.

Ob der Tierschutz im Grundgesetz in der Praxis der Rechtsprechung viel nützen würde, ist allerdings nicht sicher. Allein die Tatsache, daß Richter genötigt sind, den Tierschutz anderen Rechtsgütern, wie der Freiheit von Forschung und Lehre oder der Glaubens-, Gewissens- und Bekenntnisfreiheit, gegenüberzustellen, bedeutet noch nicht, im Zweifelsfall auch tatsächlich für die Interessen der Tiere zu entscheiden. Die bisherige Rechtspraxis in Bundesländern wie Berlin, Brandenburg, Thüringen und Sachsen spricht nicht dafür, daß sich durch das schöne Verfassungswort vom Tierschutz als Ziel der Länder tatsächlich viel verändert hat. Doch der Tierschutz im Grundgesetz wäre immerhin ein kleiner Schritt auf einem langen Weg des Umdenkens. Im Jahr 1994 fand der Vorschlag in der Verfassungskommission des Bundestages zum ersten Mal eine Mehrheit; daß es in Kürze zu der erforderlichen Zwei-Drittel-Mehrheit kommen könnte, ist nicht ganz unwahrscheinlich.

Für die Zwischenzeit haben sich die politisch Verantwortlichen eine nette Rechtfertigung ausgedacht, den erklärten Willen von 92 Prozent der deutschen Bevölkerung (Forsa) auch weiterhin zu mißachten: Im Grunde genommen, so eine Entschließung des Deutschen Bundestages vom 30. Juni 1994, sei der Tierschutz längst indirekt im Grundgesetz verankert – nämlich in der Staatszielbestimmung »Umweltschutz«. Der Umweltschutz umfasse alle »natürlichen Lebensgrundlagen«: nicht nur »Pflanzenwelt, Luft, Boden und Wasser, sondern die gesamte Schöpfung, also auch das Tier und alles organische Leben auf dieser Erde. In diesem Sinne wird in der Entschließung bekräftigt, daß die Staatszielbestimmung Umweltschutz auch den Tierschutz prinzipiell mit umfaßt. Auch der Schutz der Tiere ist danach im Rahmen des Schutzes der ›natürlichen Lebensgrundlagen‹ ... mit aufgegeben.«[3]

Es gehört schon eine ganze Portion sophistischen Winkeladvokatentums dazu, um auf den gloriosen Einfall zu kommen, Tiere schlicht als »Umwelt«, wie Wasser, Boden und Luft, zu definieren. Auch der Begriff der »natürlichen Lebensgrundlage« hat es in sich, beziehungsweise *nicht* in sich. Was ist damit gemeint? Da der Begriff schlecht »natürliche Lebensgrundlage *für die Natur*« bedeuten kann – was sollte dies heißen: Kaninchen, die sich selbst Grundlage sind? –, gehe ich davon aus, er bedeutet »natürliche Lebensgrundlage *für den Menschen*«. Doch deutsche Menschen pflegen in der Regel den überwiegenden Teil aller Tierarten ihrer Heimat, zum Beispiel Molche, Schmetterlinge oder Eichhörnchen, nicht zu essen, das heißt, diese Tiere stellen, anders als Wasser, Boden und Luft, überhaupt keine Grundlage ihres Lebens dar! Geschützt durch den Umweltschutz wären demnach allein Nutztiere, und der Rest bliebe vogelfrei wie eh und je. Nicht Mitgeschöpflichkeit ist der Grundgedanke des Staatsziels Umweltschutz, sondern der schonende Umgang mit den natürlichen Ressourcen; alle Nicht-Ressourcen unter den Mitgeschöpfen fallen durch das Raster.

Während sich die juristische Diskussion in Deutschland immerhin auf der zweiten Stufe von Schopenhauers Treppe befindet, verharrt der Prozeß in den meisten anderen Staaten der EU noch immer auf der untersten Stufe der Mißachtung. Daß der Tierschutz im Rahmen der EU immer stärker internationalisiert wird, verheißt deshalb auch wenig Gutes. Richtlinien der Europäischen Union bringen nicht selten das Kunststück fertig, auch noch die tiefste Meßlatte für die moralischen Höhensprünge des Bundeslandwirtschaftsministers zu unterlaufen. Doch vielleicht bedarf es tatsächlich erst der zynischen Richtlinien aus Brüssel, um der deutschen Bevölkerung klar zu machen, welchen Schindluder die Agrarwirtschaft mit dem Begriff des »Tierschutzes« treibt.

Doch es gibt Anzeichen der Hoffnung: Während die Probleme des Tierschutzes durch die Europäische Vereinigung nicht kleiner, sondern größer werden, entwickelt sich in der Bevölkerung gleichzeitig ein moralisches Bewußtsein in bezug auf Tiere, das in der Geschichte der Neuzeit beispiellos ist. Zwar sind die Verdrängungsmechanismen der meisten Menschen noch intakt und die gesellschaftliche Ächtung barbarischer Praktiken noch verhältnismäßig leise, doch Schuldgefühle und Beschämung brechen sich langsam ihren Weg durch die Steinplatten des Alltagsbewußtseins zahlreicher Menschen.

Die Macht der Moral ist offenkundig begrenzt und von einem stetigen Fortschritt der Menschheit zum »Besseren« wenig zu merken. In den 40 Jahren von 1820 bis 1859 gab es auf der Erde 92 Kriege mit einer Million Toten; in der gleichen Zeitspanne von 1860 bis 1899 gab es 106 Kriege mit 4,6 Millionen Toten; von 1900 bis 1949 gab es 117 Kriege mit 42,5 Millionen Toten.[4] Diesem blutigen Zweifel an der Macht der Moral lassen sich leicht weitere hinzufügen. Inwieweit bestimmt die Moral denn eigentlich wirklich über das Handeln unserer Gesellschaft? Welcher Bundesbürger glaubt denn noch allen Ernstes an ein übergeordnetes moralisches Gesetz, an das er sich strikt zu halten habe? Ist Moral nicht längst eine Privatsache, die sich allenfalls ein paar kopflose Katholiken »von oben« vorschreiben lassen? Eine liberale Gesellschaft, so hört man, hat die Instanz der Moral doch eigentlich gar nicht nötig; sie hat den Rechtsstaat und die Verfassung.

Doch selbst wer sich das »Moralisieren« von offizieller und inoffizieller Seite verbittet, kann kaum übersehen, wie wirkungsmächtig die Moral in der Gesellschaft trotz alledem ist. Rücktritte öffentlicher Personen sind an der Tagesordnung: Ob Giftgaslieferungen nach Libyen, unterbezahlte Putzfrauen, allzu großzügig gewährte Kredite, öffentliche Empfehlungsschreiben für Vettern und Tanten oder zweideutige Reden eines Bundestagspräsidenten über Naziverbrechen – stets sind es Verfehlungen gegenüber der »Moral«, die sie zu Fall bringen. Politik und Medien erzeugen Skandale und Affären, Empörung, Wut und Verachtung. Und das alles im Namen der Moral.

Die Kritik an Vergangenheit und Gegenwart sollte nicht blind dafür machen, daß die Geschichte der Menschheit einem unausgesetzten Wandel unterliegt. Dieser Wandel ist nicht gleichbedeutend mit permanentem Fortschritt, wie er in den Köpfen der Politik, der Wirtschaft und vieler Philosophen und Theologen spukt. Aus ethischer Sicht gibt es bis heute nicht ein einziges gesichertes Etappenziel, das als moralischer *common sense* der gesamten Weltbevölkerung zum Maßstab diente. Was heute trotz aller juristischen Stagnation Anlaß zum Optimismus gibt, moralische Verbesserungen nicht nur einzufordern, sondern auch zu erwarten, hat nichts zu tun mit einer Eigendynamik der Moral. Entscheidender als alles andere ist die historische Ausnahmesituation eines mehr als fünfzig Jahre währenden Friedens in Westeuropa, ein kultureller »Störfall« der neueren Menschheitsgeschichte. Philosophien und Religionen mit ihrem Verbrauch an Moral entstehen bevorzugt in Vor- und Nachkriegszeiten. Wo in Zeiten des Krieges Appelle an die Gruppensolidarität ethische Auseinandersetzungen im Dienst eines völkischen Pragmatismus auf ein Minimum beschränken, entwickeln lange Friedenszeiten einen eigentümlichen Hang zu produktiver Unordnung und kritischer Revision. Dabei ist kaum zu übersehen, wie stark die weltanschauliche Resignation der Linken schon seit den späten 70er Jahren und erst recht nach dem Zusammenbruch des Realsozialismus den ethischen Impuls von menschheitsgeschichtlichen auf naturgeschichtliche Ziele umgeleitet hat, so unterschiedlich die Zielsetzungen im einzelnen auch sein mögen.

Nicht gebildete Vorkämpfer, wie in den vergangenen Jahrhunderten, sondern gezielte Kampagnen, getestet im Windkanal des Zeitgeistes, entscheiden heute über den Erfolg neuer Ideen und Ideale. Bezeichnenderweise trägt, zumindest in Deutschland, die Hochschulphilosophie ausgesprochen wenig zu den gegenwärtigen Debatten um ein neues Naturbewußtsein und einen neuen Umgang mit Tieren bei. Zwar hat, wie die Philosophin Ursula Wolf meint, die Ausgrenzung der Tiere aus der Moral Implikationen, die niemand gern offen vertreten würde, doch der überwiegende Teil deutscher Philosophie widmet sich weiterhin Altbausanierungen im Bereich des Geistes. Neues Rüstzeug für gegenwärtige ethische Probleme ist nur vereinzelt zu erwarten.

Das Zusprechen moralischer Rechte an das Tier geht an die Substanz und nicht nur ans Büchsenfleisch. Noch fällt es Philosophen schwer, den Weg zu denken von einer anthropozentrischen Verständigungsgemeinschaft in eine pathozentrische, auf Mitgefühl beruhende, Verständnisgemeinschaft allen Lebens. Vor allem in der Erörterung der praktischen Konsequenzen einer neu definierten Tierethik gibt es mehr Meinungen, als vielen Tierrechtlern lieb ist. Zoo, Zirkus, Pelztierfarmen, Fleischkonsum und Tierversuche lassen sich in der Praxis nicht in einem Atemzug nennen. Soviel Sinn es auch macht, die Widersprüche und Schizophrenien im Umgang mit dem Tier zu benennen: Dort, wo es nicht um Heuchelei, sondern tatsächlich um Güter geht, ist eine Güterabwägung unumgänglich. So ist es zu erwarten, daß Tierrechtsbewegungen wie *Animal Peace* oder *PeTA* analog zur Öko-Bewegung ein nahezu unausweichliches Vier-Phasen-Modell durchlaufen werden: In der *ersten Phase* bilden sich versprengte Kleingruppen unterschiedlicher Couleur und nur durch eine vage Zielvorstellung verbunden; in der *zweiten Phase* beginnt der Wettkampf der Gruppen untereinander um die richtigen Ziele und den richtigen Weg. Einige Gruppen werden zu großen Vereinen, andere verschwinden; in der *dritten Phase* reduzieren die größeren Vereine nach und nach ihre basisdemokratischen Spielregeln, entwickeln ein modernes Management und verlieren einige ihrer radikalsten Mitstreiter; in der *vierten Phase* schließlich beginnt die schwierige Kunst der »Diskursbegrenzung«. Nicht jeder Streit um ein geschlachtetes Rind ist ein sinnvoller Anlaß, Debatten in ethischem Weltmaßstab zu führen. Und wer mit Zoodirektoren diskutiert, ist gut beraten, weniger über die Metaphysik der

Freiheit als über die Meter-Physik zureichender Mindestmaße für Gehege zu verhandeln. Wer diese Spielregeln nicht lernt, profitiert allenfalls eine Weile vom Zeitgeist und vergeht ebenso schnell, wie er gekommen ist.

Zwischen der Zollstock-Biologie zulässiger Mindestraumansprüche für Wild- und Masttiere und dem ethischen Ideal einer ungestörten »Selbstverwirklichung« von Tieren gibt es keine völlig befriedigende Lösung, kein Modell für die »Zwischenstufen« einer moralisch gerechtfertigten Praxis. Doch eine Ethik des Nichtwissens taugt allemal nur so viel, wie sie sich als *Pragmatik des Nichtwissens* auf die tatsächlichen Konflikte und Güterabwägungen einläßt. Man kann gewiß nicht allen Menschen in Deutschland vorschreiben, Vegetarier zu werden; man wird Tierversuche dort zulassen müssen, wo lebenswichtige Bedürfnisse der Spezies Mensch betroffen sind; und man wird schon allein deshalb die Idee des Zoos für gerechtfertigt halten müssen, weil eine vollendete Befreiung aller Zoo-, Nutz- und Haustiere über kurz oder lang erst recht zur totalen Versachlichung oder zur Ignoranz gegenüber Tieren führte und die Entfremdung perfekt machte: aus den Augen, aus dem Sinn.

Es bleibt genug zu tun, die wichtigsten ethisch eindeutigen Ziele zu verwirklichen: das Verbot der Pelztierfarmen; die Einschränkung der Jagd auf ökologische Härtefälle und gegebenenfalls schmerzlose Tötung von wildlebenden Nutztieren; ein striktes Verbot der landwirtschaftlichen Intensivhaltung aller Couleur; ein gesetzlicher Schutz von Nutztieren vor gentechnologischer Manipulation zu vordringlich ökonomischen Zwecken; die scharfe Kontrolle und ethisch ernsthafte Abwägung der Frage, ob Tierversuche wirklich zwingend erforderlich sind; der Schutz der wichtigsten Naturregionen dieser Erde gegen die Nutzungs-Interessen kurzsichtiger und korrupter Regierungen; die Aufklärungsarbeit in den Industrieländern, endlich ihre Bedürfnisse von ihrem Bedarf unterscheiden zu lernen. Sollte sich nur ein Teil dieser Forderungen von Naturschützern, Tierschützern und Tierrechtlern gemeinsam durchsetzen lassen, und sollten zugleich die bestehenden falschen Freund-Feind-Linien, zwischen althergebrachtem Naturschutz und Tierschutz auf der einen und provozierendem Tierrecht auf der anderen Seite, einer neuen Solidarität weichen, einem ethisch neu fundierten dynamischeren Einsatz für das »Recht« nichtmenschlichen Lebens – dann dürfte auch die dritte Stufe von Schopenhauers Treppe in absehbarer Zeit zu nehmen sein. Immerhin geschieht es oft genug, wie einst der englische Philosoph John Stuart Mill meinte, »daß ein universaler Glaube, ein Glaube, von dem niemand frei war oder von dem sich niemand ohne eine außerordentliche Anstrengung von Vorstellungskraft oder Mut befreien konnte, in einem späteren Zeitalter so greifbar zur Absurdität wird, daß die einzige Schwierigkeit darin besteht, zu verstehen, wie eine solche Idee jemals glaubwürdig erscheinen konnte«.

Der Primat

Leichte Vögel, welke Blätter dahingetrieben vom Wind. Über den Akazienbäumen leuchtet trocken der Morgen. Wenige Stunden, und die Luft ist gesättigt vom Summen der Insekten. Die meisten Mitglieder der Horde liegen nach wie vor still, zusammengerollt hier im Wipfel des Baumes; nur ab und zu klettern die ersten aus den Schlafnestern heraus. Tief unten im Tal rumoren die Geysire und heißen Quellen, Dämpfe umnebeln das nachtfeuchte Unterholz. Ein heißer Tag wartet hinter den Bergen, die Erde zu sengen.

Hunderttausend Generationen später werden die Schlafnester verwaist sein. Die Menschheit wird erwacht sein und die Welt jenes Gesicht erhalten haben, wie es uns gegenwärtig erscheint. Wir stehen heute an der Schwelle eines neuen Jahrtausends unserer eigenen Zeitrechnung. Jedes Jahrtausend hat den Menschen von der umgebenden Natur und Tierwelt weiter entfernt und entfremdet. Wenn wir weiter leben wie bisher, wird es kein weiteres Jahrtausend für die Spezies *Homo sapiens* auf diesem Planeten mehr geben. Wie auch immer wir dieser Gefahr begegnen werden, durch neue Sorgfalt oder neue Technologie – wir werden den Weg in die Zukunft den Synergismen der Natur ablauschen müssen und nicht mehr allein den Privatbedürfnissen des Menschen und den Verwertungsinteressen des Kapitals.

Den Menschen vor sich selbst zu schützen, ist die große Herausforderung des neuen Jahrtausends. Doch während wir nach neuen Möglichkeiten suchen, die Welt, in der wir leben, zu bewahren, ein ethisches Fundament zu bauen für eine angemessene Sicht des Lebens, stoßen wir zugleich auf schier unüberwindliche Schwierigkeiten. Wer moralische Richtlinien sucht, braucht Gewißheiten, abgesichert durch die Wissenschaften vom Leben. Doch die Ordnungssysteme der Naturwissenschaften, der Religionen und der Philosophie bieten kaum noch einen Anhaltspunkt für moralische Konsequenzen. Je stärker wir versuchen, den Problemen mit den Spielregeln menschlicher Intelligenz auf den Grund zu gehen, um so unergründlicher erscheinen sie uns. Was vormals sicher und heilig war, paßt nicht ins immer engmaschigere Netz der Logik. Es könnte durchaus sein, daß die eingeschränkte Sinneswahrnehmung und die entsprechende Erkenntnisfähigkeit unseres Primatengehirns alle notwendigen Einsichten blockiert. Das heute notwendige Verantwortungsbewußtsein, im Dienste der ganzen Menschheit etwas zu tun, scheint im Bonus-Pack der Evolution für den Menschen nicht vorgesehen zu sein.

Dem neurobiologischen Problem einer begrenzten intellektuellen Fähigkeit entspricht ein soziobiologisches Problem. Auch bei Schimpansen-Gesellschaften kommt es mitunter zu sozialen Störfällen wie, dem Anschein nach, unmotivierter Aggressivität. Nicht jede Verhaltensweise eines hochentwickelten Primaten oder einer Primatengruppe dient tatsächlich dem optimalen Zusammenleben oder wenigstens dem größten Erfolg der Population. Es mag sein, daß die Primatenforschung eines Tages die Ursachen des bislang unerklärlichen Konfliktverhaltens entdeckt. Ebenso aber kann es sein, daß es sich nach Maßgabe der Vernunft nicht erklären läßt. Trifft dies zu, so wäre dies ein Beleg dafür, daß einige hochentwickelte Primaten wie Schimpanse und Mensch eine von der Evolution mit eingebaute Unzurechnungsfähigkeit besitzen, die ihrem Einsichtsvermögen widerspricht. Solange es dem Erfolg der Gattung nicht im Wege stand, gab es keinen Anlaß für die Evolution, das problematische Teil wieder auszubauen oder nachzubessern.

Finstere Aussichten? Im Gegensatz zu Schimpansen freilich besitzt der Mensch die Fähigkeit, über seine biologischen Mängel zu reflektieren, nicht zuletzt durch die Beobachtung von Menschenaffen, ihrer Konstruktion von Realität und ihres Sozialverhaltens. Doch je mehr wir aus dem Leben der Affen für uns selbst lernen, um so deutlicher wird, daß die kategorische Unterscheidung zwischen Menschen und den übrigen Lebewesen keine Gültigkeit hat. Wer dies versteht, wird sich Gedanken machen müssen, wieviel, oder besser: wie wenig von unserer Vorstellung vom Platz des Menschen im Kosmos übrigbleibt. Wir müssen ihn neu definieren. Wenn unser hervorragendes Gehirn Ergebnis unseres immer komplexer werdenden Soziallebens ist, das mit den Konflikten der Inkommensurabilität und Kontingenz des anderen Gruppenmitgliedes wächst – ist es dann nicht an der Zeit, einige ethische Regeln unseres sozialen Lebens nicht auch auf die Tiere auszudehnen? Es könnte uns, immerhin, schlauer machen.

Doch Tiere, die ihrer Natur entkleidet sind, deren Lebensräume abgeholzt, zerstört, verbrannt, vergiftet sind: Sie sind keine Lernaufgabe, allenfalls eine nicht gehörte Warnung. Die Bewahrung natürlicher Lebensräume ist keine Spielerei, keine Frage der Oberflächenästhetik unseres Planeten, in der wir Bäume hübscher finden als Wüste und Ödland. Sicher, wir werden mit den hunderttausend Käferarten, die jedes Jahr das Weltliche segnen, nicht zugrunde gehen. Wir werden wahrscheinlich auch nicht so viel aus ihrem Sozialleben lernen können wie aus dem zärtlichen Reigen der Bonobos. Doch sind Käfer dadurch moralisch diskreditiert, weil sie, im Gegensatz zu uns, keine erkennbare Ethik produzieren? Jedenfalls gehen sie, bei all ihren vermeintlichen Mängeln, nicht in jedem Fall schlechter miteinander um als Menschen. Was manchen Tierklassen an Sozialverhalten fehlt, gleicht ihre Unfähigkeit zum Holocaust wieder aus.

Die Erhaltung und die Wertschätzung unserer animalischen Lebensgenossen ist die Lernaufgabe, deren Bewältigung uns hilft, dem eigenen Verständnis näher zu kommen. Wir tun uns heute schwerer als jemals zuvor in der Menschheitsgeschichte, unsere eigene Rolle begreifen zu können. Während auf der einen Seite die zunehmende Kenntnis der Naturgesetze uns zum Beherrscher des Planeten gemacht hat, erkennen wir zugleich die natürliche Belanglosigkeit des Menschen. Physikalisch erscheint *Homo sapiens* als ein Nichts in den schier unendlichen Weiten des Kosmos. Erdgeschichtlich betrachtet existiert er kaum mehr als eine Sekunde mit der sehr geringen Wahrscheinlichkeit, noch weitere hinzuzufügen. Ökologisch gesehen ist der Mensch so erschrekkend funktionslos, daß es ihn im Dienst der Biosphäre überhaupt nicht geben müßte; die sauberste Lösung angesichts seiner katastrophalen Eingriffe wäre der baldige Artentod.

All diesen Fakten zum Trotz verleiht *Homo sapiens* sich selbst und seinen Angehörigen einem Wert, die sogenannte

»Menschenwürde«. So richtig es ist, daß im 20. Jahrhundert die Biologie die Rolle der alten Seinslehre (Ontologie) übernommen hat – so wenig reicht es hin, aus Neuronen, elektrochemischer Energie und Hormonen jene Werte abzuleiten, die wir für ein menschenwürdiges Dasein veranschlagen. Ohne Zweifel: Die Moral menschlicher Gemeinschaften gründet im sozial-ethischen Kodex von Primatengesellschaften. Doch sie ist zugleich mehr als ein bloß biologischer Funktionsmechanismus. Nahezu alle großen menschlichen Gemeinschaften bekennen sich offiziell zur Menschenwürde als einem Wert, der allen Menschen zukommt (wenngleich sie ihn ebenso zahlreich mißachten), und zwar nicht beschränkt auf seine praktische Funktion im jeweiligen Sozialverband. Wenn wir heute geneigt sind, auch Naturregionen, und in einem ganz besonderen Maße Tieren, einen solchen intuitiv gefühlten Wert beizumessen – muß es dann nicht irgend etwas geben, das uns dazu treibt? Werden wir angesichts von Natur und Tieren (sofern sie uns nicht unmittelbar bedrohen) nicht intuitiv der Begrenztheit unseres Erfassens bewußt und lernen dadurch etwas über uns selbst als Tiere mit einer eingeschränkten Auffassungsgabe? Dem gleichen Gefühl, unzulänglich zu sein, entsprangen ja auch die Religionen, die sich in ihrer Not ein Bild von diesem Jenseits der Erfahrung malen.

Sicher: Weder die Menschenwürde noch der Wert der Natur und der Tiere lassen sich logisch widerspruchsfrei denken. Und sie bleiben in jedem Fall von Menschen verliehene Werte, wenn auch so verliehen, *als ob* sie *an sich* wären. Daß wir einen intuitiven Wert nicht widerspruchsfrei denken können, ändert nichts daran, daß wir ihn fühlen können. Zwar ist, was wir nur fühlen, nach Maßgabe unserer Logik nicht objektiv. Doch umgekehrt ist alles, was wir denken und berechnen können, auch nicht die Objektivität schlechthin, an der sich alles Existierende messen lassen muß. Auch Logik ist Menschenwerk; nicht weniger, aber eben auch nicht mehr.

Anders als für Naturregionen, die wir als einen ästhetischen Wert schätzen, gibt es für Tiere noch das zweite Motiv, sie als leidensfähige Wesen analog zur Menschenwürde zu respektieren (wenn auch nicht gleich zu behandeln). Natürlich reden wir, wenn wir gegenüber Tieren Würde oder Respekt einfordern, mal wieder in *menschlichen* Begriffen. Aber andere Begriffe stehen uns nicht zur Verfügung. Tiere aufgrund einer Ethik des Nichtwissens in die Moral einzubeziehen, bedeutet, sich der Begrenztheit der menschlichen Kategorien und Begriffe inne zu werden, nicht, sie nicht benutzen zu dürfen. Gegenüber traditionellen Moralvorstellungen ist eine Ethik des Nichtwissens bescheidener: Sie ermöglicht den Zugang zum Tier dadurch, daß sie den menschlichen Anspruch auf Allwissenheit in seiner Unmöglichkeit bloßstellt. Und sie schließt das Tier in die Ethik mit ein, indem sie eine definitive Antwort auf die Frage nach Vernunft, Seele und Bewußtsein ausschließt.

Solche Veränderungen wären schon eine Menge wert. An die Stelle klarer Definitionen nach menschlicher Logik würde ein Vorgang der Beobachtung und des Entdeckens treten, nicht nur in der Soziobiologie, sondern zudem in der Moral. Zwar stünde am Ende auch hier keine leidfreie Welt; der Mensch kann nicht existieren, ohne anderem Leben Gewalt anzutun. Aber die Handlungsspielräume erscheinen auf einmal fragwürdiger und veränderlicher, als sie es in der starren Grenzziehung der christlich-abendländischen Kulturgeschichte je waren. Wir werden genauer darüber nachdenken müssen, warum Unterschiede, wie jener zwischen Mensch und Schimpanse, einen moralischen Unterschied machen und andere, wie der zwischen Schimpanse und Blattlaus, nicht.

Noch vor 200 Jahren war Immanuel Kant der Ansicht, die Sache der Ethik wäre mit der *Kritik der praktischen Vernunft* irgendwie erledigt. Und kein Jahrhundert ist es her, daß Naturforscher meinten, die ganze Aufgabe bestünde darin, ihre

Berechnungen und Meßapparaturen zu verbessern. Heute wissen wir, daß *Homo sapiens*, gehemmt durch ein unzureichendes Begriffssystem, ein Gefangener seiner Sinne, sich nur unsicher vorwärts tastet durch das Zwielicht, das am inneren und äußeren Horizont seiner Welt dämmert; dem dunklen Kasten seines Wirbeltiergehirns hier, den unsicheren Koordinaten von Raum und Zeit in den Weiten des Kosmos dort.

So steht es an, daß der Mensch sein Selbstverständnis und seine Ethik auf die Höhe der Zeit bringt. Nur wenn wir vom Nichtwissen ausgehen, nicht von den ungesicherten Axiomen des Wissens, werden wir unser Wissen besser verstehen lernen. Als »Primat«, der Erste der Schöpfung, wie sich *Homo sapiens* einst selbst definierte, stünde es ihm gewiß gut zu Gesicht, auch die Verantwortung eines »Primaten« zu übernehmen: als Herrscher des Planeten zugleich dessen Beschützer zu sein. Wie hatte einst Charles Darwin die Entwicklung der menschlichen Ethik beschrieben? »In dem Maße, wie der Mensch nach und nach an intellectueller Kraft zunahm und in den Stand gesetzt wurde, die weiter entfernt liegenden Folgen seiner Handlungen zu übersehen, wie er hinreichende Kenntnisse erlangt hatte, um verderbliche Gebräuche und Aberglauben zu verwerfen, wie er, je länger, desto mehr, nicht bloß die Wohlfart, sondern auch das Glück seiner Mitmenschen in's Auge fassen lernte, wie in Folge von Gewohnheit, dieser Folge wohltuender Erfahrung, wohltätigen Unterrichts und Beispiels, seine Sympathien zarter und weiter ausgedehnt wurden, so daß sie sich auf alle Menschen aller Rassen, auf die schwachen, gebrechlichen und andren unnützen Glieder der Gesellschaft, endlich sogar auf die niederen Thiere erstreckten, – in dem Maße wird auch der Maßstab seiner Moralität höher und höher gestiegen sein.«[5]

Doch Darwins fromme Utopie vom Gewinn der intellektuellen Kraft, dem Überschauen der Handlungen und dem Erlangen hinreichender Kenntnisse über verderbliche Gebräuche und Aberglaube – dieser wahrhaft bedeutsame Sprung in der Evolution des Bewußtseins ist aus damaliger wie heutiger Sicht keine vollendete Vergangenheit.

Er bleibt die Aufgabe der Zukunft.

Anhang

Anmerkungen

Des Pudels Kern

1 J. Körner: Bruder Hund & Schwester Katze. Tierliebe – Die Sehnsucht des Menschen nach dem verlorenen Paradies, Köln 1996, S. 116.
2 Ebd. S. 117.
3 Ebd. S. 143.

Jenseits von Wurst und Käse

1 J.-C. Wolf: Tierethik. Neue Perspektiven für Menschen und Tiere, Freiburg/Schweiz, 1992, S. 21.
2 In: Recht für Tiere, Zeitschrift von *Animal Peace*, erscheint 1997.
3 E. Bezzel: Liebes böses Tier. Die falsch verstandene Kreatur, München [2]1994, S. 18.
4 J.-C.Wolf, a. a. O., S. 129.
5 H. F. Kaplan: Leichenschmaus. Ethische Gründe für eine vegetarische Ernährung, Reinbek, 1993, S. 84.
6 P. Singer (Hrsg.): Verteidigt die Tiere. Überlegungen für eine neue Menschlichkeit, Wien, 1986, S. 17.
7 H. F. Kaplan: Sind wir Kannibalen? Fleischessen im Lichte des Gleichheitsprinzips, Frankfurt a. M., 1991, S. 109.
8 J. Körner: Bruder Hund & Schwester Katze, a. a. O., S. 219.
9 P. Singer (Hrsg.), a. a. O., S. 20.

Der große Graben

1 H. K. Erben: Die Entwicklung der Lebewesen. Spielregeln der Evolution, München [3]1988, S. 328.
2 K. Lorenz: Die Rückseite des Spiegels, München/Zürich [4]1983, S. 227.
3 J. Huxley: The Uniqueness of Man, London 1943, S. 3.
4 Brief an J. G. Gmelin vom 14. Februar 1747, zitiert nach George Seldes: The Great Thoughts, New York 1985, S. 247.
5 René Descartes: Abhandlung über die Methode des richtigen Vernunft-

gebrauchs und der wissenschaftlichen Wahrheitsforschung, Stuttgart 1961, S. 55.
6 Mahabharata, zitiert nach A. Malinar: Wechselseitige Abhängigkeiten und die Hierarchie der Körper: Zum Verhältnis zwischen Tieren und Menschen in hinduistischen Traditionen nach der episch-puranischen Literatur, in: P. Münch, R. Walz (Hrsg.): Tiere und Menschen. Zur Geschichte und Aktualität eines prekären Verhältnisses, Gütersloh 1997.
7 M. Adanson: Cours d'histoire naturelle fait en 1772, publié par M. J. Payer, Paris 1845, Bd. 1, S. 4f.
8 Ch. Bonnet: Palingénésie philosophique, in: ders., Oeuvres, Bd. 7, S. 149f.
9 Ch. Darwin, zitiert bei E. S. Turner: All Heaven in a Rage, London 1964, S. 162.
10 Ch. Darwin: Die Abstammung des Menschen, Stuttgart 1871, Kap. 4.
11 P. Teilhard de Chardin: Der Mensch im Kosmos, München 1994 (Nachdruck), S. 23.
12 G. Roth: Das Gehirn und seine Wirklichkeit, Frankfurt a. M. 1994, S. 309.
13 Ebd., S. 324.
14 R. Leakey/R. Lewin: Der Ursprung des Menschen, Frankfurt a.M. 1993, S. 25.
15 The London Quarterly Review, 90 (Juli 1860), S. 138.
16 H. K. Erben, a. a. O., S. 337.
17 E. Mayr: Evolution und die Vielfalt des Lebens, Berlin/Heidelberg 1979, S. 194.
18 F. A. Kipp: Die Evolution des Menschen im Hinblick auf seine lange Jugendzeit, Stuttgart [2]1991, S.107.
19 P. Lüth: Der Mensch ist kein Zufall. Umrisse einer modernen Anthropologie, Stuttgart 1983, S. 216.
20 M. A. Cremo/R. L. Thompson: Verbotene Archäologie, Essen u. a., S. 408.
21 H. K. Erben, a. a. O., S. 359.
22 J. Diamond: Der dritte Schimpanse, Frankfurt a. M. 1994, S. 54.
23 Ebd. S. 56.
24 Wolf Singer: Von Geschöpf zum Schöpfer, in: DIE ZEIT, Nr. 27, 1996.
25 E. Drewermann: Mehr Menschlichkeit mit Tieren, in: DIE ZEIT, Nr. 32, 1996.

Sinn und Sinnlichkeit

1 C. Sagan /A. Druyan: Schöpfung auf Raten, München 1993, S. 351.
2 zitiert nach H.-W. Smolik: ro ro ro Tierlexikon in 5 Bänden, Bd. 1, Reinbek 1968, S. 36.
3 A. E. Brehm: Illustrirtes Thierleben, Bd. 1-3, Verlag des bibliographischen Instituts, Leipzig 1875, S. 1.
4 H.-W. Smolik: ro ro ro Tierlexikon in 5 Bänden, a.a. O., S. 49.
5 D. Morris: Der nackte Affe, München 1968.
6 K. Lorenz: Vergleichende Verhaltensforschung, Wien/New York 1978, S. 311.
7 J. Diamond: Der dritte Schimpanse, Frankfurt a. M. 1994, S. 35.
8 Ebd., S. 37.
9 G. Roth: Das Gehirn und seine Wirklichkeit, a. a. O., S. 53.
10 L. Bolk: Das Problem der Menschwerdung, Jena 1926.
11 F. Kafka: Ein Bericht für eine Akademie, in: ders.: Das Urteil und andere Erzählungen, Frankfurt a. M. 1952, S. 94.
12 G. Roth: Das Gehirn und seine Wirklichkeit, a. a. O., S. 21.
13 H. Hediger: Tiere verstehen, München 1984, S. 288.
14 J. Goodall: Ein Herz für Schimpansen. Meine 30 Jahre am Gombe-Strom, Reinbek 1991, S. 28.
15 G. Roth: Das Gehirn und seine Wirklichkeit, a. a. O., S. 63 f.
16 E. Mach: Populärwissenschaftliche Vorlesungen, Leipzig 1896, S. 244.
17 H. Hediger: Tiere verstehen, a. a. O., S. 282.
18 K. Lorenz: Verständigung unter Tieren, Zürich 1953, S. 11.
19 W. Wickler: Die Biologie der Zehn Gebote, München 1973.
20 zitiert nach R. Leakey/R. Lewin: Der Ursprung des Menschen, a. a. O., S. 288.
21 Ebd., S. 291
22 G. Roth: Das Gehirn und seine Wirklichkeit, a. a. O., S. 307.

Scheinheilige Kühe

1 Vgl. dazu H. P. Duerr: Sedna oder die Liebe zum Leben, Frankfurt a. M. 1984.
2 Ebd., S. 231.
3 J. Assmann: Ägypten – Theologie und Frömmigkeit einer frühen Hochkultur, Stuttgart/Berlin/Köln/Mainz 1984, S. 79.
4 E. Brunner-Traut: Die Alten Ägypter. Verborgenes Leben unter Pharaonen/Stuttgart/Berlin/Köln/Mainz, [2]1976, S. 42.

5 E. Hornung: Die Bedeutung des Tieres im alten Ägypten, Studium Generale 20, 1967, S. 69-84.

6 E. Drewermann: Der tödliche Fortschritt, Freiburg [6]1991, S.104.

7 Ders.: Über die Unsterblichkeit der Tiere. Hoffnung für die leidende Kreatur, Freiburg [2]1990, S. 40.

8 R. Bösinger: Bruder Esel. Tiere, die uns anvertraut, Limburg 1980, S. 8.

9 H. Steffahn: Menschlichkeit beginnt beim Tier, Stuttgart 1987, S. 96.

10 L. White: The Historical Roots of Our Ecologic Crisis, Science 155, 1967.

11 Vgl. O. Reinke: Tiere, Begleiter des Menschen in Tradition und Gegenwart, Neukirchen-Vluyn 1995, S. 48.

12 Thomas von Aquin: Summa Theologica I, qu 96.

13 Ebd., qu 75.

14 Ebd.

15 Thomas von Aquin: Summa contra gentilis II, S. 82.

16 H. P. Duerr, a. a. O., S. 236

17 Vgl. zum folgenden: A. Malinar: Wechselseitige Abhängigkeiten und die Hierarchie der Körper: Zum Verhältnis zwischen Menschen und Tieren in hinduistischen Traditionen nach der episch-puranischen Literatur, in: P. Münch u. R. Walz (Hrsg.): Tiere und Menschen. Zur Geschichte eines prekären Verhältnisses, Gütersloh 1998.

18 Ebd., S. 256.

19 E. Drewermann: Über die Unsterblichkeit der Tiere, a. a. O., S.42.

20 Ebd., S. 46

21 C. A. Skriver: Der Verrat der Kirchen an den Tieren, München 1967, S. 9f.

22 J. Moltmann: Gott in der Schöpfung. Ökologische Schöpfungslehre, München 1985.

23 L. Boff: Ökologie und Spiritualität: Kosmische Mystik, in: Evangelische Theologie 53, 1993, S. 438-451, hier S. 440.

24 H. Mynarek: Ökologische Religion ... wo endlich Frieden zwischen allem Seienden sein wird, in: religio 4, 1991, S. 4-10, hier S. 4.

25 F. W. Graf: Von der creatio ex nihilo zur »Bewahrung der Schöpfung«. Dogmatische Erwägungen zur Frage nach einer möglichen ethischen Relevanz der Schöpfungslehre, in: Zeitschrift für Theologie und Kirche 87, 1990, S. 206-223, hier S. 223.

26 H. Benoit: The Supreme Doctrine, New York 1959, S. 89.

Die klugen Tiere

1 F. Nietzsche: Über Wahrheit und Lüge im aussermoralischen Sinne, in: Nietzsches Werke, Kritische Gesamtausgabe, Dritte Abteilung, 2. Bd., Berlin/NewYork 1973, S. 369f.
2 Cicero: De natura deorum, 2. Buch, Kap. LXII.
3 Johannes Scotus Eriugena: De divisione naturae (Periphyseon) IV. 5.
4 Aristoteles: Politik, 1256 b3
5 Ebd.
6 Iamblichos: Pythagoras. Legende, Lehre, Lehrgestaltung, Darmstadt ²1985, S. 115.
7 Plutarch: De sollertia animalum; Moralia, hier: 963F – 964A.
8 Spinoza: Die Ethik IV. Teil, Lehrs. 37.
9 D. Hume: An Enquiry concerning Human Understanding, sect. IX.
10 H. Sälzle: Kulturgeschichte der Jagd, in: J. Ortega y Gasset (Hrsg.): Über die Jagd, Hamburg 1957, S. 91-133, hier S. 126.
11 J. H. Winkler (Hrsg.): Philosophische Untersuchungen von dem Seyn und Wesen der Seelen der Thiere, von einigen Liebhabern der Weltweisheit in sechs verschiednen Abhandlungen ausgeführet, und mit einer Vorrede von der Einrichtung der Gesellschaft dieser Personen ans Licht gestellt, Leipzig 1742 I, 1742 II, 1743 III, 1745 IV, hier 1742 II, S. 93.
12 G. F. Meier: Versuch eines neuen Lehrgebäudes von den Seelen der Thiere, Halle 1749, S. 118.
13 J. G. Fichte: Grundlage des Naturrechts nach Prinzipien der Wissenschaftslehre, Hamburg 1979, S. 223.
14 Ebd., S.224f.
15 I. Kant: Beobachtungen über das Gefühl des Schönen und Erhabenen, in: Vorkritische Schriften bis 1768, 2, A 103, in: Werkausgabe, Frankfurt a. M. 1977.
16 I. Kant: Anthropologie in pragmatischer Hinsicht, in: Schriften zur Anthropologie, Geschichtsphilosophie, Politik und Pädagogik 2, § 1, in: Werkausgabe, Frankfurt a. M. 1977.
17 A. Schopenhauer: Preisschrift über die Grundlage der Moral, § 8, Hamburg 1979, S. 60.
18 Ebd., S. 136.
19 Ebd., S. 138.
20 J. Bentham: Introduction to the Principles of Morals and Legislation, London 1789, Kap. 17.
21 L. Smith: Versuch eines vollständigen Lehrgebäudes der Natur und Bestimmung der Thiere und der Pflichten des Menschen gegen die Thiere, Kopenhagen 1793, S. 459.

22 Ebd., S. 397.
23 J. C. Wolf: Tierethik. Neue Perspektiven für Menschen und Tiere, Freiburg/Schweiz 1992, S. 77.
24 M. Twain: Die verdammte Menschenrasse, in: Briefe von der Erde, in: Gesammelte Werke in 5 Bänden, Hrsg. K. J. Popp, Bd. 5, München 1967, S. 943.
25 P. Watzlawick (Hrsg): Die erfundene Wirklichkeit. Wie wissen wir, was wir zu wissen glauben? Beiträge zum Konstruktivismus, München [2]1985, S. 23.

Ressource Tier

1 zitiert nach M. Schneider: Tiere als Konsumware? Gedanken zur Mensch-Tier-Beziehung, in: ders. und A. Karrer (Hrsg.): Die Natur ins Recht setzen, Karlsruhe 1992, S. 107-146, hier S. 131.
2 Tierschutzbericht des Bundesministers für Ernährung, Landwirtschaft und Forsten 1995, S. 51.
3 M. Cartmill: Das Bambi-Syndrom. Jagdleidenschaft und Misanthropie in der Kulturgeschichte, Reinbek 1995, S. 275 f.
4 Ebd., S. 292.
5 Tierschutzbericht 1995, S. 22.
6 J. Rifkin: Das Imperium der Rinder, Frankfurt/New York 1994, S. 13 f.
7 J. Hahn, O.-W. Marquardt, H. Niemann: Biotechnologie der Fortpflanzung bei Haustieren, in: B. Sill (Hrsg.): Bio- und Gentechnologie in der Tierzucht, Stuttgart 1996, S. 9-36, hier S. 36.
8 vgl. Tierschutzbericht 1995, S. 11 f.
9 P. Croce: Tierversuch oder Wissenschaft. Eine Wahl, CIVIS Publications 1988, S. 15.
10 B. Rambeck: Mythos Tierversuch. Eine wissenschaftskritische Untersuchung, Zweitausendeins 1990, S. 17 u. 21.
11 »Ich will kein Schweineherz.« Spezial-Gespräch mit Bundesforschungsminister Jürgen Rüttgers über Gentechnik, Organtransplantationen und die Notwendigkeit von Tierversuchen, In. SPIEGEL-Spezial Nr. 1/1997, S. 128.
12 zitiert nach SPIEGEL-Spezial Nr.1/1997, S. 126.
13 K. Peter: 4. Vorwort zu C. Hammer/J. Meyer (Hrsg.): Tierversuche im Dienste der Medizin, Lengerich 1995, S. 14 f.
14 K. U. Meier: Fortschritt für die Forschung? Tierschutzgesetzgebung in Deutschland, in: Chemie Heute 1996/97, S. 50.
15 J. Goodall: Schimpansen – Die Überbrückung einer Kluft, in: P. Cava-

lieri u. P. Singer (Hrsg.): Menschenrechte für die Großen Menschenaffen, München 1994, S. 19-32, hier S. 29.

Treuhand Zoo

1 In einem Brief an den Verfasser vom 11. Januar 1996, anläßlich seines Dossiers über die Erhaltungszucht Zoologischer Gärten in DIE ZEIT vom 5.1.1996.
2 Colin Tudge: Letzte Zuflucht Zoo. Über die Erhaltung bedrohter Arten in den Zoologischen Gärten, Berlin/Heidelberg/Oxford 1993, S. 142.
3 Michael Hauskeller: Naturschutz für wen?, in: Scheidewege. Jahresschrift für skeptisches Denken, Jahrgang 25, 1995/96, S. 185-201, hier S. 201.
4 zitiert nach D. Poley (Hrsg.): Berichte aus der Arche, Stuttgart 1993, S. 33.

Das Recht der Tiere

1 »Wir werden einsam sein.« Evolutionsbiologe Eward O. Wilson über Artenvielfalt, Ameisen und Menschen, in: DER SPIEGEL Nr. 48, 1995.
2 Zur Frage nach dem Sinn der biologischen Vielfalt, vgl. die Anmerkungen von Hans Schuh zu Edward O. Wilsons Plädoyer für den Artenschutz, in: DIE ZEIT Nr. 26, 1995.
3 Tierschutzbericht 1995, S. 12.
4 R. Clarke: The science of war and peace, London 1971, S. 10-12.
5 Ch. Darwin: Die Abstammung des Menschen und die geschlechtliche Zuchtwahl, Stuttgart 1899, S. 137.

[illegible] für die Große Mensa [illegible] ... [illegible] München 1974 [illegible]

[illegible] Zoo

[illegible] vom 11. Januar 1996 [illegible] ... [illegible] Zoologischen Gärten in [illegible]

[illegible] des Zoologischen Gartens Berlin [illegible] 1971 [illegible] ... [illegible] Jahr ... [illegible] Januar 21. 1993/94 [illegible]

[illegible] 1956 [illegible]

Das Recht der Tiere

[illegible] Wilson [illegible] ... DER SPIEGEL Nr. 48, 195[illegible] ... [illegible] (1991) ... [illegible]

Literaturempfehlungen

Für Leser, die sich mit den angesprochenen Sachbereichen und Problemen näher beschäftigen möchten, enthält dieses Buch für jedes Kapitel eine Auswahl von exemplarischen Büchern oder Zeitungsaufsätzen. Die hier aufgeführte Literatur stellt keinen Anspruch auf Vollständigkeit; sie ist eine subjektive Zusammenstellung des Verfassers.

Des Pudels Kern

Mit der Psychologie der Mensch-Tier-Beziehung befassen sich zwei neue Bücher mit ähnlicher These, aber sehr unterschiedlicher Bewertung. Freundlich und abwägend diskutiert J. Körner: *Bruder Hund & Schwester Katze. Tierliebe – die Sehnsucht des Menschen nach dem verlorenen Paradies*, Köln (Kiepenheuer & Witsch) 1996, die Liebe des Menschen zum Tier als eine durchaus fruchtbare Illusion. Für G. Staguhn: *Tierliebe. Eine einseitige Beziehung*, München/Wien (Hanser) 1996, hingegen erscheint sie eher als eine Vergewaltigung der Tiere.

Einen Querschnitt des Mensch-Tier-Verhältnisses in Gegenwart und Geschichte bieten die theologisch inspirierten Bücher von H. Steffahn: *Menschlichkeit beginnt beim Tier. Gefährten und Opfer*, Stuttgart (Kreuz) 1987; J. Serpell: *Das Tier und wir. Eine Beziehungsstudie*, Zürich/Rüschlikon (Albert Müller) 1990; H. Rheinz: *Eine tierische Liebe*, München (Kösel) 1991. Aus der älteren Literatur erwähnenswert erscheint mir H. Meyer: *Der Mensch und das Tier. Anthropologische und kultursoziologische Aspekte*, München (Moos) 1975.

Über die verschiedenen Gesichter des Tiertodes informiert das ausführliche Begleitbuch der Bielefelder Ausstellung: *Tiertod – Wirklichkeiten und Mythen*, Landschaftsverband Westfalen-Lippe, Westfälisches Museumsamt Münster 1996.

Jenseits von Wurst und Käse

Über das Verhältnis des Menschen zur Natur informieren G. Böhme: *Anthropologie in pragmatischer Hinsicht. Darmstädter Vorlesungen*, Frankfurt

a. M. (Suhrkamp) 1985; ders.: *Natürliche Natur. Über Natur im Zeitalter ihrer technischen Reproduzierbarkeit*, Frankfurt a. M. (Suhrkamp) 1992. In die Debatte um die »Bioethik« führen ein: D. Birnbacher (Hrsg.): *Ökologie und Ethik*, Stuttgart (Reclam) 1980; J. S. Ach u. A. Gaidt (Hrsg.): *Herausforderung der Bioethik*, Stuttgart/Bad Cannstatt (Frommann) 1993, hier vor allem der sehr scharfsichtige Beitrag von A. Leist. Eine komplette Übersicht zum Thema »Bioethik« liefert der Online-Service *Bioethicsline* des National Reference Center for Bioethics Literature, in Deutschland über DIMDI MEDLARS in Köln zugänglich.

Eine neutrale Bilanz der Tierrechtsbewegung findet sich im Buch von P. Köpf: *Ein Herz für Tiere? Über die radikale Tierrechtsbewegung*, Bonn (Dietz) 1996, das trotz des etwas mißverständlichen Titels über die gesamte, nicht nur über die radikale Tierrechtsbewegung, informiert. Das Selbstverständnis der Tierrechtsbewegung erläutern im deutschsprachigen Raum: H. F. Kaplan: *Philosophie des Vegetarismus*, Frankfurt a. M., Bern, New York, Paris (Lang) 1988; ders.: *Sind wir Kannibalen? Fleischessen im Lichte des Gleichheitsprinzips*, Frankfurt a. M., Bern, New York, Paris (Lang) 1991; ders.: *Leichenschmaus. Ethische Gründe für eine vegetarische Ernährung*, Reinbek (Rowohlt) 1993; S. Walden u. G. Bulla: *Endzeit für Tiere*, Reinbek (Rowohlt) 1992.

Zwei Bücher von Gotthard Martin Teutsch liefern ein Nachschlagewerk und eine historische Quellensammlung zum Thema »Tierschutz«: *Mensch und Tier. Lexikon der Tierschutzethik*, Göttingen (Vandenhoeck & Ruprecht) 1987; *Da Tiere eine Seele haben ... Stimmen aus zwei Jahrtausenden*, Stuttgart (Kreuz) 1987. Die verschiedenen Aspekte des Tierschutzes beleuchtet der Sammelband von U. M. Händel (Hrsg.): *Tierschutz. Testfall unserer Menschlichkeit*, Frankfurt a. M. (Fischer) 1984. Zum philosophischen Problem der Tierethik siehe die Hinweise unter »Die klugen Tiere«.

Hingewiesen sei noch auf zwei Texte, die in der Kontroverse zwischen Artenschutz und Naturschutz auf der einen und Tierrecht auf der anderen Seite Stellung nehmen: Aus Sicht von Naturschützern argumentieren E. Bezzel: *Liebes böses Tier. Die falsch verstandene Kreatur*, München (Droemer/Knaur) ²1994 und M. Miersch: *Wer sind eigentlich die Tierrechtler?*, in: natur 19/1991.

Der große Graben

Die Entwicklung der Naturgeschichte im 18. und 19. Jahrhundert erzählt auf eigenwillige Weise M. Foucault: *Die Ordnung der Dinge*, Frankfurt a. M. (Suhrkamp) 1971. Die Spielregeln der Evolution und die Möglichkeiten ihrer Interpretation zeigen E. Mayr: *Die Entwicklung der biologischen Gedankenwelt*, Berlin (Springer) 1984; R. Dawkins: *Der blinde Uhrmacher. Ein neues Plädoyer für den Darwinismus,* München (Kindler) 1987; ders.: *Das egoistische Gen*, ergänzte und überarbeitete Neuauflage, Heidelberg, Berlin, Oxford (Spektrum) 1994; S. J. Gould: *Der falsch vermessene Mensch*, Basel (Birkhäuser) 1983; ders.: *Der Daumen des Panda*, Basel (Birkhäuser) 1987. Eine gute Einführung in die gegenwärtige Evolutionstheorie gibt W. Wieser (Hrsg.): *Die Evolution der Evolutionstheorie. Von Darwin zur DNA*, Heidelberg, Berlin, Oxford (Spektrum) 1994.

Die Evolution des Lebens faßt das in manchen Teilen allerdings etwas veraltete Buch von H. K. Erben: *Die Entwicklung der Lebewesen. Spielregeln der Evolution*, München (Piper) ^{3}1988 übersichtlich zusammen.

Zur modernen Paläoanthropologie sei auf das Buch von J. Reichholf: *Das Rätsel der Menschwerdung*, München (dtv) 1990, sowie die beiden vorzüglichen Bücher von R. Leakey und R. Lewin hingewiesen: *Wie der Mensch zum Menschen wurde. Neue Erkenntnisse über den Ursprung und die Zukunft des Menschen*, München (Heyne) 1977; dies.: *Der Ursprung des Menschen*, Frankfurt a. M. (Fischer) 1993. Beide Bücher sind auch hinsichtlich ihrer weitsichtigen Schlußfolgerungen in bezug auf die Gegenwart und Zukunft der Menschheit sehr lesenswert.

Sinn und Sinnlichkeit

Die biologische und kulturelle Evolution des Menschen ist Gegenstand zweier großartiger Bücher amerikanischer Wissenschaftler, des Evolutionsbiologen J. Diamond: *Der dritte Schimpanse. Evolution und Zukunft des Menschen*, Frankfurt a.M. (Fischer) 1994 und des kürzlich verstorbenen Astro-Physikers C. Sagan und seiner Frau A. Druyan: *Schöpfung auf Raten*, München (Droemer-Knaur) 1993. Mit dem biologischen Erbe des Menschen beschäftigen sich überdies D. Morris: *Das Tier Mensch*, München (Heyne) 1996; R. Wright: *Diesseits von Gut und Böse. Die biologischen Grundlagen unserer Ethik*, München (Limes) 1996; W. F. Allman: *Mammutjäger in der Metro. Wie das Erbe der Evolution unser Denken und Verhalten prägt*, Heidelberg, Berlin, Oxford (Spektrum) 1996.

Zur Primatenforschung sei auf einige neuere Bücher hingewiesen: J. Goodall: *Ein Herz für Schimpansen. Meine 30 Jahre am Gombe-Strom*, Reinbek (Rowohlt) 1991; S. Savage Rumbaugh u. S. Lewin: *Kanzi – der sprechende Schimpanse. Was den tierischen und den menschlichen Verstand unterscheidet*, München (Droemer-Knaur) 1995; D. L. Cheney u. R. M. Seyfarth: *Wie Affen die Welt sehen. Das Denken einer anderen Art*, München

(Hanser) 1995; F. de Waal: *Wilde Diplomaten*, München (Hanser) 1992; B. Smuts (Hrsg.): *Primate Societies*, Chicago (University Press) 1986; B. Galdikas: *Reflections of Eden*, Boston (Little Brown) 1995.

Aus der sehr umfangreichen kognitionswissenschaftlichen Literatur empfehle ich das einführende Buch des Bremer Neurobiologen G. Roth: *Das Gehirn und seine Wirklichkeit*, Frankfurt a. M. (Suhrkamp) 1994.

Scheinheilige Kühe

Eine Gesamtinterpretation der Weltreligionen unternimmt das etwas extravagante, aber zugleich sehr spannende Buch des Anthropologen H. P. Duerr: *Sedna. Oder die Liebe zum Leben*, Frankfurt a. M. (Suhrkamp) 1984.

Eine gute Einführung in das Thema Christentum und Tierethik geben zwei Taschenbücher des ZDF-Redakteurs W.-R. Schmidt: *Leben ohne Seele? Tier – Religion – Ethik*, Gütersloh (GTB) 1991; ders.: *Geliebte und andere Tiere in Judentum, Christentum und Islam. Vom Elend der Kreatur in unserer Zivilisation*, Gütersloh (GTB) 1996. Viel Verständnis für das Christentum zeigt O. Reinke: *Tiere – Begleiter des Menschen in Tradition und Gegenwart*, Neukirchen-Vluyn (Aussaat) 1995. Kein gutes Haar am Christentum lassen hingegen zwei Bücher von E. Drewermann: *Über die Unsterblichkeit der Tiere. Hoffnung für die leidende Kreatur*, Olten, Freiburg (Walter) 1990; ders.: *Der tödliche Fortschritt.* Olten, Freiburg (Herder) ^{6}1991, hier besonders S. 67-110. Ein Klassiker ist die Sammlung kritischer Aufsätze von C. A. Skriver: *Der Verrat der Kirchen an den Tieren*, München (Starczweski) 1967. Das Verhältnis protestantischer Sekten zum Tier beleuchtet der lesenswerte Aufsatz von R. E. Wiedenmann: *Protestantische Sekten, Höfische Gesellschaft und Tierschutz*, in: Kölner Zeitschrift für Soziologie 1, 1996, S. 35-65.

Das Verhältnis des Judentums zum Tier ist das Thema eines umfangreichen Sammelbandes von B. Janowski, U. Neumann-Gorsolke u. U. Gleßmer (Hrsg.): *Gefährten und Feinde des Menschen. Das Tier in der Lebenswelt des alten Israel*, Neukirchen-Vluyn (Neukirchener) 1993. Der Band verzeichnet fast die komplette ältere Literatur.

Zur Einführung in die altägyptische Religion empfehlen sich vor allem die hervorragenden Schriften des Heidelberger Ägyptologen Jan Assmann. Von dessen zahlreichen Büchern seien erwähnt: J. Assmann: *Ägypten – Theologie und Frömmigkeit einer frühen Hochkultur*, Stuttgart, Berlin, Köln, Mainz (Kohlhammer) 1984; ders.: *Ma'at: Gerechtigkeit und Unsterblichkeit im alten Ägypten*, München (Hanser) 1990; ders. *Stein und Zeit. Mensch und Gesellschaft im alten Ägypten*, München (Fink) 1991. Klassiker sind E. Hornung: *Der Eine und die Vielen. Ägyptische Gottesvorstellungen*, Darmstadt (Wissenschaftliche Buchgesellschaft) [3]1989; E. Brunner-Taut: *Die alten Ägypter. Verborgenes Leben unter Pharaonen*, Stuttgart, Berlin, Köln, Mainz (Kohlhammer) [4]1987. Informationen zum Tierkult liefert das *Lexikon der Ägyptologie*. Zu speziellen Themen empfehlenswert sind die Aufsätze von E. Hornung: *Die Bedeutung des Tieres im alten Ägypten*, in: Studium Generale 20, 1967, S. 69-84; E. Brunner-Taut: *Die Stellung des Tieres im Alten Ägypten*, in: Universitas 40, 1985, S. 333-347.

Eine umfangreiche Gesamtdarstellung des Verhältnisses von Mensch und Tier im Hinduismus liegt nicht vor. Eine gute Zusammenfassung der wichtigsten Themenfelder gibt der Aufsatz von A. Malinar: *Wechselseitige Abhängigkeiten und die Hierarchie der Körper: Zum Verhältnis zwischen Tieren und Menschen in hinduistischen Traditionen nach der episch-puranischen Literatur*, in: P. Münch u. R. Walz (Hrsg.): Tiere und Menschen. Zur Geschichte und Aktualität eines prekären Verhältnisses, erscheint in Gütersloh 1997.

Die klugen Tiere

Eine schöne Quellensammlung des philosophischen Disputs über die Tierseele und die animalische Vernunft hat H.-P. Schütt (Hrsg.): *Die Vernunft der Tiere*, Frankfurt a. M. (Keip) 1990 zusammengestellt. Die wenig bekannte deutschsprachige Literatur des 18. Jahrhunderts diskutiert H. W. Ingensiep: *Tierseele und tierethische Argumentationen in der deutschen philosophischen Literatur des 18. Jahrhunderts*, in: Internationale Zeitschrift für Geschichte und Ethik der Naturwissenschaften, Technik und Medizin Nr. 2, 1996. S. 103-118. Zur Theorie der Tierautomaten siehe A. Sutter: *Göttliche Maschinen. Die Automaten für Lebendiges bei Descartes, Leibniz, La Mettrie und Kant*, Frankfurt a. M. (Athenäum) 1988.

Eine Kurzübersicht der Geschichte des Tierrechts liefert ein Artikel von M. Linnemann in J. Ritter im *Historischen Wörterbuch der Philosophie*. Die Geschichte des Tierschutzes vornehmlich in den angelsächsischen Ländern erzählt E. S. Turner: *All Heaven in a Rage*, London (Michael Joseph) 1964.

Von den Klassikern des Tierrechts seien erwähnt: Henry Salt: *Animals Right's Considered in Relation to Social Progress*, Fontwell Sussex (Centaur Press) Nachdruck 1985; L. Nelson: *System der philosophischen Ethik und Pädagogik*. Gesammelte Schriften, Band V, Hamburg (Meiner) [3]1970.

Aus der aktuellen Diskussion in den angelsächsischen Ländern sind die Schriften von Peter Singer zu nennen, allen voran: P. Singer: *Animal Liberation. Die Befreiung der Tiere*, Reinbek (Rowohlt), erweiterte Neuauflage

1996. Weiterhin ders.: *Praktische Ethik*, Stuttgart (Reclam) 1984; ders.: (Hrsg.): *Verteidigt die Tiere. Überlegungen für eine neue Menschlichkeit*, Wien (Neff) 1986. Neben Singer der bedeutendste Tierrechtler ist Tom Regan. Seine beiden bekanntesten Bücher sind: T. Regan: *All That Dwell Therein. Essays on Animal Rights and Environmental Ethics*, Berkeley, Los Angeles (California Press) 1982 sowie ders.: *The Case for Animal Rights*, London, Melbourne und Henley (Routledge & Kegan) 1983. Auf Singer und Regan basieren auch die drei neueren Bücher von S. F. Sapontzis: *Morals, Reason, and Animals*, Philadelphia (Temple University Press) 1987; R. Rodd: *Biology, Ethics, and Animals*, Oxford (Clarendon) 1990 sowie D. DeGrazia: *Taking animals seriously. Mental Life and Moral Status*, Cambridge (University Press) 1996. Die beiden letztgenannten Bücher erweitern den Tierrechts-Ansatz durch biologische Fragestellungen nach dem Bewußtsein verschiedener Tierordnungen.

In der deutschsprachigen Tierethik sind vor allem die Bücher des Schweizer Philosophen J. C. Wolf: *Tierethik. Neue Perspektiven für Menschen und Tiere*, Freiburg/Schweiz (Paulusverlag) 1992 sowie der Berliner Philosophin U. Wolf: *Das Tier in der Moral*, Frankfurt a. M. (Klostermann) 1990 zu nennen. Unter den Sammelbänden zum Thema erscheinen mir zwei besonders wichtig: M. Schneider u. A. Karrer (Hrsg.): *Die Natur ins Recht setzen. Ansätze für eine neue Gemeinschaft allen Lebens*, Karlsruhe (C. F. Müller) 1992, hier vor allem der ausgezeichnete Beitrag von M. Schneider i. A. Bondolfi (Hrsg.): *Mensch und Tier. Ethische Dimensionen ihres Verhältnisses*, Freiburg/Schweiz (Universitätsverlag) 1995.

Ressource Tier

Das Selbstverständnis des DJV kommt zum Ausdruck im *Jagdlexikon*, München [4]1987. Die Kulturgeschichte der Jagd erzählt das faszinierende Buch von M. Cartmill: *Das Bambi-Syndrom. Jagdleidenschaft und Misanthropie in der Kulturgeschichte*, Reinbek (Rowohlt) 1995. Ein Klassiker ist Ortega y Gasset: *Über die Jagd*, Hamburg (Rowohlt) 1957. Aus der engagierten jagdkritischen Literatur erwähnenswert sind das streitbare Buch von H. Hagen: *Wie edel ist das Waidwerk?*, Frankfurt a. M. (Ullstein) 1984 sowie zwei Bücher des Tierrechtsaktivisten Dag Frommhold: *Das Anti-Jagdbuch – von der ökologischen und ethischen Realität des edlen Waidwerks*, München (Hirthammer) 1994; ders.: *Jägerlatein. Über die ökologischen Lügen der Waidmänner*, Windeck (Okapi) 1996.

Die Literatur zur Massentierhaltung ist mittlerweile sehr umfassend. Genannt seien hier nur W.-M. Eimler: *Tierische Geschäfte. Barbarische Metho-*

den im Fleisch- und Eierland, München (Droemer/Knaur) 1987; M. Karremann u. K. Schnelting: *Tiere als Ware. Gequält – getötet – vermarktet*, Frankfurt a. M. (Fischer) 1992; J. Rifkin: *Das Imperium der Rinder*, Frankfurt/New York (Campus) 1994. Ein moderner Klassiker zur Praxis des Fleischessens ist V. E. Pilgrim: *Zehn Gründe kein Fleisch mehr zu essen*, Frankfurt a. M. (Zweitausendeins) [9]1989.

Über die gentechnologisch unterstützte Tierzucht informiert Albrecht Müller: *Ethische Aspekte der Erzeugung und Haltung transgener Nutztiere*, Stuttgart (Enke) 1995; aus theologischer, wirtschaftlicher und wissenschaftlicher Sicht der Sammelband von B. Sill (Hrsg.): *Bio- und Gentechnologie in der Tierzucht. Ethische Grund- und Grenzfragen im interdisziplinären Dialog*, Stuttgart (Ulmer) 1996. Besonders bemerkenswert ist vor allem der Beitrag von M. Schlitt über die Gentechnologie in der Landwirtschaft

Zwei Bücher berichten über die Geschichte der Vivisektion: A.-H. Maehle: *Kritik und Verteidigung des Tierversuchs. Die Anfänge der Diskussion im 17. und 18. Jahrhundert*, Stuttgart (Steiner) 1992 sowie das ältere Buch von H. Bretschneider: *Der Streit um die Vivisektion im 19. Jahrhundert*, Stuttgart (Fischer) 1962. Streitbar ist der wortgewaltige Essay des Schriftstellers Hans Wollschläger: *»Tiere sehen dich an« oder Das Potential Mengele*, Zürich (Haffmanns) 1989. Aus der Fülle der wissenschaftlichen Tierversuchsliteratur seien hier nur erwähnt: W. Hardegg u. G. Preiser (Hrsg.): *Tierversuche und medizinische Ethik*, Hildesheim (Olms) 1986; P. Croce: *Tierversuch oder Wissenschaft. Eine Wahl* (CIVIS) 1988; C. A. Reinhard (Hrsg.): *Sind Tierversuche vertretbar? Beiträge zum Verantwortungsbewußtsein in den biomedizinischen Wissenschaften*, Zürich (Verlag der Fachvereine) 1990; B. Rambeck: *Mythos Tierversuch. Eine wissenschaftskritische Untersuchung*, Frankfurt a. M. (Zweitausendeins) 1990. Über den Stand der Dinge in der 3R-Forschung berichten F. P. Gruber u. H. Spielmann: *Alternativen zu Tierexperimenten. Wissenschaftliche Herausforderung und Perspektiven*, Heidelberg, Berlin, Oxford (Spektrum) 1996. Regelmäßiges Publikationsorgan der Alternativforschung ist die Zeitschrift ALTEX (Spektrum), die vierteljährlich erscheint.

Treuhand Zoo

Über das Selbstverständnis heutiger Zoos informiert im deutschsprachigen Raum: Dieter Poley (Hrsg.): *Berichte aus der Arche*, Stuttgart (Thieme) 1993; im angloamerikanischen Raum B. Norton, M. Stevens, E. und T. Maple (Hrsg.): *Ethics on the Ark. – Zoo and Aquarium Biology and Conservation Series*. Washington & London (Smithsonian Institution Press) 1995.

Seit kurzem liegt die World Conservation Strategy der IUDZG auf deutsch vor: *Die Welt-Zoo-Naturschutzstrategie. Die Rolle von Zoos und Aquarien im Weltnaturschutz,* Köln 1997 (Vertrieb nur in den Zoos).

Über die Erhaltungszuchtstrategie der Zoos berichtet sehr ausführlich Colin Tudge: *Letzte Zuflucht Zoo. Die Erhaltung bedrohter Arten in Zoologischen Gärten*, Heidelberg, Berlin, Oxford (Spektrum) 1993; kritischer Linda Koebner: *Zoo Book: The Evolution of Wildlife Conservation Centers*, New York (Forge) 1994. Gegen die Erhaltungszucht argumentieren mehrere Beiträge in Eberhard Schneider, Hans Oelke, Herbert Groß (Hrsg.): *Die Illusion der Arche Noah. Gefahren für die Arterhaltung durch Gefangenschaftszucht*, Göttingen (Echo) 1989.

Zookritische Bildbände über das Elend von Zootieren sind Virginia McKenna, Bill Travers, Jonathan Wray (Hrsg.): *Gefangen im Zoo. Tiere hinter Gittern*, Frankfurt a. M. (Zweitausendeins) 1993; Projektgruppe »Panthera«: *Der Zoo. Fotografien von Tieren in Gefangenschaft*, Göttingen (Echo) 1994.

Klassiker der zookritischen Literatur sind Desmond Morris: *Der Menschen-Zoo*, München, Zürich (Droemer-Knaur) 1972; Emilio Sanna: *Verrückt hinter Gittern. Von den Leiden der Zootiere*, München (Heyne) 1987. Eine kritische Auseinandersetzung mit dem Selbstverständnis der Zoos bieten Jeremy Cherfas: *Zoo 2000*, London (British Broadcasting Co.) 1984; Dale Jamieson: *Gegen zoologische Gärten*, in: Peter Singer (Hrsg.): Verteidigt die Tiere, Wien (Neff) 1986, S. 164-178; Stephen Bostock: *Zoos and Animal Rights*, London & New York (Routledge) 1993. Radikale Kritik übt Stefan Austermühle: *... und hinter tausend Stäben keine Welt. Die Wahrheit über Tierhaltung im Zoo*, Hamburg (Rasch & Röhring) 1996.

Das Recht der Tiere

Über Ökologie und Artenschutz berichtet das großartige Buch von Edward O. Wilson: *Der Wert der Vielfalt. Die Bedrohung des Artenreichtums und das Überleben des Menschen*, München (Piper) 1995. Eine Übersicht über den Stand der Dinge zu Beginn der 90er Jahre liefert ders. (Hrsg.): *Ende der biologischen Vielfalt? Der Verlust an Arten, Genen und Lebensräumen und die Chancen für eine Umkehr*, Heidelberg, Berlin, New York (Spektrum) 1992. Die ethischen Konflikte der Ökologie diskutieren Konrad Ott: *Ökologie und Ethik. Ein Versuch praktischer Philosophie*, Tübingen (Attempto) ²1994 sowie D. von der Pfordten: *Ökologische Tierethik*, Reinbek (Rowohlt) 1996 und ders. u. J. Nida-Rümelin (Hrsg.): *Ökologische Ethik und Rechtstheorie*, Baden-Baden (Nomos) 1995.

Von den Versuchen einer philosophischen Werte-Ökologie seien genannt: J. E. Lovelock: *Gaia. A New Look at Life on Earth*, Oxford (University Press) 1979; H. Jonas: *Das Prinzip Verantwortung*, Frankfurt a. M. (Insel) 1979; K. M. Meyer-Abich: *Aufstand für die Natur. Von der Umwelt zur Mitwelt, München* (Hanser) 1990.

3407/7d

Gesundheit rundum

Richard Hallam
Leben mit Tinnitus *Wie Ohrgeräusche erträglicher werden*
(rororo sachbuch 19932)
Da bei Tinnitus eine medikamentöse oder chirurgische Behandlung nur in wenigen Fällen möglich ist, müssen die meisten Betroffenen lernen, mit Ohrgeräuschen zu leben. Richard Hallam, führender Tinnitus-Forscher und -Therapeut, gibt hierzu kompetente und zugleich einfühlsame Anleitung.

Lisette Scholl
Das Augenübungsbuch *Besser sehen ohne Brille – eine ganzheitliche Therapie*
(rororo sachbuch 19136)

Joachim Grifka
Die Knieschule *Hilfe bei Kniebeschwerden*
(rororo sachbuch 19186)
Das Buch zeigt, wie man sich bei Kniegelenksbeschwerden selbst helfen kann und welche Erkrankungen ärztlich behandelt werden müssen. Es gibt dem Patienten die Möglichkeit, genaue Fragen zu stellen und die ärztliche Behandlung besser zu verstehen.

Louis J. Rosner / Shelley Ross
Multiple Sklerose *Neue Hoffnung für Menschen mit MS*
(rororo sachbuch 19759)
«Das beste Buch über Multiple Sklerose für Betroffene.»
The New England Journal of Medicine

rororo gesundes leben

Benno Werner
Im Rhythmus der Jahreszeiten
Gesund leben im Einklang mit der Natur
(rororo sachbuch 60279)
Der Autor zeigt auf, welche Organe in welcher Jahreszeit besonders aktiv sind und welche Emotionen in dieser Zeit dominieren. Mit zahlreichen Übungen für Körper, Geist und Seele gibt er wertvolle Hinweise für ein gesundes Leben im Einklang mit der Natur.

Nicole Ronsard
Das Anti-Cellulite-Erfolgsprogramm
(rororo sachbuch 60370)
Die Autorin hat ein erfolgversprechendes, ganzheitliches Programm zusammengestellt, das der «Orangenhaut» gezielt zu Leibe rückt.

Ein Gesamtverzeichnis aller lieferbaren Titel der Reihe *rororo gesundes leben* finden Sie in der *Rowohlt Revue*. Vierteljährlich neu. Kostenlos in Ihrer Buchhandlung.

3654/2

3414/10

Oliver Sacks

Oliver Sacks wurde 1933 in London geboren. Nach einem Medizinstudium in Oxford und neurophysiologischen Forschungen übersiedelte er in die USA. Er ist heute Professor für Klinische Neurologie am Albert Einstein College of Medicine in New York.

Der Mann, der seine Fau mit einem Hut verwechselte
(rororo sachbuch 18780 und in der Reihe Großdruck 33121)
Erzählt werden zwanzig Geschichten von Menschen, die aus der «Normalität» gefallen sind. «Oliver Sacks ist ein Neurologe, der ein Sachbuch geschrieben hat – und was für eins! Ein Fachbuch, das ich jedem Neurologen, überhaupt jedem Arzt auf den Nachttisch legen möchte ...» *Die Zeit*

Der Tag, an dem mein Bein fortging
(rororo sachbuch 18884)
«... wahrheitsgetreue, sachkundige Horrorgeschichten aus der Welt der Medizin und Neurologie, erzahlt als Stoff, aus dem Romane sind.» *Stern-TV*

Stumme Stimmen *Reise in die Welt der Gehörlosen*
(rororo sachbuch 19198)
«Ein spannendes, auf jeder Seite neu befriedigendes, bewegendes Buch ... Am Ende möchte man fast dasselbe tun, was Oliver Sacks nach dem Schreiben getan hat: die Gebärdensprache lernen.»
Journal München

rororo sachbuch

Awakenings – Zeit des Erwachens
(rororo sachbuch 18878)
«Dies ist Literatur, wie sie nur wenige, Freud vielleicht und C. G. Jung, schreiben konnten, und ist zugleich sachliche Information.»
Gero von Randow

Migräne
(rororo sachbuch 19963)
«... unter Migränebetroffenen ist es längst ein Geheimtip.»
Tagesanzeiger Zürich

Eine Anthropologin auf dem Mars *Sieben paradoxe Geschichten*
Deutsch von Hainer Kober, Alexandre Métraux und Jutta Schust
448 Seiten mit 16 Farbtafeln. Gebunden und als rororo sachbuch 60242

Die Insel der Farbenblinden
Deutsch von Hainer Kober
336 Seiten inkl. Abbildungen. Gebunden und als rororo sachbuch 60560

